高等学校大学计算机课程系列教材

# 量化金融原理与实践
### 微课视频版

李政 李亚青 郭文伟 编著

清华大学出版社
北京

## 内容简介

本书按照利用机器学习算法建立经济金融模型的流程安排章节内容，从拓宽读者技能的角度出发，主要介绍经济金融领域常用的人工智能模型。

全书共 11 章，分为两部分。第 1～5 章是建模的前期准备，包括绪论、Python 编程基础及数据处理、数据可视化、数据表格的处理与数据清洗、特征工程等。第 6～11 章介绍常用的模型，包括聚类、主成分分析、线性模型、支持向量机、决策树与随机森林、神经网络等。本书通过图文结合的方式详细解释了复杂数学模型的核心思想，对每条代码的功能进行解释，以降低读者理解复杂命令的难度。

本书可作为高等院校计算机类、经济学、金融学等相关专业的教材，也可作为感兴趣读者的自学读物，还可作为相关行业技术人员的参考用书。

版权所有，侵权必究。举报：010-62782989，beiqinquan@tup.tsinghua.edu.cn。

### 图书在版编目（CIP）数据

量化金融原理与实践：微课视频版 / 李政，李亚青，郭文伟编著. -- 北京：清华大学出版社，2025.3. -- （高等学校大学计算机课程系列教材）.
ISBN 978-7-302-68510-4

Ⅰ．F830.59-39

中国国家版本馆 CIP 数据核字第 2025747DA1 号

策划编辑：魏江江
责任编辑：葛鹏程　薛　阳
封面设计：刘　键
责任校对：韩天竹
责任印制：宋　林

出版发行：清华大学出版社
网　　址：https://www.tup.com.cn，https://www.wqxuetang.com
地　　址：北京清华大学学研大厦 A 座　　　邮　编：100084
社 总 机：010-83470000　　　　　　　　　　邮　购：010-62786544
投稿与读者服务：010-62776969，c-service@tup.tsinghua.edu.cn
质量反馈：010-62772015，zhiliang@tup.tsinghua.edu.cn
课件下载：https://www.tup.com.cn，010-83470236

印 装 者：三河市君旺印务有限公司
经　　销：全国新华书店
开　　本：185mm×260mm　　印　张：18.5　　字　数：462 千字
版　　次：2025 年 4 月第 1 版　　　　　　　印　次：2025 年 4 月第 1 次印刷
印　　数：1～1500
定　　价：59.80 元

产品编号：107587-01

# 前 言

党的二十大报告指出:教育、科技、人才是全面建设社会主义现代化国家的基础性、战略性支撑。必须坚持科技是第一生产力、人才是第一资源、创新是第一动力,深入实施科教兴国战略、人才强国战略、创新驱动发展战略,这三大战略共同服务于创新型国家的建设。高等教育与经济社会发展紧密相连,对促进就业创业、助力经济社会发展、增进人民福祉具有重要意义。

随着人工智能、大数据技术在经济金融行业的广泛应用,传统岗位的需求在急剧减少,而客户数据分析、资产管理、风险控制等岗位的需求在快速增加。经济金融行业的这些变化要求从业者同时掌握经济金融理论、数学建模和编程三方面知识,不仅应具备正确分析和预测各种市场走势的能力,还应借助各种机器学习工具为客户提供准确率较高的投资建议。虽然新技术、新产业和新业态的发展对复合型人才有迫切的需求,但是在相对较短的时间内,将其综合应用到现实场景并构建出较高精度的模型绝非易事。

本书力求让数理和编程技能相对薄弱的初学者能够在较短时间内掌握量化分析的能力,处理现实复杂的数据并构建出精度较高的模型。本书从软件安装的入门知识开始讲解,但是并不回避处理实际数据所涉及的必备数学知识和复杂编程技巧,如第 2 章中的列表推导式、第 9 章中的信息熵离散算法、第 10 章中的随机森林、第 11 章中的多变量卷积神经网络等。本书利用主流的机器学习算法处理现实场景中的数据,并详细介绍处理过程中的环节、模型和代码。在数学建模方面,通过图文结合的方式详细解释了复杂数学模型的核心思想,以便读者可以在理解的前提下正确使用这些数学模型。在编程方面,对每条代码的功能进行解释,通过简单示例展示复杂函数的功能。

本书主要特色如下。

(1) 实用性。一方面,本书注重使用各种机器学习算法处理数据,在内容安排上除了以常规方式安排知识框架外,还在各章散落了不少解决实际问题的技巧,包括一些细微但重要的函数。另一方面,本书所分析的数据是来自实际应用场景,包括上市公司数据、贷款违约、保险反欺诈、商品交易、银行产品推销、股票交易数据、信用卡欺诈等。书中程序都可以独立运行,便于读者在修改参数、文件路径后将程序应用到论文写作、日常工作中。

(2) 易学性。选用复杂的金融市场数据建模可以提高读者处理实际数据的技能,但所用的数学模型和编写的程序必然会变得复杂,从而导致初学者难以掌握数学模型和编程技巧等内容。为了解决上述问题,本书采取的措施包括用图形或通俗语言介绍数学模型的思想、对程序中的每条命令进行详细解释、提供复杂程序的编程思路及伪代码等。

(3) 专业性。利用经济、金融专业知识,提升相应模型精度。从理论上讲,如果可以获取历史和未来的所有样本,并获取与建模对象相关的所有属性,仅依靠算法就可以建立高精度模型。但是实际情况是无法获取所有样本,也无法获取与建模对象相关的所有属性,并且没有相应算力处理数据量趋向无穷大的海量样本。为此,本书注重将金融专业知识融入建模过程中,以提高模型质量。例如,在对上市公司财务数据、保险反欺诈数据的建模过程中,利用经济金融知识对属性进行优化,显著提升了模型精度。又如,在利用消费者商品交易数据建模时,通过经济金融知识解读模型结果,可以对制定商品营销方案提供有价值的参考建议。

为便于教学,本书提供了丰富的配套资源,包括教学大纲、教学课件、程序源码、习题答案和微课视频。

> **资源下载提示**
> **数据文件**:扫描目录上方的二维码下载。
> **微课视频**:扫描封底的文泉云盘防盗码,再扫描书中相应章节的视频讲解二维码,可以在线学习。

本书基于多年科研教学经验,是广东省一流线下课程"投资银行理论与实务"和2022年广东省本科高校教学质量工程项目(粤教高函(2023)4号)——金融实验课程群虚拟教研室的阶段性成果。参与本书内容撰写的人员有:广东财经大学金融学院的李政、李亚青、郭文伟、马瑞、王文凤、吴国均、陈佳丽、吕晓莹、黄鑫杰、王怡清、郑佳楠、艾承德、刘锦炫、郑义敏、黄鹏民、庄佳仪、周小滟,广东财经大学信息学院的吴永杰,华南理工大学数学学院的龙卫江,华南理工大学经济与金融学院的尹筱玮、谢常根,北京师范大学湾区国际商学院的沈希凡,湖南第一师范学院数学与统计学院的周旭涵,广州医科大学精神卫生学院的彭诗琪,珠海科技学院工学院的何佳璐,其中马瑞独立完成第10章、吴永杰独立完成第11章。参与代码审核的人员有:北京师范大学湾区国际商学院的沈希凡,广东财经大学金融学院的郑佳楠、吕晓莹、艾承德、张旭、刘锦炫、郑雨欣、陈思琪。

由于编者水平有限,书中难免存在疏漏和不足之处,敬请广大读者批评指正。

编 者

2025 年 2 月

# 目 录

资源下载

第1章 绪论 ................................................ 1
1.1 软件的安装与功能 ................................... 2
1.1.1 软件的下载与安装 ............................ 2
1.1.2 软件的界面与功能 ............................ 6
1.2 机器学习算法介绍 ................................... 15
习题 ........................................................ 17

第2章 Python编程基础及数据处理 ..................... 18
2.1 Python基础语法 ..................................... 19
2.1.1 数据类型 ........................................ 19
2.1.2 数据类型操作 .................................. 21
2.1.3 Python函数 ..................................... 27
2.2 数据处理常用的库 ................................... 36
2.2.1 数据分析 ........................................ 36
2.2.2 相关库 .......................................... 36
习题 ........................................................ 52

第3章 数据可视化 ...................................... 53
3.1 绘图基础语法 ........................................ 54
3.1.1 单一画布作图 .................................. 54
3.1.2 多画布作图 ..................................... 56
3.1.3 图像的保存和导出 ............................. 58
3.2 主要图形的绘制 ..................................... 59
3.2.1 折线图 .......................................... 59
3.2.2 散点图 .......................................... 61
3.2.3 条形图 .......................................... 63
3.2.4 箱线图 .......................................... 64
3.2.5 饼图 ............................................. 65

3.2.6　K线图 …………………………………………………………………… 67
　　3.2.7　雷达图 …………………………………………………………………… 68
　　3.2.8　热力图 …………………………………………………………………… 70
　　3.2.9　属性两两分析图 …………………………………………………………… 71
　　3.2.10　气泡图 …………………………………………………………………… 73
　　3.2.11　小提琴图和分簇散点图 …………………………………………………… 74
习题 …………………………………………………………………………………… 76

## 第4章　数据表格的处理与数据清洗 …………………………………………… 77

4.1　xlwings及其相关算法 …………………………………………………………… 78
　　4.1.1　第三方库xlwings ………………………………………………………… 78
　　4.1.2　xlwings与Pandas的实现 ………………………………………………… 82
4.2　统计分析与可视化 ………………………………………………………………… 93
　　4.2.1　统计分析 …………………………………………………………………… 93
　　4.2.2　可视化 ……………………………………………………………………… 95
4.3　数据清洗 …………………………………………………………………………… 96
　　4.3.1　空缺值、重复值、异常值 …………………………………………………… 96
　　4.3.2　数据归一化 ………………………………………………………………… 98
4.4　特征工程 …………………………………………………………………………… 100
　　4.4.1　属性的选择 ………………………………………………………………… 100
　　4.4.2　属性值的优化 ……………………………………………………………… 101
习题 …………………………………………………………………………………… 101

## 第5章　特征工程 …………………………………………………………………… 102

5.1　过滤法 ……………………………………………………………………………… 103
　　5.1.1　单变量 ……………………………………………………………………… 103
　　5.1.2　多变量 ……………………………………………………………………… 106
　　5.1.3　过滤法总结 ………………………………………………………………… 118
5.2　包裹法 ……………………………………………………………………………… 119
　　5.2.1　完全搜索 …………………………………………………………………… 119
　　5.2.2　启发式搜索 ………………………………………………………………… 121
　　5.2.3　随机搜索 …………………………………………………………………… 125
5.3　嵌入法 ……………………………………………………………………………… 130
　　5.3.1　原理 ………………………………………………………………………… 130
　　5.3.2　应用 ………………………………………………………………………… 130
　　5.3.3　重要函数介绍 ……………………………………………………………… 131
习题 …………………………………………………………………………………… 131

## 第6章　聚类 ………………………………………………………………………… 132

6.1　聚类的概念及应用 ………………………………………………………………… 133
　　6.1.1　聚类的概念 ………………………………………………………………… 133

6.1.2　聚类的应用领域 ……………………………………………… 133
　6.2　聚类算法的相关原理 …………………………………………………… 134
　　　6.2.1　K-means 聚类 ……………………………………………… 134
　　　6.2.2　层次聚类 …………………………………………………… 137
　6.3　K 值优化与聚类评价指标 ……………………………………………… 141
　　　6.3.1　K 值优化 ……………………………………………………… 141
　　　6.3.2　聚类评价指标 ………………………………………………… 143
　6.4　在消费者行为分析中的应用 …………………………………………… 147
　习题 ……………………………………………………………………………… 155

## 第 7 章　主成分分析 ……………………………………………………………… 156
　7.1　主成分分析及步骤简介 ………………………………………………… 157
　　　7.1.1　主成分分析原理 ……………………………………………… 157
　　　7.1.2　主成分分析流程 ……………………………………………… 157
　　　7.1.3　相关检验 ……………………………………………………… 158
　7.2　重要函数介绍 …………………………………………………………… 159
　7.3　在车贷违约预测中的应用 ……………………………………………… 161
　　　7.3.1　数据准备 ……………………………………………………… 161
　　　7.3.2　统计分析 ……………………………………………………… 162
　　　7.3.3　数据清洗 ……………………………………………………… 163
　　　7.3.4　Bartlett 球状检验 …………………………………………… 166
　　　7.3.5　KMO 检验 …………………………………………………… 166
　　　7.3.6　数据标准化 …………………………………………………… 166
　　　7.3.7　PCA 解释方差和累计贡献可视化 ………………………… 167
　　　7.3.8　主成分载荷矩阵和可视化 ………………………………… 168
　习题 ……………………………………………………………………………… 170

## 第 8 章　线性模型 ………………………………………………………………… 171
　8.1　模型原理 ………………………………………………………………… 172
　　　8.1.1　OLS 线性回归 ………………………………………………… 172
　　　8.1.2　逻辑回归 ……………………………………………………… 174
　　　8.1.3　岭回归 ………………………………………………………… 176
　　　8.1.4　混淆矩阵 ……………………………………………………… 177
　8.2　相关金融原理 …………………………………………………………… 179
　8.3　样本构建 ………………………………………………………………… 179
　8.4　模型应用 ………………………………………………………………… 183
　　　8.4.1　构建 OLS 线性模型 ………………………………………… 183
　　　8.4.2　构建岭回归模型 ……………………………………………… 185
　　　8.4.3　构建逻辑回归模型 …………………………………………… 188
　8.5　模型的改进 ……………………………………………………………… 189
　习题 ……………………………………………………………………………… 192

## 第 9 章 支持向量机 193

### 9.1 支持向量机的原理 194
#### 9.1.1 支持向量机的数学原理 194
#### 9.1.2 支持向量机的实现——以 SVC 为例 197

### 9.2 数据离散 202
#### 9.2.1 等频率离散化 202
#### 9.2.2 聚类离散化 204
#### 9.2.3 基于信息熵的离散化方法 205

### 9.3 相关金融原理 210

### 9.4 在保险反欺诈案例中的应用 211
#### 9.4.1 背景介绍 211
#### 9.4.2 读取数据 212
#### 9.4.3 数据清洗与样本构建 213

### 习题 223

## 第 10 章 决策树及随机森林 224

### 10.1 决策树及相关概念 225
#### 10.1.1 决策树 225
#### 10.1.2 决策树构建的相关细节 225
#### 10.1.3 决策树算法流程 228
#### 10.1.4 字典数据类型的重要方法 229
#### 10.1.5 其他相关重要函数 232

### 10.2 随机森林及相关概念 233
#### 10.2.1 随机森林 233
#### 10.2.2 随机森林算法原理和具体流程 233

### 10.3 在银行客户营销中的应用 234
#### 10.3.1 样本数据 234
#### 10.3.2 建模流程 235

### 10.4 应用随机森林分析银行客户营销数据 243
#### 10.4.1 随机森林决策边界图 244
#### 10.4.2 随机森林建模 245
#### 10.4.3 特征重要性排序 246
#### 10.4.4 模型的预测 246
#### 10.4.5 模型评估 247

### 习题 248

## 第 11 章 神经网络 249

### 11.1 模型原理 250
#### 11.1.1 图解神经网络模型原理 250
#### 11.1.2 模型应用的数学原理 254

       11.1.3 激活函数 ········································································· 261
       11.1.4 数组整形函数 ····································································· 262
  11.2 在股票预测中的应用 ······································································ 265
       11.2.1 MLP 解决以涨跌为标签的分类问题 ············································ 265
       11.2.2 CNN 解决以涨跌为标签的分类问题 ············································ 272
       11.2.3 LSTM 解决以涨跌为标签的分类问题 ·········································· 273
       11.2.4 MLP 解决以收盘价为预测值的回归问题 ······································ 275
       11.2.5 CNN 解决以收盘价为预测值的回归问题 ······································ 278
       11.2.6 LSTM 解决以收盘价为预测值的回归问题 ···································· 280
  习题 ······························································································· 282
参考文献 ······························································································ 283

# 第 1 章

# 绪 论

CHAPTER 1

随着人工智能在经济金融领域的广泛应用,大量传统的岗位被人工智能所替代,同时又新增了很多需要同时掌握经济金融、数学建模和编程三个模块知识的岗位。但是要同时精通这三个模块的知识,然后进行量化建模,学习时间非常漫长以至于几乎不可能实现。软件的发展,尤其是 Python 语言的普及,极大地降低了初学者掌握量化建模的门槛,让初学者可以在不熟悉数学模型,没有掌握高深的编写技巧的前提下,例如,没有深入理解数据处理功能强大的卷积神经网络、LSTM 神经网络的数学原理,也能通过调用 Python 的第三方库,用几条命令就可以使用这些复杂的神经网络模型处理数据。仔细阅读本书第 6~11 章内容就可以发现,本书大量篇幅都是在讲述处理复杂现实数据的一些技巧、重要函数,真正使用支持向量机、随机森林、神经网络等模型拟合数据的时候,只需要两三条命令,调用相应的库即可。因此,在学习量化建模之前,需要先学习 Python 软件的安装与使用,然后掌握调用各种机器学习模型的命令,用于在较短时间内弥补数学建模方面的不足。本章主要内容结构如图 1.1 所示。

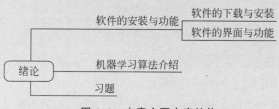

图 1.1 本章主要内容结构

## 1.1 软件的安装与功能

在当今快速发展的技术世界中,编程软件的选择对于开发者来说至关重要。它们不仅提供了编写代码的平台,还包含许多辅助工具,可以提高效率,优化工作流程。

作为一种广受欢迎的高级编程语言,Python 的语法清晰明了,易于阅读和理解,代码量通常比其他语言(如 Java 或 C++)少,有助于提高开发效率。并且 Python 拥有一个庞大的标准库和第三方库生态系统,如 NumPy、Pandas、SciPy、Matplotlib、Django 等。这些库和框架使得 Python 在数据分析、机器学习、Web 开发、自动化脚本编写等领域的应用非常方便且出色。Python 还拥有着可扩展性与可嵌入性,可以调用 C/C++库,或者将 Python 代码嵌入 C/C++程序中,提供脚本功能。

本书将选择 PyCharm 作为 Python 的集成开发环境进行编程,本章将详细介绍如何安装 Python 和 PyCharm 并讲解二者的功能。

### 1.1.1 软件的下载与安装

**1. Python 软件的下载与安装**

视频讲解

1) Python 软件的下载

进入 Python 官方网站(见图 1.2),在 Download 菜单中单击 Windows。

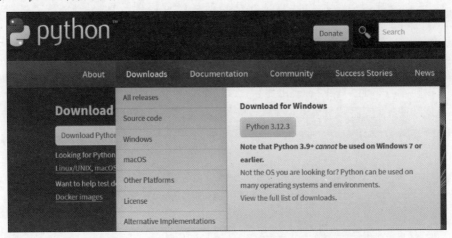

图 1.2 Python 下载界面

以 Python 3.12.3 为例(见图 1.3),版本号中的"3"代表主版本号,"12"是次版本号,"3"是修订号。根据系统架构,选择适合的版本下载,如 64 位或 32 位。版本型号中可能包含字母,如"a"代表 Alpha 初期版本,"b"代表 Beta 测试版,"rc"代表 Release Candidate 准发布版本。建议选择没有这些字母的版本,因为这些版本通常是稳定版。

在图 1.3 中,embeddable package 和 Windows installer 的区别是:embeddable package 下载的是一个压缩包,解压后即表示安装完成(需要自己配置环境变量)。Windows installer 下载的是一个 EXE 可执行程序,双击即可进行安装(这种更加简单)。根据计算机

图 1.3 Python 软件版本

的配置(32 位、64 位或 ARM64)选择需要的版本和链接即可。

2) Python 软件的安装

(1) 默认安装模式。

选择 Install Now(立即安装)会立刻将 Python 安装在系统的默认路径下。对于 Windows 系统，默认路径通常是 C:\Users\ADM\AppData\Local\Programs\Python\ PythonVersion 或者 C:\Program Files\Python\PythonVersion，其中 ADM 是计算机用户名。这个路径会根据用户的系统配置和 Python 版本号自动选择。同时勾选 Add python. exe to PATH 复选框，即把 Python 加入环境变量中(如果没有勾选，在安装完成后需要手动添加环境变量)，如图 1.4 所示。

视频讲解

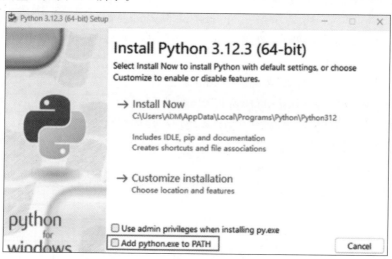

图 1.4 Python 的软件安装界面

(2) 自定义安装模式。

如果想要将 Python 安装到其他路径，可以选择 Customize installation(自定义安装)，这对于需要将 Python 安装在特定位置的用户来说非常实用。在安装过程中，一定要勾选 Add python. exe to PATH 复选框。

勾选 Use admin privileges when installing py.exe(在安装 py.exe 时使用管理员权限)复选框可以让安装程序以管理员权限运行。这通常是为了确保安装程序有足够的权限来访问系统级的文件和设置,例如,在 C:\Program Files 文件夹中安装软件或修改系统环境变量。在勾选 Add python.exe to PATH 以及 Use admin privileges when installing py.exe 复选框后,进入安装 Python 的第 2 步,如图 1.5 所示。

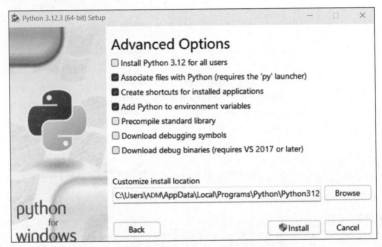

图 1.5　Python 的自定义安装高级选项

图中的选项是 Python 安装过程中的高级选项,每个选项的勾选与否会有不同的影响。

• Install Python 3.12 for all users。

勾选:Python 将安装在所有用户都能访问的系统级位置,需要管理员权限。

不勾选:Python 将只为当前用户安装。

• Associate files with Python (requires the 'py' launcher):关联 PY 相关的文件。

勾选:将 Python 的可执行文件路径添加到系统的 PATH 环境变量中,可以在任何命令行中直接运行 Python。

不勾选:需要指定完整路径来运行 Python。

• Create shortcuts for installed applications。

勾选:在"开始"菜单或桌面创建 Python 应用程序的快捷方式。

不勾选:不创建快捷方式。

• Add Python to environment variables。

勾选:将 Python 相关的路径添加到系统环境变量中,便于开发。

不勾选:不添加 Python 路径到环境变量。

• Precompile standard library。

勾选:对 Python 标准库进行预编译,生成 .pyc 文件,这可以优化字节码,从而在运行时提供更快的加载速度。

不勾选:不预编译,可能在首次导入模块时花费更多时间。

• Download debugging symbols。

勾选:下载调试应用程序时有用的额外文件。

不勾选:不下载调试符号。

• Download debug binaries (requires VS 2017 or later)。

勾选：下载带有调试信息的二进制文件，用于 Visual Studio 2017 或更高版本进行调试。

不勾选：不下载调试二进制文件。

基于学习使用，建议勾选从上至下第 2~4 个选项即可。勾选完毕以及指定好安装路径后单击 Install 按钮。

至此，Python 安装完成。

3) Python 的安装注意事项

如果在安装过程中没有勾选 Add python.exe to PATH 复选框，则需手动添加环境变量，步骤如下：复制 python.exe 以及 Scripts 所在的文件夹路径，然后按快捷键 Win＋R，在输入栏中输入"SYSDM.CPL"后回车会打开系统配置界面，然后单击"高级"→"环境变量"。打开"环境变量"对话框，双击"系统变量"中的 Path，单击"新建"按钮，并将刚才复制的两个 Python 文件夹路径都添加进去，保存即可。需要注意的是，每单击一次"新建"按钮，应添加一个文件夹路径。

### 2．PyCharm 软件的下载与安装

视频讲解

PyCharm 是 JetBrains 推出的一款专为 Python 开发者设计的集成开发环境(IDE)，提供了一系列必不可少的工具，紧密集成以创造一个便捷的环境，用于高效的 Python、Web 和数据科学开发。PyCharm 目前分为社区版和专业版。PyCharm 社区版（免费且开源）为智能且高效的 Python 开发提供支持，包括代码辅助、重构、视觉调试和版本控制集成。PyCharm 专业版（付费）为专业的 Python、Web 和数据科学开发提供支持，包括代码辅助、重构、视觉调试、版本控制集成、远程配置、部署、流行 Web 框架（如 Django 和 Flask）的支持、数据库支持、科学工具（包括 Jupyter Notebook）、大数据工具。除 PyCharm 外，还有众多可用的第三方编辑器或 IDLE，本书的程序均可在其中运行。

1) PyCharm 的下载

进入 PyCharm 的下载界面，选择付费版本或免费的社区版本。本书将使用社区版本的 PyCharm 进行程序编写。进入 PyCharm 社区版的下载界面，有两个版本可以选择，一个是.exe(Windows)，另一个是.exe(Windows ARM64)，需要根据 CPU 规格选择不同版本的.exe 文件。如果使用的是传统的 Intel 或 AMD 处理器的计算机，则应该选择.exe (Windows)；如果设备是基于 ARM 架构的，比如一些最新的轻薄型笔记本或特定的平板电脑，则应该选择.exe(Windows ARM64)。

2) PyCharm 的安装

双击已下载的 PyCharm 安装包，选择好指定安装目录后，将会弹出安装界面（见图 1.6）。在 PyCharm 的安装界面中，有以下 4 个选项。

(1) 创建桌面快捷方式：勾选后，会在桌面上创建一个 PyCharm 的快捷方式，方便快速启动程序。

(2) 更新 PATH 变量（需要重启）：如果勾选，会将 PyCharm 的 bin 文件夹添加到系统的 PATH 环境变量中。这样做可以让用户在命令行中直接运行 PyCharm。

(3) 更新上下文菜单：勾选后，会在文件夹的右键菜单中添加"将文件夹作为项目打

图 1.6　PyCharm 的软件安装

开"的选项,这样就可以直接从文件夹右键菜单中打开 PyCharm 项目。

(4) 创建关联:勾选后,会将特定的文件类型(如.py 文件)与 PyCharm 关联起来,这样双击这些文件时会自动默认使用 PyCharm 打开。

为了提高 PyCharm 的使用体验,建议全部勾选。最后指定菜单文件夹的快捷方式的存放位置后即成功安装 PyCharm。安装完成后,需要重启计算机才能使用 PyCharm,可以在完成界面选择直接重启或者手动重启。

3) PyCharm 的安装注意事项

为了在 PyCharm 中使用 Python 解释器,需要在 PyCharm 设置中指定解释器的路径。通常,PyCharm 会自动检测到系统中安装的 Python 解释器。如果 PyCharm 无法自动检测到 Python(可能是因为 Python 安装在不同的目录),则需要手动添加解释器路径。这可以在安装完毕并建立项目后,通过以下步骤完成。

(1) 打开 PyCharm 并新建一个项目或打开现有项目。

(2) 在菜单栏中单击 File→Settings(Windows/Linux 系统),或者通过 PyCharm→Preferences(macOS 系统),或者使用 Ctrl+Alt+S 快捷键(Windows/Linux)打开 Settings 面板。

(3) 在左侧面板中选择 Project→Python Interpreter。

(4) 单击 Add Interpreter→Add Local Interpreter 选项,然后导航到 Python 解释器的安装路径,如图 1.7 所示。

选择合适的解释器后,单击 OK 按钮完成设置。

### 1.1.2　软件的界面与功能

**1. Python 及 IDLE 的界面与功能**

1) Python 及 IDLE 的界面

Python 的交互器分可由 IDLE 或者使用命令提示符(CMD)打开。

命令提示符(CMD):在 Windows 系统中,按 Win+R 快捷键打开"运行"对话框,输入

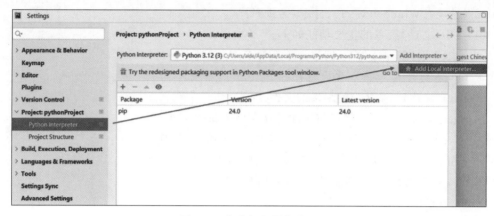

图 1.7　指定解释器的路径

"cmd"并按 Enter 键来打开命令提示符。然后,在命令提示符中输入"python"即可打开 Python 交互器(见图 1.8),作为一个简单的环境,它允许直接输入 Python 代码并立即看到结果。它通常用于快速测试代码片段或进行小规模的编程任务。

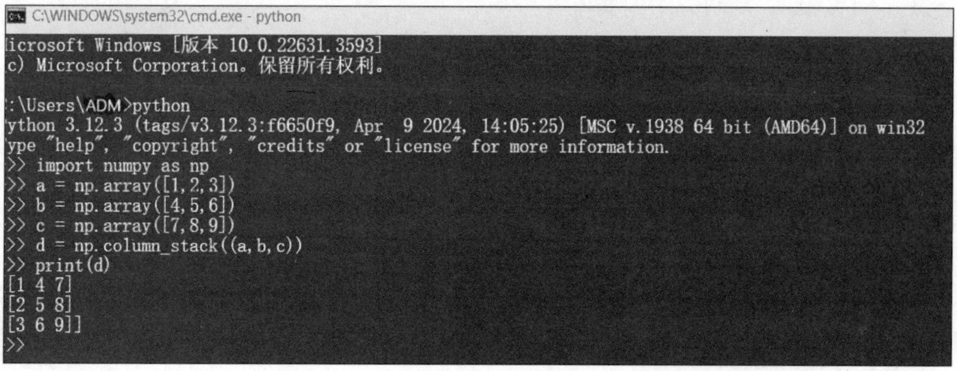

图 1.8　命令提示符(CMD)

IDLE:单击"开始"→Python 3.12.3→IDLE(需要根据实际安装的 Python 版本调整版本号),打开 IDLE(见图 1.9)。IDLE 是 Python 的官方集成开发环境(IDE),提供了一个用户友好的界面来编写、运行和调试 Python 代码。它包括一个功能强大的文本编辑器,支持语法高亮、自动缩进和其他编码辅助功能。IDLE 的一个重要特点是它内置了 Python 交互器,允许开发者快速测试代码片段并立即看到输出结果。此外,IDLE 还包括一个调试器,可以帮助开发者逐步执行代码,检查错误和问题。

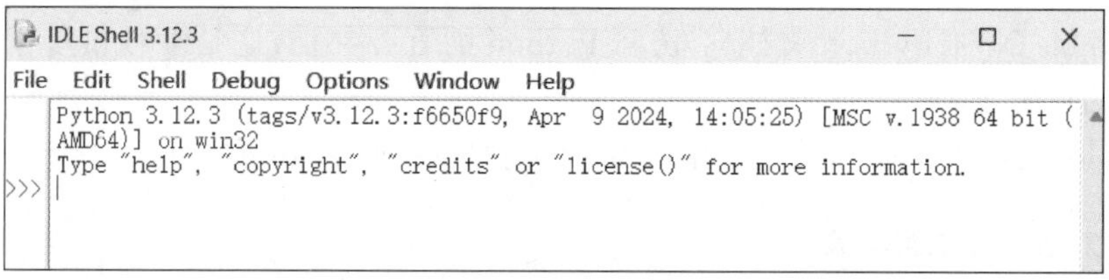

图 1.9　IDLE 的界面

2) Python 的 IDLE 的菜单

进入 IDLE(见图 1.9),窗口中的菜单栏包括 File(文件)、Edit(编辑)、Debug(调试)、

Options(选项)、Window(窗口)、Help(帮助)等。

(1) File(文件)菜单的主要功能如下。
- New File(新建文件)：创建一个新的 Python 脚本文件。
- Open(打开)：打开一个已存在的 Python 脚本文件。
- Save(保存)：保存当前编辑的文件。
- Save As(另存为)：将当前文件另存为一个新的文件。
- Save Copy As(另存副本为)：保存当前文件的一个副本。
- Print Window(打印窗口)：打印当前的 IDLE 窗口内容。
- Close(关闭)：关闭当前的文件窗口。
- Exit(退出)：退出 IDLE。

(2) Edit(编辑)菜单的主要功能如下。
- Undo(撤销)：撤销上一次操作。
- Redo(重做)：重做上一次撤销的操作。
- Cut(剪切)：剪切选中的文本。
- Copy(复制)：复制选中的文本。
- Paste(粘贴)：粘贴文本。
- Select All(全选)：选择所有文本。
- Find(查找)：查找特定的文本。
- Find Again(再次查找)：查找上次搜索的文本。
- Replace(替换)：替换特定的文本。
- Go to Line(跳转到行)：跳转到指定的行号。

(3) Debug(调试)菜单的主要功能是允许用户在代码执行过程中设置断点，并通过单步调试、查看局部变量和全局变量等，来跟踪和调试代码。这有助于理解代码的运行过程，从而发现并修复问题。

(4) Options(选项)菜单的主要功能是用于配置 IDLE 编辑器的各种设置，如字体、颜色、缩进等。通过调整这些设置，可以个性化自己的编程环境，提高编程的舒适度和效率。

(5) Windows(窗口)菜单的主要功能是主要提供了与窗口管理相关的功能，如新建窗口、打开文件、保存文件、关闭窗口等。

(6) Help(帮助)菜单的主要功能如下。
- IDLE Help(IDLE 帮助)：打开 IDLE 的帮助文档，提供关于 IDLE 功能的详细信息。
- Python Docs(Python 文档)：访问 Python 的官方文档，这是学习和参考 Python 语言的重要资源。
- About IDLE(关于 IDLE)：显示 IDLE 的版本信息和版权声明。

### 2. PyCharm 的界面与菜单

1) PyCharm 的界面

首次打开 PyCharm 可以看到以下界面，如图 1.10 所示。

单击 New Project,选择项目保存位置后单击 Create 即可完成项目的创建。

视频讲解

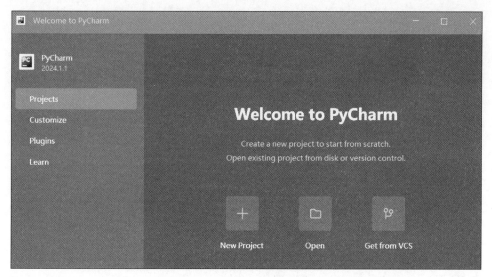

图 1.10　PyCharm 初始界面

创建好项目后，用鼠标右键选择项目文件夹，单击 New→Python File，即可创建 Python 的运行脚本文件，如图 1.11 所示。

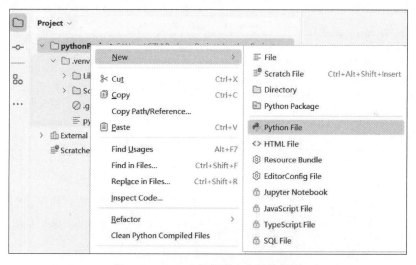

图 1.11　Python 运行脚本文件的创建

然后单击左下角的 Python Console，即可打开运行信息区，如图 1.12 所示。

PyCharm 的界面功能丰富且便捷，接下来将对常用的区域进行讲述。

如图 1.13 所示，从整体布局来看，PyCharm 分为菜单栏区域、项目视图区域、代码区域和运行信息区。菜单栏区域有着如新建和设置等大量基础功能；在项目视图区域可以找到项目的相关文件；在代码区域可以编写和修改需要运行的代码；运行信息区则是程序输出的地方，在这里可查看代码运行的结果。

2）PyCharm 的菜单

PyCharm 的菜单功能丰富，如图 1.14 所示。

PyCharm 的主要菜单窗口包括以下几部分。

视频讲解

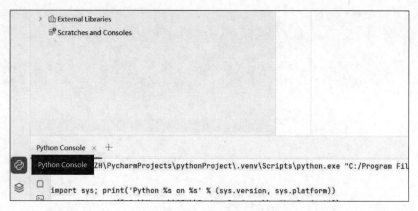

图 1.12 运行信息区的打开

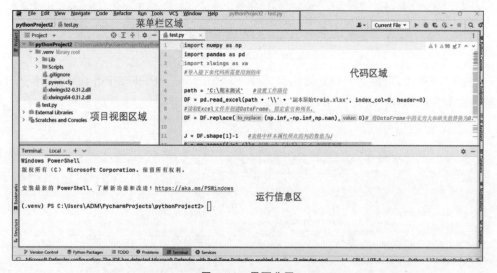

图 1.13 界面分区

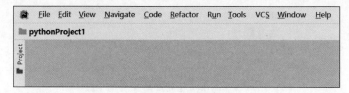

图 1.14 菜单栏

- 文件(File):包含与文件和项目管理相关的选项,如新建项目(New Project)、打开(Open)、保存(Save)、从版本控制中创建项目(Project from Version Control)等。
- 编辑(Edit):提供了剪切、复制、粘贴、撤销、重做等编辑功能。
- 视图(View):可以调整 IDE 的外观和行为,如工具窗口的显示或隐藏、进入全屏模式等。
- 导航(Navigate):提供代码导航功能,如搜索类、文件、符号,或跳转到代码的特定行。
- 代码(Code):包含代码生成、重构、格式化等与代码编写直接相关的功能。

- 重构(Refactor)：提供了重命名、移动、更改签名、提取方法等重构代码的选项。
- 运行(Run)：允许运行或调试项目，设置断点，查看运行日志等。
- 工具(Tools)：集成了各种工具和插件，如数据库工具、终端、任务列表等。
- 版本控制(VCS)：与版本控制系统集成，如 Git，提供提交、更新、合并等版本控制操作。
- 窗口(Window)：管理 IDE 中的窗口布局和编辑器标签，允许用户切换不同的视图模式。
- 帮助(Help)：提供帮助文档、检查更新、提交反馈等选项。

3. 软件的功能

视频讲解

1) Python 的功能

(1) 下载安装第三方库。

Python 的核心功能可以通过内置函数和模块进行访问，但其真正的能力在于拥有广泛的第三方库，这些库扩展了 Python 的应用范围。若要使用未内置的库，必须先进行安装。通常，这可以通过 Python 的包管理器 pip 来完成。这些命令通常在命令行界面(如 Windows 的 cmd)中执行。在 Windows 系统中，按 Win+R 快捷键打开"运行"对话框，输入"cmd"并按 Enter 键来打开命令提示符，在 MS-DOS 界面下输入命令下载安装第三方库。以下是使用 pip 的基本命令。

① 安装库：pip install package_name。

例如，安装 NumPy 和 Seaborn 库的命令分别为

```
pip install numpy
pip install seaborn
```

② 查看已安装的库：pip list。

如果 pip 需要更新，可以使用以下命令：

```
python -m pip install --upgrade pip
```

要安装特定版本的库，可以指定版本号：

```
pip install package_name == version_number
```

例如，安装 NumPy 1.19.3 版本的命令为

```
pip install numpy == 1.19.3
```

③ 卸载库：pip uninstall package_name。

(2) 交互器与脚本。

打开 IDLE，最初的界面是交互器，输入代码运行后可获得实时的代码反馈，适合进行一些简短的代码编写与测试。

单击 File→New File，可以创建新的脚本，在脚本里进行大段的代码编写，然后单击 Run→Run Module，对脚本进行保存和命名(见图 1.15，脚本命名为 ADM)后即可在交互器里得到代码运行的结果。或者单击 File→Open 来打开保存的脚本。图 1.15 则是运行 Python 的脚本 ADM，在交互器中显示运行结果的示例。本书的程序基本上都是在脚本中运行的。

视频讲解

2) PyCharm 的功能

（1）新建脚本。

如图 1.16 所示，单击 File 中的 New Project。

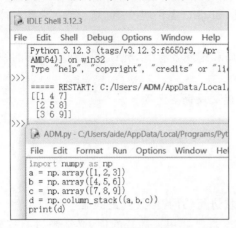

图 1.15　运行脚本 ADM

图 1.16　新项目的创建

选择好项目名称以及项目存放路径后，应用下载好的 Python 解释器即可单击 Create 创建新的项目（本例中新项目创建的路径 Location 为 D:\New_Try，项目名称（Name）为 pythonProject2），如图 1.17 所示。

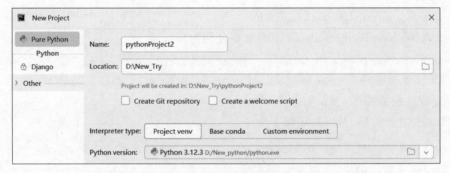

图 1.17　新项目的设定

如图 1.18 所示，创建好新的项目后，右键单击创建好的新项目 pythonProject2，单击 New→Python File，为 Python 文件命名后，即可在项目下看到可生成新的 .py 文件（本例中将文件命名为 Test）。至此，新建脚本完成。

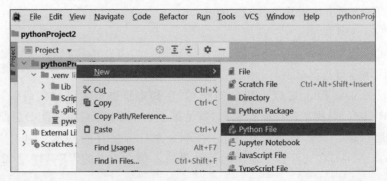

图 1.18　新建 Python 脚本

(2) 下载 Python 第三方库的方式。

① 通过菜单下载。在 PyCharm 中，通过 File→Settings→Project→Python Interpreter
菜单访问并管理 Python 解释器。单击"＋"号，在输入栏中输入所要下载的第三方库库名，
搜索并选择需要的库，最后单击 Install Package 按钮进行安装，如图 1.19 所示。

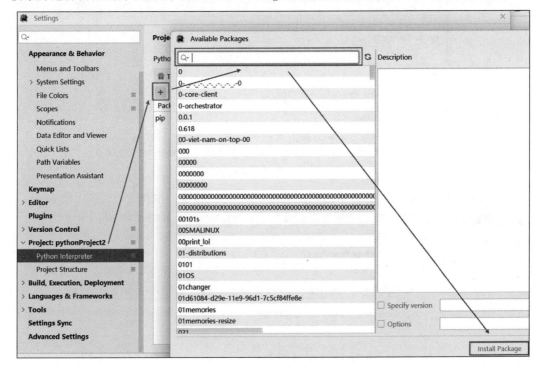

图 1.19 用菜单下载第三方库

② 通过命令下载。单击 PyCharm 左下角的 Terminal 选项，输入 pip install 库名即可
完成下载。图 1.20 中下载的库是 NumPy 库。

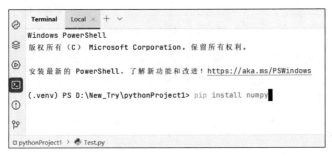

图 1.20 用命令下载第三方库

3) 镜像下载

由于 Python 官方的包管理工具 pip 默认连接到国外的服务器，对于国内用户来说，下
载速度可能会受到影响。因此，可以选择使用国内的镜像源来提升下载速度。

接下来列举的是以清华镜像源为例子的两种配置方法。

(1) 命令法。

单击 PyCharm 界面下方的 Terminal(见图 1.21)，输入并运行：

```
pip config set global.index-url https://pypi.tuna.tsinghua.edu.cn/simple
```

即可完成镜像配置。

（2）菜单法。

单击左下角的 Python Packages 后单击"设置"（齿轮图标），如图 1.21 所示。

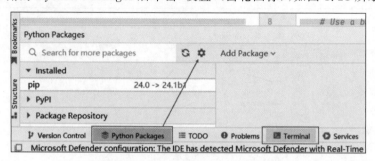

图 1.21　配置镜像源的方法

然后单击"＋"，输入镜像源，单击 OK 按钮，即可完成镜像源的配置，如图 1.22 所示。

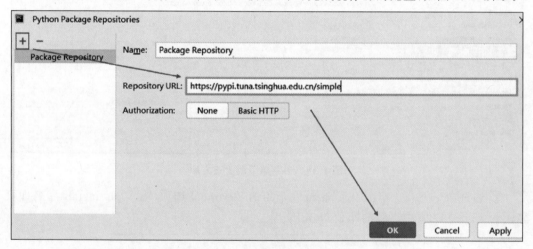

图 1.22　镜像源的配置

注意，如果还是无法高速下载，有可能是因为没有授权服务器证书，依次单击 File→Settings→Tools→Server Certificates，勾选 Accept non-trusted certificates automatically 后单击 OK 按钮，如图 1.23 所示，完成对服务器证书的授权。

如果通过上述方式仍然无法安装第三方库，则可搜索下载所需的第三方库并进行本地安装。

视频讲解

4）PyCharm 中常用的快捷键
- Ctrl＋/：快速地添加或移除注释。
- Ctrl＋W/Ctrl＋Shift＋W：扩大或缩小当前选择的代码。
- Ctrl＋D：快速复制当前行或选中的代码块。
- Ctrl＋B 或 Ctrl＋鼠标左键：要查看某个方法或变量的定义时，直接跳转到它们的定义处。
- Shift＋Enter：在当前光标位置下方快速插入一个新行，即使光标不在行尾。

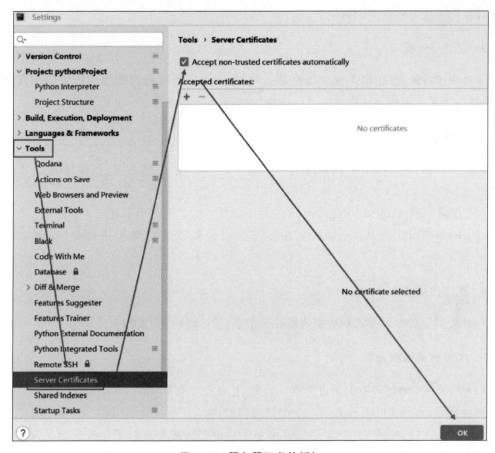

图 1.23 服务器证书的授权

- Ctrl＋Shift＋V：访问最近的剪贴板历史。
- Ctrl＋Alt＋L：格式化代码，保持代码整洁。
- Shift＋Tab：向左缩进。

当然这些仅是 PyCharm 常用快捷键中的一小部分，想要查询更多高效的快捷键可以前往 PyCharm 官网进行查看。

## 1.2 机器学习算法介绍

机器学习是一种数据分析技术，是将人的"经验"对应计算机中的"数据"，让计算机通过学习这些经验数据，挖掘其中的规律，生成一个算法模型，并做出预测或决策。下面是一些常见机器学习算法的简介。

### 1. 聚类

（1）K-均值聚类（K-means Clustering）：一种划分方法，将数据分为 $K$ 个集群，每个集群由距离其簇的中心（中心点）最近的数据点组成。

（2）层次聚类（Hierarchical Clustering）：通过创建一个多级的集群树来划分数据，可以是自顶向下或自底向上的方法。

**2. 主成分分析**

一种降维技术,旨在损失很少信息的前提下,将众多指标通过线性变换浓缩为几个指标,从高维数据集中提取出最有价值的信息,提高算法运行效率。

**3. 线性模型**

(1) 多元回归(Multiple Regression):用于预测一个变量与多个其他变量之间的关系。

(2) 逻辑回归(Logistic Regression):用于估计二分类问题中事件发生的概率。

(3) 岭回归(Ridge Regression):在多元回归的基础上增加了正则化项,以防止过拟合。

**4. 支持向量机**

一种按照监督学习方式对数据进行二元分类的广义线性分类器。

**5. 决策树和随机森林**

(1) 决策树:通过对数据集进行递归分割,构建一个树状结构,其中每个内部节点表示一个属性或特征,每个叶节点表示一个类别或回归值。

(2) 随机森林:一种集成学习方法,由多个决策树构成并取其平均或投票结果作为最终预测。

**6. 神经网络**

1) 多层感知器

这是最基本的神经网络结构,多层感知机(MLP)主要由输入层、一个或多个隐藏层,以及输出层构成,通过堆叠这些层来构建深度网络。每一层的神经元都与相邻层完全连接,但层内的神经元之间互不连接,这些层结构也就是全连接层。MLP可以识别数据中的非线性模式,适用于分类和回归任务。

2) 卷积神经网络

卷积神经网络(CNN)主要由输入层、卷积层、池化层和全连接层构成,通过堆叠这些层来构建神经网络。CNN在图像识别、面部识别和视频分析等领域有着广泛的应用,也可以用于时间序列预测。

3) 长短期记忆网络

LSTM层的核心是LSTM单元,每个LSTM单元包含一个记忆单元(CellState)和三个门控机制:遗忘门(ForgetGate)、输入门(InputGate)和输出门(OutputGate)。LSTM适合处理和预测时间序列数据中的重要事件,在语音识别、语言翻译和自然语言生成等领域也表现出色。

## 习题

1. 下载并安装 Python。
2. 下载并安装 PyCharm 社区版。
3. 通过 Python 下载安装第三方库。
4. 通过 PyCharm 下载安装第三方库。

CHAPTER 2

# 第 2 章 Python编程基础及数据处理

本章围绕后续章节中常用的函数和操作,对 Python 中的基本数据类型及其相关操作、Python 中的函数及条件与循环语句等进行介绍,然后讲述 NumPy 库及 Pandas 库的常用语法。其中重点讲述了函数、NumPy 库和 Pandas 库的数据切片、排序等问题,并进行归纳总结。鉴于 NumPy 库和 Pandas 库对数据切片的使用方法繁杂,所以在微课视频中用简单的口诀来总结数据切片的各种规则,便于加深读者对这些语法的理解与记忆。本章主要内容结构如图 2.1 所示。

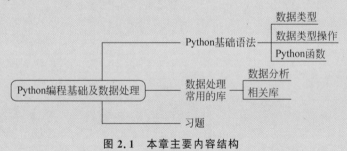

图 2.1 本章主要内容结构

## 2.1 Python 基础语法

Python 是一门强大的编程语言,提供了丰富的数据类型来处理不同的数据。数据类型是理解和操作数据的基础,认识并掌握不同的数据类型是学会正确处理数据的前提。在 Python 中可用 type( )函数查看对象的数据类型。

### 2.1.1 数据类型

**1. 数字型**

数字型分为整数型和浮点型。

(1) 整数型(Int):Int 是 Python 中表示整数的数据类型。它可以是正数、负数或零。直观上讲,整数型就是没有小数点的数值,如 14,-2,0。Int 类型的变量可以进行常见的数学运算,如加法、减法、乘法和除法。

(2) 浮点型(Float):Float 是 Python 中表示实数的数据类型。直观上讲,浮点型就是有小数点的数值,如 3.14,-0.23。Float 类型的变量不仅可以进行常见的数学运算,甚至可以进行特殊的浮点运算,如四舍五入等。

**2. 布尔型**

布尔型(Bool)是 Python 中表示真假值的数据类型,只有 True 和 False 两个取值,常用于控制流程和逻辑运算。布尔类型变量常用于进行逻辑判断。

**3. 空值**

空值(None)是 Python 中表示空值的数据类型。它用于表示一个不存在的值或未定义的值,是 Python 中的一个特殊的值。它并不等同于 0 或者是空的字符串,也不等同于空列表、空字典等数据,仅是 Python 定义的一个特殊的值。

**4. 字符串**

字符串(Str)是 Python 中表示文本的数据类型,一般使用一对单引号或一对双引号或一对三个单引号引起来,基本形式如'hello'。

Str 类型的变量可以进行拼接、切片和格式化等操作,但不能进行数学计算,即使引号内有数字。在 Python 中,任何内容加上引号都会被视为字符串。

**5. 列表**

列表(List)是 Python 中表示有序、可变集合的数据类型,基本形式如[1,3,6,10]或者['abc','def',7]。它由多个元素组成,元素之间用逗号(半角)分隔,并用方括号(全角)括起来。

List 类型的变量可以进行添加、删除、修改和访问元素等操作。

### 6. 元组

元组(Tuple)是 Python 中表示有序、不可变集合的数据类型,一般而言,元组由多个元素组成,元素之间用逗号分隔,并用圆括号括起来。基本形式如(1,3,6,10)或者('abc', 'def',7)。如果使用逗号(,),即使不加圆括号,也被视为元组,如 1,3,6,10。单个元素的元组,元素后也需要加逗号。例如,(10,)是元组,而(10)是整数。

元组与列表相似,但两者的区别在于列表用方括号([]),而元组用圆括号(()),元组中的元素不能修改,而列表中的元素可以修改。

此处定义上述字符串、列表、元组属于基本序列。序列中的每一个元素都是有序的。在 Python 中序列中的元素会被按照位置分配称为"索引"的序号。第一个元素的索引是 0;第二个元素的索引是 1;以此类推。索引的存在使得访问序列中的某一个或某几个元素十分便捷,例如:

```
#列表 a 的 2 号位元素
a = [1,3,5,7]
print(a[2])
```

运行结果如下。

```
5
```

```
#元组 b 的 2 号位元素
b = (2,4,6,8)
print(b[2])
```

运行结果如下。

```
6
```

```
#字符串 c 中的 0~2 号位元素
c = 'hello' #用英文输入模式下的双、单引号引用 hello
print(c[0:3])
```

运行结果如下。

```
hel
```

### 7. 字典

字典(Dict)是 Python 中表示无序、可变、键不重复的键值对集合的数据类型,它的基本形式如 d={7:'seven',8:'eight',9:'nine'}。它由键值对组成,键值对之间用逗号分隔,并用花括号({ })括起来。

字典中的值可以没有限制地取任何 Python 对象,既可以是标准的对象,也可以是用户定义的对象。但键具有以下两个特性。

(1) 唯一性:不允许同一个键出现两次。

(2) 不可变性:键必须不可变。

所以不可变数据类型(如数字、字符串或元组等)可以充当键,而可变数据类型(如列表、字典等)不能充当键。

```
d = {7:'seven',8:'eight',9:'nine'}
#字典d中键8对应的值
print(d[8])
```

运行结果如下。

```
eight
```

注：可变数据类型是指内容可以随着函数的执行而发生改变，不可变数据类型则是从初始化到结束都是不可改变的。

### 2.1.2 数据类型操作

**1. 序列操作**

1) 索引

序列包括字符串、元组、列表等。索引的方式有两种：正序访问、倒序访问。正序访问是从序列的第一个元素(0)开始；而倒序访问则是从序列的最后一个元素(-1)开始。

```
#序列操作
a = [1,3,6,10]
#正序访问列表a的3号位元素
print (a[3])
```

运行结果如下。

```
10
```

```
#倒序访问列表a的-1号位元素
print (a[-1])
```

运行结果如下。

```
10
```

2) 切片

通俗地讲，序列的切片操作就是从序列中取出指定范围内的元素。切片操作的格式为a[start:end:step]。其中，start为切片的起始位置，默认从0号位开始；end为切片的结束位置，默认到最末位为止；step为步长，默认取值为1。

切片操作取出的元素包含start号位，但不包含end号位，即前闭后开。如果步长为正数则表示从左往右，若为负数则是从右往左。

```
c = 'hello'
print(c[0:4]) #访问c的0～3号位元素
```

运行结果如下。

```
hell
```

```
print(c[-3:-1]) #访问c的-3和-2号位元素
```

运行结果如下。

```
ll
```

```
print(c[0:-2]) #访问c的0～-3号位元素
```

运行结果如下。

```
hel
```

```
print(c[0:5:2])  #指定步长切片,访问 c 的 0~4 号位,步长为 2
```

运行结果如下。

```
hlo
```

3) 序列相加

序列相加也称为序列的拼接,即通过"+"运算符对序列进行加法,将两种序列合并在一起。要注意,两种相同类型的序列才能相加。

(1) 用"+"拼接列表 a 和列表 b。

```
a = [1,2,3]
b = [4,5,6]
print(a + b)
```

运行结果如下。

```
[1, 2, 3, 4, 5, 6]
```

(2) 用"+"拼接字符串 c 和字符串 d。

```
c = 'hello,'
d = 'world'
print(c + d)
```

运行结果如下。

```
hello,world
```

4) 查询

判断一个值是否在序列中可以使用 in 运算符。如果该值在序列中,则返回 True;若不在,则返回 False。

(1) 判断 o 是否在 a 中。

```
a = 'hello'
print('o' in a)
```

运行结果如下。

```
True
```

(2) 判断 t 是否在 a 中。

```
print('t' in a)
```

运行结果如下。

```
False
```

### 2. 列表操作

作为 Python 中最常用的数据类型之一,列表除了上述共有的一些操作外,也有一些自己独有的操作。

1) 序列类型相互转换

list()函数可以将字符串转换为列表;tuple()函数可以将列表转换为元组;str()函数可以将序列转换为字符串。

(1) 将字符串转换为列表。

```
a = list('hello')  #list()函数采用圆括号
print(a)
```

运行结果如下。

```
['h', 'e', 'l', 'l', 'o']
```

(2) 将列表转换为元组。

```
b = tuple(a)
print(b)
```

运行结果如下。

```
('h', 'e', 'l', 'l', 'o')
```

(3) 将序列转换为字符串。

```
a = (1,3,6,10,15,18)
c = str(a)
print(c)
print(type(c))  #type()函数用于查询对象数据类型
```

运行结果如下。

```
(1, 3, 6, 10, 15, 18)  #元组a被转换为字符串c,虽然从形式上看没有被改变,但是数据类型已变为str
<class 'str'>
```

```
b = 10
d = str(b)
print(d)
print(type(d))
```

运行结果如下。

```
10  #整数b被转换为字符串d,虽然从形式上看没有被改变,但是数据类型已变为str
<class 'str'>
```

2) 元素赋值、删除

删除索引号下对应的元素格式为 del a[索引号];更改对应索引号下元素值的格式为 a[索引号]=值。

```
#将列表b的2号位元素l改为t
a = 'hello'
b = list(a)  #将字符串a转换为列表
b[2] = 't'
print(b)
```

运行结果如下。

```
['h', 'e', 't', 'l', 'o']
```

```
#删除列表b的2号位元素
del b[2]
print(b)
```

运行结果如下。

```
['h', 'e', 'l', 'o']
```

3)分片赋值

为列表某一范围内的元素赋值,格式为 a[开始索引号:结束索引号]=list(值)。例如,利用上面的语句,将 hello 转换为 heyyo。

```
b = list('hello')
print(b)
```

运行结果如下。

```
['h', 'e', 'l', 'l', 'o']
```

```
#将b的2号位和3号位元素赋值为yy
#因为'll'处于'hello'这个单词的第2、3号位,所以赋值时用b[2:4]
b[2:4] = list('yy')
print(b)
```

运行结果如下。

```
['h', 'e', 'y', 'y', 'o']
```

4)列表方法

很多语言中都有函数,如 Excel 中的 if 函数、vlookup 函数,SQL 中的 count 函数,等等。Python 中的函数是指一段可重复使用的、能实现特定功能的代码块,具有相对独立性。方法是 Python 中定义的一系列指令集,这些指令可以用来执行各种任务。Python 中方法的具体调用格式为

```
对象.方法(参数)
```

列表方法是对列表实现一些比较深入的操作,列表方法的调用格式为

```
列表.方法(参数)
```

下面以 a=[3,7,2,5,0]为例,介绍常用的列表方法。

```
a = [3,7,2,5,0]
```

(1)插入元素。

```
a.insert(2,1)  #在列表的2号索引位插入1
print(a)
```

运行结果如下。

```
[3, 7, 1, 2, 5, 0]
```

(2)添加元素。

```
a.append(2)  #在列表的最后添加2
print(a)
```

运行结果如下。

```
[3, 7, 1, 2, 5, 0, 2]
```

(3)统计元素出现的次数。

```
a.count(2)  #统计2出现的次数
print(a.count(2))
```

运行结果如下。

```
2
```

(4) 查找元素索引位置。

```
a.index(2)  # 查找 2 第一次出现的索引位置
print(a.index(2))
```

运行结果如下。

```
3
```

(5) 删除列表中第一次出现的元素。

```
a.remove(2)  # 删除 a 中第一个 2
print(a)
```

运行结果如下。

```
[3, 7, 1, 5, 0, 2]
```

(6) 删除列表中某个索引位的元素。

```
b = a.pop(1)  # 删除 1 号索引位的元素
print('a 是',a)
print('b 是',b)
```

运行结果如下。

```
a 是 [3, 1, 5, 0, 2]
b 是 7
```

(7) 将列表排序。

```
a.sort()  # 从小到大排序 a
print(a)
```

运行结果如下。

```
[0, 1, 2, 3, 5]
```

(8) 反转列表。

```
a.reverse()
print(a)
```

运行结果如下。

```
[5, 3, 2, 1, 0]
```

上述是关于列表操作的常见方法示例，关于列表操作主要方法的归纳见表 2.1。

表 2.1　列表方法

| 语法 | 作用 |
| --- | --- |
| a.insert(n,m) | 在列表 a 的 n 索引位置插入一个元素 m |
| a.append(m) | 在列表 a 的最末位插入一个元素 m |
| a.count(m) | 统计列表中元素 m 出现的频次 |
| a.index(m) | 在列表 a 中查询元素 m 第一次出现的索引位置 |
| a.remove(m) | 删除列表 a 中第一次出现的元素 m |

续表

| 语　法 | 作　用 |
|---|---|
| a.pop(n) | 删除列表中的第 n 个元素 |
| a.sort() | 默认对列表数据进行从小到大排序 |
| a.reverse() | 反转列表中的所有元素 |

在列表方法中，pop()与 remove()方法都用于删除元素，但有所不同。pop()是按索引位进行删除，括号中的变量应为待删除元素的索引号，且运行后会返回待删除元素的值；而 remove()是按照元素值进行删除，括号中的变量应为待删除元素的值，且运行后不会返回待删除元素的值。

**3. 字典操作**

作为 Python 中另一个常用的数据类型，字典有其独有的操作。

1) dict()函数

dict()函数通过关键字参数创建字典，格式为 dict(参数1=值1，参数2=值2，…)。例如，创建一个名字 name 为 xiaowang，年龄 age 为 30 的字典。

```
#用 dict 函数创建字典时，采用圆括号
a = dict(name = 'xiaowang',age = 30)
print(a)
```

运行结果如下。

```
{'name': 'xiaowang', 'age': 30}
```

```
#也可以直接采用花括号创建字典
a = {'name':'xiaowang','age':30}
print(a)
```

运行结果如下。

```
{'name': 'xiaowang', 'age': 30}
```

2) 基本操作

字典与列表的基本操作在很多地方都相似。下面以序列 a=[1,3,6,10]，字典 f={'age': 30, 'name': 'shushuo'}为例，在表 2.2 中对比字典和列表的基本操作。

表 2.2　列表与字典的基本操作（表中操作在交互器中进行）

| 功　能 | 列表操作 | | 字典操作 | |
|---|---|---|---|---|
| | 格　式 | 命令结果 | 格　式 | 命令结果 |
| 查询长度 | len(列表) | len(a)<br>4 | len(字典) | len(f)<br>2 |
| 查询某索引位上的值 | 列表[索引号] | a[1]<br>3 | 字典[键] | f['age']<br>30 |
| 元素赋值 | 列表[索引]=值 | a[2]=1<br>a<br>[1,3,1,10] | 字典[键]=值 | f['age']=28<br>f<br>{'age':28,'name':'shushuo'} |

续表

| 功能 | 列表操作 | | 字典操作 | |
|---|---|---|---|---|
| | 格式 | 命令结果 | 格式 | 命令结果 |
| 元素删除 | del 列表[索引] | del a[1]<br>a<br>[1,1,10] | del[字典键] | del f['name']<br>f<br>{'age': 28} |
| 成员资格 | 元素 in 列表 | 1 in a<br>True | 键 in 字典 | 'age' in f<br>True |

注：字典的操作都是针对键。

**注**：在 Python 中，数据类型错误通常有以下几种。

(1) 将不同类型的数据进行运算，例如，将字符串与整数相加。

错误示例：

```
m = '10'
n = 5
mn = m + n
print(mn)
```

正确示例：

```
m = '10'
n = 5
mn = int(m) + n
print(mn)
```

(2) 传递的数据类型不符合要求，例如，将整数传递给需要字符串类型的函数。

(3) 尝试访问不存在的索引。

错误示例：

```
list = [5,6,7,8]
print(list[4])
```

正确示例：

```
list = [5,6,7,8]
print(list[3])
```

(4) 访问不存在的变量，例如，尝试访问一个未定义的变量。

### 2.1.3 Python 函数

**1. def 自定义函数**

1) 定义规则

Python 的自定义函数分为有函数名称的 def 自定义函数和匿名的自定义函数 lambda。def 自定义函数是一段可重用的代码块，用于执行特定的任务。它通过函数名称来调用，接收输入(参数)并返回输出(结果)。

在 Python 中，用如下格式自定义函数。

```
def 函数名(参数列表):
    函数体
    return 值
```

def 与函数名之间通常是一个空格。冒号(:)表示接下来的代码是函数体,即具有特定功能的一组代码。函数体必须缩进。def 可以使用 return 来结束函数并返回需要返回的值。如果不使用 return 结束函数,则在没有返回值的情况下直接结束函数。

例如,定义一个平方函数 square(x),输入参数 x,返回 x 的平方。

(1) 有 return 的自定义函数。

```
def square(x):
    return x * x
#调用自定义函数
print(square(9))
```

运行结果如下。

```
81
```

(2) 无 return 的自定义函数。

```
def function():
    print('Hello, World!')
#调用自定义函数
function()
```

运行结果如下。

```
Hello, World!
```

2) 定义变参数函数

变参数函数就是传入的参数个数是可变的函数。在 Python 中,有两种方式来定义变参数函数:用一个星号(*)和两个星号(**)。用一个星号(*)来定义可以接收任意数量参数的函数,这些参数会被放入一个元组中。使用两个星号(**)来定义可以接收任意数量的关键字参数的函数,这些参数会被放入一个字典中。

(1) 用一个星号(*),传入的参数以元组形式存在于 args 中。

```
def function ( * args):
    print(args)
#调用函数
function (1,2,3)
```

运行结果如下。

```
(1, 2, 3)
```

(2) 用两个星号(**),传入的参数为以字典形式存在于 kwargs 中。

```
def function ( ** kwargs):
    print(kwargs)
#调用函数
function (a = 1, b = 2, c = 3)
```

运行结果如下。

```
{'a': 1, 'b': 2, 'c': 3}
```

**注**:args 是 arguments 的缩写,表示位置参数;kwargs 是 keyword arguments 的缩写,表示关键字参数。* args 表示允许传入任意数量的参数(包括 0 个参数,即无参数);** kwargs 表示允许传入任意数量的关键字参数(包括 0 个参数,即无参数)。

(3) 同时使用一个星号(*)和两个星号(**)。

```
def function ( * tuple, ** dict):
    print(tuple)
    print(dict)
#调用函数
function (1,2,3)
```

运行结果如下。

```
(1, 2, 3)
{}
```

```
#调用函数
function (1,2,3,a=1,b=2,c=3)
```

运行结果如下。

```
(1, 2, 3)
{'a': 1, 'b': 2, 'c': 3}
```

### 2. lambda 匿名函数

lambda 匿名函数,常用来表示内部仅包含一行表达式的函数。
语法:

```
函数名 = lambda 参数列表:表达式
```

1) 无参数

```
x = lambda: 2 + 2
print(x())
```

运行结果如下。

```
4
```

2) 一个参数

```
x = lambda a: a
print(x('hello world'))
```

运行结果如下。

```
hello world
```

3) 默认参数

```
x = lambda a, b, c=100: a + b + c
print(x(10, 20))
```

运行结果如下。

```
130
```

4) 带逻辑判断的 lambda

```
x = lambda a, b: a if a > b else b
print(x(1000, 500))
```

运行结果如下。

```
1000
```

3. Python 条件与循环

循环语句是在符合给定的循环条件下，用于反复执行某一操作。循环语句一般与条件控制语句搭配使用，根据条件是否成立来决定是否执行循环体。Python 中的循环语句包括 while 循环与 for 循环。

1) for 循环

for 循环是一种遍历循环，其基本语法是：for variable in sequence。其中，variable 表示变量名，sequence 表示要遍历的序列。for 循环在执行时会遍历序列中的每个元素执行代码块。for 循环的运行模式如图 2.2 所示。

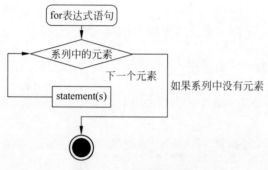

图 2.2　for 循环流程图

Python 中可供循环的序列很多，如列表、元组、字符串等。

（1）列表循环：遍历列表中的每一个元素。

```
numbers = [0,1,2,3,4,5]
for i in numbers:
    print(i)
```

运行结果如下。

```
0
1
2
3
4
5
```

注：Python 是用缩进来标识出哪一段命令属于本循环，因此缩进是不能省略的。

（2）元组循环：遍历元组中的每一个元素。

```
tuple = (9,8,7,6,5)
for i in tuple:
    print(i)
```

运行结果如下。

```
9
8
```

```
7
6
5
```

(3) 字符串循环：遍历字符串中的每一个字符。

```
string = 'hello'
for i in string :
    print(i)
```

运行结果如下。

```
h
e
l
l
o
```

(4) 字典循环：遍历字典中的每一个键。

```
dict = {'a':2,'b':4,'c':6,'d':8}
for i in dict:
    print(i)
```

运行结果如下。

```
a
b
c
d
```

(5) 遍历文件。

一般地，for 与 walk() 函数搭配用于遍历目标文件夹，结构是：

```
for root,dirs,files in os.walk(path):
```

其中，root 表示当前目录；dirs 表示子目录列表；files 表示文件列表。walk 函数在运行后返回一个包含当前遍历的目录名、当前目录下的所有子目录名和当前目录下的所有文件名的三元组。

```
import os                                    # 导入库
def traverse_dir(path):                      # 自定义函数,函数名是 traverse_dir,输入参数是 path
for root, dirs, files in os.walk(path):      # 对目标文件夹进行遍历,获取信息
    print('当前目录:', root)                 # 获取被遍历文件夹的路径
    print('子目录列表:', dirs)               # 获取被遍历文件夹中的子文件夹列表
    print('文件列表:', files)                # 获取被遍历文件夹中的文件列表
dir_path = 'C:\\量化金融\\第 2 章\\数据合集'   # 在 C 盘新建一个文件夹"量化金融",将本书的
                                             # 数据按章放入该文件夹中,即可运行本书与脚本中的程序
print('待遍历的目录为:', dir_path)
print('遍历结果为:')
traverse_dir(dir_path)                       # 调用自定义函数 traverse_dir,输入的参数是 dir_path
```

运行结果如下。

```
待遍历的目录为:C:\量化金融\第 2 章\数据合集
遍历结果为:
当前目录:C:\量化金融\第 2 章\数据合集
子目录列表:[]
文件列表:['上证指数 12 月 25－29 数据.xlsx', '人民币汇率中间价.xls']
```

for 循环语句还常与 range() 函数同用。range(start,stop,step) 函数会生成从 start 开始,到 stop-1 结束,步长为 step 的数字序列。当 start 处无值时,默认从 0 开始生成数字。

```
#range(start,stop[,step])函数(生成 0~4 的序列)
for i in range(5):    #range(5)是指生成从 0 开始到 4 结束的数字,步长为 1。因为 range()默认从
#0 开始,步长为 1,所以 range(5)没有写从 0 开始,也没有写步长
    print(i)
```

运行结果如下。

```
0
1
2
3
4
```

```
#生成 2~8,步长为 2 的序列
for i in range(2,10,2):
    print(i)
```

运行结果如下。

```
2
4
6
8
```

**注**:for 循环语句后记得加冒号,这是循环语句中不可缺少的一部分。

(6) 列表推导式。

列表推导式允许直接将运算应用于列表的每个元素并生成新列表,其语法结构如下。

```
new_list = [expression for item in iterable if condition]
```

其中:
- if condition 是可选部分。
- expression 是新列表中的元素,不可省略。
- iterable 是一个可迭代对象。

```
#基本结构
list = [1, 2, 3, 4, 5]
new_list = [x + 2 for x in list]
print(new_list)
```

运行结果如下。

```
[3, 4, 5, 6, 7]
```

```
#嵌套循环
list_1 = [1, 2]
list_2 = ['A', 'B']
new_list = [(x,y) for x in list_1 for y in list_2]
# ---- [(x,y) for x in list_1 for y in list_2]等同于: ----
#new_list = []
#for x in list_1:
#    for y in list_2:
#        new_list_0 = [(x,y)]
#        new_list = new_list + new_list_0
# ----------------------------------------------------------
print(new_list)
```

运行结果如下。

```
[(1, 'A'), (1, 'B'), (2, 'A'), (2, 'B')]
```

```
# 带 if 逻辑判断, if 在 for 后
p = []
p = [2 * v for v in range(10) if v % 2 == 0]  # 只有满足 if 条件的才保留
# -----[(x,y) for x in list_1 for y in list_2]等同于: ----
# for v in range(10):
#       if v % 2 == 0:  # % 是求余的运算符. 如果 v 除以 2 等于 0, 则运行下一条代码
#             p.append(2 * v)
# ------------------------------------------------------------------
print(p)
```

运行结果如下。

```
[0, 4, 8, 12, 16]
```

```
# 带 if 逻辑判断, if 在 for 前
list = [2, 3, 4, 5, 6]
list_1 = []
list_1 = [x ** 2 if x % 2 == 0 else x ** 3 for x in list]
print(list_1)
```

运行结果如下。

```
[4, 27, 16, 125, 36]
# ----[x ** 2 if x % 2 == 0 else x ** 3 for x in list]等同于----
# list = [2, 3, 4, 5, 6]
# list_1 = []
# for x in list:
#     if x % 2 == 0:
#         list_1.append(x ** 2)
#     else:
#         list_1.append(x ** 3)
# print(list_1)
# ------------------------------------------------------------------
```

2) while 循环

while 循环也很常见。while 循环在条件为真时会重复执行代码块。该语句的运行模式如图 2.3 所示。该语句的语法结构为

```
while 条件:
        执行语句
```

```
# 每次循环后 i+1, 直至 i=5, 结束循环
i = 0
while i < 5:
    i += 1  # i+=1 等价于 i=i+1
    print(f'这是第{i}次')  # print()中加 f 后, 可以在字符串里面使用花括号, 花括号中可以使用
                          # 变量或者表达式
```

运行结果如下。

```
这是第 1 次
这是第 2 次
这是第 3 次
这是第 4 次
这是第 5 次
```

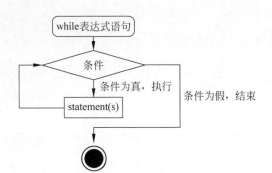

图 2.3  while 循环流程图

4. break 与 continue 语句

在 Python 中，break 和 continue 是两个重要的控制语句，它们用于控制循环的执行流程。break 语句通常用于中断循环。当它在循环中使用时，即使循环内还有未处理的数据，它也会立即终止该循环，即 break 语句允许在满足一定条件下退出整个循环。当 break 语句用在 for 或 while 循环中，可以跳出当前的循环。break 语句的运行模式如图 2.4 所示。

break 语句示例：

```
for LETTER in range(2):          # LETTER 依次读取 0、1，最初读取 0
    for letter in 'ABCD':        # letter 依次读取 A、B、C、D
        if letter == 'C':        # 如果 letter 等于 C
            break                # 中断循环，跳出当前循环，LETTER 读取 1
        else:                    # 如果 letter 不等于 C，执行下面的 print()函数
            print('打印当前字母',letter)
```

运行结果如下。

```
打印当前字母 A
打印当前字母 B
打印当前字母 A
打印当前字母 B
```

continue 语句则是用来跳过当前循环的剩余语句，并继续进行下一轮循环。与 break 不同的是，continue 不会终止整个循环的执行，而是仅结束本次循环。因此，continue 通常用于在当前循环不满足条件时，提前结束本次循环，以便转到下一个条件的评估。该语句运行模式如图 2.5 所示。

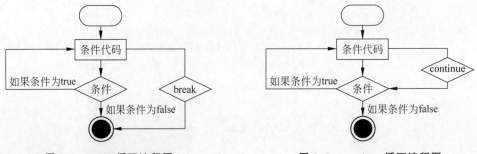

图 2.4  break 循环流程图　　　　　　　　图 2.5  continue 循环流程图

continue 语句示例：

```
for LETTER in range(2):      #LETTER 依次读取 0、1。最初读取 0
    for letter in 'ABCD':    #letter 依次读取 A、B、C、D
        if letter == 'C':    #如果 letter 等于 C
            continue         #中断循环,不跳出当前循环,letter 读取 D
        else:                #如果 letter 不等于 C,执行下面的 print()函数
            print('打印当前字母',letter)
```

运行结果如下。

```
打印当前字母 A
打印当前字母 B
打印当前字母 D
打印当前字母 A
打印当前字母 B
打印当前字母 D
```

5．if 语句

Python 中的 if 语句是一种控制结构，用于根据某个条件的值来决定是否执行特定的代码块。它主要用于分支控制，即根据不同的条件执行不同的代码部分。以下是 Python 中涉及 if 的一些常见用法。

1）if 语句的语法结构

```
if 条件：
    条件成立时执行的语句
```

```
j = 2.67
if j < 3:
    print ('j < 3')
```

运行结果如下。

```
j < 3
```

2）if-else 语句的语法结构

```
if 条件：
    当条件成立时执行的语句
else:
    当条件不成立时执行的语句
```

```
num = int(input("请输入一个数字:"))   #input()函数接收从 Python 交互器中输入的整数,并以字
                                    #符串类型返回结果
if num % 2 == 0:
    print(num, "是偶数")
else:
    print(num, "是奇数")
```

运行结果如下。

```
请输入一个数字:4
4 是偶数
```

3) if-elif-else 语句

```
if 条件 1：
    当条件 1 成立时执行的语句
elif 条件 2：
    当条件 2 成立时执行的语句
else：
    当条件 1、2 都不成立时执行的语句
```

```
t = 3
if t < 3:
    print ('t < 3')
elif t == 3:
    print ('t = 3')
else:
    print ('t > 3')
```

运行结果如下。

```
t = 3
```

**注**：使用 if 语句的注意事项如下。

(1) if 语句中的判断条件可以使用任何能够取得 True 或 False 的布尔值的语句或函数。如果条件表达式不产生布尔值，在执行时 Python 会将其转换为布尔值再进行判断。对于 0、空字符串''、空列表[ ]、空字典{ }、空元组( )等"空"值，Python 会将其转换为 False；而非零数值、非空字符串、非空列表、非空字典等"非空"值则会被转换为 True。

(2) 用缩进表示层次关系。

(3) if 语句可以嵌套使用。

(4) 不要遗漏冒号。

## 2.2 数据处理常用的库

在金融领域，Python 常被用于处理分析数据，具体内容涉及数据加载、数据清洗、数据探索、数据可视化和模型构建等。在分析处理数据过程中，常用的库是 Pandas 库和 NumPy 库等。

### 2.2.1 数据分析

Python 有许多强大的库和工具用于数据处理，如 NumPy、Pandas、Matplotlib 和 Scikit-learn 等。这些库提供了丰富的功能和方法，使得处理和分析数据变得更加高效和方便。

### 2.2.2 相关库

在 Python 编程中，库是指一组已经编写好的可重用代码的集合，通常包含特定的功能、数据结构、算法和接口，可以让程序员不必重新编写所有代码，从而帮助程序员更快速地实现特定的任务。Python 中关于数据处理最常用的库为 Pandas、NumPy、Scikit-Learn、Matplotlib、Seaborn。库中含有许多函数，在实际使用前需要使用 import( ) 函数导入模块。

1. Matplotlib 库

Matplotlib 是一个广泛使用的 Python 数据可视化库，它可以创建各种类型的图表、图形和可视化效果，适用于各种数据分析和可视化任务。

2. Seaborn 库

Seaborn 是一个基于 Matplotlib 的 Python 数据可视化库，它提供了一种更高级别的接口，专门用于绘制具有统计意义的图形，进一步丰富了 Python 数据可视化图形库。

3. NumPy 库

NumPy 库是 Python 的一个非常重要的科学计算库。NumPy 本身可以理解为列表或者数组，一个 NumPy 数组就是一个由不同数值组成的网格。网格中的数据都是同一种数据类型，可以通过非负整型数的元组来访问。维度的数量被称为数组的阶，数组的大小是一个由整数型构成的元组，可以描述数组不同维度上的大小。

1）创建数组

```
#导入 NumPy 库
import numpy as np
#生成数组(将列表转换为数组)
A = np.array([1,2,3,4,5,6])
print(A)
```

运行结果如下。

```
[1 2 3 4 5 6]
```

```
#生成 3 行 4 列的全 0 数组
A = np.zeros((3,4))
print(A)
```

运行结果如下。

```
[[0. 0. 0. 0.]
 [0. 0. 0. 0.]
 [0. 0. 0. 0.]]
```

```
#生成 3 行 4 列的全 1 数组
A = np.ones((3,4))
print(A)
```

运行结果如下。

```
[[1. 1. 1. 1.]
 [1. 1. 1. 1.]
 [1. 1. 1. 1.]]
```

```
#生成 4×4 的单位矩阵数组
A = np.identity(4)
print(A)
```

运行结果如下。

```
[[1. 0. 0. 0.]
 [0. 1. 0. 0.]
 [0. 0. 1. 0.]
 [0. 0. 0. 1.]]
```

```python
#生成1~9、步长为2的数组
A = np.arange(1,10,2)
print(A)
```

运行结果如下。

```
[1 3 5 7 9]
```

2) 切片

NumPy库提供了强大高效的处理数组的功能,此处以2023年12月25~29日的上证指数为例,介绍本教材中常用的NumPy库处理数组的功能。首先介绍切片。

```python
import numpy as np
import pandas as pd
#读取数据并将数据转换为NumPy数组
#读取Excel文件并存储为DataFrame
path = 'C:\\量化金融\\第2章\\数据合集'
#读取Excel格式数据,其中,path为要读取的文件的绝对路径,默认sheetname = 0,即默认读取
Excel中的第一个工作表;header = 0,表示用第一行作为列标签,若header = None,则表明数据中没有
列标签;index_col = 0表示用第一列作为行索引,若index_col = None,则表明数据中没有行索引
df = pd.read_excel(path + '\\' + '上证指数12月25-29数据.xlsx', sheet_name = 0, header =
0, index_col = None)
#将DataFrame转换为NumPy数组
data = np.array(df)
print(data)
```

运行结果如下。

```
[[ 2.91881e+03  2.90988e+03  2.92063e+03  2.90399e+03  1.40000e-03]
 [ 2.89888e+03  2.91797e+03  2.91797e+03  2.89284e+03 -6.80000e-03]
 [ 2.91461e+03  2.90015e+03  2.91796e+03  2.89017e+03  5.40000e-03]
 [ 2.95470e+03  2.91311e+03  2.96165e+03  2.90939e+03  1.38000e-02]
 [ 2.97493e+03  2.95084e+03  2.97503e+03  2.95002e+03  6.80000e-03]]
```

(1) 读取数组第1行(类似行索引是0)和第4行(类似行索引是3),第1行与第4行没有连续。

```python
A = data[[0,3],:] #该代码等同于A = data[[0,3]],即去除逗号(,)和冒号(:)
#A = data[3]等同于A = data[3,:],即读取第4行
print(A)
```

运行结果如下。

```
[[2.91881e+03 2.90988e+03 2.92063e+03 2.90399e+03 1.40000e-03]
 [2.95470e+03 2.91311e+03 2.96165e+03 2.90939e+03 1.38000e-02]]
```

(2) 读取数组第1~3行。

```python
A = data[0:3,:] #该代码等同于A = data[0:3],即去除逗号(,)和冒号(:)
print(A)
```

运行结果如下。

```
[[ 2.91881e+03  2.90988e+03  2.92063e+03  2.90399e+03   1.40000e-03]
 [ 2.89888e+03  2.91797e+03  2.91797e+03  2.89284e+03  -6.80000e-03]
 [ 2.91461e+03  2.90015e+03  2.91796e+03  2.89017e+03   5.40000e-03]]
```

(3) 读取数组第 1 列和第 4 列。

```
A = data[:,[0,3]]
print(A)
```

运行结果如下。

```
[[2918.81 2903.99]
 [2898.88 2892.84]
 [2914.61 2890.17]
 [2954.7  2909.39]
 [2974.93 2950.02]]
```

(4) 读取行索引是 0~2，列索引是 1~2 的数组。

```
A = data[0:3,1:3]
print(A)
```

运行结果如下。

```
[[2909.88 2920.63]
 [2917.97 2917.97]
 [2900.15 2917.96]]
```

(5) 读取数组第 1 行第 2 列和第 4 行第 4 列的两个数值。

```
A = data[[0,3],[1,3]]
print(A)
```

运行结果如下。

```
[2909.88 2909.39]
```

3) 其他运算

(1) 均值(计算每一列的均值)。

```
A = np.mean(data,axis = 0)  #axis 取 0 表示沿着纵轴从上向下,对每一列求均值;取 1 表示沿着
                            #横轴从左向右,对每一行求均值
print(A)
```

运行结果如下。

```
[2.932386e+03 2.918390e+03 2.938648e+03 2.909282e+03 4.120000e-03]
```

(2) 最大值(计算每一列的最大值)。

```
A = np.max(data, axis = 0)
print(A)
```

运行结果如下。

```
[2.97493e+03 2.95084e+03 2.97503e+03 2.95002e+03 1.38000e-02]
```

(3) 最小值(计算每一列的最小值)。

```
A = np.min(data,axis = 0)
print(A)
```

运行结果如下。

[ 2.89888e+03  2.90015e+03  2.91796e+03  2.89017e+03  -6.80000e-03]

(4) 中位数（读取每一列的中位数）。

```
A = np.median(data,axis = 0)
print(A)
```

运行结果如下。

[2.91881e+03 2.91311e+03 2.92063e+03 2.90399e+03 5.40000e-03]

(5) 排序。

```
#用函数np.sort()进行排序.axis取0表示对每一列排序,取1表示对每一行排序
A = np.sort(data,axis = 0)
print(A)
```

运行结果如下。

```
[[ 2.89888e+03  2.90015e+03  2.91796e+03  2.89017e+03  -6.80000e-03]
 [ 2.91461e+03  2.90988e+03  2.91797e+03  2.89284e+03   1.40000e-03]
 [ 2.91881e+03  2.91311e+03  2.92063e+03  2.90399e+03   5.40000e-03]
 [ 2.95470e+03  2.91797e+03  2.96165e+03  2.90939e+03   6.80000e-03]
 [ 2.97493e+03  2.95084e+03  2.97503e+03  2.95002e+03   1.38000e-02]]
```

```
#用函数np.argsort()对特定行或者列进行排序
#对特定行进行排序
print(data[2, :])  #查看第3行
```

运行结果如下。

[2.91461e+03  2.90015e+03  2.91796e+03  2.89017e+03  5.40000e-03]

```
#还没有排序,此时5个元素的索引号分别是[0,1,2,3,4].即2.91461e+03的索引号是0,2.90015e
#+03的索引号是1……5.40000e-03的索引号是4
print(np.argsort(data[2,:]))  #查看第3行各元素在排序后的位次变化.此代码等同于print
                               #(np.argsort(data[2]))
```

运行结果如下。

[4 3 1 0 2]

```
#在5个元素中,5.40000e-03的值最小,排序前,该数值的索引号是4,排序后,索引号调整到0号
#位,即在[4 3 1 0 2]的0号位。在5个元素中,2.91796e+03的值最大,排序前,该数值的索引号是
#2,排序后,索引号调整到4号位,即在[4 3 1 0 2]的4号位。从小到大排序
A = data[:,np.argsort(data[2,:])]  #以第3行各元素新的索引号调整其他元素,不修改原数组,
                                    #即整列移动。此代码等同于A = data[:,np.argsort(data[2])]
#如果要从大到小排序,添加[::-1]即可,A = data[:,np.argsort(data[2,:])[::-1]]
print(A)
```

运行结果如下。

```
[[ 1.40000e-03   2.90399e+03   2.90988e+03   2.91881e+03   2.92063e+03]
 [-6.80000e-03   2.89284e+03   2.91797e+03   2.89888e+03   2.91797e+03]
 [ 5.40000e-03   2.89017e+03   2.90015e+03   2.91461e+03   2.91796e+03]
 [ 1.38000e-02   2.90939e+03   2.91311e+03   2.95470e+03   2.96165e+03]
 [ 6.80000e-03   2.95002e+03   2.95084e+03   2.97493e+03   2.97503e+03]]
#排序前,5.40000e-03与-6.80000e-03同属一列,排序后,仍然同属一列
```

```
#对特定列进行排序
A = data[np.argsort(data[:,2])] #从小到大排序
#上述代码的含义是,data[:,2]是提取第 3 列[2920.63 2917.97 2917.96 2961.65 2975.03]。
#np.argsort(data[:,2])是对第 3 列进行排序,获得排序后各元素索引号新的位次[2 1 0 3 4]。
#例如,在 5 个元素中,2917.96 的值最小,排序前索引号是 2,排序后索引号调整到 1 号位。2975.03
#的值最大,排序前索引号是 4,排序后索引号仍然在 4 号位
#如果要从大到小排序,添加[::-1]即可,A = data[np.argsort(data[:,2])[::-1]]
print(A)
```

运行结果如下。

```
[[ 2.91461e+03  2.90015e+03  2.91796e+03  2.89017e+03  5.40000e-03]
 [ 2.89888e+03  2.91797e+03  2.91797e+03  2.89284e+03 -6.80000e-03]
 [ 2.91881e+03  2.90988e+03  2.92063e+03  2.90399e+03  1.40000e-03]
 [ 2.95470e+03  2.91311e+03  2.96165e+03  2.90939e+03  1.38000e-02]
 [ 2.97493e+03  2.95084e+03  2.97503e+03  2.95002e+03  6.80000e-03]]
```

(6) 对数组中所有元素取绝对值。

```
A = np.abs(data)
print(A)
```

运行结果如下。

```
[[2.91881e+03 2.90988e+03 2.92063e+03 2.90399e+03 1.40000e-03]
 [2.89888e+03 2.91797e+03 2.91797e+03 2.89284e+03 6.80000e-03]
 [2.91461e+03 2.90015e+03 2.91796e+03 2.89017e+03 5.40000e-03]
 [2.95470e+03 2.91311e+03 2.96165e+03 2.90939e+03 1.38000e-02]
 [2.97493e+03 2.95084e+03 2.97503e+03 2.95002e+03 6.80000e-03]]
```

上述是关于 NumPy 库主要函数的介绍,这些主要函数的归纳如表 2.3 所示。

表 2.3 NumPy 库主要函数的归纳

| | 语　　法 | 作　　用 |
|---|---|---|
| 创建数组 | np.array([list]) | 将列表转换为数组 |
| | np.zeros((m,n)) | 生成 m 行 n 列的全 0 数组 |
| | np.ones((m,n)) | 生成 m 行 n 列的全 1 数组 |
| | np.identity(m) | 生成 m×m 的单位矩阵数组 |
| | np.arange(start,stop,step) | 生成从 start 到 stop-1 的数组,步长为 step |
| 处理数组 | data[m,:] | 返回第 m+1 行。等同于 data[m] |
| | data[m:n,:] | 返回第 m+1 行到第 n 行的多行数组。等同于 data[m:n] |
| | data[[m,n],:] | 返回第 m+1 行和第 n+1 行两行数组。等同于 data[[m,n]] |
| | data[:,m] | 返回第 m+1 列 |
| | data[:,m:n] | 返回第 m+1 列到第 n 列的多列数组 |
| | data[:,[m,n]] | 返回第 m+1 列和第 n+1 列两列数组 |
| | data[m:n,a:b] | 返回行索引是 m~n-1,列索引是 a~b-1 的数组 |
| | data[[m,n],[a,b]] | 返回第 m+1 行第 a+1 列和第 n+1 行第 b+1 列两个数值 |
| | np.mean(data,axis=0) | 当 axis = 0 时,返回列均值;当 axis=1 时,返回行均值 |
| | np.max(data, axis =0) | 当 axis = 0 时,返回列最大值;当 axis=1 时,返回行最大值 |
| | np.min(data, axis =0) | 当 axis = 0 时,返回列最小值;当 axis=1 时,返回行最小值 |
| | np.median(data,axis =0)) | 当 axis = 0 时,返回列中值;当 axis=1 时,返回行中值 |
| | np.sort(data,axis =0) | 对数据从小到大进行排序 |
| | data[:,np.argsort(data[m,:])] | 对第 m+1 行排序 |
| | np.abs(data) | 返回数组中所有元素的绝对值 |

#### 4. Pandas 库

在 NumPy 数组的基础上添加索引,便构成了 Pandas 数据类型。Pandas 是基于 NumPy 的更高级库,因其纳入了大量库和部分标准的数据模型,所以在 Python 数据分析中被大量应用。

Pandas 库中最常用的数据类型是 Series 和 DataFrame。Pandas 库和 NumPy 库都可用于数据分析,但 NumPy 库生成的是 ndarray(数组),而 Pandas 库生成的是 Series 和 DataFrame 对象。

1) Series 结构

Series 是拥有数据与索引的 1 维数组。它可以存储任何类型的数据,如整数、浮点数、字符串等。Series 具有两个主要的属性,即索引和值。索引是 Series 中每个值的标识符,可以将索引认为是该数组的标签;值是存储在 Series 中的数据。

```
#导入库
import pandas as pd
import numpy as np
```

(1) 创建 Series。

```
#使用列表创建 Series
data1 = pd.Series([0,2,4,6,8])
print(data1)
```

运行结果如下。

```
0    0
1    2
2    4
3    6
4    8
```

```
#使用字典创建 Series
data2 = pd.Series({'a':0,'b':1,'c':3,'d':4,'e':5})
print(data2)
```

运行结果如下。

```
a    0
b    1
c    3
d    4
e    5
```

```
#左闭右开,创建数组 7~11
arr = np.arange(7,12)
data3 = pd.Series(arr)   #使用数组创建 Series
print(data3)
```

运行结果如下。

```
0    7
1    8
2    9
3    10
4    11
```

注:pd.Series 中的 S 大写。

关于索引,Series 结构的第一列为索引,第二列即为值。当通过列表创建 Series 时,列表元素为 Series 的值,索引默认为从 0 开始的整数。当使用字典创建 Series 时,字典中的键为 Series 的索引,字典中的值则成为 Series 结构的值。当使用 NumPy 数组创建 Series 时,与列表创建 Series 相似。

(2) Series 基础语法。

```
#获取 Series 的值
Values = data2.values
print(Values)
```

运行结果如下。

```
[0 1 3 4 5]
```

```
#获取 Series 的索引
Index = data2.index
print(Index)
```

运行结果如下。

```
Index(['a', 'b', 'c', 'd', 'e'], dtype = 'object')
```

```
#判断 Series 中是否存在缺失数据
print(data2.isnull().all())
```

运行结果如下。

```
False
```

```
#Series 切片
#根据索引读取该索引所对应的值
Values = data2['b']  #根据单索引标签'b'读取值。如果是 data2[['b']],运行的结果带有行标签,
                    #即 b    1
print(Values)
```

运行结果如下。

```
1
```

**注意**:目前 data2[1]仍然可以正常运行,但是该代码已被 data2.iloc[1]所替代,因此程序运行完毕后将出现错误提示。

```
Values = data2[1]      #根据索引位置读取值
print(Values)
```

运行结果如下。

```
1
```

```
Values = data2['b':'d']  #根据索引标签'b'到'd'读取值
print(Values)
```

运行结果如下。

```
b    1
c    3
d    4
```

```
Values = data2[1:3]  #根据索引位置 1~3 读取值
print(Values)
```

运行结果如下。

```
b    1
c    3
```

```
Values = data2[0:5:2]  #根据索引位置0~4读取值,步长为2
print(Values)
```

运行结果如下。

```
a    0
c    3
e    5
```

```
#根据列表读取
Values = data2[['b']]  #根据列表值读取,列表中有索引标签'b'
print(Values)
```

运行结果如下。

```
b    1
```

```
Values = data2[[1]]  #根据列表值读取,列表中有索引位置1。另外,目前data2[[1]]仍然可以正
                     #常运行,但是该代码已被data2.iloc[[1]]所替代。
print(Values)
```

运行结果如下。

```
b    1
```

**注**：读取Series中的元素时,data2['b']（或者data2[1]）和data2[['b']]（或者data2[[1]]）读取的信息不同,原因在于使用data2['b']、data2[1]读取信息时,这意味着正在访问名为'b'的索引（或者访问索引位置是1）所对应的值,由于'b'（或者1）是一个单一的索引,所以返回的是这个索引对应的单个值。

当使用data2[['b']]（或者data2[[1]]）时,Pandas会将其解释为一个列表,并尝试返回与这个列表中的每个索引相对应的数据。同理,有下列示例。

```
Values = data2[['b','d']]  #根据列表值读取,列表中有索引标签'b'、'd'
print(Values)
```

运行结果是如下。

```
b    1
d    4
```

```
Values = data2[[1,3]]  #根据列表值读取,列表中有索引1、3
print(Values)
```

运行结果如下。

```
b    1
d    4
```

(3) Series的简单数学运算。

```
#Series序列的简单相加
Values = data1 + data3  #因索引类型不同,data1 + data2无法得到类似data1 + data3的结果.
                #当data1 + data2这两个Series序列进行运算时,索引无法一一对
                #应的情况下,该索引下的值返回NaN
print(Values)
```

运行结果是如下。

```
0    7
1    10
2    13
3    16
4    19
```

```
#Series 序列的乘法
Values = data2 * 2
print(Values)
```

运行结果如下。

```
a    0
b    2
c    6
d    8
e    10
```

```
data4 = pd.Series({'q':0,'a':1,'z':3,'d':4,'e':5})
Values = data2 + data4        #索引类型相同,索引不同
print(Values)
```

运行结果如下。

```
a    1.0
b    NaN
c    NaN
d    8.0
e    10.0
q    NaN
z    NaN
```

上述是关于 Series 序列主要操作的介绍,这些主要操作的归纳如表 2.4 所示。

表 2.4  Series 结构操作语法

| 语　　法 | 作　　用 |
| --- | --- |
| pd.Series(data,index,dtype, name,copy) | 用于创建 Series 数组,其中,data 表示一组数据(ndarray 类型);index 为数据索引标签,如果不指定,默认从 0 开始。dtype 为数据类型,默认会自己判断。name 为设置名称。copy 为复制数据,默认为 False |
| data.values | 返回 Series 的值 |
| data.index | 返回 Series 的索引 |
| data.isnull().all() | 判断 Series 中是否有缺失数据,有则返回 True,没有则返回 False |
| data[['index_name']] | 切片某一行(包括索引和值) |
| data['index_name'] | 返回某一行索引对应的值 |
| data[start:stop:step] | 按照位置对 Series 进行切片,切片位置为 start 到 stop-1 号位,step 为切片步长 |
| data1+data2 | Series 序列相加 |

2) 创建 DataFrame

DataFrame 是一个类似于表格的 2 维数据结构,其中存储了多个 Series。它由行索引(index)、列索引(columns)和值(values)组成,可以容纳各种类型的数据,常用于处理表格数据。

DataFrame 对象既有行索引,又有列索引。
- 行索引:表明不同行,称为行索引(index),axis=0。
- 列索引:表明不同列,称为列索引或者列标签(columns),axis=1。

```
import pandas as pd
```

(1) 单个 Series 对象转换为 DataFrame。

```
a = pd.Series([1,2,3,4,5,6])
df = pd.DataFrame(a,columns = ['Numbers'])    #列索引是字符串 Numbers
print(df)
```

运行结果如下。

```
   Numbers
0      1
1      2
2      3
3      4
4      5
5      6
```

(2) 多个 Series 对象转换为 DataFrame。

```
a = pd.Series([1,2,3,4,5])
b = pd.Series([2,6,4,6,8])
c = pd.Series([1,3,5,7,9])
data = {'AA':a,'BB':b,'CC':c}
df1 = pd.DataFrame(data,columns = ['AA','BB','CC'])
#也可以使用 df1 = pd.DataFrame.from_records(data,columns = ['AA','BB','CC'])
print(df1)
```

运行结果如下。

```
   AA  BB  CC
0   1   2   1
1   2   6   3
2   3   4   5
3   4   6   7
4   5   8   9
```

Series 和 Dataframe 的关系可以类比元素与集合的关系。任意取 DataFrame 中的一行或一列的,返回的结果类型都是 Series,因此一个或多个 Series 可以创建一个 Dataframe。

(3) 由 NumPy 数组转换为 DataFrame。

```
arr = np.arange(12)            #由 arange 产生数值 0~11,这 12 个数组成一个 1 维 NumPy 数组
Arr = arr.reshape(4,3)         #将数组 arr 通过 reshape 转换为 4×3 的 2 维数组
col = ['AA',1+2,'CC']
df2 = pd.DataFrame(Arr,columns = col)    #创建 Dataframe
print(df2)
```

运行结果如下。

```
   AA  3  CC
0   0  1   2
1   3  4   5
```

```
2  6  7   8
3  9  10  11
```

3) 切片

DataFrame 支持许多操作,包括替换选择、筛选、排序和分组等。

(1) 替换列标签。

```
df1.index = ['i','j','k','l','m']  #将 df1 的行索引替换为 i、j、k、l、m
print(df1)
```

运行结果如下。

```
   AA  BB  CC
i  1   2   1
j  2   6   3
k  3   4   5
l  4   6   7
m  5   8   9
```

(2) 通过列标签读取。

```
Data = df1['AA']  #选择单个列 AA
print(Data)
```

运行结果如下。

```
i  1
j  2
k  3
l  4
m  5
Name: AA, dtype: int64
```

```
Data = df1[['AA']]  #选择单个列 AA
print(Data)
```

运行结果如下。

```
   AA
i  1
j  2
k  3
l  4
m  5
```

**注**:与读取 Series 中的元素类似,df1['AA']和 df1[['AA']]读取的信息不同,原因在于使用 df1['AA']读取信息时,这意味着正在访问名为'AA'的索引所对应的值,由于'AA'是一个单一的索引,所以返回的是 Series。

当使用 df1[['AA']]时,Pandas 会将其解释为一个列表,并尝试返回与这个列表中的每个索引相对应的数据,返回的是 DataFrame。

同理,有下列示例。

```
Data = df1[['AA','CC']]  #选择多个列
print(Data)
```

运行结果如下。

```
    AA  CC
i   1   1
j   2   3
k   3   5
l   4   7
m   5   9
```

(3) 读取第 1 行(类似行索引是 0)和第 4 行(类似行索引是 3)数据,第 1 行与第 4 行没有连续。

```
Data = df1.iloc[[0,3],:]  #因为采用的索引是数字型,索引使用函数 iloc()
print(Data)
```

运行结果如下。

```
    AA  BB  CC
i   1   2   1
l   4   6   7
```

```
Data = df1.loc[['i','l'],:]  #因为采用的索引是字符型,索引使用函数 loc()
print(Data)
```

运行结果如下。

```
    AA  BB  CC
i   1   2   1
l   4   6   7
```

(4) 读取第 1~3 行数据。

```
Data = df1.iloc[0:3,:]
print(Data)
```

运行结果如下。

```
    AA  BB  CC
i   1   2   1
j   2   6   3
k   3   4   5
```

```
Data = df1.loc['i':'k',:]
print(Data)
```

运行结果如下。

```
    AA  BB  CC
i   1   2   1
j   2   6   3
k   3   4   5
```

(5) 读取第 1~3 列数据。

```
Data = df1.iloc[:,0:3]
print(Data)
```

运行结果如下。

```
    AA  BB  CC
i   1   2   1
j   2   6   3
```

```
k  3  4  5
l  4  6  7
m  5  8  9
```

```
Data = df1.loc[:,'AA':'CC']
print(Data)
```

运行结果如下。

```
   AA  BB  CC
i  1   2   1
j  2   6   3
k  3   4   5
l  4   6   7
m  5   8   9
```

(6) 读取行标签是 0 和 3,列标签是 0 和 2 的数据。

```
Data = df1.iloc[[0,3],[0,2]]
print(Data)
```

运行结果如下。

```
   AA  CC
i  1   1
l  4   7
```

(7) 读取行标签从 0 到 2,列标签从 0 到 1 的数据。

```
Data = df1.iloc[0:3,0:2]
print(Data)
```

运行结果如下。

```
   AA  BB
i  1   2
j  2   6
k  3   4
```

4) 其他运算

(1) 数据的筛选。

```
Data = df1[df1['AA']>3]  #在第一列中筛选大于 3 的数字。运行 df1['AA']>3,得到布尔值。AA 列
                         #中,元素 4、5 大于 3,所以这两个元素的布尔值是 True。其他元素小于 3,所以布尔值是 False。根
                         #据布尔值从 df1 中提取元素 4、5 所在的行,得到 Data
print(Data)
```

运行结果如下。

```
   AA  BB  CC
l  4   6   7
m  5   8   9
```

(2) 排序。

```
Data = df1.sort_values(by = 'BB',ascending = False)  #ascending 取 False 时,BB 列从大到小排
                                                      #序。ascending 取 True 时,BB 列从小到大排序
print(Data)
```

运行结果如下。

```
   AA  BB  CC
m   5   8   9
j   2   6   3
l   4   6   7
k   3   4   5
i   1   2   1
```

(3) 数据的修改。

```
df1['BB'][0] = 10      #将 BB 列第 1 个数字改为 10。在 Pandas 3.0 中,df1['BB'][0]这种代码格
                       #式已被取消。通常可以用 df1.iloc[0,df1.columns.get_loc('BB')]替代 df1['BB'][0]。
df1.iloc[0,:] = [5,6,7] #将第 1 行改为 5,6,7
print(df1)
```

运行结果如下。

```
   AA  BB  CC
i   5   6   7
j   2   6   3
k   3   4   5
l   4   6   7
m   5   8   9
```

(4) 数据的删除(删除第一列)。

```
df2 = df1.drop(['AA'],axis = 1)
print(df2)
```

运行结果如下。

```
   BB  CC
i   2   1
j   6   3
k   4   5
l   6   7
m   8   9
```

上述是关于 DataFrame 主要操作的介绍,这些主要操作的归纳如表 2.5 所示。Pandas 与 NumPy 切片的对比如表 2.6 所示。

表 2.5 DataFrame 操作语法

| 语　　法 | 作　　用 |
| --- | --- |
| pd.DataFrame(a,columns = ['column_name']) | 利用数据 a 创建 DataFrame |
| pd.DataFrame.from_records(data,columns = ['column_name','column_name']) | 利用数据集 data 创建 DataFrame |
| data.head() | 查看数据表的前 5 行 |
| data.tail() | 查看数据表的后 5 行 |
| data.describe() | 查看数据表的主要指标 |
| data[data['column_name']>value] | 筛选某一列中大于 value 的值 |
| data.sort_values(by = 'B',ascending = False) | 对 B 列排序,其中,ascending 取 False 时从大到小排序;取 True 时从小到大排序 |
| data['column_name'][m] = value | 对某列第 m+1 位元素赋值 |
| data.iloc[m,:] =[value,value,value] | 对第 m+1 行赋值 |

续表

| 语　　法 | 作　　用 |
|---|---|
| data.drop(['columns_name'],axis=1) | 删除某一列 |
| data['columns_name'].sum() | 求特定列的和 |
| data['columns_name'].mean(axis=0) | 求特定行或列的均值,若 axis=0,则求列平均;若 axis=1,则求行平均 |
| data['columns_name'].count() | 计某一列的非 NaN 元素个数,若要包括 NaN 元素个数,则用 data.size() |
| data.mode(axis=0) | 求特定行或列的众数,若 axis=0,则求列的众数;若 axis=1,则求行的众数 |

表 2.6　Pandas 与 NumPy 切片对比

| NumPy | Pandas | 作　　用 |
|---|---|---|
| data[m,:] | Data.iloc[m,:]或 Data.loc['i',:] | 读第 m+1 行或第'i'行,i 是行标签 |
| data[m:n,:] | Data.iloc[m:n,:]或 Data.loc['i': 'j',:] | 读取第 m+1~n 行或第 i~j 行 |
| data[[m,n],:] | Data.iloc[[m,n],:]或 Data.loc[['i','j'],:] | 读取第 m+1 行和第 n+1 行或第 i 行和第 j 行 |
| data[:,m] | Data.iloc[:,[m]]或 Data[['A']]或 Data.loc[:,['A']] | 读取第 m+1 列或第 A 列 |
| data[:,m:n] | Data.iloc[:,m:n]或 Data.loc[:,'A': 'B'] | 读取第 m+1~n 列或第 A~B 列 |
| data[:,[m,n]] | Data.iloc[:,[m,n]]或 Data[['A','B']]或 Data.loc[:,['A','B']] | 读取第 m+1 列和第 n+1 列或第 A 列和第 B 列 |
| data[m:n,a:b] | Data.iloc[m:n,a:b]或 Data.loc['i':'j','A':'B'] | 读取行索引号是 m~n-1,列索引号是 a~b-1 的数组 |
| data[[m,n],[a,b]] 读取的坐标是第 m+1 行,第 a+1 列和第 n+1 行,第 b+1 列两个数 | Data.iloc[[m,n],[a,b]] | Data.iloc[[m,n],[a,b]] 读取的坐标是(m,a)、(m,b)、(n,a)、(n,b) 4 个数 |

视频讲解

注:正常计数是从 1 开始,Python 计数是从 0 开始,因此索引号是 0 的行,即第 1 行;索引号是 0 的列,即第 1 列。

现实数据处理过程中还需要将数据导入或者导出为其他格式,这些方法如表 2.7 所示。

表 2.7　导入、导出语法格式

| 语　　法 | 作　　用 |
|---|---|
| data.to_csv(filename) | 导出数据到 CSV 文件 |
| data.to_json(filename) | 以 JSON 格式导出数据到文本文件 |
| data.to_sql(table_name) | 导出数据到 SQL 表 |
| data.read_csv() | 读取 CSV 格式文件,输出 DataFrame 格式 |
| read_table() | 读取 TXT 文件 |
| read_json() | 读取 JSON 格式文件 |

## 习题

1. 在下列选项中,属于字符串类型的数据是(　　)。
   A. 3.14　　　　　B. 'None'　　　　　C. −2　　　　　D. 0
2. 结合所学知识点,判断下列数据属于哪种数据类型。
   (1) $[1,3,-2,6,9]$。
   (2) ('hello',0,'abc',3.14)。
   (3) {'one':1,'two':2}。
   (4) (0,2,4,6,8)。
   (5) {'name':xiaoming,'score':95}。
3. 结合所学知识点,用循环语句计算 $1+2+3+\cdots+100$。
4. 自定义一组函数,若输入正数则输出原值,若输入负数则输出相反数。

# 第 3 章

# 数据可视化

为了更好地满足金融领域中对数据可视化的需求,本章介绍了如何绘制多种常见数据可视化图形,如折线图、散点图、属性两两相关图、小提琴图等,并对每种图形的功能及适用情形进行了总结。

本章旨在通过简单易懂的语言阐述各种图的功能,并介绍图形的绘制。除此之外,本章还以多种经济金融市场数据为切入点,以实例进行代码的讲解,力求提高代码的适用性。在表述中,定义一张存放数据的表格为一个信息系统,在表格中,一般而言,列标签为特征,也可以称为属性。列标签又可以分为条件属性和决策属性。例如,在表格"上市公司风险预警样本"的 Sheet3(注意,不是工作表 Sheet1)工作表中,第一行是列标签,其中,财务指标是条件属性,最后一列标识上市公司是正常还是 ST 的'正常',是决策属性。本章主要内容结构如图 3.1 所示。

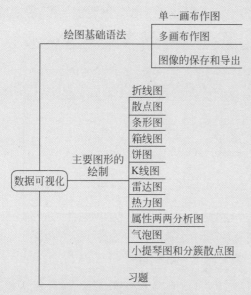

图 3.1　本章主要内容结构

## 3.1 绘图基础语法

数据可视化是将数据转换为图像形式，用一种直观的方式呈现出数据的分布特征。这不仅有助于人们观察数据的分布和变化，还可以发现隐藏在数据中的规律和问题。然而，海量的数据使得手动绘制数据图表不切实际。而编程手段的发展为数据可视化提供了多种多样的工具。

Python 是数据可视化工具之一，它提供了多种库来进行数据可视化的操作。其中最常用的是 Matplotlib 库和 Seaborn 库。这两个库拥有丰富的绘图函数，能够帮助用户创建各种类型的图形。在正式绘图之前，先来了解一下其中的一些基础函数。

### 3.1.1 单一画布作图

```python
# coding = utf8                                          # 支持中文编码
import matplotlib.pyplot as plt
import pandas as pd
plt.rcParams['font.sans-serif'] = ['SimHei']            # 设置中文显示的字体是 SimHei
plt.rcParams['axes.unicode_minus'] = False              # 坐标轴正常显示负号
# 设置 x 轴变量将 2012-12-31 日设置为起点，按年份产生 10 个数据
x = pd.date_range(start='2012-12-31', freq='YE', periods=10)
data = pd.DataFrame(data=[16,13,10,12,17,14,12,8,10,6], index=x, columns=['成本'])
# 设置画布大小、分辨率、背景色
plt.figure(figsize=(5,4), dpi=300, facecolor='lightgrey')
plt.xlabel('日期')                                       # 设置 x 轴标题
plt.ylabel('成本')                                       # 设置 y 轴标题
plt.grid()                                              # 设置网格
y = data['成本']                                         # 设置 y 轴变量
plt.plot(x, y, color='r', linestyle='-.')               # 颜色是'r'(红色)，线性是'-.'(点画线)
plt.title('历年成本', fontdict={'fontsize': 16, 'color': 'blue'}, loc='left')
plt.show()                                              # 绘制图像(见图 3.2)
```

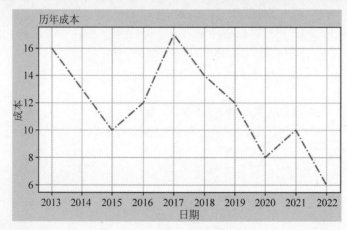

图 3.2 单一画布作图

**注意**：在利用 matplotlib 绘图时，PyCharm 社区版的部分版本会报错，错误提示是 This probably means that Tcl wasn't installed properly 或 This probably means that Tk wasn't installed properly。处理方式是打开 Python 根目录下的文件夹 tcl，将其中的 tk 包和 tcl

包的文件夹复制到根目录下的文件夹 Lib 中。

上述程序中所涉及的重要函数介绍如下。

1. pandas.date_range(start = None, end = None, periods = None, freq = 'D', tz = None)

该函数用来生成时间数据,参数设置如下。
- start:日期的起点,要求为字符串形式或时间格式,默认值是 None。
- end:日期的终点,也要求为字符串形式或时间格式,默认值是 None。
- periods:要生成的日期索引值的个数。当 periods 未指定时,start 和 end 不能为空。
- freq:计时单位,默认值是'D',表示以自然日为单位。
- tz:时区,如'Asia/Hong_Kong'。

2. figure(num = None, figsize = None, dpi = None, facecolor = None, edgecolor = None, frameon = True)

该函数用于创建新的图形,参数设置如下。
- num:图像编号或名称。
- figsize:figure 的宽和高。
- dpi:分辨率。
- facecolor:背景颜色。
- edgecolor:边框颜色。
- frameon:是否显示边框。

3. plt.plot(x, y, color = None, linestyle = None, marker = None)

该函数用于绘制线图,参数设置如下。
- x:x 轴数据的列表或数组。
- y:y 轴数据的列表或数组。
- color:线条的颜色,简写为 c,可选参数包括'b'(蓝色)、'g'(绿色)、'r'(红色)、'c'(蓝绿色)、'm'(洋红色)、'y'(黄色)、'k'(黑色)、'w'(白色)等。
- linestyle:线型,简写为 ls,取 None,即默认取实线。可选参数包括'-'(实线)、'--'(虚线)、'-.'(点画线)、':'(点线)等。
- marker:点型,取 None,即默认不显示数据点的标记。可选参数包括'.'(点标记)、','(像素标记)、'o'(实心圆标记)、'>'(右三角标记)、'<'(左三角标记)、'*'(星形标记)、's'(实心正方形标记)、'p'(实心五角形标记)等。

4. plt.title(label, fontdict = None, loc = None, pad = None, y = None, ** kwargs)

该函数用于在绘制的图表上添加标题,参数设置如下。
- label:标题,可以为字符串类型或者数学表达式。
- fontdict:参数是一个字典,包括'family'、'size'、'color'和'weight'4 个键。'family'键用于设置字体族;'size'键用于设置字体大小;'color'键用于设置字体颜色;'weight'键用于设置字体粗细。

- loc：标题的位置，可选参数包括'center'(居中)、'left'(靠左)、'right'(靠右)。
- pad：标题与图表的距离。
- ** kwargs：表示允许传入任意数量的关键字参数(包括 0 个参数，即无参数)。

**注意**：plt.show()用于展示图形，若没有该代码，则图形不会直接显示。

### 3.1.2 多画布作图

**1. subplot(nrows, ncols, index, ** kwargs)**

subplot()函数的参数设置如表 3.1 所示。

表 3.1 subplot()函数的参数及功能

| 参 数 | 功 能 |
|---|---|
| nrows | 在画布纵轴上分隔出几行 |
| ncols | 在画布横轴上分隔出几列 |
| index | 子图索引 |
| ** kwargs | 一些涉及子图属性的关键字参数 |

多画布作图示例如下。

```
import numpy as np
import matplotlib.pyplot as plt
x = np.linspace(1, 10, 100)    #产生 100 个数,这些数在 1~10 中均匀分布
plt.subplot(2, 2, 1)           #将画布分为 2 行 2 列,在位置 1 作图
plt.plot(x, np.sin(x), color = 'y',linestyle = ':')   #x 轴的数据是 x,y 轴的数据是 np.sin
                                                       #(x),颜色是'y'(黄色),线型是':'(虚线)
plt.subplot(2, 2, 2)           #将画布分为 2 行 2 列,在位置 2 作图
plt.plot(x,3 * x)
plt.subplot(2, 2, 3)           #将画布分为 2 行 2 列,在位置 3 作图
plt.plot(x, np.cos(x))
plt.subplot(2, 2, 4)           #将画布分为 2 行 2 列,在位置 4 作图
plt.plot(x, np.tan(x))
plt.show()                     #绘制图像(见图 3.3)
```

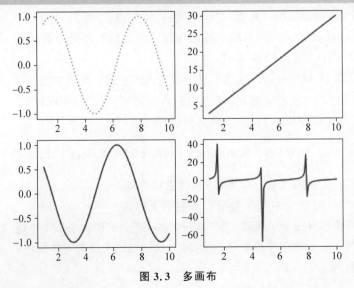

图 3.3 多画布

## 2. subplots(nrows=1,ncols=1,sharex=False,sharey=False)

subplots()函数的参数及功能如表 3.2 所示。

表 3.2  subplots()函数的参数及功能

| 参　　数 | 功　　能 |
| --- | --- |
| nrows,ncols | 将画布分割后的行数和列数,输入的是整数类型,默认是 1 |
| sharex,sharey | 是否共轴,可选布尔值、'none'、'all'、'row'、'col'。选择'True'或者'all'时,所有子图共享 x 轴或者 y 轴;选择'False'或者'none'时,所有子图的 x、y 轴各自独立;选择'row'时,每一行的子图会共享 x 或者 y 轴;选择'col'时,每一列的子图会共享 x 或者 y 轴 |

```
fig, ax = plt.subplots(nrows=2, ncols=2, sharey=True)
    #将画布分为 2 行 2 列,创建子图对象,子图共享 y 轴。fig 代表整个图形,ax 代表子图
ax[0][0].plot(x, np.sin(x))
ax[0][1].plot(x, 3 * x)
ax[1][0].plot(x, np.cos(x))
ax[1][1].plot(x, np.tan(x))
plt.show()                                               #绘制图像(见图 3.4)
```

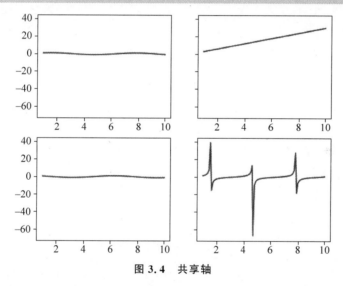

图 3.4  共享轴

对比图 3.3 和图 3.4 可以发现,正弦和余弦的 y 值在[-1,1]上分布,因为图 3.4 的子图共享 y 轴,公共的 y 轴的范围是[-60,40],显示出的正弦图和余弦图类似直线。

## 3. subplot2grid(shape,loc,rowspan=1,colspan=1,fig=None)

subplot2grid()函数的参数及功能如表 3.3 所示。

表 3.3  subplot2grid()函数的参数及功能

| 参　　数 | 功　　能 |
| --- | --- |
| shape | 表示画布的网格形状,若为(2,2),则将画布分为 2 行 2 列 |
| loc | 表示当前选择的绘图区,若为(0,0),则图片从第 1 行第 1 列开始展示 |
| rowspan | 表示向下跨越的行数,默认为 1 |
| colspan | 表示向右跨越的列数,默认为 1 |
| fig | 表示放置子图的画布,默认为当前画布 |

```python
#将图片分为3行3列,从第1行第1列开始显示,图像跨3列1行。结合图3.5可以直观理解参数
#数值选择的含义
plt.subplot2grid((3, 3), (0, 0), colspan = 3, rowspan = 1)
plt.plot(x, np.sin(x))
#将图像分为3行3列,从第2行第1列开始显示,图像跨2列1行
plt.subplot2grid((3, 3), (1, 0), colspan = 2, rowspan = 1)
plt.plot(x, np.cos(x))
#将图像分为3行3列,从第2行第3列开始显示,函数跨1列2行
plt.subplot2grid((3, 3), (1, 2), colspan = 1, rowspan = 2)
plt.plot(x, 3 * x)
#将图像分为3行3列,从第3行第1列开始显示,图像跨1列1行
plt.subplot2grid((3, 3), (2, 0))
plt.plot(x, np.tan(x))
#将图像分为3行3列,从第3行第2列开始显示,图像跨1列1行
plt.subplot2grid((3, 3), (2, 1))
plt.plot(x, 5 * x)
plt.show() #绘制图像(见图3.5)
```

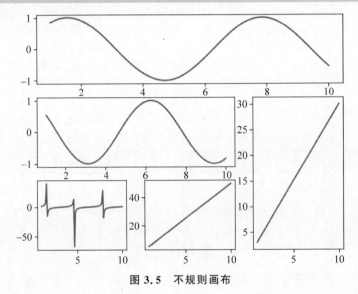

图 3.5　不规则画布

subplot()函数、subplots()函数以及 subplot2grid()函数均可用于绘制多图,但它们在使用方式和功能上有一些区别。subplot()与 subplots()这两个函数都是先划分网格然后作图。subplot()采用逐渐分割的方式逐个网格地作图;subplots()也是逐个网格地作图,即使某个子图上没有作图内容,出图时该子图网格也会存在并显示出来。而 sublot2grid()既可以规则划分网格作图,也可以通过设置参数达到不规则划分画布作图,在图像展出格式上更加自由,能够适应各种复杂的布局需求。

### 3.1.3　图像的保存和导出

Matplotlib 允许将图形保存为多种格式,其中包括 PNG、PDF 和 SVG。例如,通过 plt.savefig(r'C:\\量化金融\\picture', format = 'png', dpi = 300)就可以将绘制的图形保存为分辨率为 300 的名为 picture 的 PNG 格式文件。

**注意**:保存这一步骤(savefig())要写在图片展示(show())前面,否则保存的就是空白

图像,若没有设定绝对路径,则可直接通过 plt.savefig('picture',format='png',dpi=300)保存图像,图像与当前正在编写代码的 Python 脚本处在同一文件夹中。

## 3.2 主要图形的绘制

财务报表是投资决策的考量因素,也是投资收益的反映。作为财务报表之一的利润表是反映公司在某一特定日期经营成果的报表,包括营业收入、营业成本、费用和利润等方面。这些数据直接反映了公司的财富增长规模和经营能力。通过分析财务报表,可以评估公司的经营状况,衡量企业绩效,预测公司前景,从而为公司制定更好的战略和决策提供参考,帮助投资者做出更明智的投资决策。作为数据分析的重要手段之一,财务数据可视化可以直观展示公司的营利能力、偿债能力、营运能力和成长能力。下面以 2012—2022 年格力电器利润表数据(数据来源:Wind)为例进行演示。

### 3.2.1 折线图

折线图以折线的形式显示数据随时间或其他有序变量变化的趋势,适用于分析数据的趋势。

**1. 折线图的功能**

(1) 展示数据趋势:可用于呈现数据随时间或其他有序变量变动而变化的趋势。通过连接数据点形成的线条,可以直观地呈现数据的递增或递减趋势以及增减的速率和规律。

(2) 对比分析:可用于比较多组数据随时间或其他有序变量变动而变化规律。通过在同一张图中绘制多条折线,可以直观地比较不同组数据之间的差异。

(3) 识别极值:可用于识别数据集中的峰值和谷值,这对于分析数据的极值、转折点(局部极值)等趋势发生反转的点非常有帮助。

**2. 绘制折线图**

选取格力电器的净利润与营业利润绘制折线图。

1) 读取表格

```
import pandas as pd
import numpy as np
import matplotlib.pyplot as plt
plt.rcParams['font.sans-serif'] = ['SimHei']    # 设置中文显示
plt.rcParams['axes.unicode_minus'] = False      # 坐标轴显示负号
path = 'C:\\量化金融\\第3章\\第3章数据'
data = pd.read_excel(path + '\\' + '格力电器年利润表.xlsx', sheet_name = 0, index_col = 0,
    usecols = 'A:L')
# 因为这种数据表格可能隐含着格式,如果没有添加参数 usecols = 'A:L'来限定读取表格的范围,则
# 读取 data 后,可能会出现很多 NaN 和 Unnamed。虽然可以通过 filtered_yyprofit = [x for x in yyprofit
# if not math.isnan(x)]来清洗 NaN,但是为了简便,所以限定读表范围
```

2）数据转换

```
profit = data.loc['利润总额']          #选取利润总额
yyprofit = data.loc['营业利润']        #选取营业利润
year = data.columns.values.tolist()    #将data的列标签(年份)的值转换为列表
#data.columns是data的列标签;data.columns.values是列标签的值
```

3）绘图

```
plt.plot(year, profit,label = '利润总额',marker = 'o',markersize = 3,linestyle = ':')
              #以year为x轴,profit为y轴绘图。点型marker为实心圆,线型linestyle为点线
plt.plot(year, yyprofit,label = '营业利润',marker = 'o',markersize = 3)
plt.title('折线图') #设置图名
```

4）设置数据标签位置及大小

```
#为year所对应的profit设置数据标签,标签采用水平方向中心对齐、竖直方向底部对齐方式
for a, b in zip(year,profit ):
    plt.text(a, b, b, ha = 'center', va = 'bottom', fontsize = 10)
#通过zip将year和profit捆绑,在注释函数text(x, y, string,ha,va)中,(x,y)是数据标签的坐
#标,在此处x是a,y是b,其中,a = year,b = profit,即数据标签的坐标实际上是(year, profit)。
#显示的注释内容string是b,b = profit 为year对应的yyprofit设置数据标签
for a, b in zip(year,yyprofit ):
    plt.text(a, b, b, ha = 'center', va = 'bottom', fontsize = 10)
plt.show( ) #运行结果显示见图3.6
```

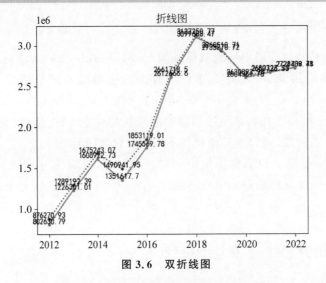

图 3.6　双折线图

根据图 3.6 可知,格力电器的利润总额和营业利润总额在 2018 年达到了顶峰,在 2015 年、2019 年和 2020 年均出现了短暂的下降。这可能是市场竞争加剧、成本上升或宏观经济环境的不利影响等因素导致的。尽管出现了个别年份的下滑,但总体来看,格力电器在 2012—2022 年间实现了利润的增长,这说明公司具有较强的市场适应能力和业务恢复能力。此外,值得注意的是,折线图显示格力电器每年的利润总额均大于营业利润总额,这表明除了主营业务带来的利润外,格力电器还通过其他业务如投资等获取了额外的利润。

### 3. 重要函数介绍

上述程序中所涉及的重要函数介绍如下。

1) zip(*iterables)

*iterables 表示可变数量的可迭代对象参数，可以是列表、元组等。zip()函数是从参数中依次取一个元素，返回一个元组。

```
list1 = [1,2,3]
list2 = [4,5,6]
for a, b in zip(list1,list2):
    print('a',a)
    print('b',b)
    print([x for x in zip(list1, list2)])
```

运行结果如下。

```
a 1
b 4
[(1, 4), (2, 5), (3, 6)]
a 2
b 5
[(1, 4), (2, 5), (3, 6)]
a 3
b 6
[(1, 4), (2, 5), (3, 6)]
```

从上述结果可以发现，zip()函数依次读取 list1 和 list2 中的元素，每次各读取一个，然后把这两个元素捆绑成一个元组并返回。

2) plt.text(x,y,string,ha=None,va=None,color=None)

函数 plt.text()的作用在于注释，该函数的参数设置如下。

- x：注释内容的横坐标。
- y：注释内容的纵坐标。
- string：注释的内容。
- ha：绘图的点在注释内容的水平位置，可选参数包括'right'、'center'、'left'。
- va：绘图的点在注释内容的竖直位置，可选参数包括'top'、'bottom'、'center'、'baseline'。
- color：注释内容的颜色。

## 3.2.2 散点图

散点图是数据点在直角坐标系上的分布图，它表示因变量随自变量而变化的趋势，也可以用来分析一组数据的变化趋势。

### 1. 散点图的功能

回归分析中往往用散点图来检验数据是否具有相关性，为选择合适的拟合模型提供依据。

(1) 展示数据关系：可以展示两个或多个变量之间的关系。通过将数据点绘制在直角坐标系中,可以直观地看出变量之间是否存在某种关系,如正相关、负相关或无关关系。

(2) 识别数据趋势:可以揭示数据的大致趋势。通过观察散点图数据点的分布和趋势线,可以发现变量之间的潜在关系,并据此进行数据分析和预测。

(3) 探测异常值:散点图有助于发现数据集中的异常值。

2. 绘制散点图

以 2012—2022 年格力电器的净利润为例,绘制散点图。

```
plt.scatter(year,profit)      #绘制散点图
plt.xlabel('年份')             #设置 x 轴标签
plt.ylabel('净利润')           #设置 y 轴标签
plt.title('散点图')            #设置图名
plt.show()                    #运行结果见图 3.7
```

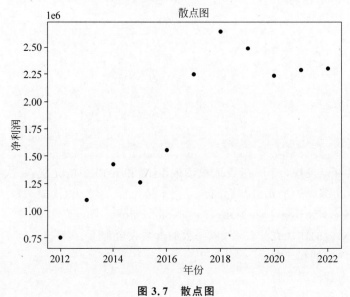

图 3.7　散点图

通过散点图,也能得出上述格力电器净利润的变化趋势。

3. 重要函数介绍

1) plt.scatter(x,y,s=None,c=None,marker=None,alpha=None)

该函数用于绘制二维图,主要参数如下。

- x,y:x,y 轴数据。
- s:散点大小。
- c:散点颜色,默认是蓝色'b',可以是字符串表示的颜色名称或表示颜色的序列。
- marker:标记的样式,默认是'o'。
- alpha:点的透明度,默认是 1,取值范围为 0~1。

2) pl.scatter3d(x,y,z,c=None,depthshade=True,marker=None,alpha=None,alpha=None)

该函数用于绘制三维图,主要参数如下。

- x,y：x,y 轴数据。
- s：散点大小。
- c：散点颜色,默认是蓝色'b',可以是字符串表示的颜色名称或表示颜色的序列。
- depthshade：默认是 True,点的大小和颜色会根据其距离视点的远近而变化。如果取 False,则所有点的大小和颜色相同。
- marker：标记的样式,默认是'o'。
- alpha：点的透明度,默认是 1,取值范围为 0～1。

### 3.2.3 条形图

条形图是用宽度相同的条形的高度或长短来表示离散变量的各个分组数据多少的图形。条形图分为垂直条形图和水平条形图,通常适用于分类数量相对较少的情况。

**1. 条形图的功能**

条形图常用于数量统计和频率统计,除此之外,也可以对不同类别的数据进行比较。
(1) 数据对比：可以直观地比较不同变量之间的数据大小,从而快速识别出各变量之间的差异和联系。
(2) 数据排序：可以根据数据大小进行排序,使得数据对比更加明确和直观。
(3) 展示数据分布：条形图还可以展示数据的分布情况。通过条形图的长度和宽度,可以大致了解数据的集中程度和离散程度。

选择格力电器的净利润绘制图表。

**2. 绘制垂直条形图**

```
plt.bar(year,profit)
plt.xlabel('年份')          #设置 x 轴标签
plt.ylabel('净利润')         #设置 y 轴标签
plt.legend(['净利润'])       #添加图例
plt.title('垂直条形图')      #设置图名
plt.show( )                 #如图 3.8 所示
```

**3. 绘制水平条形图**

```
plt.barh(year,profit)       #绘制水平条形图
plt.xlabel('净利润 ')        #设置 x 轴标签
plt.ylabel('年份')           #设置 y 轴标签
plt.legend(['净利润'])       #添加图例
plt.title('水平条形图')      #设置图名
plt.show( )                 #如图 3.9 所示
```

在本例中,通过条形图展示格力电器 2012—2022 年间的净利润额,可以清晰地看出每一年的净利润情况。由于条形图放大了时间点的长度,相较于散点图和折线图,它更加突出了每个时间点上的数据值。这使得观察者能够更容易比较不同年份之间的净利润差异大小,以及识别出净利润的峰值和变化趋势。

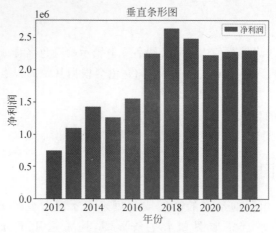

图 3.8　垂直条形图

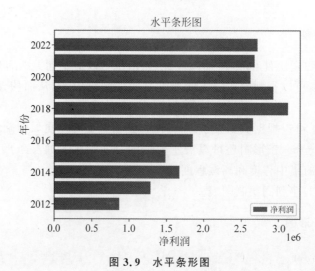

图 3.9　水平条形图

从条形图中可以看出,格力电器在 2018 年的净利润额达到了近十年的最大值,这体现了该年度公司在经营上的良好表现。同时,通过比较不同年份的条形高度,也可以看出在 2012—2022 年这一时间段内,格力电器的整体净利润额是在增长的。

### 3.2.4　箱线图

箱线图主要用于反映一组或多组连续型数据的中心位置和分布范围。箱线图是用来表示一组数据的分布,它由 6 个数值点组成:异常值(outlier)、中位数(median,即第 50% 分位数)、最小值(min)、最大值(max)、上四分位数(即第 75% 分位数)、下四分位数(即第 25% 分位数)。其显示格式如图 3.10 所示。

**1. 箱线图的功能**

箱线图能够直观地展示数据的整体分布情况,显示数据中心趋势和离散程度。

(1) 观察数据的总体状态:箱线图可以展示数据的分位数、中位数和平均值等统计信息,从而帮助用户了解数据的整体分布和中心位置。

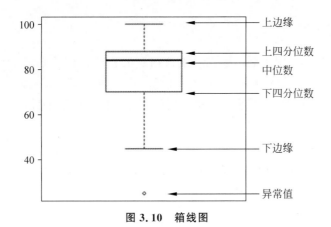

图 3.10　箱线图

（2）识别异常值：箱线图通过设定内限（即箱子的上下边缘）和外限（通常是内限的 1.25 倍）来识别异常值。超过内限的数据被视为异常值，其中，在内限和外限之间的数据称为温和异常值，而在外限之外的数据被称为极端异常值。

（3）了解数据的离散程度：箱线图的宽度（即箱子的长度）可以反映数据的离散程度。宽度越大，说明数据分布越分散；宽度越小，则数据分布越集中。

在金融领域中，箱线图可用于分析股票、债券等金融产品的价格波动情况，帮助投资者判断市场的整体趋势和风险水平。

2．绘制箱线图

```
label = '净利润','营业利润'                    # 多个数据。没有括号,视 label 为元组
plt.boxplot([profit,yyprofit],tick_labels = label)   # labels 是每组数据的标签
plt.show()                                    # 如图 3.11 所示
```

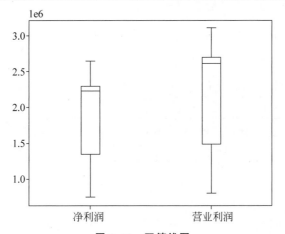

图 3.11　双箱线图

## 3.2.5　饼图

饼图将一个圆形区域划分为多个扇形，通过每个扇形的角度大小来表示相应类别的数据占总体的比例。

### 1. 饼图的功能

（1）类别占比展示：用于展示不同类别或组别的相对比例关系，以及各个类别在总体中的占比情况。

（2）突出要点：用于突出某个特定类别或组别在总体中的重要性或显著性。

### 2. 绘制饼图

在实际应用中，饼图广泛应用于多个领域，如销售数据分析、群体构成分析、预算分配、投资组合分析以及用户满意度调查等。

接下来以比亚迪公司在 2023 年 9 月 30 日的部分资产负债表数据（见表 3.4）为例绘制饼图（数据来源：东方财富网）。

表 3.4 比亚迪公司 2023 年 9 月 30 日资产负债表（部分）

| 资产类别 | 金额/亿元 |
| --- | --- |
| 总资产 | 6233.00 |
| 流动资产 | 2751.00 |
| 货币资金 | 557.60 |
| 应收账款 | 529.70 |
| 存货 | 927.10 |
| 预付账款 | 32.17 |
| 非流动资产 | 3482.00 |
| 固定资产 | 2082.00 |
| 无形资产 | 316.50 |
| 长期待摊费用 | 9.18 |
| 商誉 | 6591.00 |
| 总负债金额 | 4822.00 |
| 流动负债 | 4193.00 |
| 非流动负债 | 629.40 |

```
money = [557.6, 529.7, 927.1, 32.17]  #设置内容列表
subject = ['货币资金','应收账款','存货','预付账款']    #设置对应内容名称
cols = ['c', 'm', 'r', 'b']             #设置对应颜色缩写
#绘制饼图
plt.pie(
    money,
    labels = subject,
    colors = cols,
    startangle = 90,  #起始绘制角度，startangle默认值是None,图从x轴正方向逆时针画起；如
                      #果startangle取90,则从y轴正方向画起
    shadow = True,                  #是否设置阴影效果
    autopct = '%1.2f%%')            #设置百分号显示格式
plt.title('流动资产占比')            #设置标题
plt.show()                          #如图3.12所示
```

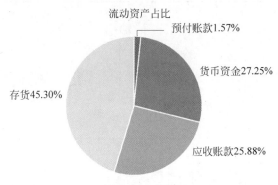

图 3.12　饼图

## 3.2.6　K 线图

作为金融市场的重要组成部分,股票市场是投资者投资和上市公司筹资的主要场所,推动着资源的优化配置和经济的发展。股票价格的波动反映了宏观经济走向和投资者的预期。因此,分析股票市场涨跌,对于评估股票市场的投资价值、分析股票市场的风险等方面都具有重要的作用。分析股市涨跌的一个重要的工具是 K 线图。

接下来,以比亚迪公司(002594)2022 年的股票周交易数据为例,绘制图表。

```
import akshare as ak
#选取比亚迪公司 2022 年 1 月 1 日～2022 年 12 月 30 日周交易数据
biyadi_weekly = ak.stock_zh_a_hist(symbol = '002594', period = 'weekly',
start_date = '20220101', end_date = '20221230')
path = 'C:\\量化金融\\第 3 章\\第 3 章数据'
biyadi_weekly.to_excel(path + '\\' + '002594 数据.xlsx')    #将数据存储在 Excel 文档中
```

Akshare 是基于 Python 的金融数据获取和分析工具,它提供了广泛的金融市场数据,包括股票、期货、外汇、基金等各类市场数据。通过在 Python 中安装该库就可以获取目标公司相应股票数据。

K 线图主要用于金融领域,特别是在股票、期货、外汇等市场。它以独特的方式展现了金融市场的动态,为投资者提供了有效的分析工具。K 线图会记录一段时间内的开盘价、收盘价、最高价和最低价,以图形的形式直观地展示了价格和交易量的变化情况,不仅可以用来分析价格的涨跌趋势,还是投资者判断买卖的重要工具。

下面以比亚迪公司周交易数据为例,绘制 K 线图。

```
#K 线图
import pandas as pd
import mplfinance as mpf
#mplfinance 是一个 Python 库,构建在 Matplotlib 的基础上,提供了专门用于绘制金融图表的高级
#工具和函数,是绘制 K 线图必不可少的库
#将数据按照日期进行排序,并将日期设置为索引
biyadi_weekly = biyadi_weekly.sort_values('日期')    #对日期进行排序
biyadi_weekly['日期'] = pd.to_datetime(biyadi_weekly['日期']) #将原始数据集中的日期转换为
                                                    #Pandas 日期时间数据类型
biyadi_weekly.set_index('日期', inplace = True)
#绘制 K 线图,如图 3.13 所示
```

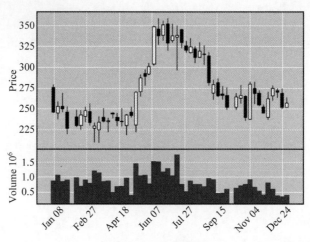

图 3.13 K 线图

```
data = biyadi_weekly[['开盘','最高','最低','收盘','成交量']]
data.columns = ['Open','High','Low','Close','Volume']
data.index.name = 'Data'
data = data.astype(float)
mpf.plot(data,type = 'candle',volume = True,show_nontrading = True)
```

K 线图绘制代码 mpf.plot(data,type = 'candle',volume = True,show_nontrading = True)中各参数的作用如表 3.5 所示。

表 3.5　plot()函数的参数及作用

| 参　　数 | 作　　用 |
| --- | --- |
| type = 'candle' | 指定绘制的图表类型为 candle(即 K 线图) |
| volume = True | 指定是否绘制成交量图 |
| show_nontrading = True | 指定是否显示非交易日的数据 |

### 3.2.7　雷达图

雷达图是一种显示分析对象多因素(性能)的图形方法,它是以从同一点开始,在轴上表示的三个或更多个取值确定的因素的二维图表达方式。雷达图适用于表示单个或多个分析对象,特别适用于比较分析拥有多个性能数据的对象。

**1. 绘制雷达图**

```
# - * - coding: utf - 8 - * - #如果没有此代码,则程序运行会报错,错误提示是 SyntaxError: Non
# - UTF - 8 code
#starting with '\xe4' in file,说明 Python 代码文件中包含非 UTF - 8 编码的数据。增加此代码,用
#于编码声明。用#coding = utf - 8 也可以达到同样效果
import numpy as np
import matplotlib.pyplot as plt
#设置中文显示
plt.rcParams['font.sans - serif'] = ['SimHei']
score = [{'语文': 88, '数学': 92, '英语': 95, '体育': 92, '音乐': 99},
         {'语文': 78, '数学': 86, '英语': 95, '体育': 98, '音乐': 89}]
data_length = len(score[0])
#将极坐标根据数据长度进行等分
```

```
angles = np.linspace(0, 2 * np.pi, data_length, endpoint = False)
#此处 linspace()函数的第一个参数传入起始角度,第二个参数传入结束角度,第三个参数传入分
#成多少等份,如果不选,则默认是 50。其他参数根据需要传入,如 endpoint 默认为 True,意味着取
#的点中包括最后一个数据。如果 endpoint 取 False,则不包括
labels = [key for key in score[0].keys()]
#score 是一个列表,列表的元素是由两个字典组成,字典包括两个学生的 5 门课程的成绩;score[0]
#是第 1 个字典;score[0].keys()是第 1 个字典的 dict_keys,即 dict_keys(['语文','数学',
#'英语','体育','音乐'])。for key in score[0].keys(),也就是循环变量 key 依次读取第 1 个字典
#的键,形成 labels,labels = ['语文','数学','英语','体育','音乐']。因为两个学生的 5 门课的名
#称一样,所以通过读取第 1 个学生的字典就可以形成绘图的标签,不需要再读取第 2 个学生的字典来
#形成标签
Score = [[v for v in result.values()] for result in score]
#for result in score,也就是循环变量 result 依次读取 score。由于 score 是由两个字典组成的列
#表,所以 result 只需要读取两次。result 第 1 次读取 score,得到第 1 个字典{'语文': 88,'数学':
#92,'英语': 95,'体育': 92,'音乐': 99}
#result 读取第 1 个字典时,result.values()的值是 dict_values([88,92,95,92,99])。此时 v
#依次读取 dict_values,第 1 次读取 88
#result 读取完两个字典后,得到的 Score 是一个列表,列表元素包含两个列表,结构是[[88,92,
#95,92,99],[78,86,95,98,89]]
#使雷达图数据封闭
score_a = np.concatenate((Score[0], [Score[0][0]]))
#Score[0]是读取列表 Score 的第 1 个元素[88,92,95,92,99],[Score[0][0]]是[88],注意,此处
#是[88],而不是 88。通过 np.concatenate 将[88,92,95,92,99]和[88]拼接在一起,形成[88 92
#95 92 99 88],该结果是 numpy.ndarray 类型
score_b = np.concatenate((Score[1], [Score[1][0]]))
angles = np.concatenate((angles, [angles[0]]))
#在拼接之前,angles 是[0. 1.25663706 2.51327412 3.76991118 5.02654825],[angles[0]]是[0.]。
#拼接后是[0. 1.25663706 2.51327412 3.76991118 5.02654825 0.]
labels = np.concatenate((labels, [labels[0]]))
#设置图形的大小
fig = plt.figure(figsize = (8, 6), dpi = 100)
#新建一个极坐标图,其中,polar 参数必须设置为 True,得到的图形才是极坐标
ax = plt.subplot(111, polar = True)
#绘制雷达图
ax.plot(angles, score_a, color = 'g')
ax.plot(angles, score_b, color = 'b')
#设置雷达图中每一项的标签显示
ax.set_thetagrids(angles * 180 / np.pi, labels)
#设置雷达图的 0°起始位置
ax.set_theta_zero_location('N')
#设置雷达图的坐标刻度范围
ax.set_rlim(0, 100)
#设置雷达图的坐标值显示角度,相对于起始角度的偏移量
ax.set_rlabel_position(270)
ax.set_title('成绩')
plt.legend(['小明', '小华'], loc = 'best')
plt.show()    #如图 3.14 所示
```

## 2. 重要函数介绍

linspace(start, stop, num = num_points, endpoint = True, retstep = False, axis = 0, dtype=int)是 NumPy 库中用于创建等差数列的函数。其中:

- start:数列的起始点,如果设置为 0,则结果的第一个数为 0。

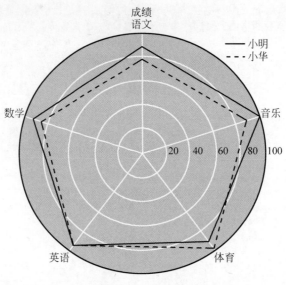

图 3.14 雷达图

- stop：数值范围的终止点。
- num：控制结果中共有多少个元素。
- endpoint：终止值是否被包含在结果数组中，默认为 True，即终止值包含在数组中。
- dtype：输出数组的数据类型。

### 3.2.8 热力图

热力图是一种用颜色表达数据密度的可视化工具，用于展示数据的分布情况和集中程度，表现数据的趋势和模式。绘图时，一般较大的值由较深的颜色表示，较小的值由较浅的颜色表示。

#### 1. 热力图的功能

（1）呈现数据的分布和集中程度：通过颜色的深浅，可以直观地看到数据在不同区域的集中程度。

（2）观察数据的趋势和模式：通过对比不同时间或不同条件下的热力图，可以发现数据的变化趋势和潜在的模式。

（3）展现区域特征：在商业决策中，可以使用热力图来跟踪用户的区域消费等行为，分析区域销售热点、顾客流动性，从而了解用户的兴趣和行为模式。

#### 2. 绘制热力图

```
# coding = utf8
import numpy as np
import matplotlib.pyplot as plt
data = np.array([[600, 730, 860, 530],              # 销售数据
                 [300, 280, 430, 510],
```

```
                  [200, 450, 650, 780],
                  [340, 560, 330, 440]])
regions = ['Region 1', 'Region 2', 'Region 3', 'Region 4']     # 地区标签
products = ['Product 1', 'Product 2', 'Product 3', 'Product 4']  # 产品标签
plt.imshow(data, cmap = 'hot', interpolation = 'nearest')      # 绘制热力图
plt.xticks(range(len(products)), products)                     # 设置坐标轴标签
plt.yticks(range(len(regions)), regions)
plt.colorbar()                                                 # 添加颜色条
plt.title('Sales Heatmap')                                     # 设置标题
plt.show()                                                     # 如图 3.15 所示
```

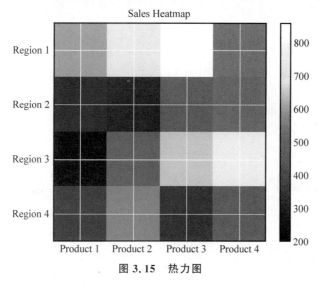

图 3.15　热力图

## 3.2.9　属性两两分析图

属性两两分析图(也称为双变量图)是一种用于展示两个属性(也称为变量、特征)之间关系的可视化工具。这种图将两个属性的数据点绘制在二维坐标系上,其中每个数据点表示一个观测值或记录,横坐标和纵坐标分别表示两个属性的值。

**1. 属性两两分析图的功能**

(1) 展示关系:可以直观地发现两个属性之间的关系。

(2) 识别异常值:在属性两两分析图中,离群的数据点往往更容易被识别出来。

(3) 评估数据分布:通过观察数据点在坐标系上的分布,可以了解每个属性的数据分布情况,如是否偏斜、是否存在多峰等。

在数据分析的初步阶段,当需要研究两个属性之间是否存在相关性时,可以使用属性两两分析图。在机器学习和数据挖掘中,经常使用属性两两分析图来评估不同特征之间的关系,进而选择出对模型预测性影响较大的特征。

**注意**:属性两两分析图只能展示两个属性之间的关系,如果要分析多个属性之间的关系,可能需要使用其他类型的可视化工具,如平行坐标图、雷达图等。

## 2. 绘制属性两两分析图

```
import matplotlib.pyplot as plt
import seaborn as sns
import pandas as pd
plt.rcParams['font.sans-serif'] = ['SimHei']        ＃设置中文显示
plt.rcParams['axes.unicode_minus'] = False          ＃坐标轴显示负号
path = 'C:\\量化金融\\第3章\\第3章数据'
data = pd.read_excel(path + '\\' + '上市公司风险预警样本.xlsx',sheet_name = 2)
＃对数据中的指定属性进行两两分析
sns.pairplot(data,vars = ['ROE(摊薄)(%)', 'ROE(加权)(%)', 'ROA(%)', 'ROIC(%)'])
plt.show()                                          ＃显示如图3.16所示
```

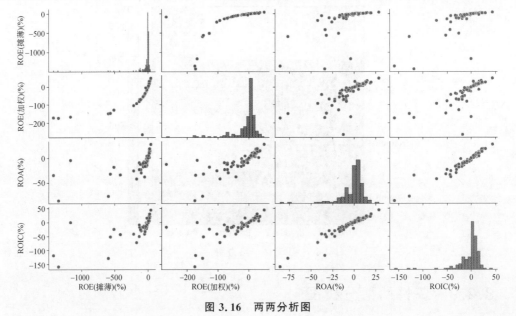

图 3.16　两两分析图

pairplot()函数主要展现的是变量两两之间的关系(线性或非线性,有无较为明显的相关关系)。默认情况下,pairplot()函数绘制的图中对角线上是各个属性的直方图(分布图),而非对角线上是两个不同属性之间的相关图。当然,这并不是一成不变的,可以通过设置sns.pairplot()函数中的相关参数调整图的类型(见表3.6)。

表 3.6　sns.pairplot()函数的参数及作用

| 参　数 | 作　　用 |
|---|---|
| var | 用于指定要在图中包含的变量。默认情况下,使用 DataFrame 中的所有数值列 |
| data | 用于绘图的数据集 |
| kind | 用于控制非对角线上的图的类型,可选'scatter'与'reg',如 kind = 'scatter'则会在非对角线上绘制散点图 |
| diag_kind | 控制对角线上的图的类型,可选'hist'与'kde',如 diag_kind = 'hist',在对角线上绘制直方图 |

## 3.2.10 气泡图

气泡图是一种强大的数据可视化工具,它主要通过气泡的位置以及面积大小来比较和展示不同类别气泡之间的关系。气泡图能清晰地展示三个连续字段之间的关系,直观地比较出不同数据点之间的数值差异。

通过观察气泡的排列和大小变化,使用者可以分析数据之间的相关性,发现数据中的趋势、模式以及潜在的关联。实质上,气泡图就是具有不同直径绘制而成的散点图。

```
import matplotlib.pyplot as plt
import seaborn as sns
import pandas as pd
import numpy as np
plt.rcParams['font.sans-serif'] = ['SimHei']          #设置中文显示
plt.rcParams['axes.unicode_minus'] = False            #坐标轴显示负号
path = 'C:\\量化金融\\第3章\\第3章数据'
data = pd.read_excel(path + '\\' + '上市公司风险预警样本.xlsx',sheet_name = 1,index_col = 0)
print(data)
df1_1 = data.loc['ROE(摊薄)(%)']
df1_2 = data.loc['ROE(加权)(%)']
df1_3 = data.loc['扣费后ROE(摊薄)(%)']
df1_4 = data.loc['ROA(%)']
fig = plt.figure('Draw')
plt.scatter(df1_1, df1_2,c = 'y')
plt.scatter(df1_1, df1_2, s = df1_3,c = 'b')          #点的直径大小为扣费后ROE(摊薄)(%)
plt.scatter(df1_1, df1_2, s = df1_3 * 10,c = 'r')     #点的直径大小为10倍扣费后ROE(摊薄)(%)
plt.ylabel('ROE(加权)')                                #纵坐标轴标题
plt.show()                                            #显示如图3.17所示
```

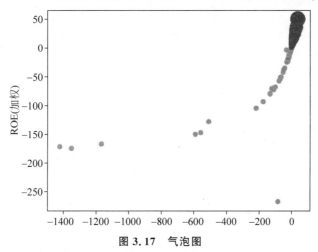

图 3.17 气泡图

由图 3.17 可以直观地看到虽然有个别极端值,但总体而言加权 ROE 和扣费后摊薄 ROE 随着摊薄 ROE 的增加而呈现上涨趋势,存在正相关性。

## 3.2.11 小提琴图和分簇散点图

在数据分析中,小提琴图(见图 3-18)可以通过绘制每个类别的数据分布,直观地展示数据的集中、分散、偏态等特征。数据可视化中的小提琴图结合了箱线图和核密度估计图的特点,用于显示数据的分布形状、中心和离散度,在分析三个因素之间关系的时候,比较适合分析其中一个属性的属性值是分类数据。

分簇散点图结合了散点图和密度估计技术,可用于展示两个变量之间的关系以及它们各自的分布密度。在分簇散点图中,每个数据点代表两个变量的一个观测值。通过颜色或大小的变化,可以进一步区分不同的数据子集或类别。

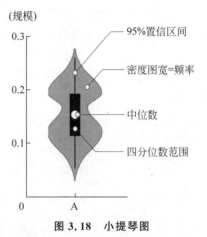

图 3.18 小提琴图

通过分簇散点图中数据点在图中的分布模式可以观察到变量之间的关系,识别数据的峰值和谷值,从而了解数据的集中程度和离散程度。

```
import matplotlib.pyplot as plt
import seaborn as sns
import pandas as pd
path = 'C:\\量化金融\\第 3 章\\第 3 章数据'
data = pd.read_excel(path + '\\' + '上市公司风险预警样本.xlsx',sheet_name = 2,index_col = 0)
print(data)
plt.rcParams['font.sans-serif'] = ['SimHei']      #设置中文显示
plt.rcParams['axes.unicode_minus'] = False        #坐标轴显示负号
plt.rcParams.update({'font.size':14})
#将画布分为2行2列
fig,axes = plt.subplots(2,2,figsize = (18,12))
data['ROA'] = data['ROA(%)'].map(lambda x: '1' if x > 0 else '0')
#绘制小提琴图
sns.violinplot(x = 'ROA', y = '每股销售额 SPS', hue = '正常', data = data,
palette = 'autumn',ax = axes[0][0]).set_title('ROA and SPS vs 正常')
#绘制分簇散点图
sns.swarmplot(x = 'ROA', y = '每股销售额 SPS',hue = '正常',
data = data,palette = 'autumn',ax = axes[1][0]).legend(loc = 'upper right').set_title('正常')
#绘制小提琴图
sns.violinplot(x = 'ROA', y = '每股净资产 BPS', hue = '正常', data = data,
palette = 'winter', ax = axes[0][1]).set_title('ROA and BPS vs 正常')
#绘制分簇散点图
sns.swarmplot(x = 'ROA', y = '每股净资产 BPS',hue = '正常',
data = data,palette = 'winter',ax = axes[1][1]).legend(loc = 'upper right').set_title('正常')
plt.show()                                         #显示如图 3.19 所示
```

Python 中绘制小提琴图的语法为 sns.violinplot(x=None,y=None,hue=None,data=dataframe,order=None,hue_order=None,bw='scott',scale='area',inner='box',split=False,palette=None),其中各参数的作用如表 3.7 所示。

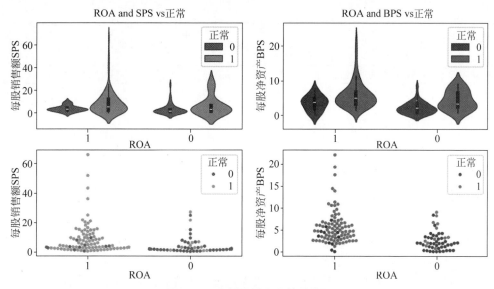

图 3.19 小提琴图和分簇散点图

表 3.7 小提琴图绘制参数及作用

| 参 数 | 作 用 |
|---|---|
| x,y | 指定数据的 x 轴和 y 轴,也可以在数据集中指定 x 和 y 的列名 |
| hue | 用于根据其值对数据进行分组,生成不同颜色的小提琴图 |
| order,hue_order | 指定 x 轴或 hue 中类别的显示顺序 |
| bw | 控制核密度估计的带宽大小 |
| scale | 控制小提琴图的宽度。可以设置为'area'(面积相等,默认值)、'count'(按照样本数量标准化)、'width'(固定宽度) |
| inner | 设置小提琴内部图形的类型,可以是'box'、'quart'、'point'、'stick'或 None。默认为'box' |
| split | 当使用 hue 参数进行分组时,设置为 True 时,将小提琴图拆分成两半,分别表示不同的 hue 类别 |
| palette | 指定颜色调色板,用于不同类别的颜色着色 |

Python 中绘制分簇散点图的语法为 seaborn.swarmplot(x=None,y=None,hue=None,data=None,jitter = None,order=None,hue_order=None,dodge=False,orient=None,color=None,palette=None,size=5,edgecolor='gray',inewidth=0),其中各参数的作用如表 3.8 所示。

表 3.8 分簇散点图绘制参数及作用

| 参 数 | 作 用 |
|---|---|
| x,y | 指定数据的 x,y 轴 |
| hue | 一个列名或变量,用于根据其值对数据进行分组,常用来指定第二次分类的数据类别 |
| data | 指定数据集 |
| jitter | 当数据点重合较多时,设置为 True 可以使数据分散开 |
| order,hue_order | 显式指定分类顺序 |
| dodge | 若设置为 True 则沿着分类轴将数据分离出来成为不同色调级别的条带,否则,每个级别的点将相互叠加 |

续表

| 参数 | 作用 |
| --- | --- |
| orient | 设置图的绘制方向(垂直或水平) |
| color | 设置颜色 |
| palette | 对数据不同的分类进行颜色区别 |
| size | 设置标记直径大小 |
| edgecolor | 设置每个点的周围线条颜色 |
| linewidth | 设置构图元素的线宽度 |

## 习题

1. 分别运用 subplot( )函数、subplots( )函数、subplot2grid( )函数在同一张画布上绘制 $y=2x, y=\ln x, y=\tan x, y=x^2$ 的图像。

2. 绘制近 10 天的温度图,要求图像样式为红色点画线,星形标记,并具有坐标轴标题,以 PNG 形式保存。

3. 找到一家感兴趣的上市公司,绘制其近 3 个月的股票交易数据的 K 线图。

# 第 4 章

# 数据表格的处理与数据清洗

金融领域存在大量以表格形式存储的数据,目前 Python 处理表格数据常用的库包括 Pandas 库、xlwings 库等。本章首先介绍第三方库 xlwings 及其相关算法原理,以 900 家上市公司的三大报表数据为例,分别使用两个常用的处理表格工具 xlwings 库和 Pandas 库对上市公司三大报表进行读取,并对比分析 xlwings 与 Pandas 的优缺点。简言之,xlwings 的优势在于读取大规模数据时速度快,Pandas 处理数据功能强,将两个库结合起来处理大规模数据,将有助于提高数据处理效率。接着介绍数据清洗,包括空缺值、重复值、异常值的处理,以及数据归一化。最后简要介绍特征工程。本章第二部分介绍了利用机器学习模型对经济金融数据建模的一般框架,为后续章节的建模奠定了基础。

本章使用 xlwings 和 Pandas 处理真实金融场景数据。由于真实的场景数据结构复杂,例如,本章在汇总上市公司财务数据的过程中,首先要从分散在三个表格中的数据里,分别汇总正常上市公司名称、ST 上市公司名称以及被 ST 的日期,然后从存放所有上市公司资产负债表文件的文件夹中,读取指定的上市公司资产负债表文件,并从中提取指定年份的财务数据,然后汇总到新建的表格中,由于汇总数据的路径相对复杂,本章通过图文详细说明了整个过程。本章主要内容结构如图 4.1 所示。

图 4.1 本章主要内容结构

## 4.1 xlwings 及其相关算法

### 4.1.1 第三方库 xlwings

xlwings 是一个可以实现从 Excel 调用 Python，也可以在 Python 中调用 Excel 的库。可结合 VBA 实现对 Excel 编程，具有强大的数据输入分析能力，同时拥有丰富的接口，结合 pandas/numpy/matplotlib 可以轻松应对 Excel 数据处理工作。xlwings 的功能主要如下。

- xlwings 支持读 .xls 文件，支持读写 .xlsx 文件。
- 支持 Excel 操作。
- 支持 VBA。
- 强大的转换器可以处理大部分数据类型，包括 NumPy Array 和 Pandas DataFrame。

**1. 安装 xlwings 库**

```
import xlwings as xw    #导入 xlwings 库
```

如果提示 No module named 'pywintypes'，说明未安装 xlwings 库。

安装 xlwings 库的步骤：打开 PyCharm，单击上方的"文件"，单击"设置"，单击"项目"下方的"Python 解释器"，在右侧界面单击"+"，输入"xlwings"，单击"安装软件包"，等待安装成功提示即可。

**2. xlwings 原理及相关函数**

在 xlwings 中，Excel 程序用 App 来表示，多个 Excel 程序集合用 Apps 表示；单个工作簿用 Book 表示，工作簿集合用 Books 表示；单个工作表用 Sheet 表示，工作表集合用 Sheets 表示；区域用 Range 表示，既可以是一个单元格，也可以是一片单元格区域。xlwings 库的基本结构如图 4.2 所示。

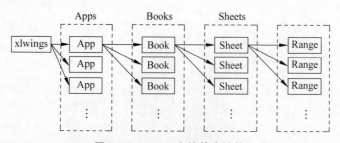

图 4.2 xlwings 库的基本结构

可以看到，和 xlwings 直接对接的是 Apps，也就是 Excel 应用程序，然后才是工作簿 Books 和工作表 Sheets，因此，xlwings 需要安装有 Excel 应用程序的环境。

接下来，介绍 xlwings 库中的相关命令。

1) 打开、保存、关闭

(1) 利用 app.books.open()打开表格。

```
import xlwings as xw                    #导入xlwings库
app = xw.App(visible = False, add_book = False)
#打开一个 Excel 应用,如果 visible = False,则只在后台运行,add_book = False,不会新建一个空白
#的工作簿
wb = app.books.open(r'C:\量化金融\第 4 章\原始数据集\test.xlsx')
sht = wb.sheets['Sheet1']              #工作簿的第 1 个表单
#读取数据
a = sht.range('A2:C2').value
print(a)
wb.save()                              #保存文件
wb.close()                             #关闭文件
app.quit()                             #关闭程序
```

运行结果如下。

```
['Foo 1', 'Foo 2', 'Foo 3']
```

**注意**:因为此处 xlwings 是以程序 Apps 作为初级操作对象,因此开始和最后都是基于 App 的开和关。

(2) 用 xw.Book()打开表格。

```
import xlwings as xw    #导入xlwings库
wb = xw.Book(r'C:\量化金融\第 4 章\原始数据集\test.xlsx')    #打开 Excel 表格
sht = wb.sheets['Sheet1']  #实例化工作表对象。实例化是创建一个类的实例或对象的过程。一个
#类是一种抽象的数据类型,而实例是该类的具体实现
a = sht.range('G1:G8').value
print(a)
wb.save()                                              #保存文件
wb.close()                                             #关闭文件
```

运行结果如下。

```
['恭', '喜', '您', '掌', '握', 'xlwings', '库', 'o((≧▽≦o))!!']
```

2) 新建

(1) 利用 xw.App()新建表格。

```
import xlwings as xw
app = xw.App()
wb = app.books.add()    #创建一个工作簿
wb.save('C:\\量化金融\\第 4 章\\原始数据集\\test_1.xlsx')    #保存所处理的文件 wb,并命名为
#test_1.xlsx。关于设置文件路径,有 4 种方式:第 1 种是('path\\文件名'),在 path 中,采用双
#反斜杠(\\);第 2 种是(r'path\文件名'),在 path 中采用单反斜杠(\);第 3 种是相对路径('文件名'),
#也就是读取和存储的文件与当前正在编写代码的 Python 脚本处在同一文件夹中;第 4 种是('path/
#文件名'),在 path 中采用斜杠(/)
wb.close()
app.quit()
```

(2) 利用 xw.Book()新建表格。

```
import xlwings as xw    #导入xlwings库
wb = xw.Book()          #创建一个工作簿
```

```
wb.save(r'C:\量化金融\第 4 章\原始数据集\test_2.xls')  #保存所处理的文件 wb,并命名为 test_
                                                      #2.xlsx
wb.close()
```

**注**:无论是新建还是打开,都要记得保存工作簿、关闭工作簿、关闭程序。

3) 读取数据

```
import xlwings as xw    #导入 xlwings 库
wb = xw.Book(r'C:\量化金融\第 4 章\原始数据集\上市公司样本--1.xlsx')  #打开 Excel 工作簿
sht = wb.sheets['Sheet1']  #工作簿的第 1 个表单
#读取单元格 A1 到 A2 的值
a = sht.range('A1:A2').value
#将第 1 行和第 2 行的数据按二维数组的方式读取
b = sht.range('A1:B2').value
print('a',a,'b',b)          #同时显示 a、b
```

运行结果如下。

```
a ['代码', '000981.SZ'] b [['代码', '名称'], ['000981.SZ', '山子股份']]
```

```
#读取表中批量数据,使用 expand()方法。从 A2 的位置开始读,一直读完所有内容
d = sht.range('A2').expand().value
wb.close()   #关闭工作簿
```

4) 写入数据

```
import xlwings as xw
wb = xw.Book(r'C:\量化金融\第 4 章\原始数据集\test.xlsx')
sht = wb.sheets['sheet1']                        #实例化工作表对象
sht.range('A1').value = 'xlwings'                #在单元格 A1 位置中写入数据 xlwings
#横向写入
sht.range('A1').value = [1,2,3]                  #将列表[1,2,3]存储在 A1:C1 中
#写入范围内多个单元格
sht.range('A1').options(expand = 'table').value = [[1,2],[3,4]]
sht.range('A2').value = [['Foo 1', 'Foo 2', 'Foo 3'], [10.0, 20.0, 30.0]]
#在单元格中写入批量数据,只需要指定单元格位置即可。写入的批量数据从表格 A2 开始,连续
#写入 Foo 1,Foo 2,Foo 3 三个属性,然后在这三个属性的位置对应的下一列,写入属性值 10、20、30
sht.range('A2').options(transpose = True).value = [5,6,7,8]    #纵向写入
```

5) xlwings 的其他重要函数

```
print(wb.fullname)                   #返回工作表绝对路径
print(sht.name)                      #返回工作簿的名字
sht.range('A1').clear()              #清除单元格内容和格式
sht.range('A1').column               #获取单元格的列标
sht.range('A1').row                  #获取单元格的行标
wb.close()                           #关闭工作簿
```

6) pandas.to_datetime(arg,errors='raise',dayfirst=False,yearfirst=False,format=None, exact=True,unit=None)

该函数用于将字符串或数字等格式的日期转换为 Pandas 的日期时间格式,主要参数如下。

- arg:需转换的日期、时间或时间戳。可以是一个整数、字符串、浮点、列表或字典。
- errors:处理转换过程中错误的方法,默认是'raise',即报错。可选参数包括:'coerce',即将错误的时间设置为 NaT;'ignore',即不报错,保留错误的时间。

- dayfirst,yearfirst：默认均是 False，如果输入的日期可以判断出年份，无论 dayfirst 和 yearfirst 取 False 或者 True，均没有任何影响，如 '2024-06-01'、'01/06/2024'、'20240601'。如果无法判断，参数的设置才有作用。例如 '24-06-1'，当 dayfirst 取 True 时，设定前两位是日期，该时间被解释为 '2001-06-24'；当 yearfirst 取 True 时，设定前两位是年份，该时间被解释为 '2024-06-01'。
- format：指定输入数据的日期格式，即说明年、月、日的位置，默认为 None。
- exact：是否精准格式匹配，与 format 配合使用。

```
import pandas as pd
day_1 = ['24-06-1']
day_1 = pd.to_datetime(day_1,dayfirst = True)  #将时间转换为Pandas格式。因为参数dayfirst
# 设定为True,即设定前两个数为日期,所以转换后的结果是'2001-06-24'
day_2 = ['24-06-1']
day_2 = pd.to_datetime(day_2,yearfirst = True)  #将时间转换为Pandas格式。因为参
# 数yearfirst设定为True,即设定前两个数为年份,所以转换后的结果是'2024-06-01'
day = day_1 - day_2
print(day_1)
print(day_2)
print(day)
```

运行结果如下。

```
DatetimeIndex(['2001-06-24'], dtype = 'datetime64[ns]', freq = None)
DatetimeIndex(['2024-06-01'], dtype = 'datetime64[ns]', freq = None)
TimedeltaIndex(['-8378 days'], dtype = 'timedelta64[ns]', freq = None)
```

经过 to_datetime() 后就可以使用 .dt.days 来提取 timedelta Series 中每个 timedelta 对象的"天数"属性。

这要求 .dt.days 所访问的对象是 timedelta 对象。在 Pandas 中，timedelta 对象表示两个日期或时间之间的差值，这个差值可以包含天(days)、秒(seconds)、微秒(microseconds)等不同的时间单位。如果需要获取这个差值中的天数部分时，使用 .dt.days。

```
import pandas as pd
X_train = {'policy_bind_date': pd.to_datetime(['2021-03-15', '2022-02-28', '2023-01-01']),
'auto_year': pd.to_datetime(['2021-01-01', '2022-01-01', '2023-01-01'])}
# 设定 X_train['policy_bind_date'] 和 X_train['auto_year'] 都是日期时间格式,X_train['auto_
# year'] 已经被设置为对应年份的第1天
X_train = pd.DataFrame(X_train)             #转换为DataFrame
timedelta_series = X_train['policy_bind_date'] - X_train['auto_year']   #计算两个日期之间的差值
days_difference = timedelta_series.dt.days  #提取天数差异
print(days_difference)
```

运行结果如下。

```
0    73
1    58
2     0
dtype: int64
```

7) df.info()

该函数用于获取数据的索引、数据类型和内存信息。

8) df.isnull()

该函数用于检查缺失值。

9) df.dropna(axis=0,how='any',thresh=None,subset=None,inplace=False)

该函数用于删除有缺失值的行,主要参数如下。

- axis:默认是 0。0 为按行删除,1 为按列删除。
- how:默认是'any'。'any'指带缺失值的所有行/列;'all'指清除一整行/列都是缺失的行/列。
- thresh:默认是 None,即删除所有包含空值的行。如果参数取 int,保留下来的行或者列含有 int 个以上非 NaN 值。如果 thresh 取值 10,则只需要行或者列包含的正常数据大于 10,就保留该行或者列。
- subset:删除特定列中包含缺失值的行或列。
- inplace:默认为 False,即筛选后的数据存为副本,为 True 表示直接在原数据上更改。

10) df.fillna(value=None,method=None,axis=None,inplace=False)

该函数是用特定值填充缺失值,主要参数如下。

- value:要填充的值。
- method:填充的方法。
- axis:要填充的轴(0 表示行,1 表示列)。
- inplace:是否在原数据框上进行修改。

11) df['column_name'] = df['column_name'].astype(dtype)

该函数用于将列转换为不同的数据类型,主要参数如下。

- dtype:要转换到的数据类型。

### 4.1.2 xlwings 与 Pandas 的实现

本章所采用的样本集为 900 家上市公司的三大报表数据,共 2700 张报表,分别存放在命名为"zichan""lirun""xianjin"的文件夹中,每个文件夹中有 900 家上市公司的报表。"zichan"文件夹存放资产负债表,"lirun"文件夹存放利润表,"xianjin"文件夹存放现金流量表。

900 家上市公司分为两类:一类是正常上市公司,有 600 家;另一类是被 ST 的上市公司,有 300 家。股票名带上 ST 说明该股票处于特殊处理的状态。当股票所在的上市公司出现了财务状况或者某些异常状况时,证券交易所就会修改该股票原有的简称,并将股票的名字加上 ST。ST 即 Special Treatment。在使用 xlwings 库和 Pandas 库读取数据时,对于 600 家正常的上市公司,获取其 2022 年的数据;对于 300 家 ST 上市公司,获取其被 ST 前一年的数据。

**1. xlwings 的实现思路**

xlwings 读取数据的实现过程如下。使用 xlwings 库读取 900 家上市公司资产负债表的实现思路见图 4.3。

# 第 4 章 数据表格的处理与数据清洗

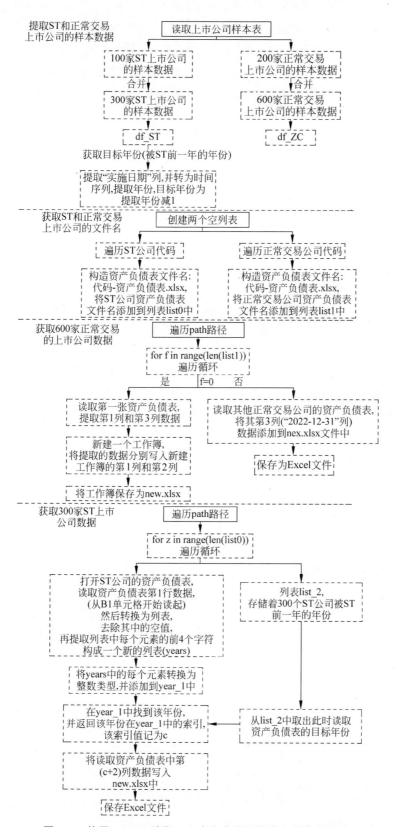

图 4.3 使用 xlwings 读取 900 家上市公司资产负债表的思路

(1) 目前有三张上市公司样本表(即三个 Excel 文件,分别是"上市公司样本--1.xlsx" "上市公司样本--2.xlsx"和"上市公司样本--3.xlsx"),每张样本表存放了 200 家正常交易上市公司和 100 家被 ST 上市公司的信息,但是在同一张表中有两种排列方式。从三个样本表中分别提取 ST 上市公司和正常交易上市公司的样本数据。然后将分散在三张表中的 ST 上市公司和正常交易上市公司的样本数据汇总为 ST 上市公司汇总表和正常交易上市公司汇总表,同时提取 ST 公司被 ST 前一年的年份,创建一个包含所有 ST 公司代码和年份的 DataFrame。

(2) 创建两个空列表,分别用于存储 ST 公司和正常公司的资产负债表文件名。资产负债表文件名均为"代码-资产负债表.xlsx"的形式,分别遍历 ST 公司和正常公司代码,通过构造,获取 ST 上市公司和正常上市公司的资产负债表文件名,并分别添加到两个列表中。

(3) 获取 600 家正常上市公司数据。遍历资产负债表存放路径,打开第 1 家正常公司的资产负债表,因为读取的是第 1 张表,需要提取这张表的第 1 列和第 3 列('2022-12-31'列)数据。同时新建一个工作簿,将提取数据分别写入新建工作簿的第 1 列和第 2 列,将该工作簿保存为 new.xlsx。对于剩余的正常公司,打开它们的资产负债表,并将其第 3 列数据依次写入 new.xlsx 中。

(4) 获取 300 家 ST 上市公司数据。遍历资产负债表文件路径,打开 new.xlsx,读取 ST 资产负债表第 1 行数据,从 B1 单元格开始读起,然后转换为列表,去除其中的空值,再提取列表中每个元素的前 4 个字符构成一个新列表,记为 years。再将 years 中的每个元素转换为整数数据类型,并添加到一个空列表中,这个列表记为 year_1,里面存储着资产负债表第 1 行的系列年份。另一个列表 list_2,存储着 300 个 ST 公司被 ST 前一年的年份。首先从 list_2 取出此时读取资产负债表的目标年份,在 year_1 中找到该年份,并返回该年份在 year_1 的索引,该索引值记为 c。然后将资产负债表第(c+2)列数据写入 new.xlsx 中。该情况下获取目标列数据是通过获取目标年份在列表中的索引,进而获取目标列在 Excel 表中的列号来实现的。

**2. xlwings 的实现程序**

1) 汇总 ST 公司和正常公司样本

此处使用 xlwings 库读取 900 家上市公司报表数据。本程序以读取资产负债表为例,如需读取利润表需修改 path 和 name。如需读取现金流量表,除了需修改 path 和 name,还要增加 if 逻辑判断等,详情参见第 4 章脚本"xw 读取现金流量表"。

```
# coding = utf - 8            # 声明 Python 代码的文本格式是 utf - 8
import pandas as pd           # 导入 Pandas 库,并用缩写 pd 代表 Pandas 库
path = 'C:\\量化金融\\第 4 章\\原始数据集\\'    # 设置路径
# 获取需要读取的样本信息。提取 ST 和正常交易上市公司数据之前,先打开三个样本表,发现在"上
# 市公司样本 -- 1.xlsx"的 Excel 表格中,ST 的样本在第 2~101 行,正常上市公司的样本数据在第
# 107~306 行
df1 = pd.read_excel(path + '上市公司样本 -- 1.xlsx')    # 读取第 1 个样本表
print('df1',df1)
```

运行结果如下。

| df1 | 代码 | 名称 | ... | Unnamed: 12 | Unnamed: 13 |
|---|---|---|---|---|---|
| 0 | 000981.SZ | 山子股份 | ... | NaN | NaN |
| 1 | 000996.SZ | *ST中期 | ... | NaN | NaN |
| ... | ... | ... | ... | ... | ... |
| 303 | 600794.SH | 保税科技 | ... | 主板上海证券交易所 | |
| 304 | 600797.SH | 浙大网新 | ... | 主板上海证券交易所 | |

[305 rows x 14 columns]

```
# 在df1中,ST的样本行索引号是0~99,正常上市公司的样本数据,索引号是105~304
df_ST1 = df1.iloc[:100]  # 提取df1的前100行数据,获取ST上市公司样本
print('df_ST1',df_ST1)
```

运行结果如下。

| df_ST1 | 代码 | 名称 | 实施日期 | ... |
|---|---|---|---|---|
| 0 | 000981.SZ | 山子股份 | 2007-04-30 00:00:00 | ... |
| 1 | 000996.SZ | *ST中期 | 2023-05-05 00:00:00 | ... |
| ... | ... | ... | ... | ... |
| 98 | 600299.SH | 安迪苏 | 2010-04-07 00:00:00 | ... |
| 99 | 600300.SH | 维维股份 | 2021-04-27 00:00:00 | ... |

[100 rows x 14 columns]

```
df_ZC1 = df1.iloc[105:]# 获取正常上市公司样本。从索引号为105的那一行开始提取数据,直至
                      # 最后一行结束
df2 = pd.read_excel(path+ '上市公司样本--2.xlsx')   # 读取第2个样本表
df_ST2 = df2.iloc[:100]# 提取df2的前100行数据
df_ZC2 = df2.iloc[105:]# 从索引号为105的那一行开始提取数据,直至最后一行结束
df3 = pd.read_excel(path+ '上市公司样本--3.xlsx')   # 读取第3个样本表
df_ST3 = df3.iloc[:100]# 提取df3的前100行数据
df_ZC3 = df3.iloc[105:]# 从索引号为105的那一行开始提取数据,直至最后一行结束合并
df_ST = pd.concat([df_ST1, df_ST2, df_ST3], axis = 0)   # 使用concat()函数将df_ST1、df_ST2、
# df_ST3纵向拼接,形成300家ST上市公司汇总样本
df_ZC = pd.concat([df_ZC1, df_ZC2, df_ZC3], axis = 0)   # 将df_ZC1、df_ZC2、df_ZC3纵向拼接,
# 形成600家正常上市公司样本
```

2) 获取ST公司被ST前一年的年份和公司代码

对300家ST上市公司样本信息进行处理,目的是获取被ST前一年的年份,得到包含所有ST公司代码和年份的两列数据集df_ST_all。如代码为000981.SZ的公司,名称为山子股份,实施日期为2007-04-30,可知该上市公司被ST的年份为2007年,因此对该上市公司,目的是获取2006这个年份,即用2006年的数据预测2007年是否被ST。

```
df_ST['date_column'] = pd.to_datetime(df_ST['实施日期']) # 提取'实施日期'列,转为时间序列。
# 转换之前,df_ST['实施日期']是2007-04-30 00:00:00格式,转换后,df_ST['date_column']是
# 2007-04-30格式
# 在df_ST中新增'date_column'列放置转为时间序列的'实施日期'
print(df_ST)
```

运行结果如下。

| | 代码 | 名称 | ... | Unnamed: 14 | date_column |
|---|---|---|---|---|---|
| 0 | 000981.SZ | 山子股份 | ... | NaN | 2007-04-30 |
| 1 | 000996.SZ | *ST中期 | ... | NaN | 2023-05-05 |
| ... | ... | ... | ... | ... | ... |

| | | | | | | |
|---|---|---|---|---|---|---|
| 98 | 688086.SH | 退市紫晶(退市) | … | NaN | 2022-05-06 | |
| 99 | 600313.SH | 农发种业 | … | NaN | 2003-04-23 | |

[300 rows x 16 columns]

```
st_years = df_ST['date_column'].dt.year  # 提取被ST的年份,形成一个1维数组Series
target_year = st_years - 1  # 目标年份:被ST前一年的年份(将被ST的年份减1)
df_ST['年份'] = target_year  # 在df_ST中新增'年份'列放置300家上市公司被ST前一年的年份
print(df_ST)
```

运行结果如下。

| | 代码 | 名称 | 实施日期 | … | Unnamed: 14 | date_column | 年份 |
|---|---|---|---|---|---|---|---|
| 0 | 000981.SZ | 山子股份 | 2007-04-30 00:00:00 | … | NaN | 2007-04-30 | 2006 |
| 1 | 000996.SZ | *ST中期 | 2023-05-05 00:00:00 | … | NaN | 2023-05-05 | 2022 |
| … | … | … | … | … | … | … | … |
| 98 | 688086.SH | 退市紫晶(退市) | 2022-05-06 00:00:00 | … | NaN | 2022-05-06 | 2021 |
| 99 | 600313.SH | 农发种业 | 2003-04-23 00:00:00 | … | NaN | 2003-04-23 | 2002 |

[300 rows x 17 columns]

```
# 在df_ST中提取两列'代码'和'年份',形成df_ST_all.一列是300家ST上市公司代码,一列是上市
# 公司对应的被ST前一年的年份
df_ST_all = df_ST[['代码', '年份']]
print(df_ST_all)
```

运行结果如下。

| | 代码 | 年份 |
|---|---|---|
| 0 | 000981.SZ | 2006 |
| 1 | 000996.SZ | 2022 |
| … | … | … |
| 98 | 688086.SH | 2021 |
| 99 | 600313.SH | 2002 |

[300 rows x 2 columns]

3) 构建两个空列表list0和list1,存放ST上市公司文件名和正常上市公司文件名

观察存放900家上市公司资产负债表的文件夹,所有上市公司资产负债表的Excel表,均统一命名为:代码加上'-资产负债表.xlsx'。所以根据df_ST_all构建包含300家ST上市公司文件名的list0,根据df_ZC构建包含600家正常上市公司文件名的list1。用于后续在存放900家上市公司资产负债表的文件夹中,根据list0和list1中上市公司文件名的顺序,依次打开文件夹中的上市公司资产负债表。

```
# 依次获取资产负债表的文件名
name = '-资产负债表.xlsx'  # 将'-资产负债表.xlsx'赋值给name。如果是处理利润表或者现金流
# 量表,需要相应修改对name的赋值
list0 = []                # 新建空列表list0,用于存放300家ST上市公司文件名
for code in df_ST_all['代码']:  # 遍历df_ST_all中的'代码'列
    list0.append(code + name)  # 将获取到的'代码'加上'-资产负债表.xlsx',再依次添加到list0
# 中。append()函数用于在列表的末尾添加一个元素
print(list0)
```

运行结果如下。

['000981.SZ-资产负债表.xlsx', '000996.SZ-资产负债表.xlsx', …]

```python
list1 = []                      #新建空列表list1,用于存放600家正常上市公司文件名
for code in df_ZC['代码']:       #遍历df_ZC中的'代码'列
    list1.append(code + name)   #将获取到的'代码'加上'-资产负债表.xlsx',再依次添加到list1中
print(list1)
```

运行结果如下。

```
['002646.SZ-资产负债表.xlsx', '002651.SZ-资产负债表.xlsx', …]
```

4）提取600家正常上市公司资产负债表中2022年（即Excel表格中第3列）的年报数据，汇总到新建的Excel表格中

根据存放600家正常上市公司文件名的list1顺序，在文件夹中依次打开相应公司的资产负债表，提取2022年的财务数据，汇总到新建的Excel表格中。

```python
path = 'C:\\量化金融\\第4章\\原始数据集\\zichan'  #设置路径。目前是处理资产负债表,所
#以路径设置为存放900家上市公司的资产负债表的路径。如果是处理利润表或者现金流量表,需
#要做相应的修改
import xlwings as xw              #导入xlwings库,并用缩写xw代表库xlwings
import os                         #导入os库
import time                       #导入time库
start_time = time.time()          #获取当前时间的时间戳
print('start_time', start_time)   #获取当前时间
app = xw.App(visible = False, add_book = False)
#打开Excel,如果visible用false,则只在后台运行,add_book用false,不会新建一个空白的工作簿
#汇总600家正常上市公司2022年财务数据
for root, dirs, files in os.walk(path):  #遍历path路径下的文件夹信息,包括root(当前目录)、
#dirs(子目录列表)、files(文件列表)。关于os.walk()函数的详细介绍,参见第2章for循环部分
#的遍历文件部分
    for f in range(len(list1)):     #list1中存放了600家正常上市公司资产负债表文件名,所以
#len(list1)是600。循环遍历600次,因为要依次读取600张正常上市公司的资产负债表
        print('f',f)   #显示程序运行进度。本程序运行时间较长,如果程序运行时计算机没有任
#何反应,容易被误判计算机死机
        wb = app.books.open(os.path.join(root, list1[f]))  #建立Excel工作表联系。os.path.
#join()函数用于拼接多个路径字符串,生成一个新的路径字符串。在此处,os.path.join()将遍历
#得到的root(当前目录)与存放600家正常公司资产负债表文件名的list1拼接在一起,用以打开
#指定的资产负债表。例如,最初f = 0,list1[0]是在list1中索引号为0的文件名是002646.SZ
#-资产负债表.xlsx。将root与list1[0]拼接在一起,即打开文件'C:\\量化金融\\第4章\\原始
#数据集\\zichan\\002646.SZ-资产负债表.xlsx')中
        if f == 0:  #读取第1张资产负债表。用if将读取的第1张资产负债表与读取的其他资
#产负债表分开。原因是,读取第1张资产负债表时,不仅需要读取第3列的2022年财务数据,还要
#读取第1列的财务指标。除了第1张资产负债表,读取其他的资产负债表时,只需要读取1列财务
#数据,不再需要读取第1列的财务指标
            newwb_0 = wb.sheets[0]  #第1个表单
            newwb_1_0 = xw.Book()  #新建一个工作簿实例
            AA = newwb_0.range('A1', 'A65536').value  #读取第1家公司资产负债表第1列数据
            BB = newwb_0.range('C1', 'C65536').value  #读取第1家公司资产负债表第3列数据
#将获取的第1列、第3列数据分别写入新建工作簿的第1列和第2列
            newwb_1_0.sheets[0].range('A1', 'A65536').options(transpose = True).value = AA
            newwb_1_0.sheets[0].range('B1', 'B65536').options(transpose = True).value = BB
            newwb_1_0.sheets[0].range(1, f + 2).value = list1[f]  #将list1[f]中索引号
#是f的文件名(即上市公司资产负债表文件名)赋予汇总表中第1行第(f+2)列
            newwb_1_0.save(path + '\\' + 'new.xlsx')  #保存
            newwb_1_0.close()  #关闭工作簿
        else:  #当f从1开始遍历时,即从第2张资产负债表读取时
```

```
            newwb = app.books.open(path + '\\' + 'new.xlsx')   # 打开新建的汇总工作簿
            sht = wb.sheets[0]     # 读取的资产负债表的第1个表单
            newwb.sheets[0].range(1, f + 2).options(transpose = True).value = sht.range
((1, 3), (160, 3)).value
# 注:xlwings在处理表格时的计数是从1开始,与Python从0开始计数不同。因此sht.range((1,3),
#(160,3)).value是指把sht中范围是从第1行第3列开始,到第160行第3列截止的数值,赋予
# newwb.sheets[0],范围是从第1行第f+2列开始。加2是因为在list1中,计数从0开始,与xlwings
# 处理Excel的计数相差1,其次,汇总表的第1列是财务指标。每循环一次,(f+2)会增加1,即让
# 新读取的财务数据依次排列在上一家公司财务数据的右边
            newwb.sheets[0].range(1, f + 2).value = list1[f]   # 将list1[f]中索引号是f
# 的文件名(即上市公司资产负债表文件名)赋予汇总表中第1行第(f+2)列
            newwb.save(path + '\\' + 'new.xlsx')   # 保存
            wb.close()
# 执行完上述命令,已写入600家正常上市的公司数据
```

注:如果反复运行本程序,在第2次运行的时候,需要删除第1次运行本程序所产生的 new.xlsx 文件,以避免错误。

5)提取300家ST上市公司资产负债表中被ST前一年的年报数据,汇总到新建的Excel表格中

df_ST_all 中有序存放着300家ST上市公司的文件名和年份,由 df_ST_all 产生了 list0 和 list_2,其中,list0 存放300家ST上市公司资产负债表文件名,list_2 存放着该公司被ST前一年的年份。首先,设置循环控制变量z,在 list0 中依次读取公司文件名 list0[z],根据 list0[z] 打开该公司资产负债表,获得有财务数据的年份数据,存放在 year_1 中。其次,从 list_2 中提取该公司的年份数据 list_2[z],查询 list_2[z] 在 year_1 中的索引值c。最后,根据索引值c,在所打开的相应上市公司资产负债表中,提取一列财务数据。

```
for root, dirs, files in os.walk(path):   # 遍历路径
    for z in range(len(list0)):   # list0 中存放了300家ST上市公司资产负债表文件名,所以 len
# (list0)是300。循环遍历300次,因为要依次读取300张ST上市公司的资产负债表
        wb_ST = app.books.open(os.path.join(root, list0[z]))   # 建立Excel工作表联系
        sht = wb_ST.sheets[0]     # 第1个表单
        data = sht.range('B1', 'AG1').value
# 'B1'在Excel表中第2列,'AG1'在Excel表中第35列(获取数据年份范围为1990—2023年,共33年)
        data1 = list(data)     # 转为列表
        print(data1)   # 因为该代码是在循环结构中,所以每循环一次会打印一个结果。以 z = 0
# 读取第1张ST资产负债表为例展示程序运行结果(z = 0时,读取的是在 list0 中索引号为0的ST
# 上市公司资产负债表文件名"000981.SZ - 资产负债表.xlsx"。当 z = 0时,print(data1)是名称为
# "000981.SZ - 资产负债表.xlsx"的Excel文件的第1行各列资产负债表财务数据所对应的年度
```

运行结果如下。

```
['2023 - 09 - 30', '2022 - 12 - 31', …, None, None, None, None, None, None]
        data2 = list(filter(None, data1))   # 过滤空值,创建一个只包含非空元素的新列表。
# None 表示空值,filter(None,data1)会过滤出所有不为 None 的元素。data1 存放的是资产负债表
# 第1行的年份数据,由于不是所有公司都有1990—2023年的数据,所以第1行后面几个单元格是
# 空值
        print(data2)
```

运行结果如下。

```
['2023 - 09 - 30', '2022 - 12 - 31', '2021 - 12 - 31', …, '1998 - 12 - 31', '1997 - 12 - 31']
```

```
years = [year[:4] for year in data2]
print(years)
```

运行结果如下。

```
['2023', '2022', '2021', …,'1998', '1997']
```

```python
# ------- [year[:4] for year in data2]的原理见第2章列表推导式,详细写法如下: -------
# years = []                    #创建空列表
# for year in data2:            #遍历 data2 中的每个元素
#     year = year[:4]           #提取前 4 位数字
#     years.append(year)        #将年份添加到年份列表中
# ------------------------------------------------------------------
        year_1 = [int(item) for item in years]    #将 years 中的元素转为数字类型,与 list_2 中
#元素的数据类型保持一致
        print(year_1)
```

运行结果如下。

```
[2023, 2022, 2021, …,1998, 1997]
```

```python
# ------- [int(item) for item in years]的原理见第2章列表推导式,详细写法如下: -------
# year_1 = []                            #创建一个空列表
# for item in years:                     #遍历 years 的每个元素
#     year_1.append(int(item))           #将 years 中每个元素转换为整数类型,并添加到 year_1 中
# ------------------------------------------------------------------
        list_2 = df_ST_all['年份'].values.tolist()  #将 df_ST_all 中名为 '年份' 的列转换为
#列表。df_ST_all 存放着 300 家 ST 上市公司信息,共两列,一列是上市公司代码,一列是被 ST 前
#一年的年份。.tolist()将获取的值转换为列表
        print(list_2)
```

运行结果如下。

```
[2006, 2022, 1999, …,2002, 2008, 2015, 2007]
        c = year_1.index(list_2[z])    #list_2 是列表[2006,2022,1999,…,2002,2008,2015,2007],
#当 z = 0 时,list_2[z]是 2006。year_1 是上市公司 000981.SZ 资产负债表中各列财务数据所对
#应的年份。通过 year_1.index(2006)查询 2006 年在 year_1 中的索引值
        print('相同年份在资产负债表中对应的索引值:', c)
```

运行结果如下。

```
相同年份在资产负债表中对应的索引值:17
        newwb = app.books.open(path + '\\' + 'new.xlsx')    #打开新建的汇总工作簿
        newwb.sheets[0].range(1, z + 602).options(transpose = True).value = sht.range((1,
c + 2), (160, c + 2)).value
#之所以是 c + 2 原因有二:第一,列表的索引是从 0 开始,Excel 表的列数是从 1 开始算起;第二,
#读取资产负债表第 1 行数据时,是从 B1 单元格开始读取的
        newwb.sheets[0].range(1, z + 602).value = list0[z]
        newwb.save(path + '\\' + 'new.xlsx')   #保存 newwb 在 path 路径下
        wb_ST.close()                          #关闭工作簿
    app.quit()                                 #退出 Excel 进程
end_time = time.time()                         #获取当前时间的时间戳
print('使用 xlwings 库读取数据所需时间为', end_time - start_time)  #输出使用 xlwings 库读
                                                              #取数据所需时间
```

### 3. Pandas 的程序实现

Pandas 读取数据的实现思路如下。

读取三个上市公司样本表,并提取 ST 和正常上市公司的样本数据。分别将所有 ST 和

所有正常上市公司的样本数据进行合并,同时提取ST公司被ST前一年的年份,创建一个包含所有ST公司代码和年份的DataFrame。

创建两个空列表,分别用于存储ST公司和正常公司的资产负债表文件名。资产负债表文件名均为"代码-资产负债表.xlsx"的形式,分别遍历ST公司和正常公司代码,通过拼接字符串构造,获取ST上市公司和正常上市公司的资产负债表文件名,并分别添加到两个列表中。

获取600家正常上市的公司数据。遍历资产负债表存放路径,并执行以下步骤:读取第1家正常公司的资产负债表,并提取第1列和第3列数据。将提取的两列数据构建成一个新的DataFrame,再将新建的DataFrame保存为new.xlsx。对于剩余的正常公司,读取它们的资产负债表,并将其'2022-12-31'列数据添加到new.xlsx文件中。

获取300家被ST的上市公司的数据。遍历资产负债表存放路径,并执行以下步骤:通过遍历ST公司被ST前一年年份,然后将其构造成'年份-12-31'的形式。读取ST公司的资产负债表,直接根据列名获取目标年份列数据,将其添加到new.xlsx文件中。该情况下获取目标列数据是通过构造列名的方式来实现的。

读取数据的实现路径如图4.4所示。

1) 汇总ST公司和正常公司样本,获取ST公司被ST的年份,构建两个空列表存放ST上市公司文件名和正常上市公司文件名

此处使用Pandas读取900家上市公司的资产负债表,其中,汇总ST公司和正常公司样本、获取ST公司被ST的年份、构建两个空列表存放ST上市公司文件名和正常上市公司文件名的代码与使用xlwings进行处理的代码完全一致。只是从提取600家正常上市公司资产负债表中2022年(即excel表格中第3列)的年报数据,汇总到新建的Excel表格中这个步骤开始,有所不同。

2) 提取600家正常上市公司资产负债表中2022年(即Excel表格中第3列)的年报数据,汇总到新建的Excel表格中

```
path = 'C:\\量化金融\\第4章\\原始数据集\\Z\\'    ♯900张资产负债表存放路径
```

**注**:使用Pandas库读取资产负债表时,出现以下报错:

```
TypeError: <class 'openpyxl.styles.named_styles._NamedCellStyle'>.name should be <class 'str'> but value is <class 'NoneType'>
```

出现报错的原因是,所有资产负债表由万得数据库导出,而从万得导出的.xlsx文件可能带有某些格式,能用Excel桌面端工具打开,但openpyxl报错,导致无法批量处理。若使用Pandas库读取资产负债表,可读取提供的Z文件夹中的资产负债表,该文件夹中的资产负债表已经过处理,可进行批量处理。

```
import os                              ♯导入os库
import time                            ♯导入time库
start_time = time.time()               ♯获取当前时间的时间戳
♯汇总600家正常上市的公司数据
for root, dirs, files in os.walk(path):  ♯遍历路径
    for z in range(len(list1)):        ♯循环600次,因为有600张正常上市公司资产负债表
        print('z',z)                   ♯此处用z来显示程序的进度,避免出现因Pandas处理表格的进
♯度相对慢,程序运行后长时间没有反应,误以为死机
        if z == 0:                     ♯读取第1张资产负债表
```

# 第 4 章 数据表格的处理与数据清洗 91

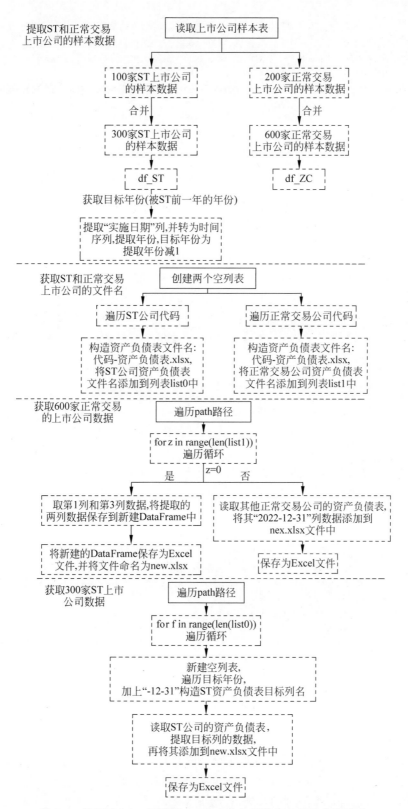

图 4.4 使用 Pandas 库读取 900 家上市公司资产负债表实现思路

```
            df = pd.read_excel(os.path.join(root, list1[z])) #读取 Excel 表
# 取 Excel 表中的第 1 列和'2022-12-31'列形成一个新的 DataFrame(对于正常上市的公司统一获
# 取 2022 年这一年的财务数据)。读取的第 1 张资产负债表代码为 002646.SZ
            new_df = df.iloc[:,[0,2]]
# 当使用 Pandas 库将数据保存为 Excel 文件时,使用 index=False 参数来指定不要将行索引保存到
# Excel 文件中
            new_df.to_excel(path + 'new.xlsx', index=False)  #保存为 Excel 文件
        else:  #当 z 从 1 开始遍历时,即从第 2 张资产负债表读取时
            df_new = pd.read_excel(path + 'new.xlsx')    #读取写入数据的表
            df2 = pd.read_excel(os.path.join(root, list1[z]))  #读取正常公司资产负债表
            code_ZC = list1[z]  #list1 是存放 600 家正常上市公司的资产负债表文件名的序列。
# list[z]是正在被读取的正常上市公司的资产负债表文件名。在 df_new 中新建一列 code_ZC,这列
# 列名是正在被读取的正常上市公司的资产负债表文件名,列值
# 为 df2(读取的正常上市公司的资产负债表)的'2022-12-31'列的财务数据
            df_new[code_ZC] = df2['2022-12-31']
            df_new.to_excel(path + 'new.xlsx', index=False)  #保存为 Excel 文件
```

3) 提取 300 家 ST 上市公司资产负债表中被 ST 前一年的年报数据,汇总到新建的 Excel 表格中

```
for root, dirs, files in os.walk(path):  #遍历路径
    for f in range(len(list0)):      #遍历 300 次,因为有 300 张 ST 上市公司的资产负债表
        print('f', f)
        df_new = pd.read_excel(path + 'new.xlsx')   #读取写入数据的表
        code = list0[f]  #list0 存放着 300 家 ST 公司资产负债表文件名。当 f=0 时,list0[0]
# 是 000981.SZ-资产负债表.xlsx,即 ST 上市公司山子股份的资产负债表
        df3 = pd.read_excel(os.path.join(root, list0[f]))  #读取 ST 资产负债表
        date = []                              #新建空列表
        for year in df_ST_all['年份']:          #遍历年份
            date.append(str(year) + '-12-31')  #构造成'年份-12-31'。因为资产负债表第 1 行
# 除了第 1 列的第 1 行,其余均为'年份-12-31'的形式。然后通过 append()函数将这些年份添加
# 到 date 中
        print(date)                            #以下显示部分
```

运行结果如下。

```
['2006-12-31', '2022-12-31', '1999-12-31', '2018-12-31', '2017-12-31', …]
        column_name = date[f]  #获取目标列名。当 f=0 时,date[0]是 2006-12-31。
# 在 df_new 中新建一列 code(资产负债表文件名),这列列值为 df3(读取的 ST 上市公司的资产负债
# 表)的 column_name(目标列)的值
        df_new[code] = df3[column_name]
        df_new.to_excel(path + 'new.xlsx', index=False)     #保存为 Excel 文件
end_time = time.time()                                      #获取当前时间的时间戳
print('使用 Pandas 库读取数据所需时间为', end_time - start_time)  #输出使用 Pandas 库读取
# 数据所需时间
```

### 4. xlwings 与 Pandas 的对比分析

1) 学习难度对比

xlwings 的优势在于其全面的功能和较高的执行效率,但相对 Pandas 来说,学习难度较大。与 xlwings 相比,Pandas 的学习难度被认为较小,而且在操作方式上更接近于常规的数据处理任务,适合数据处理的常规需求。

2) 功能对比

Pandas 适合数据清洗和分析,数据处理功能强大。但它不能直接在 Excel 中执行操作,也不能更新 Excel 数据。如果 Excel 表格带有隐藏格式,则可能会出现读取出错的情况。例如,本章用 Pandas 读取从 Wind 导出的 Excel 表格时出错。相比之下,xlwings 在处理 Excel 数据方面的功能虽然不如 Pandas 强大,但是它可以在 Python 中直接操作 Excel 文件,并且可以在 Excel 中执行 Python 代码,这对于制作复杂的 Excel 工作表非常有用。

3) 实际应用对比

在使用 xlwings 和 Pandas 读取数据的实例中,可以更直观地看到两者的差异,分别通过两个库获取的文件在运行效率、占用内存、保存的文件内容格式上存在一些差别。运行效率方面,使用 Pandas 库读取 900 家上市公司资产负债表所需时间约为 1h,而使用 xlwings 库读取所需时间约为 14min。文件大小方面,pd 资产负债表文件大小为 616KB,xw 资产负债表文件大小为 463KB。由于计算机环境不同,因此在数值上可能会有所差异。文件的内容格式方面,pd 资产负债表第 1 行内容是当作列名进行保存,因此第 1 行字体加粗,边框加黑,与 xw 资产负债表的第 1 行不同。

**5. 过程中遇到的问题**

使用 xlwings 库读取资产负债表和利润表时,程序正常运行,但使用同一个程序读取现金流量表出现以下报错:

```
ValueError: '1997'is not in list
```

通过查找可知,当读取的表为 ST 澄星[600078.SH]-现金流量表时出现报错,该公司被 ST 前一年的年份为 1997,但报错显示"1997"不在 list 中,打开该表,发现该表没有 1997-12-31 这列。通过查询中华人民共和国财政部官网,信息显示,1998 年 3 月 20 日,财政部发布了"企业会计准则——现金流量表",自 1998 年 1 月 1 日起在全国施行。现金流量表在 1998 年才实施,因此在 1997 年及以前没有现金流量表数据。解决方法如下,代码的具体位置可以参见第 4 章的脚本文件"xw 读取现金流量表"。

```
if list_22[0] <= '1997':
    continue    #跳过,去进行下一步
print('被 ST 前一年的年份', list_22)
```

## 4.2 统计分析与可视化

对读取表格进行统计分析,包括计算各种统计值、创建可视化,如绘制直方图及密度图。通过学习该部分内容,查看数据的分布形态,为数据选择合适的模型,为后续建模奠定基础。

### 4.2.1 统计分析

对表格进行统计分析,可以对表格进行初步了解,比如表格的行列数、表格所含样本个数等。

1. 读取汇总的资产负债表 new.xlsx 数据,并进行展示 print(df)

```
path = 'C:\\量化金融\\第 4 章\\目标数据\\'
import pandas as pd
df0 = pd.read_excel(path + '汇总资产负债表.xlsx', index_col = 0)
#通过 print(df0)可以发现表格中存在着无分析意义的行,这些行的行索引是 0～1,127～141,故删
#除多余信息
df0 = df0.drop(df0.index[127:142])    #删除后面几行
df0 = df0.drop(df0.index[0:2])         #删除前面几行
df = df0.T    #转置。转置后,行索引是上市公司代码,列索引是财务指标,这样的结构便于进行数据
#分析
print(df)
```

运行结果如下。

```
                            流动资产:    货币资金    ...    负债和所有者权益总计
002646.SZ-资产负债表.xlsx      NaN     49918.65   ...       319737.16
                             ...       ...       ...         ...
600313.SH-资产负债表.xlsx      NaN     47246.83   ...       121688.39
[900 rows x 125 columns]
```

2. 显示所有列标签 df.columns

```
print(df.columns)
```

运行结果如下。

```
Index(['流动资产:', '            货币资金', '            交易性金融资产', '            衍生金融资产',
    ......], dtype = 'object', length = 125)
#指标'货币资金'中有很多空格,是因为所读取的表格中,该指标本身有很多空格
```

整体统计 describe():

```
print(df.describe())    #以下展示运行结果
        流动资产:    货币资金     ...    负债和所有者权益总计
count     0       900.00    ...       900.00
unique    0       900.00    ...       900.00
top      NaN     167937.52  ...      5603334.48
freq     NaN       1.00     ...         1.00
[4 rows x 125 columns]
```

3. 描述统计分析

选取一个指标,做描述性统计,计算最大值、最小值、均值、方差、中位数、众数、峰度、偏度等值,再通过作图来查看数据的分布形态。

```
#选择一个指标
indicator = '            货币资金' #指标'            货币资金'中有很多空格,是因为所读取的表格中,
#该指标本身有很多空格。如果在此代码中将空格删除,程序报错。因为所读取的表格中没有指标
#'货币资金',只有指标'            货币资金'
#描述性统计
print(df['            货币资金'].describe())
```

运行结果如下。

```
count         900.00
unique        900.00
top        167937.52
freq            1.00
Name:       货币资金, dtype: float64
```

```
#计算各种值
min_val = df[indicator].min()              #最小值
max_val = df[indicator].max()              #最大值
mean_val = df[indicator].mean()            #均值
variance_val = df[indicator].var()         #方差
std_val = df[indicator].std()              #标准差
median_val = df[indicator].median()
mode_val = df[indicator].mode()[0]
kurtosis_val = df[indicator].kurtosis()
skewness_val = df[indicator].skew()
print('最大值:', max_val);print('最小值:', min_val);print('均值:', mean_val);print('方差:',
variance_val)
print('标准差:', std_val);print('中位数:', median_val);print('众数:', mode_val);print('峰度:',
kurtosis_val)
print('偏度:', skewness_val)
```

运行结果如下。

```
最大值: 17653707.92
最小值: 16.91
均值: 288206.0449444447
方差: 1286796900439.024
标准差: 1134370.7067969553
中位数: 65646.44
众数: 16.91
峰度: 143.19866069197025
偏度: 10.933215406010628
```

### 4.2.2 可视化

```
import matplotlib.pyplot as plt
import seaborn as sns
plt.rcParams['font.sans-serif'] = ['SimHei']  #设置字体为黑体
plt.rcParams['axes.unicode_minus'] = False     #设置正常显示负号
#创建一个包含两个子图的图形,每个子图尺寸为 15×5,在第 1 个子图中绘制直方图
fig, (ax1, ax2) = plt.subplots(1, 2, figsize = (15, 5))   #subplots()是 Matplotlib 中实现画
#布分区的函数
ax1.hist(df[indicator], bins = 8)    #df[indicator]绘制直方图,bins = 8 指定直方图的柱数
ax1.set_xlabel('货币资金(单位:万元)')
ax1.set_ylabel('频率')
ax1.set_title('货币资金直方图')
#在第 2 个子图中绘制密度图
sns.kdeplot(df[indicator], fill = True, ax = ax2)   #sns.kdeplot()是 Seaborn 库中绘制核密度
#函数图的函数。df[indicator]是要绘制的列,fill = True 指定填充密度图,ax = ax2 指定在第 2 个
#子图中绘制
ax2.set_xlabel('货币资金(单位:万元)')
```

```
ax2.set_ylabel('密度')
ax2.set_title('货币资金密度图')
plt.show()
```

运行结果如图4.5所示。

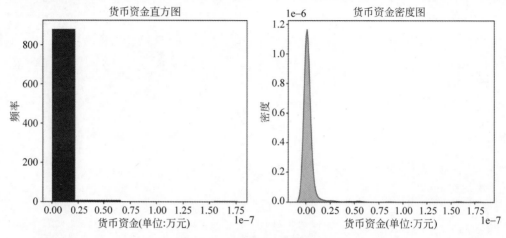

图4.5 '货币资金'数据分布

通过绘制直方图及密度图,可观察到货币资金数据主要集中在分布的左侧,因此该货币资金数据属于右偏分布。

## 4.3 数据清洗

在现实生活中,数据并非完美的。由于所收集的数据经常存在缺失值、异常值等问题,导致数据质量欠缺。数据质量是影响后续建模的关键因素,高质量的数据可以提高模型的准确性和可靠性,而低质量的数据会导致模型性能不佳。通过数据清洗,可以提高数据质量,确保模型基于可靠的信息做出准确的预测。

数据清洗是一种数据预处理的手段。它需要对数据质量进行分析,对检查出的脏数据(即不符合要求,对结论有效性准确性有影响的数据)进行处理。一般而言,处理的问题包括缺失值、异常值和重复值等噪声数据。

### 4.3.1 空缺值、重复值、异常值

**1. 空缺值**

空缺值也称空值,指的是在一个表格中,有一个格子中的数据没有任何值,不是0,而是没有任何值。这样的表格一旦被导入Python中,其表现为空值的位置会显示为NaN,它的存在会使信息无法统计。

由Pandas导入数据集,数据集被保存为DataFrame类型,用Panda自带的函数info()或者isnull().sum()就可以查看数据集中的一列含有多少缺失值。缺失值的处理通常采用删除法和数据填充进行处理。

(1) 删除法：如果某个属性的缺失值过多，可以直接删除整个属性。
(2) 数据填充：可以填充具体数值，通常是 0；也可以填充某个统计值，如均值、中位数、众数等；也可以填充前后项的值。

1) 删除法

```
print(df.isnull().sum())    #查看空值的总计信息(每列缺失值的总计信息)
```

运行结果如下。

```
流动资产：              900
    货币资金            0
                    ...
负债和所有者权益总计     0
Length: 125, dtype: int64
```

```
#删除全为空值的列
df1 = df.dropna(axis = 1, how = 'all')    #删除带空值的列，参数 how 如果为 any，则有一个空值就
#全删；若为 all，则全为空才删
print(df1.isnull().sum())
```

运行结果如下。

```
    货币资金            0
    交易性金融资产       433
                    ...
负债和所有者权益总计     0
Length: 112, dtype: int64
```

执行 dropna()之前，表格有 125 列，执行后有 112 列，删除了 13 列。

2) 填补法

用 0 填补空缺值：

```
df1_0 = df1.fillna(0)
```

用平均值、中位数、众数填补：

```
df1_0 = df1['        货币资金'].fillna(df1['        货币资金'].mean(),inplace = False)
```

**注意**：对指定列进行填充。inplace 默认的参数是 False，不会更改原数据表格；如果是 True，就会更改原数据表格，即会把原表格覆盖。参数取 True，用 print(df1_0)，显示为 None，且在后续使用 duplicated()函数时，将报错。

```
df1_0 = df1.fillna(df1.mode(),inplace = False)    #用众数填补
```

**注意**：在使用众数填补缺失值后，发现仍存在缺失值，是因为此时每列的缺失值数量最多。此时，使用众数填补缺失值是不可取的。

```
df1_0 = df1.fillna(df1.median(),inplace = False) #用中位数填补
df1_0 = df1.fillna(df1.mean(),inplace = False)   #用平均值填补。对每列数值采用平均数填补
```

**2. 重复值**

```
print(df1_0.duplicated())    #查询整行是否有重复，返回布尔型数据，返回重复值的位置
```

运行结果如下。

```
2022-12-31                              False
002651.SZ-资产负债表.xlsx                 False
                                          …
600313.SH-资产负债表.xlsx                 False
Length: 900, dtype: bool
```

### 3. 异常值

异常值也称离群值,也就是一组数据中具有显著不同的特征或者数据点。此处采用 $3\sigma$ 原则寻找异常值。在正态分布下,99.7%的数据位于均值的 $\pm 3\sigma$ 范围内,超出 $\pm 3\sigma$ 范围的被视为异常值。

```
neg_list = df1_0.columns    #获取 df1_0 的列标签
for item in neg_list:
#设置±3σ范围
    up = df1_0[item].mean() + 3 * df1_0[item].std()
    down = df1_0[item].mean() - 3 * df1_0[item].std()
    bool1 = df1_0[item] > up
    bool2 = df1_0[item] < down
    print(item + '中异常值个数:' + str(bool1.sum() + bool2.sum()))
```

运行结果如下。

```
货币资金中异常值个数:12
交易性金融资产中异常值个数:12
衍生金融资产中异常值个数:2
…
```

## 4.3.2 数据归一化

对数据进行归一化,是通过把数据取值缩放到统一的值域内,例如[0,1]区间、[-1,1]区间等,转换为无量纲的表达方式,消除不同变量之间的量纲差异,以提升算法的效率和准确率。

### 1. 归一化的方法

1) 最大最小值归一化

$$x' = \frac{x - \min(x)}{\max(x) - \min(x)} \tag{4.1}$$

利用最大最小值归一化法,将数值范围缩放到[0,1]区间里。

2) 最大绝对值归一化

$$x' = \frac{x}{|\max(x)|} \tag{4.2}$$

利用最大绝对值归一化法,把数值变为单位长度,将数值范围缩放到[-1,1]区间里。

该方法与最大最小归一化、均值归一化同属于线性归一化。适应范围是数据分布比较集中。优点是保留了原来数据之间的关系。缺点是如果极值经常变化,则归一后的结果不稳定;如果存在一个非常极端的异常值,则大量数值在归一后,差别不大;对已有数据进行归一后,如果后续加入的数据超出了最大值最小值的范围,则程序报错。

3) 标准化/z 值归一化

$$x' = \frac{x - \bar{x}}{\sigma} \tag{4.3}$$

利用标准化/z 值归一化,将数值缩放到 0 附近,且数据的分布变为均值为 0,标准差为 1 的标准正态分布(先减去均值来对特征进行中心化处理,再除以标准差进行缩放)。标准化的优点在于抗干扰能力强。缺点在于归一化数据之前,需要获得总体的均值方差,但是在现实中无法实现,只能得到样本的均值与方差,由此导致可能改变原数据之间的关系;归一化的结果可能存在超出 1 或 -1 的值;同时不适应稀疏数据。

4) 稳健标准化

$$x' = \frac{x - \mathrm{median}(x)}{\mathrm{IQR}(x)} \tag{4.4}$$

稳健标准化法是先减去中位数,再除以四分位间距,因为不涉及极值,所以在数据里有异常值的情况下表现比较稳健。

**2. 归一化处理**

```
from sklearn import preprocessing    #导入归一化处理库
```

**注意**:在直接使用 pip install sklearn 安装 sklearn 时,如果安装失败,则原因可能是 sklearn 包已弃用,此时需要使用 scikit-learn 而不是 sklearn 的 pip 命令。

1) 最大最小值归一化[0,1]

```
min_max_scaler = preprocessing.MinMaxScaler()
X_train_minMax = min_max_scaler.fit_transform(X_train)
```

2) 最大绝对值归一化[-1,1]

```
max_abs_scaler = preprocessing.MaxAbsScaler()
X_train_scaled = max_abs_scaler.fit_transform(X_train)
```

3) 标准化/z 值归一化

```
Standard_scaler = preprocessing.StandardScaler()
X_train_scaler = Standard_scaler.fit_transform(X_train)
```

4) 稳健标准化

```
robustscaler_scale = preprocessing.RobustScaler()
X_train_scaled = robustscaler_scale.fit_transform(X_train)
```

```
#最大绝对值归一法
df1_0 = df1.fillna(0)                #用 0 填充空缺值
from sklearn import preprocessing    #导入归一化处理库
max_abs_scaler = preprocessing.MaxAbsScaler()
df1_0 = max_abs_scaler.fit_transform(df1_0)
print(df1_0)
```

运行结果如下。

```
[[2.82765809e-03 0.00000000e+00 0.00000000e+00 … 7.08738387e-03
  0.00000000e+00 2.09808025e-03]
 [6.87521684e-03 4.85599651e-03 0.00000000e+00 … 6.72780953e-03
  0.00000000e+00 2.27491992e-03]
 …
```

```
print(type(df1_0))
```

运行结果如下。

```
<class 'numpy.ndarray'>    #归一化前,df1_0的数据类型是pandas.core.frame.DataFrame;归一化
                           #后,是numpy.ndarray
```

## 4.4 特征工程

特征工程是建模过程中至关重要的一步,它涉及将原始数据转换为模型可以理解和使用的特征。特征工程包括两个主要方面。一是特征选择,选择与目标变量最相关且对模型预测有用的特征。二是数据值的优化,即在不降低数据内在信息的前提下,将现有众多的值融合为数量较少的值,以便提高模型的运行效率和质量。特征工程的实施主要有两种方法:一是基于算法,二是基于专业知识。如果将这两种方法融合在一起使用,则可以有效提升模型质量。基于专业知识的特征工程的具体操作详见第 8 章"线性模型"、第 9 章"支持向量机"、第 10 章"决策树及随机森林"。本章主要简述基于算法的特征工程框架,从而形成一个完整的建模之前的数据处理流程,包括构建数据样本集、数据统计分析、数据清洗、特征工程。关于特征工程的详细算法操作参见第 5 章。

### 4.4.1 属性的选择

属性选择是指从一组特征中选择最相关的特征,以提高模型的性能。常用的属性选择方法包括过滤法、包裹法、嵌入法。

**1. 过滤法**

常用方法包括方差选择法、相关系数法、卡方检验、互信息法等。

1) 单变量

(1) 缺失百分比(Missing Percentage),即缺失样本(NaN)比例过多且难以填补的特征,建议剔除该变量。

函数:DataFrame.dropna(axis = 0,how = 'any',thresh = None,subset = None,inplace = False)

(2) 方差(Variance)。

函数:VarianceThreshold(float, default = 0)

若某连续型变量的方差接近于 0,说明其特征值趋向于单一值的状态,对模型帮助不大,建议剔除该变量。

(3) 频数(Frequency)。

若某类别型变量的枚举值样本量占比分布集中在单一某枚举值上,建议剔除该变量。

2) 多变量

(1) 连续型与连续型。

① 皮尔逊相关系数(Pearson Correlation Coefficient)。

方法一:corrcoef(x,y=None,rowvar=True,bias=np._NoValue,ddof=np._NoValue)

方法二：pearsonr(x,y)

② 斯皮尔曼相关系数(Spearman's Rank Correlation Coefficient)。

函数：correlation,pvalue=stats.stats.spearmanr(x,y)

(2) 连续型与类别型。

① 方差分析(Analysis Of Variance,ANOVA)。

② 肯德尔等级相关系数(Kendall's Tau Rank Correlation Coefficient)。

(3) 类别型与类别型。

① 卡方检验(Chi-squared Test)。

代码(一定要采用最大最小值归一化，否则无法使用卡方法进行特征变量选择)：

```
from sklearn.feature_selection import SelectKBest,chi2    #导入 SelectKBest 和要使用的卡方过
                                                          #滤法 chi2 类
selector = SelectKBest(score_func = chi2, k = 10)         #实例化 selectKBest 对象
model = selector.fit_transform(X_train_scaler,y_train)    #调用 fit 方法
```

② 互信息(Mutual Information)。

代码(只需要修改下述两条命令中的参数即可使用)：

```
from sklearn.feature_selection import SelectKBest,mutual_info_classif
selector = SelectKBest(score_func = mutual_info_classif, k = 10)
```

**2. 包裹法**

包裹法有以下几类搜索方法：完全搜索、启发式搜索、随机搜索等。

**3. 嵌入法**

嵌入法包括 L1 正则惩罚项和 GBDT。

### 4.4.2 属性值的优化

在信息系统(一个数据表格就是一个信息系统)内在信息损失微弱的前提下，将数量众多的属性值，通过离散、融合等方式，简化为数量较少的值，以提高模型的性能，简化某些机器学习算法的训练。

## 习题

1. 打开提供的"《元日》.xlsx"，观察工作表 1 和工作表 2。使用 xlwings 库中的相关函数，新建一个 excel 表，读取工作表 1 中的数据。按照工作表 2 的形式，将读取的数据写入新建的 excel 表中，并进行保存。

2. 使用 Pandas 对"学生考试成绩表.xlsx"进行数据清洗，包括空缺值、重复值和异常值的处理。

3. 请对 002586.SZ(*ST 围海)的资产负债表、利润表及现金流量表分别进行数据清洗。

# 第 5 章

# 特征工程

CHAPTER 5

一般而言,特征工程是指寻找能够准确刻画建模对象的特征并用于建模,准确的特征可以降低构建模型的难度,提高模型的质量。特征工程大致包括两部分,一部分是寻找能够准确刻画建模对象的特征,包括在数据集(一个数据集就是一个信息系统)中直接获取准确刻画建模对象的特征,以及对现有的特征进行组合、衍生和交互,创建准确刻画建模对象的新的特征;另一部分是对特征值进行优化。实施特征工程的途径分为两种,一种是使用数学工具进行特征的量化分析;另一种是采取专业知识进行特征的筛选以及特征值的优化。

本章介绍的特征工程主要是通过各种算法处理数据集,从现有的属性中直接选择准确刻画建模对象的特征。围绕这个目标,本章将探讨从已有特征集中选择最优特征子集的主要算法,其中包括功能强大的 Null Importance 算法,并提供相应的代码实例(见图 5.1)。此外,还将在第 8 章"线性模型"、第 9 章"支持向量机"和第 10 章"决策树及随机森林"中讨论如何利用现有属性构建新特征和进行特征值优化。

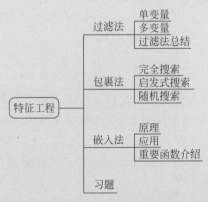

图 5.1 本章主要内容结构

## 5.1 过滤法

在实际应用中,以能否对算法效果带来提升为标准,可以将特征分为三类:相关特征、无关特征和冗余特征。为了降低计算的复杂度,提高模型性能,需要从现有特征中获取相关特征。但是在进行算法学习时,特征中哪些属于有效特征是无法得知的。因此,需要使用特定的方法从现有特征中选择出能够提升建模质量的相关特征,从而提高模型运行效率,提升模型质量,增加模型的可解释性。在本书的表述中,一般而言,称列标签为特征,也可以称为属性。列标签又可以分为条件属性和决策属性。

### 5.1.1 单变量

在数据处理阶段,依据统计方法或者简单的模型评分准则评估各特征之间,各特征与决策属性之间的关联性,作为保留或者删除特征的依据,提高模型的预测性能。

**1. 缺失百分比法**

1)原理

单变量过滤法是用于评估每个特征与决策属性之间的关系,根据评估结果进行特征排序或设定阈值以选择重要特征。在进行单变量过滤之前,先对数据进行清洗。

2)应用

(1)填充法。

```
import pandas as pd
path = 'C:\\量化金融\\第 5 章\\第 5 章数据'  # path 是指文件所在的路径
# 使用 pd.read_excel()函数从指定的 Excel 文件中读取数据,并将其存储到名为 df_1 的 DataFrame
# 中。参数 path + '\\' + '上市公司风险预警样本.xlsx'是完整的文件路径和文件名。sheet_name =
# 'Sheet1' 指定要读取的工作表名称为 'Sheet1'。index_col = 0 指定将 Excel 表中的第 1 列作为
# DataFrame 的行索引
df_1 = pd.read_excel(path + '\\' + '上市公司风险预警样本.xlsx', sheet_name = "Sheet1",
index_col = 0)
df = df_1  # 将 df_1 的数据赋值给名为 df 的变量
# 查询并填充缺失值
print(df[df.isnull().values == True])  # 只显示包含缺失值的样本
```

运行结果如下。

|  | 000002.SZ-财务摘要.xlsx | ... | 赛为智能[300044.SZ |
|---|---|---|---|
| 利润净资产比 1 | NaN | ... | -0.10457 |
| ROE(加权)(%) | 20.13 | ... | -3.47000 |
| EPS(稀释) | 3.62 | ... | -0.08000 |
| EPS(稀释) | 3.62 | ... | -0.08000 |

[4 rows x 145 columns]

```
print(df.isnull().sum())  # 显示所有列的缺失值个数,是 DataFrame 格式
```

运行结果如下。

```
000002.SZ-财务摘要.xlsx    1
000016.SZ-财务摘要.xlsx    0
```

```
                    ...
粤泰股份[600393.SH      0
赛为智能[300044.SZ      0
```

```python
print(df.isnull().sum().values)    # 显示所有列的缺失值个数,是数组格式
```

运行结果如下。

```
[1 0 0 0 0 0 0 0 0 0 0 0 0 0 0 0 0 0 0 0 0 0 0 0 0 0 0 0 0 0 0 0 0 0 0 0
 0 0 0 0 0 0 0 0 0 0 1 0 0 0 0 0 0 0 0 0 0 0 0 0 0 0 0 0 1 0 0 0
 0 0 0 0 0 0 0 0 0 0 0 0 0 0 0 0 0 0 0 0 0 0 0 0 0 0 0 0 0 0 0 1
 0 0 0 0 0 0 0 0 0 0 0 0 0 0 0 0 0 0 0 0 0 0 0 0 0 0 0 0 0]
# 发现有 4 处存在缺失值,因此将缺失值填充为 0
```

```python
print(df[df.isnull().values == True])    # 显示存在缺失值的列
```

运行结果如下。

```
             000002.SZ-财务摘要.xlsx   ...   赛为智能[300044.SZ
利润净资产比1        NaN                ...       -0.10457
ROE(加权)(%)      20.13              ...       -3.47000
EPS(稀释)         3.62               ...       -0.08000
EPS(稀释)         3.62               ...       -0.08000
[4 rows x 145 columns]
```

```python
df = df.fillna(0)    # 缺失值填充为 0
```

(2) 删除法。

如果某特征的特征值缺失比例过多且难以填补,建议剔除该特征。此处常用的函数是 .dropna()。

```python
df_2 = df.dropna(axis = 0, thresh = 20, subset = None, inplace = False)
print(df_2.isnull().sum().values)
```

运行结果如下。

```
[1 0 0 0 0 0 0 0 0 0 0 0 0 0 0 0 0 0 0 0 0 0 0 0 0 0 0 0 0 0 0 0 0 0 0 0
 0 0 0 0 0 0 0 0 0 0 1 0 0 0 0 0 0 0 0 0 0 0 0 0 0 0 0 0 1 0 0 0
 0 0 0 0 0 0 0 0 0 0 0 0 0 0 0 0 0 0 0 0 0 0 0 0 0 0 0 0 0 0 0 1
 0 0 0 0 0 0 0 0 0 0 0 0 0 0 0 0 0 0 0 0 0 0 0 0 0 0 0 0 0]
# 说明所有行包含的正常数据都大于 20。但是显示还存在缺失值,原因是每行有 145 个数据,扣除
# 缺失值后,每行正常数据依然大于 20。只有当阈值 thresh 设置为 145 后,才可以把存在一个及以
# 上的缺失值的行删除。或者是 thresh 的参数选择默认参数 None,选择参数 how = 'any',即代码修
# 改为 df_2 = df.dropna(axis = 0, how = 'any', subset = None, inplace = False),也可以删除所有包
# 含缺失值的行
```

3) 重要函数介绍

函数:dropna(axis = 0, how = 'any', thresh = None, subset = None, inplace = False)

该函数的参数设置如下。

- axis:默认 axis=0。0 为按行删除,1 为按列删除。
- how:默认为 'any'。'any' 指只要存在至少一个缺失值,就删除整行或者整列;'all' 指如果整行或者整列都是缺失值,才删除该行或者列。
- thresh:int,保留下来的行或者列含有 int 个以上非 NaN 值。例如,thresh 取值 20,

则只需要行或者列包含的正常数据大于 20,就保留该行或者列。
- subset：删除特定列中包含缺失值的行或列。
- inplace：默认为 False,即筛选后的数据存为副本,True 表示直接在原数据上更改。

### 2. 方差法

1) 原理

若某连续型特征的方差很小,说明该特征趋向于稳定状态,删除该特征,对数据集(即信息系统)所包含的信息影响不大,建议剔除该特征。

2) VarianceThreshold(float,default=0)函数

利用 VarianceThreshold()函数实现方差法过滤特征。

```
df = df_1.T        #根据上一个程序,df_1 是读取原始表格形成的,由于在原始表格中,列标签是由
                   #上市公司代码构成,行标签是由财务指标构成,故转置
print(df.shape)    #查看 df 表格形状
```

运行结果如下。

```
(145, 30)                              #df 表格中有 145 个上市公司,30 个属性
```

```
df_col = df.columns.values             #df 的列标签,由财务指标构成
df_index = df.index.values             #df 的行标签,由各公司代码构成
print(df.std())                        #查看 df 各列标准差
```

运行结果如下。

```
利润净资产比 1         0.671641
利润净资产比 2         0.113666
...
P/S(TTM)    7.065990
正常          0.481258
dtype: float64
```

```
from sklearn.feature_selection import VarianceThreshold  # 导入 VarianceThreshold 模块
var = VarianceThreshold(threshold = df.std().mean())     # 实例化。阈值是 df 各列标准差的均值。
# 运行程序后发现大量特征属性的标准差低于该阈值,导致被删除。只有将阈值降低到 0,大量
# 属性才不会被删除
```

因此,利用方差过滤特征之前,一般需要先对特征归一化。这是因为如果不同特征的特征取值差异大,例如,有的特征的特征值的均值是几百几千甚至几万,有的特征值的均值是小数,在这种情况下,方差小的特征的波动率不一定比方差大的小,对建模可能更加有帮助,但是被删除了。

```
var.fit(df)                           #fit()是从数据集中学习规律
model = var.transform(df)             # transform 是学以致用,并获得被保留的列。结果是 numpy.ndarray
# 格式。也可以将两条命令合并为 var.fit_transform (df)
print(model.shape)                    #.shape 是获取处理后的数组的形状
```

运行结果如下。

```
(145, 16) #对比 print(df.shape)的结果可知,如果阈值是 df.std().mean(),有 14 个属性被删除
```

```
model_col = df.columns[var.get_support(indices = False)]  # 利用 get_support()可以得到选择
# 特征列的索引号,然后根据这些索引号,从原始数据的 df.columns(列标签列表)中获取相应的列
# 的标签
df_var = pd.DataFrame(data = model,index = df_index,columns = model_col)   #将数组 ndarray
```

```
#格式的model与标签一起,转换为DataFrame格式
df_var.to_excel(path + '\\' + '整理.xlsx')
```

3) 重要模块 sklearn.feature_selection

sklearn.feature_selection 的特征选择模块集中了多种特征选择的算法。

- sklearn.feature_selection.VarianceThreshold:采用方差过滤。
- sklearn.feature_selection.chi2:采用卡方检验。
- sklearn.feature_selection.f_classif(f_regression):采用 F 检验。
- sklearn.feature_selection.mutual_info_classif(mutual_info_regression):采用互信息法。
- sklearn.feature_selection.SelectKBest:选择 $k$ 个最优特征。
- sklearn.feature.SelectFromModel:由模型自主选择最优特征。
- sklearn.feature.RFE:采用递归特征消除法。

**3. 频数**

1) 原理

若某类别型条件属性的属性值样本量占比分布不均匀,集中在某一属性值上,说明该变量对模型的预测能力贡献不大,建议剔除该变量。

2) 应用

```
#使用value_counts()函数对df(即5.1.1节单变量中第2部分方差法中的df)各列进行计数,得到
#各个枚举值的频数。使用sort_index()对频数结果按照枚举值的索引进行排序
for column in df.columns:    #控制变量依次读取df的列标签
    counts = df[column].value_counts().sort_index()   #获取每一列的频数counts
    cat_df = pd.DataFrame({'enumerate_val':list(counts.index), 'frequency':list(counts.values)})
#用字典创建一个新的数据框cat_df,其中包含两列:'enumerate_val'列存储枚举值,'frequency'列
#存储对应的频数。因属性值分布较均匀,故不需要删除
    print('cat_df',cat_df)
```

运行结果(只截取某一列的频数)如下。

```
cat_df    enumerate_val    frequency
0                  0.01            1
1                  0.03            1
2                  0.04            3
3                  0.06            1
...                 ...           ...
82                 2.15            2
83                 3.38            1
[84 rows x 2 columns]
```

### 5.1.2 多变量

多变量过滤法考虑特征之间的相互关系,通常通过相关性来评估特征的重要性。例如,使用皮尔逊相关系数、互信息、方差分析等方法评估条件属性与条件属性之间,条件属性与决策属性之间的相关性。采取多变量法过滤属性,目的在于:

- 识别具有高度相关的两两条件属性,避免选择重复或冗余的特征。

- 识别与决策属性相关联的条件属性,提高预测性能。
- 在特征选择的过程中,需要考虑特征之间的复杂关系。研究多变量之间的关系时,主要考虑两种关系:各条件属性之间的相关性以及条件属性与决策属性之间的相关性。
- 条件属性之间的相关性:当条件属性之间相关程度越高,模型稳定性越差,样本的微小扰动会使被拟合的系数发生变化,导致模型无法准确估计系数。为解决多重共线性问题,建议在具有共线性的条件属性中选择一个即可,剔除其余条件属性。
- 条件属性与决策属性之间的相关性:当连续型自变量与因变量之间的相关性越高时,表明特征对模型预测目标更重要,在建模过程中建议保留。

由于变量可以分为连续型变量和类别型变量,因此在研究变量间关系时,还需要根据具体情况选择适当的方法进行特征选择和处理。

**1. 皮尔逊相关系数**

进行多变量代码介绍的过程中,除了肯德尔等级相关方法外,其他多变量方法与皮尔逊相关系数方法存在部分代码重复的情况,为了尽量避免重复,在介绍方法时,对于所省略的重复代码,将只进行说明而不再展示代码。

1)原理

皮尔逊相关系数是用来衡量两个变量之间线性相关程度的统计指标。计算方式为两个变量的协方差除以两变量的标准差乘积。皮尔逊相关系数的取值范围为$[-1,1]$。当两个变量的线性关系增强时,如果两个变量正相关,则相关系数趋于 1;反之,两个变量负相关,相关系数趋于$-1$。

皮尔逊相关性的缺点是只能测量变量之间的线性关系,无法测量变量之间的非线性关系。如果两个变量存在非线性相关,即使皮尔逊相关性很小甚至为 0,但是两个变量仍然高度相关。

2)应用

计算皮尔逊相关系数,Pandas 库的函数是 corr(),NumPy 库的函数是 corrcoef()。语法结构分别如下。

```
DataFrame.corr(method = 'pearson')  #参数默认是'pearson',其他可选值是'kendall','spearman'
numpy.corrcoef(x, y = None, rowvar = True, dtype = None)   #x是包含多个变量的1维或2维数组;
#y数组可选;rowvar可选,默认是True,表示每一行代表一个变量;dtype可选,用于设定数据类型
```

```
import pandas as pd
import numpy as np
path = 'C:\\量化金融\\第 5 章\\第 5 章数据'
df_1 = pd.read_excel(path + '\\' + '上市公司风险预警样本.xlsx', sheet_name = "Sheet1", index_col = 0)
df_2 = df_1.T   #保证列索引是特征(财务指标),行索引是上市公司代码
df_corr_00 = df_2.corr(method = 'pearson')   #计算属性两两相关系数表,其中对角线上数值为 1
#因为在属性两两相关系数表,每两个属性的相关系数,会重复出现两次。例如,属性 A 和 B 是高度
#相关,A 和 B 的相关系数会在系数表中出现两次,一个是在系数表的上三角,一个是在系数表的下
#三角,只要删除 A 和 B 属性中的任意一个,A 和 B 的两个相关系数都会消失。如果仅根据系数表中
#系数大小,只要存在接近 1 的系数,就删除包含这个系数的列,就会同时把 A 和 B 都删除。因此
#处理方式是:
#(1)先利用 np.triu 函数从 DataFrame 中提取上三角,此时数据结构转变为 NumPy 数组类型,然后寻
```

```
#找接近1的系数,并统一赋值为1
#(2) 将NumPy转换为DataFrame,此时DataFrame只有上三角的数据,且主对角线为0
#(3) 将删除包含1的列,保留下的列即是没有高度相关的属性集

upper_triangle = np.triu(df_corr_00.values, k = 1)    #np.triu()函数,返回上三角,其中,k是
#指定对角线位置,默认值是0。k = 1,主对角线上移一个位置。np.tril(),返回下三角
upper_triangle = np.where((upper_triangle > 0.8)|(upper_triangle < - 0.8),1,upper_triangle)
#通过where()函数查找系数大于0.8或者小于 - 0.8的元素,并替换为1。不符合条件的,保留原
#值。在此处,单条竖线(|)是用于判断(upper_triangle > 0.8)|(upper_triangle < - 0.8)是否至少
#有一个是真。注意,如果把(upper_triangle > 0.8)|(upper_triangle < - 0.8)写成 upper_triangle >
#0.8|upper_triangle < - 0.8,程序报错

df_corr_00 = pd.DataFrame(upper_triangle, index = df_corr_00.index, columns = df_corr_00.
columns)    #将NumPy数组的upper_triangle转变为DataFrame结构。行索引和列标签均引用df_
#corr_00的。此时df_corr_00的下三角的元素,包括主对角线均为0
df_corr_1 = df_corr_00[df_corr_00!= 1] #查找DataFrame中所有取值不等于1的数。[df_corr_
#00!= 1]是查找所有取值不等于1的数,返回布尔值。符合条件的数被转换为True,不符合条件的
#数被转换为False。df_corr_00根据df_corr_00!= 1的布尔值取数。布尔值为True,则保留原
值;布尔值为False,则赋值NaN
df_corr_2 = df_corr_1.dropna(axis = 1, how = 'any', subset = None, inplace = False)    #删除任何
#包含NaN的列。删除了8列,即删除了8个与其他特征高度相关的属性,保留了22个属性
df = df_2[df_corr_2.columns.values]    #根据剩余的列标签提取df_2列
print(df)
```

运行结果(因结果太长而删除了利润净资产比2、流动比例两列)如下。

|  | 利润净资产比1 | … | P/B(MRQ) | P/S(TTM) | 正常 |
|---|---|---|---|---|---|
| 000002.SZ - 财务摘要.xlsx | NaN | … | 1.65 | 0.86 | 1.0 |
| 000016.SZ - 财务摘要.xlsx | 0.195150 | … | 1.87 | 0.37 | 1.0 |
| … | … |  |  |  |  |
| 粤泰股份[600393.SH | - 0.064718 | … | 0.83 | 1.61 | 0.0 |
| 赛为智能[300044.SZ | - 0.104570 | … | 2.87 | 3.90 | 0.0 |

[145 rows x 22 columns]

3) 重要函数介绍

apply()、map()、applymap()、numpy.where()的区别如下。

(1) apply(func, axis = 0, raw = False):该函数既可以用在DataFrame,也可以用在Series中;当运用在DataFrame中时,apply用到了整行或者整列上;当运用在Series中时,apply作用到每个元素上。注意,在Python3中,已没有该函数了。

(2) map(func, iterable):该函数仅运用到Series的每个元素上,主要参数如下。

- func:函数,可以是内置函数、自定义函数或者匿名函数。
- iterable:可迭代对象。

```
#一个序列
lis = ['aB', 'bC', 'cD']
LIS_0 = map(str.upper, lis) #str.upper是函数func。lis是可迭代对象。该函数是将字符串中
#所有小写字母转换为大写
LIS_1 = list(map(str.upper, lis))    #转换为列表(list)
print(LIS_0)
print(LIS_1)
```

运行结果如下。

```
<map object at 0x000001D660D59100>    #返回一个迭代器
['AB', 'BC', 'CD']
#多个序列
list_1 = [1,2,3]
list_2 = [3,4,5]
list_3 = list(map(lambda x,y: x * y, list_1,list_2))
print(list_3)
```

运行结果如下。

```
[3, 8, 15]
```

```
#对 DataFrame 表格的列进行操作
import pandas as pd
data = pd.read_excel('C:\\量化金融\\第 5 章\\第 5 章数据\\上市公司风险预警样本(11 个指
标).xlsx',sheet_name = 1,header = 0,index_col = 0)    #读取表格的第 2 张工作表
print(data)
```

运行结果如下。

|  | 利润净资产比 1 | 利润净资产比 2 | ... | P/S(TTM) | 正常 |
|---|---|---|---|---|---|
| 000002.SZ-财务摘要.xlsx | NaN | 0.058248 | ... | 0.86 | 1 |
| 000016.SZ-财务摘要.xlsx | 0.195150 | -0.003564 | ... | 0.37 | 1 |
| ... | ... | ... | ... | ... | ... |
| 粤泰股份[600393.SH | -0.064718 | -0.010511 | ... | 1.61 | 0 |
| 赛为智能[300044.SZ | -0.104570 | -0.056313 | ... | 3.90 | 0 |

[145 rows x 30 columns]

```
data['销售额'] = list(map(lambda x,y:(x * y)/2,data['利润净资产比 1'],data['利润净资产比 2']))
#计算列'利润净资产比 1'和列'利润净资产比 2'的均值,并添加到 data 表格的最后一列
print(data)
```

运行结果如下。

|  | 利润净资产比 1 | ... | P/S(TTM) | 正常 | 销售额 |
|---|---|---|---|---|---|
| 000002.SZ-财务摘要.xlsx | NaN | ... | 0.86 | 1 | NaN |
| 000016.SZ-财务摘要.xlsx | 0.195150 | ... | 0.37 | 1 | -0.000348 |
| ... | ... | ... | ... | ... | ... |
| 粤泰股份[600393.SH | -0.064718 | ... | 1.61 | 0 | 0.000340 |
| 赛为智能[300044.SZ | -0.104570 | ... | 3.90 | 0 | 0.002944 |

[145 rows x 31 columns]

```
import numpy as np
df = data['流动比例'].map(lambda x:np.log2(x))  #对列'流动比例'取对数。在第 3 章中,有 map
#的类似应用
print(df)
```

运行结果如下。

```
000002.SZ-财务摘要.xlsx         6.942863
000016.SZ-财务摘要.xlsx         2.983427
                             ...
粤泰股份[600393.SH              6.309301
赛为智能[300044.SZ                  -inf    #因为原值是 0,取对数成了-inf
Name: 流动比例, Length: 145, dtype: float64
```

(3) applymap()：仅应用到 DataFrame 的每个元素中。参数只接收可调用的函数。

部分版本运行中会出现 FutureWarning：DataFrame.applymap has been deprecated. Use DataFrame.map instead。原因是 applymap 函数已被弃用，并被 map 函数代替。

(4) np.where(condition,x,y)：返回满足条件的元素的索引,主要参数如下。

- condition：条件,可以是布尔值数组或布尔条件表达式。
- x,y：条件成立,返回 x；条件不成立,返回 y。

```
#带有x,y这两个参数
x = np.array([1, 2, 3, 4, 45])
y = np.array(['a', 'b', 'c', 'd', 'e'])
con = np.array([True, False, True, False, True])
z = np.where(con, x, y)    #条件con取True时,输出x的值;取False时,输出y的值
print(z)
```

运行结果如下。

```
['1' 'b' '3' 'd' '45']
```

```
#有逻辑判断
x = np.array([1, 2, 3, 4, 45])
z = np.where(x>3, 1, 0)    #大于3,则输出1；小于3,则输出0
print(z)
```

运行结果如下。

```
[0 0 0 1 1]
```

```
#没有x,y这两个参数
x = np.array([1, 2, 3, 4, 45])
z = np.where(x > 3)
print(z)
```

运行结果如下。

```
(array([3, 4], dtype = int64),)    #输出的是大于3的索引号
```

### 2. 斯皮尔曼相关系数法

视频讲解

1) 原理

斯皮尔曼相关系数是衡量两个变量之间关系的非参数统计方法,是基于两个变量的等级或顺序计算两者的相关性。系数的取值范围是[-1,1],正负号表示正负相关关系。下面以一个示例(见图 5.2)展示斯皮尔曼相关系数计算过程。

| X 原值 | Y 原值 |
|---|---|
| 8 | 4 |
| 3 | 2 |
| 7 | 5 |
| 9 | 1 |

转为顺序等级 →

| X 等级 | Y 等级 |
|---|---|
| 3 | 3 |
| 1 | 2 |
| 2 | 4 |
| 4 | 1 |

计算 X、Y 等级差 d →

| $d$ | $d^2$ |
|---|---|
| 0 | 0 |
| 1 | 1 |
| 2 | 4 |
| -3 | 9 |

图 5.2 斯皮尔曼相关系数计算过程

$$\rho = 1 - \frac{6\sum_{i=1}^{n} d_i^2}{n(n^2-1)} = 1 - \frac{6 \times (0+1+4+9)}{4 \times (4^2-1)} = -0.4$$

2) 应用

(1) 函数 corr()和 spearmanr()。

计算斯皮尔曼相关系数,Pandas 库的函数是 corr(),NumPy 库的函数是 spearmanr()。语法结构分别为

```
DataFrame.corr(method = 'spearman')  # 参数默认是'pearson',其他可选值是'kendall', 'pearson'
correlation,pvalue = stats.stats.spearmanr(x,y)
```

(2) 利用 Pandas 的 corr()计算斯皮尔曼相关系数。

在程序中,修改 Pandas 计算皮尔逊相关系数的 corr()函数的一个参数即可,即

```
df_corr_00 = df_2.corr(method = 'pearson')
# 改成
df_corr_00 = df_2.corr(method = 'spearman')
```

### 3. 肯德尔等级相关系数

1) 原理

若评价学历与工资的相关性,肯德尔系数会按学历对样本排序,若排序后,学历和工资排名相同,则肯德尔系数为 1,两变量正相关;若学历和工资完全相反,系数为 -1,完全负相关;若学历和工资完全独立,系数为 0。学历与工资相关关系的计算过程如图 5.3 表示。

视频讲解

| 同学 | 学历 | 工资/元 |
|---|---|---|
| 1 | 研究生 | 13 000 |
| 2 | 高中 | 6000 |
| 3 | 初中 | 7000 |
| 4 | 本科 | 10 000 |
| 5 | 博士 | 30 000 |

学历标签编码 →

| 同学 | 学历 | 工资/元 |
|---|---|---|
| 1 | 3 | 13 000 |
| 2 | 1 | 6000 |
| 3 | 0 | 7000 |
| 4 | 2 | 10 000 |
| 5 | 4 | 30 000 |

基于工资样本排序 →

| 同学 | 学历 | 工资/元 |
|---|---|---|
| 2 | 1 | 6000 |
| 3 | 0 | 7000 |
| 4 | 2 | 10 000 |
| 1 | 3 | 13 000 |
| 5 | 4 | 30 000 |

图 5.3 学历与工资相关关系的计算过程

同学 1:工资为 13 000,学历比他高且比他工资高的有同学 5,贡献 1 个同序对。

同学 2:工资为 6000,学历比他高且比他工资高的有同学 1、4、5,贡献 3 个同序对。

同学 3:工资为 7000,学历比他高且比他工资高的有同学 1、4、5,贡献 3 个同序对和 1 个异序对。

同学 4:工资为 10 000,学历比他高且比他工资高的有同学 1、5,贡献 2 个同序对。

同学 5:工资为 30 000,没有同学的学历比他高且比他工资高,贡献 0 个同序对。

$$同序对数 = 1 + 3 + 3 + 2 + 0 = 9$$

$$总对数 = \frac{5 \times (5-1)}{2} = 10$$

$$异序对数 = 10 - 9 = 1$$

$$p = \frac{9-1}{10} = 0.8$$

肯德尔等级相关系数较高,说明学历与工资存在正相关关系。

2) 应用

(1) 函数 corr()和 kendalltau()。

计算肯德尔等级相关系数,常用的一般有两个函数 corr()和 kendalltau(),语法结构分别是:

```
DataFrame.corr(method = 'kendall')    #参数默认是'pearson',其他可选值是'spearman','pearson'
scipy.stats.kendalltau(x, y, ,nan_policy = 'propagate', method = 'auto')
```

kendalltau()函数的参数设置如下。

- x,y：是能够被 NumPy 处理的数组类数据。
- nan_policy：默认是'propagate'，即返回 NaN；其他可选参数是'raise'，即提示出错；'omit'，即在计算过程中忽略 NaN。
- method：默认是'auto'，是设置计算 p 值的方法，另外两个备选参数是'asymptotic'和'exact'。

（2）利用 kendalltau()函数计算肯德尔等级相关系数。

```
import pandas as pd
import numpy as np
from scipy.stats import kendalltau
path = 'C:\\量化金融\\第5章\\第5章数据\\'
df_1 = pd.read_excel(path + '\\' + '上市公司风险预警样本.xlsx', sheet_name = "Sheet1", index_col = 0)
df = df_1.T
#任意选择两个变量,例如,下列评价销售毛利率(%)与公司状态的相关关系

dat1 = np.array(df['销售毛利率(%)'])    #将 df 中名为 '销售毛利率(%)'的列数据提取出来,并
                                      #转换为 NumPy 数组 dat1
dat2 = np.array(df['正常'])#将 df 中公司状态的列数据提取出来,并转换为 NumPy 数组 dat2
print(kendalltau(dat1,dat2))#输出肯德尔等级相关系数结果
```

运行结果如下。

```
KendalltauResult(correlation = 0.1247104177638847, pvalue = 0.06780259198827301)
#p 值为 0.0678,略大于通常的显著性水平 0.05。因此,在一般情况下,无法拒绝零假设,说明没有
#足够的证据表明观察到的差异是显著的。表示销售毛利率和公司是否被 ST 存在一个不显著的相
#关关系
```

### 4. 方差分析

**1）原理**

方差分析（Analysis Of Variance，ANOVA），又称为 F 检验，目的是检验不同组下的平均数是否存在显著差异。例如，判断 A 班和 B 班两个班级同学的期末数学成绩是否有显著区别。此时班级为类别型变量，两个班级学生的数学分数为连续型变量。若班级与数学分数有关，则表现不同的班级在数学成绩上有显著区别。

方差分析的核心思想是，样本的总体方差（SST）可以分解为组间方差（SSR）和组内方差（SSE），即 SST=SSR+SSE，如果总体方差主要来自组间方差，则意味着组与组之间存在明显差异，用于分组的因素（例如，按班级将学生分组，则班级是分组的因素）是产生差异的重要因素；如果总体方差主要来自组内方差，则意味着组与组之间不存在明显差异，用于分组的因素不是产生差异的重要因素。

其中，总体方差（SST）是根据全部样本与全体样本均值计算得到的方差；组内方差（SSE）是先分别计算各组内的内部方差，即根据该组内的每个样本与该组均值计算得到该组方差，然后把每组的内部方差加总得到组内方差；组间方差（SSR）是根据各组均值与总体均值计算得到的方差。

方差分析前需要满足以下三个假设。
- 样本具备方差齐性。
- 组内样本服从正态分布。
- 样本间相互独立。

具体计算过程如表5.1所示。

表 5.1 方差分析计算过程

| 同学 | 班级 | 数学分数 | 分数统计值 | 整体统计值 |
|---|---|---|---|---|
| 1 | 1 | 73 | $\mu_1 = \dfrac{73+97+81}{3} \approx 83.67$ <br> $n_1 = 3$ | $\mu = 83$ <br> $n = 9$ <br> $k = 3$ <br> $\sigma^2 = 706$ <br> $\mathrm{df}_T = n-1 = 8$ <br> $\mathrm{df}_R = k-1 = 2$ |
| 2 | 1 | 97 | | |
| 3 | 1 | 81 | | |
| 4 | 2 | 79 | $\mu_2 = \dfrac{79+91+95}{3} \approx 88.33$ <br> $n_2 = 3$ | |
| 5 | 2 | 91 | | |
| 6 | 2 | 95 | | |
| 7 | 3 | 81 | $\mu_3 = \dfrac{81+70+80}{3} = 77$ <br> $n_3 = 3$ | |
| 8 | 3 | 70 | | |
| 9 | 3 | 80 | | |

注：df 为自由度，$k$ 为班级数。

$$\mathrm{SST} = \sigma^2 = 706$$

$$\mathrm{SSR} = \sum_{i=0}^{k} \left[ (y_i - \bar{y})^2 \times n_i \right]$$

$$= (83.67 - 83)^2 \times 3 + (88.33 - 83)^2 \times 3 + (77 - 83)^2 \times 3 = 194.5734$$

$$\mathrm{SSE} = \mathrm{SST} - \mathrm{SSR} = 706 - 194.5734 = 511.4266$$

$$F = \frac{\mathrm{MSB}}{\mathrm{MSE}} = \frac{\dfrac{\mathrm{SSR}}{\mathrm{df}_R}}{\dfrac{\mathrm{SSE}}{\mathrm{df}_E}} = \frac{\dfrac{\mathrm{SSR}}{\mathrm{df}_R}}{\dfrac{\mathrm{SSE}}{\mathrm{df}_T - \mathrm{df}_G}} = \frac{\dfrac{194.5734}{2}}{\dfrac{511.4266}{8-2}} \approx 1.141356$$

**注意**：SST 为 Total Sum of Squares，SSE 为 Sum of Squares Error，SSR 为 Sum of Squares Regression。

计算出 p-value $= 0.379925 > 0.05$。

接受原假设：班级与数学分数不相关。

2）SelectKBest(score_func=f_classif)函数的应用

在进行特征选择时，通常需要将类别型标签转换为整数类型。其中，LabelEncoder 是常用的编码函数。但是在本章所处理的数据集"上市公司风险预警样本"中，决策属性（即类别型）的属性值已是数值 0，1，其中，0 代表 ST 公司，1 代表正常公司，所以不需要编码。

为了尽量避免重复代码，沿用计算肯德尔等级相关系数时的数据集 df 和相应代码，然后开始进行方差分析，df 样本是由原始样本集转置得到的，没有经过任何处理。

(1) 数据预处理。

```
from sklearn.model_selection import train_test_split
from sklearn import preprocessing
#分割样本集
X,y = df.iloc[:,:-1],df.iloc[:,-1]  #将最后一列'正常'确定为决策属性列y,其他列确定为
#条件属性列x
X = X.astype('float32')  #对数据类型进行转换,转换为32位浮点数,以节约存储空间
X = X.replace((np.inf,-np.inf,np.nan),0).reset_index(drop=True)  #检查缺失值及无穷值情
#况,执行后无缺失值及无穷值
#将决策属性集X和条件属性集y分割成训练集和测试集。目前只是展示如何筛选属性,不需要将
#样本分割为训练集和测试集。但是此时特意进行样本拆分,目的是想说明,在构建模型的时候,为
#了不让测试集的信息进入训练集,从而让模型的精度"虚高",因此在进行特征工程之前,需要将训
#练集先分割出来,当成未知的样本。然后只用训练集建模,最后用测试集来验证模型精度
X_train,X_test,y_train,y_test = train_test_split(X,y,test_size = 0.3,random_state = 6)
#使用 train_test_split 函数将 X 和 y 分割成训练集和测试集
#X:决策属性集,包含输入特征的数据
#y:条件属性集,包含对应的目标变量数据
#test_size:测试集的大小,这里设置为 0.3,表示将数据集按 70% 训练集和 30% 测试集的比例进
#行划分
#random_state:随机种子,保证每次运行时划分的数据集结果是相同的
```

(2) 归一化。

```
Standard_scaler = preprocessing.StandardScaler()         #用StandardScaler归一
X_train_scaler = Standard_scaler.fit_transform(X_train)  #对X_train进行标准化处理
X_test_scaler = Standard_scaler.transform(X_test)        #对X_test进行标准化处理
#注意:如采用 Standard_scaler = preprocessing.StandardScaler(),即采用z值归一化(或称为标
#准化),数据集中包含负数,将无法使用卡方进行特征选择。所以如果要使用卡方进行特征选择,
#需采用 Standard_scaler = preprocessing.MinMaxScaler()归一化。
#在使用时,如果 f_classif 返回的得分都是 NaN,可能是由于输入数据中出现了某些问题。这种情
#况通常发生在数据存在缺失值或者方差为零的特征时。因此可以检查一下输入数据中是否存在缺
#失值,并尝试对缺失值进行处理,例如,填充缺失值或删除包含缺失值的样本。查看数据的方差,确
#保特征的方差没有为零的情况
print(X_train.shape)    #获得 X_train 的结构
```

运行结果如下。

```
(101,29)
```

(3) SelectKBest()函数的应用。

```
from sklearn.feature_selection import SelectKBest,f_classif  #导入 SelectKBest
selector = SelectKBest(score_func = f_classif, k = 10)        #实例化 selectKBest 对象
model = selector.fit_transform(X_train_scaler,y_train)        #调用 fit 方法
print(X_train_scaler.shape)                                    #获得 X_train_scaler 的结构
```

运行结果如下。

```
(101, 29)  #代表101个样本和29个特征的数据集的维度
```

(4) 查看模型的评分 scores_ 和 pvalues_。

```
print(selector.scores_)   #属性 f_classif 返回的得分输出结果为一个列表,列表里包含每个特
#征对应得分。得分越高,说明该特征对目标变量的影响越大
```

运行结果如下。

```
[1.7883333e+01 1.3082324e+00 1.4487103e+00 …]
```

```
print(selector.pvalues_)  #获得属性 f_classif 返回的 P 值。返回的 P 值输出结果也为列表,对其
    #得分的解读需要结合具体的显著性水平(例如,0.05)来进行。若得分小于显著性水平,说明可以
    #拒绝原假设,表示特征与目标变量之间存在显著关系
```

运行结果如下。

```
[5.2436630e-05 2.5547305e-01 2.3160517e-01 … ]
```

(5) 获取过滤后的属性。

```
print(selector.get_support(indices = True))    #返回特征过滤后保留下的特征列索引
```

运行结果如下。

```
[ 4 6 7 13 16 17 18 19 20 22]    #表示这些特征在原始数据集中的索引位置。
```

```
df_columns = selector.get_support(indices = True) #利用 get_support(),可以得到选择特征列
    #的索引号,然后根据这些索引号,从原始数据的 df.columns(列标签列表)中获取相应的列的标签
df_selec = pd.DataFrame(X_train.iloc[:,df_columns],columns = X.columns[df_columns])
    #iloc[:, df_columns] 表示选择所有行,并且选择选中的列索引对应的列
    #columns = X.columns[df_columns]将被选择的特征列的列名设置为 df_selec 的列名
print(df_selec)    #df_selec 中样本值为原始值
```

运行结果如下。

```
(101,29)
     ROE(加权)(%)   ROA(%)    ROIC(%)   …   扣费后EPS     每股净资产    每股经营现金流
                                              (基本)         BPS          OCFPS
142    6.600000      5.24      4.990000  …   0.31         5.70         0.31
6     16.700001      7.06     12.390000  …   0.85         5.89         0.94
…        …            …          …       …    …            …            …
106  -51.130001    -13.22    -16.010000  …  -0.69         1.04        -0.04
138  -53.220001     -9.73    -17.900000  …  -1.06         2.08         0.48
[101 rows x 10 columns]
```

### 5. 卡方检验

**1) 原理**

卡方检验(Chi-squared Test)是用于检验实际的数据分布与理论分布是否相同的检验方法,因此可以考查两个类别型变量之间的相关性。卡方检验建立的零假设为:两变量之间不相关。因此卡方值越大,理论值与实际观察值之间的差异就越显著,从而支持拒绝零假设,认为两个变量之间存在相关性。通常可以采用 scipy.stats.chi2_contingency 一次性得到卡方值、$p$ 值、自由度等。下面以表 5.2 为例演示卡方检验过程。

表 5.2 使用电子产品超过 8h 是否会导致近视

| | 近视 | 未近视 | 合计 | 总比例 | | | 近视 | 未近视 | 合计 | 总比例 |
|---|---|---|---|---|---|---|---|---|---|---|
| 超时 | 34 | 11 | 45 | 56% | 基于总近视率=62%<br>总未近视率=38%<br>计算理论值 | 超时 | 45×62%≈28 | 45×38%≈17 | 45 | 56% |
| 未超时 | 16 | 20 | 36 | 44% | | 未超时 | 36×62%≈22 | 36×38%≈14 | 36 | 44% |
| 合计 | 50 | 31 | 81 | | | 合计 | 50 | 31 | 81 | |
| 总比例 | 62% | 38% | | | | 总比例 | 62% | 38% | | |

$$\chi^2 = \sum \frac{(\text{observed} - \text{expected})^2}{\text{expected}}$$

$$= \frac{(34-28)^2}{28} + \frac{(11-17)^2}{17} + \frac{(16-22)^2}{22} + \frac{(20-14)^2}{14} \approx 7.611$$

使用 Python 代码计算 $p$ 值:

```
import scipy.stats as st
df = 1    #原因是 df = (row-1)*(column-1) = (2-1)*(2-1) = 1
print(1 - st.chi2.cdf(7.611,df))
```

运行结果如下。

```
0.0058013302550171675
```

因为 $p$ 值远小于通常的显著性水平 0.05,所以有足够的证据拒绝零假设。

2) 利用 SelectKBest(score_func=chi2)函数进行卡方检验

为了尽量避免重复代码,此处沿用方差分析部分的数据处理的结果以及相应代码,直接从归一化开始进行卡方检验,详情参见脚本文件"过滤法--多变量--卡方检验、互信息"。所分析的数据集已被剔除了空值、异常值。

```
#归一化
Standard_scaler = preprocessing.MinMaxScaler()
#用 StandardScaler 归一,运行出错,错误提示 Input X must be non-negative。原因是数据集含负
#数,无法用卡方做特征选择。修改为 MinMaxScaler,可以正常运行
X_train_scaler = Standard_scaler.fit_transform(X_train) #对 X_train 进行标准化处理
X_test_scaler = Standard_scaler.transform(X_test)        #对 X_test 进行标准化处理
#如果使用卡方检验
from sklearn.feature_selection import SelectKBest,chi2    #导入 SelectKBest 和要使用的卡方
#过滤法 chi2 类
selector = SelectKBest(score_func=chi2, k=10)    #实例化 selectKBest 对象。score_func 取
                                                  #chi2,即用卡方检验方法;k 取 10,即选择最优的 10 个属性
model = selector.fit_transform(X_train_scaler,y_train)  #调用 fit 方法
#注意:确保训练集和标签集样本相同才能检验
print(selector.scores_)                           #获得属性 chi2 返回的得分
```

运行结果如下。

```
[2.85313225e-01 1.24912134e-02 7.87013884e-01 …]
```

```
print(selector.pvalues_)    #获得属性 chi2 返回的 P 值
```

运行结果如下。

```
[0.5932397 0.91101046 0.37500459 …]
```

```
print(selector.get_support(indices=True))    #返回特征过滤后保留下的特征列索引,特征值索
#引是 X_train_scaler 的索引,也是 X 的索引
```

运行结果如下。

```
[ 4 6 7 13 16 17 18 19 20 21]
```

```
df_columns = selector.get_support(indices=True) #get_support(indices=True)返回被选中特
#征的索引数组
df_selec = pd.DataFrame(X_train.iloc[:,df_columns],columns=X.columns[df_columns])
#iloc[:, df_columns]表示选择所有行,并且选择选中的列索引对应的列
#columns=X.columns[df_columns]将被选择的特征列的列名设置为 df_selec 的列名
print(df_selec) #df_selec 中样本值为原始值。因与方差分析类似,故不展示结果
```

运行结果如下。

| | ROE(加权)(%) | ROA(%) | ROIC(%) | … | 每股净资产 BPS | 每股销售额 SPS |
|---|---|---|---|---|---|---|
| 142 | 6.600000 | 5.24 | 4.990000 | … | 5.70 | 2.42 |
| 6 | 16.700001 | 7.06 | 12.390000 | … | 5.89 | 8.20 |
| … | … | … | … | … | … | … |
| 106 | −51.130001 | −13.22 | −16.010000 | … | 1.04 | 1.67 |
| 138 | −53.220001 | −9.73 | −17.900000 | … | 2.08 | 1.59 |

6. 互信息

1) 原理

互信息(Mutual Information)是衡量变量之间相互依赖的程度,当两个变量完全相同时,互信息最大,因此互信息越大,变量相关性越强。互信息检验的功能强大,不仅可以用于线性关系,也可以用于复杂的关系,缺点是计算量较大。互信息的计算公式是 $I(X,Y) = H(X) - H(X|Y)$,其中,$H(X)$ 是 $X$ 的信息熵,$H(X|Y)$ 是在 $Y$ 确定的情况下,$X$ 的条件熵。关于信息熵的内容,将在第 9 章中做详细讲述。此外,互信息是正数且具有对称性。计算公式如图 5.4 表示。

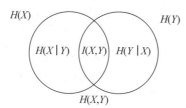

图 5.4 互信息计算公式

$$\begin{aligned}
I(X,Y) &= \sum_{x,y} p(x,y) \log \frac{p(x,y)}{p(x)p(y)} \\
&= \sum_{x,y} p(x,y) \log \frac{p(x,y)}{p(x)} - \sum_{x,y} p(x,y) \log p(y) \\
&= \sum_{x,y} p(x) p(y|x) \log p(y|x) - \sum_{x,y} p(x,y) \log p(y) \\
&= \sum_{x} p(x) \left( \sum_{y} p(y|x) \log p(y|x) \right) - \sum_{y} \log p(y) \left( \sum_{x} p(x,y) \right) \\
&= -\sum_{x} p(x) H(Y|X=x) - \sum_{y} \log p(y) p(y) \\
&= -H(Y|X) + H(Y) = H(Y) - H(Y|X)
\end{aligned}$$

2) 利用 SelectKBest(score_func=)函数进行互信息检验

在归一化的时候,如果采用 StandardScaler 归一,运行出错,错误提示 Input X must be non-negative。原因是数据集含负数,修改为 MinMaxScaler,可以正常运行。因为卡方检验的归一化也是采用 MinMaxScaler 归一,为了尽量避免重复代码,此处沿用卡方检验部分的数据处理的结果和相应代码,直接从归一化后的结果,利用 SelectKBest()函数开始互信息检验。所分析的数据集已在方差分析部分被剔除了空值、异常值。

利用 SelectKBest()函数进行互信息检验,score_func 的可选参数包括 mutual_info_classif 和 mutual_info_regression。其中,mutual_info_classif 用于分类,mutual_info_ regression 用于回归。分别采用这两个参数进行检验,所得的两个最优属性的组合,结果差异不大。两种方法计算的最优属性索引号分别是:

```
[ 0 3 4 6 7 10 16 17 18 20]  # 参数是 mutual_info_classif
[ 0 3 4 6 7 16 17 18 19 20]  # 参数是 mutual_info_regression
```

两种方法的具体处理如下。

```
# 用参数是 mutual_info_classif 进行互信息检验
from sklearn.feature_selection import SelectKBest,mutual_info_classif
# 如果参数选用 mutual_info_regression,则代码修改为
# from sklearn.feature_selection import SelectKBest,mutual_info_regression
selector = SelectKBest(score_func = mutual_info_classif, k = 10)
# 如果参数选用 mutual_info_regression,则代码修改为
# selector = SelectKBest(score_func = mutual_info_regression, k = 10)
model = selector.fit_transform(X_train_scaler,y_train)   # 调用 fit 方法
print(X_train_scaler.shape)# 获得 X_train_scaler 的结构,因结果与方差分析类似,故不展示结
# 果,后续几条 print()也同样不展示结果
print(selector.scores_)       # 获得属性互信息检验返回的得分
print(selector.get_support(indices = True))   # 返回特征过滤后保留下的特征列索引
# 特征值索引是 X_train_scaler 的索引,也是 X 的索引
df_columns = selector.get_support(indices = True)   # get_support(indices = True)返回被选中
# 特征的索引数组
df_selec = pd.DataFrame(X_train.iloc[:,df_columns],columns = X.columns[df_columns])
# iloc[:, df_columns] 表示选择所有行,并且选择选中的列索引对应的列
# columns = X.columns[df_columns]将被选择的特征列的列名设置为 df_selec 的列名
print(df_selec)    # df_selec 中样本值为原始值
```

**注意**:如果出现了 FutureWarning:In version 1.5 onwards,subsample=200_000 will be used by default. Set subsample explicitly to silence this warning in the mean time. Set subsample=None to disable subsampling explicitly.

DataConversionWarning:A column-vector y was passed when a 1d array was expected. Please change the shape of y to (n_samples,),for example using ravel(). y = column_or_1d(y,warn=True)也并不影响运行结果。

### 5.1.3 过滤法总结

过滤法总结见表 5.3。

表 5.3 过滤法总结

| 观察变量 | 适用变量 | 挑选规则 | 备注 |
| --- | --- | --- | --- |
| 缺失占比 | 单变量 | 缺失样本过多且难以填补 | 连续型/类别型均可用 |
| 方差 | 单变量 | 方差接近或等于 0 | 连续型/类别型均可用 |
| 频率 | 单变量 | 过分集中在某类别值的特征 | 适用于类别型 |
| 皮尔逊 | 多变量 | 相关系数接近或等于 0 的特征 | 样本需符合正态分布 |
| 斯皮尔曼 | 多变量 | 相关系数接近或等于 0 | 适合有序类别。不对样本分布做要求 |
| 方差分析 | 多变量 | $F$ 值过低,或者除 $p$ 值<0.05 | 不要求类别有序。要求方差同质性、正态分布、样本独立 |

续表

| 观察变量 | 适用变量 | 挑选规则 | 备注 |
| --- | --- | --- | --- |
| 肯德尔 | 多变量 | 相关系数接近或等于 0 的特征 | 要求类别有序 |
| 卡方检验 | 多变量 | 卡方值过低,或者 $p$ 值<0.05 | 不要求类别有序 |
| 互信息 | 多变量 | 互信息接近或等于 0 | 不要求类别有序,也可用于连续型变量 |

## 5.2 包裹法

包裹法:将要使用的学习器的性能作为特征子集的评价准则,以选择最具针对性的特征子集来训练模型。这种方法包括完全搜索、启发式搜索和随机搜索等技术。使用该方法能使特征选择更具针对性,可以提升模型质量。但是因为需要评估每个可能的特征子集的性能,导致运行计算时间更长。包裹法流程图如图 5.5 所示。

图 5.5 包裹法流程图

在实际使用中,推荐 RFECV 和 Null Importance,因为这两种方法既考虑了特征权重也考虑了模型表现。包裹法的三类搜索方法如图 5.6 所示。

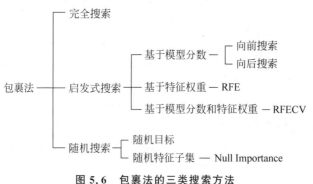

图 5.6 包裹法的三类搜索方法

### 5.2.1 完全搜索

**1. 原理**

完全搜索法是通过穷尽所有可能的特征组合来寻找最优特征集。处理方法是首先遍历所有可能组合的特征子集,其次通过随机森林的模型评分功能获得特征子集的得分,最后根据所有可能组合的特征子集的得分选择最佳模型分数的特征子集。由于计算开销过大,不推荐使用。由于样本集的特征数量越多,样本数量越多,算法耗时越长,所以此处完全搜索法的示例采用只有 11 个条件属性、1 个决策属性,145 个样本的样本集,以便缩短算法耗时。

## 2. 应用

### 1) 数据预处理

```
import pandas as pd
import numpy as np
from sklearn.model_selection import train_test_split
import itertools    #提供了用于创建和操作迭代器的函数
from sklearn.model_selection import cross_val_score    #用于执行交叉验证评估模型性能的函数
path = 'C:\\量化金融\\第 5 章\\第 5 章数据\\'
df_1 = pd.read_excel(path + '\\' + '上市公司风险预警样本(11 个指标).xlsx', sheet_name = "Sheet1", index_col = 0)    #选择的是只包含 11 个条件属性的样本集
df_2 = df_1.T
df_2 = df_2.replace((np.inf, - np.inf, np.nan), 0).reset_index(drop = True)    #检查缺失值及无
#穷值情况,执行后无缺失值及无穷值
X , y = df_2.iloc[:, :-1], df_2.iloc[:, -1]    #[:, :-1]是从 0 列开始,到倒数第 1 列的前 1 列
#截止。[:, -1]是指倒数第一列
X = X.astype('float32')    #对数据类型进行转换
X_train, X_test, y_train, y_test = train_test_split(X, y, test_size = 0.3, random_state = 6)
#将条件属性数据集 X 和决策属性数据集 y 分割成训练集和测试集
```

### 2) 自定义评分函数

```
#采用给定条件属性子集,利用随机森林建模,然后使用交叉验证和的模型评分功能构建自定义函
#数,用于计算给定条件属性的模型分数
def evaluate_subset(features):    #自定义函数 evaluate_subset,以备在后续的程序中调用
    from sklearn.ensemble import RandomForestRegressor
    regressor = RandomForestRegressor()    #实例化随机森林回归模型。关于随机森林模型,在第
#10 章有更详细的介绍
#使用交叉验证计算回归模型分数
    scores = cross_val_score(regressor, X_train[features], y_train, cv = 5, scoring = 'r2')
#所评估的模型是实例化的随机森林回归模型 regressor;以 R^2 作为评估指标
    return scores.mean()    #返回模型分数的平均值
```

### 3) 穷尽所有可能的条件属性集,并计算各条件属性集的评分

```
#对最佳分数和最佳条件属性进行初始化
best_score = 0
best_subset = None
```

完全搜索法的实现思路:

- 第 1 层循环,从 1 开始,逐渐增加,因为条件属性个数是 11,所以逐步增加到 11。也就是让要评估的条件属性个数从 1 逐步增加到 11。
- 第 2 层循环是在确定待评估的条件属性个数的前提下,生成所有可能的条件属性子集组合,确保不会错过任何可能的特征组合,从而找到最佳的条件属性子集。因为条件属性之间可能存在相互作用和相关性,所以单独考虑每个条件属性的性能并不一定能得到最优的条件属性组合。
- 通过计算所有可能的条件属性子集的模型分数,评估条件属性子集组合中各条件属性子集在模型上的表现得分找出最佳条件属性子集。

```
#对所有条件属性子集进行穷举搜索
for L in range(1, len(X.columns) + 1):
#itertools.combinations 生成所有可能的条件属性子集组合。len(X.columns)是条件属性个数,
#len(X.columns) = 11。加 1 是因为 range(1,11)所生成的最大的数是 10,而不是 11
    for subset in itertools.combinations(X.columns, L): #假定 L=5,即生成由 X 的 11 个条件属
#性组成的所有可能的 5 个条件属性的组合
        print(subset) #反映程序运行进度,避免因程序运行时间过长被误判为死机
#确保 features 中的列名都存在于 X_train 的列索引中
        features = [f for f in subset if f in X_train.columns]
        score = evaluate_subset(features)#调用前面的自定义函数 evaluate_subset 来计算条件
#属性子集的模型分数
        if score > best_score:              #如果当前得分比最佳得分高
            best_score = score              #用此次计算得到的 score 替换 best_score 的值
            best_subset = features          #更新最佳条件属性子集
print("Best subset:", best_subset)          #获得最好的条件属性子集
print("Best score:", best_score)            #获得最佳分数
```

运行结果如下。

```
Best subset:['利润净资产比 2''ROIC(%)','每股销售额 SPS']
Best score:0.4935923203463203
```

**3. 重要函数介绍**

`cross_val_score(estimator, X, y, scoring = None, cv = None, n_jobs = None)`

该函数用来进行交叉验证,主要参数设置如下。
- estimator:实例化的模型。
- X,y:X 是自变量,可以是列表或数组;y 是决策属性值。
- scoring:调用方法,即评估的标准,包括准确度'accuracy'、精度'precision'、AUC 值'roc_auc'、召回率'recall'、R 方'r2'等。
- cv:交叉验证分割策略,默认是 5 倍交叉验证。

`itertools.combinations(iterable, r)`

该函数用来生成所有组合,返回一个元组列表。主要参数设置如下。
- iterable:可迭代的输入对象,如列表、元组、字符串。
- r:返回的元组的长度。

## 5.2.2 启发式搜索

启发式搜索是利用启发式信息不断缩小搜索空间的方法,包括向前/向后搜索和递归特征消除法。该方法可以利用模型的评分或特征的权重作为启发式信息,以选择最有希望的特征子集。

**1. 向前/向后搜索**

1)原理

向前搜索是先从空集开始,每轮只加入一个特征,再训练模型。若模型评估分数提高,则保留该轮加入的特征,否则丢弃。反之,向后特征是做减法,先从全特征集开始,每轮减去

一个特征,若模型表现降低,则保留特征,否则弃之。

2) 向前(或向后)搜索的应用

```
from mlxtend.feature_selection import SequentialFeatureSelector    #导入mlxtend库中的
#SequentialFeatureSelector类,该类用于特征选择
from sklearn.ensemble import RandomForestRegressor
from sklearn.model_selection import cross_val_score
regressor = RandomForestRegressor()    #创建随机森林回归模型
#定义特征选择器
Feature_sele = SequentialFeatureSelector(regressor,k_features = 'best',forward = True, scoring
 = 'r2', cv = 5) #regressor 是学习器,根据上条命令,此处的学习器是RandomForestRegressor,用于
#特征选择;k_features的参数是'best',表示选择最佳数量的特征;scoring的参数是'r2',说明使
#用R2作为评分指标。cv是交叉验证折数,默认为5
#为了避免代码重复,X_train和y_train直接用完全搜索法中的X_train和y_train。处理方法是
#将完全搜索法中从代码 import pandas as pd 开始,到代码 X_train,X_test,y_train,y_test =
#train_test_split(X,y,test_size = 0.3,random_state = 6)结束的所有代码复制粘贴在下一条
#代码 Feature_sele = feature_selector.fit(X_train, y_train)的前面即可,详情参见脚本"包裹
#法 -- 向前向后搜索"
#执行特征选择
Feature_sele = Feature_sele.fit(X_train, y_train) #使用fit方法对特征选择器进行拟合,即
#在训练集上执行特征选择过程
#输出最佳特征子集
selected_features = list(X_train.columns[list(Feature_sele.k_feature_idx_)])  #从训练集的
#特征中选择最佳特征子集,并将选定的特征列名称存储在selected_features中。feature_selector.
#k_feature_idx_ 包含被选中的特征的索引
print(selected_features)    #打印输出所选的最佳特征子集,以便查看模型选择的具体特征
```

运行结果之一(因为采用了随机森林,所以每次运行结果不同)如下。

```
['ROA(%)', '每股企业自由现金流']
```

```
#使用最佳特征子集重新训练模型并输出评估分数
cv_scores = cross_val_score(regressor, X_train[selected_features], y_train, scoring = 'r2',
cv = 5)    #使用交叉验证评估所选特征子集的性能。cross_val_score函数对指定的回归器
#regressor使用指定的评分指标(此处是R2分数),在经过特征选择后的训练数据集 X_train
#[selected_features]上进行5折交叉验证
print('最终得分: ', cv_scores.mean()) #打印输出经过特征选择后的模型最终评估得分,计算交
#叉验证结果的平均值作为最终得分
```

运行结果如下。

```
最终得分: 0.44286070129870125
```

3) 重要函数介绍

```
SequentialFeatureSelector(estimator,k_features = None, forward = True, scoring = 'r2', cv = 5)
```

该函数是用来选择最优特征子集,主要参数设置如下。

- estimator:学习器。
- k_features:最佳特征数量,如果设定最优特征个数,则输入整数;如果不设定最优特征个数,可以选择字符串 'best',表示选择最佳数量的特征。
- forward:是否使用向前搜索(默认为True),如果设置为False,则使用向后搜索。
- scoring:评分指标,用于选择最佳特征的评分指标。
- cv:交叉验证折数,默认为5。(交叉验证折数是指在机器学习中用于评估模型性能

的一种技术。在交叉验证过程中,将数据集分成 $k$ 个较小的子集(称为折),其次依次使用其中的 $k-1$ 个子集作为训练集,剩下的 1 个子集作为测试集,这样可以进行多次训练和测试。)

**2. 递归特征消除**

1) 原理

递归特征消除(Recursive Feature Elimination,RFE)方法是对一个删除模型进行多轮训练,每轮训练后,获得每个属性的重要性,然后删除若干重要性低的特征,再基于新的特征集进行下一轮训练。使用 RFE 时存在以下缺点。

- 难以设置合理的参数:由于要提前限定最后选择的特征数(n_features_to_select),而该特征数设高容易特征冗余,设低可能会过滤掉相对重要的特征,因此参数的设置难以保证合理性。
- 只基于特征重要性进行选择,忽略模型表现。

因此,针对上述缺点产生出 RFECV,RFECV 是 RFE 与交叉验证(CV)相结合的方法。其工作原理是先使用 RFE 获取各个特征重要性,再逐步删除重要性弱的特征,每删除一个特征,就用交叉验证来评估新的特征集,最后选择平均分最高的特征子集。

2) 递归特征消除法的应用

```
import pandas as pd
import numpy as np
from sklearn.model_selection import train_test_split  # 划分数据集与测试集
df = pd.read_excel('C:\\量化金融\\第 5 章\\第 5 章数据\\上市公司风险预警样本.xlsx', sheet_
name = 'Sheet1', index_col = 0) # 在应用递归特征消除法选择最优特征子集的时候,所处理的样本
# 集是包含 29 个条件属性,1 个决策属性,145 个样本的样本集
df1 = df.T
X, y = df1.iloc[:,:-1], df1.iloc[:,-1]
X = X.astype('float32')
X = X.replace((np.inf, -np.inf, np.nan), 0).reset_index(drop = True)
y = y.replace((np.inf, -np.inf, np.nan), 0).reset_index(drop = True)
X_train, X_test, y_train, y_test = train_test_split(X, y, test_size = 0.3, random_state = 6)
```

(1) RFE。

```
from sklearn.svm import SVC          # 导入 SVC。该函数在第 9 章支持向量机有详细介绍
svc = SVC(kernel = "linear")         # 实例化,kernel 默认是 rbf,可以是'linear', 'poly', 'rbf',
'sigmoid', 'precomputed'等。此处取"linear",目的是适用于线性可分的数据集
from sklearn.feature_selection import RFE
rfe = RFE(estimator = svc,           # 学习器
      n_features_to_select = 10,# 选择特征个数
      step = 1,                  # 每次迭代移除的特征个数
      verbose = 0                # 显示中间过程
      )
X_train.columns = X_train.columns.astype(str) # 将数据类型转换成字符串类型
y_train = np.where(y_train > 0.5, 1, 0)       # 将 y_train 转换为类别型数据,以 0.5 划分为两
# 个阈值,大于 0.5 的为类别 1,小于或等于 0.5 的为类别 0
model = rfe.fit_transform(X_train, y_train)
# 输出包含选定的有效特征的新数据集
selected_features = X_train.columns[rfe.support_] # X_train.columns 是训练数据集的列名列
# 表,rfe.support_包含所有特征是否最后被选中的布尔值数组
print("有效特征列表:", selected_features)         # 输出取到被选中的特征列名
```

运行结果如下。

有效特征列表：Index(['利润净资产比1', '利润净资产比2', 'ROE(摊薄)(%)', '资产周转率(倍)', 'EPS(稀释)', '扣费后EPS(基本)', '每股销售额SPS', '每股经营现金流OCFPS', '每股现金净流量CFPS', '每股企业自由现金流'],dtype='object')

print("有效特征个数：%d" % rfe.n_features_)   #输出选定的有效特征个数

运行结果如下。

有效特征个数：10

print('rfe.support',rfe.support_)   #输出选定的有效特征支持情况(True表示该特征被选为有
#效特征,False表示未被选为有效特征)

运行结果如下。

rfe.support [ True True False True False False False False False False False False False True False False True False True False True True True True False False False False False]

print('rfe.ranking',rfe.ranking_)   #特征的排名信息

运行结果如下。

rfe.ranking [ 1  1 17  1  3  9  6 11  5 15 19 16 14 12  1 13  7  1  8  1 10  1  1  1 18 20  4  2]

(2) RFECV。

```
#同样导入SVC(支持向量机分类器)模型,并初始化一个SVC对象
from sklearn.svm import SVC
svc = SVC(kernel = "linear")
#导入了Scikit-Learn库中用于交叉验证和递归特征消除的模块
from sklearn.model_selection import StratifiedKFold   #StratifiedKFold是一个交叉验证迭代器,
#它返回分层抽样的索引以确保每个折叠中各类别样本的比例与完整数据集中相同
from sklearn.feature_selection import RFECV           #通过交叉验证来评估选择特征的性能
rfecv = RFECV(estimator = svc, min_features_to_select = 2, step = 1, cv = StratifiedKFold(2),
    scoring = 'accuracy', verbose = 0, n_jobs = 1).fit(X_train.values, y_train) #根据指定的参数进
#行拟合和特征选择。其中,学习器是svc,最优特征数min_features_to_select是2;step=1是指
#每次删除一个特征;样本集包含正常公司和ST公司,是分类问题,所以cv取StratifiedKFold(2);
#评分标准scoring是accuracy;参与程序运行的CPU个数n_jobs是1
X_RFECV = rfecv.transform(X_train.values)         #此处用的是X_train.values,而不是X_train
selected_rfecv_features = X_train.columns[rfecv.support_]   #创建有效特征的新数据集
#输出RFECV特征选择个数、等级和列表
print('RFECV特征选择结果——————————————————————————————')
print('有效特征个数：%d' % rfecv.n_features_) #print的格式化输出有三种类型
# • 第1种形式是print(变量名称)
# • 第2种形式是print('字符串%格式' % (变量名称));在此代码中d指代dec,即采取十进制输出
# • 第3种形式是print('字符串%格式 %格式 %格式' % (变量名称1,变量名称2,变量名称
#3)),即格式化输出多个变量
print('全部特征等级：%s' % list(rfecv.ranking_))
print('有效特征列表：',selected_rfecv_features)
```

运行结果如下。

RFECV特征选择结果——————————————————————————————
有效特征个数：8

```
全部特征等级：[1, 1, 19, 1, 5, 11, 8, 13, 7, 17, 21, 18, 16, 14, 1, 15, 9, 2, 10, 1, 12, 3, 1,
1, 1, 20, 22, 6, 4]
有效特征列表：Index(['利润净资产比 1', '利润净资产比 2', 'ROE(摊薄)(%)', '资产周转率(倍)',
'扣费后 EPS(基本)', '每股经营现金流 OCFPS', '每股现金净流量 CFPS', '每股企业自由现金流'],
dtype = 'object')
```

3）重要函数介绍

```
RFECV(estimator, step = 1, min_features_to_select = 1, cv = None, scoring = None, verbose = 0, n_
jobs = None)
```

该函数是通过交叉验证来选择最优特征子集，主要参数设置如下。

- estimator：学习器。
- step：每次迭代移除的特征个数，默认是 1。
- min_features_to_select：选择的最优特征个数。
- cv：交叉验证的方法，可选参数包括 None(5 倍交叉验证)、给定一个整数(int)、CV splitter 等。对于 int/None，如果是分类问题，使用 StratifiedKFold；其他，则使用 Kfold。
- verbose：默认是 0，可以选择整数，用于控制输出的详细程度。
- n_jobs：默认是 None，也可以选择整数，是设定 CPU 个数。−1 表示全部 CPU。

## 5.2.3 随机搜索

每次随机搜索时都考虑不同的特征子集，因此可能会导致在每次运行中选择的最佳特征子集数量不完全一致。在随机搜索过程中，每次评估的特征子集都有可能表现优异，因此会导致每次运行的结果有所差异。这反映了包裹法的随机性质以及对特征子集进行全面搜索的特点。

### 1. 随机特征子集

1）原理

随机选择多个特征子集，其次分别评估模型表现，选择评估分数高的特征子集。

2）应用

为了尽量避免重复代码，本程序所用的数据 X_train、X_test、y_train 和 y_test，直接使用递归特征消除法中的相应数据和代码。详情参见脚本"包裹法--随机搜索--随机特征子集"。

（1）数据预处理。

```
from sklearn import preprocessing
import random
Standard_scaler = preprocessing.StandardScaler()              # 用 StandardScaler 归一
X_train_scaler = Standard_scaler.fit_transform(X_train)       # 对 X_train 进行标准化处理
X_test_scaler = Standard_scaler.transform(X_test)             # 对 X_test 进行标准化处理
```

（2）自定义评分函数。

```
def evaluate_feature_subset(features):   # 定义一个评估给定特征子集性能的函数
    # 从所有特征 features 中随机选择 k 个特征构成特征子集
```

```
        selected_features = random.sample(features, k = random.randint(1, len(features)))
# 函数 random.sample(sequence, k)中,sequence 可以是列表、元组、字符串或集合。k 是整数,在此
# 代码中是指需要选取特征的个数
# 函数 randint(start,stop)中,start、stop 都必须是整数。该函数随机返回一个大于或等于 start,
# 小于或等于 stop 的整数。该函数等价于 randrange(start,stop + 1)
# 选择特征子集对应的列
        X_train_subset = X_train[selected_features] # 从训练数据集 X_train 选择特定的特征子集
# selected_features
        X_test_subset = X_test[selected_features]   # 从测试数据集 X_test 中选择特定的特征子集
# selected_features
        X_train_subset_df = pd.DataFrame(X_train_subset)  # 确保训练模型时是 DataFrame 结构
        from sklearn.linear_model import LinearRegression
        model = LinearRegression()                    # 实例化线性回归模型对象
        model.fit(X_train_subset_df, y_train)         # 在特征子集上训练模型
        y_pred = model.predict(X_test_subset)         # 使用模型,用 X_test_subset 进行预测
# 计算模型的评估分数,由于目标变量是连续值而不是离散的类别标签,那么 accuracy_score 函数
# 并不适用
# 在这种情况下,可以考虑使用回归任务的评估指标,此处用决定系数 R 的平方来评估模型的性能
        from sklearn.metrics import r2_score
        score = r2_score(y_test, y_pred) # 预测结果 y_pred 与测试集目标变量 y_test 之间的 R2 分数
        return selected_features, score   # 返回结果:特征子集 selected_features 和 R2 分数
```

(3) 获取最优特征子集。

```
# 先进行初始化
best_subset = None
best_score = 0.0
features = X.columns.tolist() # 将数据集 X 的所有特征名称提取为一个列表,并将其保存在变量
# features 中,方便后续对特征进行操作
# 进行多次迭代,随机选择特征子集并评估模型表现
num_iterations = 10
for i in range(num_iterations):
# 每次迭代中,调用自定义函数 evaluate_feature_subset()来获取一个特征子集及其评估分数
    selected_features, score = evaluate_feature_subset(features)
# 如果当前评估分数高于之前的最佳分数,就更新最佳特征子集和最佳评估分数
    if score > best_score:
        best_subset = selected_features  # 更新最佳特征子集
        best_score = score               # 更新最佳评估分数
# 输出最佳特征子集和最佳评估分数
print("Best Feature Subset:", best_subset)
print("Best Score:", best_score)
```

因为涉及 random 函数,因此运行的结果之一是:

```
Best Feature Subset: ['流动比例', '销售净利率(%)', '资产周转率(倍)', 'ROE(加权)(%)', 'EPS
(基本)', '资产负债率(%)', 'P/E(LYR)', '扣费后销售净利率(%)', 'EPS(摊薄)', '每股净资产 BPS',
'ROE(摊薄)(%)', '销售商品和劳务收到现金/营业收入(%)']
Best Score: 0.2089659503583503
```

### 2. Null Importance

1) 原理

与前面的算法思路不同,Null Importance 主要通过评估特征的不重要性来选择属性。在对模型进行训练的时候,通过在样本集中引入随机的噪声(例如,对特征值进行打乱或随

机替换），把重要性下降的特征挑选出来，组成最优特征集。例如，流动比例，也就是流动资产除以流动负债，是度量企业风险的指标之一，流动比例越低，企业风险越高，越容易被ST，该指标与上市公司的标签（正常上市公司或ST上市公司）密切相关，也就是该指标的重要性很大。而随机给上市公司的编号，则重要性很小。如果把上市公司标签打乱，即随机标识上市公司是否被ST的状态，流动比例这个指标的重要性将大幅下降，而公司编号这个指标的重要性降低不多甚至还上升。

因此，真正强健、稳定且重要的特征在原始标签下重要性显著，在标签打乱后，此类特征的重要性会下降。反之，如果某个特征在原始标签下的重要性较低，但在打乱标签后升高了，这表明这类特征可能需要被移除。

Null Importance 的计算过程大致如下。

（1）计算原表格中每个条件属性的重要性 $A_i$。

（2）打乱决策属性的值，每打乱一次，计算一次表格中每个条件属性的重要性 $B_{ij}$。

（3）上述第（2）步重复做很多次，例如1万次，然后取每个条件属性1万个重要性的值 $B_{ij}$。然后开始计算条件属性的评分。

在计算条件属性评分的时候，有以下两种比较方法可供选择。

第1种是分位数比较。首先打乱标签 $N$ 次，例如1万次，得到每个条件属性重要性 $\text{importance}_{\text{shuffle}}$ 的值，然后取 $\text{importance}_{\text{shuffle}}$ 的值的75%的分位数，通过对比没有打乱标签下条件属性重要性 $\text{importance}_{\text{real}}$ 和打乱标签下条件属性重要性的分位数，评估属性重要性变化情况。计算公式如下。

$$\text{Score}_{\text{percentile}} = \log\left(10^{-10} + \frac{\text{importance}_{\text{real}}}{1 + \text{percentile}(\text{importance}_{\text{shuffle}}, 75\%)}\right) \tag{5.1}$$

通过上述公式计算出每个条件属性的评分，然后根据评分高低决定属性重要性大小。

第2种是次数占比比较。将得到的打乱标签 $N$ 次下 $N$ 个条件属性重要性 $\text{importance}_{\text{shuffle}}$ 的值与没有打乱标签下条件属性重要性 $\text{importance}_{\text{real}}$ 的值进行比较，如果出现一次 $\text{importance}_{\text{real}}$ 的值大于 $\text{importance}_{\text{shuffle}}$，则记录1，如果没有大于，则不记录。如果最终出现了 $F$ 次 $\text{importance}_{\text{real}}$ 的值大于 $\text{importance}_{\text{shuffle}}$，用 $F$ 除以 $N$，再乘以100，最后得到每个属性的得分，然后根据评分高低决定属性重要性大小。计算公式如下。

$$\text{Score}_{\text{frequency}} = \frac{\sum(\text{importance}_{\text{shuffle}} < \text{importance}_{\text{real}})}{N} \times 100 \tag{5.2}$$

2）应用

为了尽量避免重复代码，本程序所用的数据 X_train、X_test、y_train 和 y_test，直接用递归特征消除法中的相应数据和代码。这些数据仅清洗了异常值和空缺值，没有去除高度相关属性，以便展示 Null Importance 在特征选择方面的强大能力。详情参见脚本"包裹法--随机搜索-Null Importance"。

（1）Null importance 代码实现整体思路。

① 计算原始数据中每个条件属性的重要性，并存储到对应新表 original_importance 中。

② 打乱决策属性的值，每打乱一次，计算一次表格中每个条件属性的重要性并存储到新表 shuffled_importances 中。

③ 上述第②步重复做100次，其次取每个属性的重要性的75%分位数。按理应该重复

1万次甚至更多次,以便模型精度更高,但是重复次数多,耗时长,而目前仅用于演示。

④ 分别利用两种比较方法得出每个属性的得分。

(2) 计算属性重要性。

```
#设置了忽略UserWarning警告,以便提高代码的可读性和性能
import warnings
warnings.simplefilter('ignore', UserWarning)
#启用自动垃圾回收,用于在程序运行时自动释放不再使用的内存,从而提高程序的内存利用效率
import gc
gc.enable()
#训练模型,使用随机森林回归器(RandomForestRegressor)实现
from sklearn.ensemble import RandomForestRegressor
model = RandomForestRegressor(n_estimators = 100, random_state = 42) #实例化。设定了随机森
#林中包含的决策树数量为100。参数是随机种子,它可以确保随机性的可重现性
model.fit(X_train, y_train) #用训练数据集X_train和对应的决策属性y_train来训练随机森林
#回归模型,以便进行预测
original_importance = model.feature_importances_   #获取原始特征的重要性
#构建shuffled_importances,用于存储每次打乱标签后的特征重要性
shuffled_importances = np.zeros((100,X_train.shape[1])) #shuffled_importances是一个100×
#29的ndarray数据类型,即一个100×29的零矩阵,每行存放所计算的属性重要性的值,进行100
#次迭代,所以有100行。因为X_train有29个属性,所以每行有29个元素
```

(3) 分位数比较法。

利用分位数比较法获取属性得分的代码实现思路如下。

首先,自定义分位数比较法函数,以方便调用。

其次,在函数内部先打乱100次决策属性并存储在一份新表中,再计算获取新表中每列的分位数。

最后,构建计算得分公式,算出每个属性得分并进行排序。

```
def quantile_comparison(X_train, y_train, model, num_iterations = 100):
    #每打乱一次标签,重新计算一次特征重要性,此处打乱num_iterations = 100次
    for i in range(num_iterations):
        shuffled_y = np.random.permutation(y_train) #对y_train进行随机排列,即打乱决策属
#性的值。np.random.permutation(x)是一个对数组或者整数的x进行随机排序的函数
        model.fit(X_train, shuffled_y)   #打乱决策属性的值,然后重新训练模型
        shuffled_importances[i, :] = model.feature_importances_  #[i, :]将第i次打乱值后
#获取的特征重要性存储在第i行。因为打乱了100次,所以循环结束,shuffled_importances存放
#了100行属性重要性的值
    percentile_shuffled = np.percentile(shuffled_importances, 75, axis = 0) #取每列分位数,
#即取每个属性75%的分位数
    s_percentile = [(1 / (1 + score)) for score in percentile_shuffled] #构建式(5.1)
    s1_percentile = 10e-10 + original_importance * s_percentile       #构建式(5.1)
    score_percentile = np.log10(s1_percentile)                        #构建式(5.1)
    score_index = np.argsort(-score_percentile) #根据得分降序排序,得到29个排序后属性的
#索引号。关于np.argsort()函数的详细介绍,参见第2章。在此处,因为要降序排序,所以在score_
#percentile前添加了负号(-),如果要升序排序,则去除负号(-)
    return score_index
#调用分位数比较法函数并输出属性得分排序后的索引号
feature_importance_index = quantile_comparison(X_train, y_train, model)
print('属性得分排序后的索引号:', feature_importance_index)
```

运行结果如下。

```
[ 3  7  6 20  0  5 24 18 25 23  1 22 15 10  9  2 13 26 16  4 21 19 11 27
 12 28 14  8 17]
```

(4)次数占比比较法。

利用次数占比比较法计算属性得分的代码实现思路如下。

首先,建立次数占比比较法函数,对于每个特征,通过循环遍历每个属性的索引。

其次,在内部遍历循环,对于每个特征,打乱100次决策属性并进行模型训练,之后存储在一份新表中。

再次,比较打乱后的特征重要性是否小于原始特征重要性,若小于则记录一次。

最后,根据特征重要性减少的次数,计算出该特征的得分,得分越高表示该特征对模型性能的影响越大。

```
def calculate_feature_score(original_importance, X_train, y_train, model):
    for a in range(len(original_importance)):   # 遍历每个属性的索引
        feature_decrease = 0      # 初始化特征减少计数器,清空上一个属性特征减少次数的记录
        shuffled_importances = np.zeros((100, len(original_importance))) # 初始化存储特征
# 重要性的数组
        for i in range(100):
            shuffled_y = np.random.permutation(y_train) # 打乱标签
            model.fit(X_train, shuffled_y)              # 使用打乱标签的数据重新训练模型
            shuffled_importances[i, :] = model.feature_importances_  # 存储特征重要性
# 如果打乱标签后的特征重要性小于原始特征重要性,则特征重要性减少计数器加1
            if shuffled_importances[i, a] < original_importance[a]:  # original_importance
# 是一个1维ndarray数组,共有29个元素,存放着没有打乱标签时29个条件属性的重要性
                feature_decrease += 1
# 计算特征得分
        score = (feature_decrease / 100) * 100
        print("第{0}个索引条件属性得分:{1}".format(a , score))  # 打印每个特征的得分
# 调用函数并传入参数
scores = calculate_feature_score(original_importance, X_train, y_train, model)
```

因为程序中有随机函数存在,所以每次运行的结果略有不同。运行的结果之一是:

第0个索引条件属性得分:98.0
第1个索引条件属性得分:1.0
第2个索引条件属性得分:0.0
第3个索引条件属性得分:100.0
......

将次数占比比较法得到的得分不为0的属性,按照得分排序见表5.4。

表5.4 次数占比比较法属性得分

| 属性索引号 | 3 | 7 | 18 | 20 | 5 | 6 | 0 | 16 | 24 | 9 | 10 | 4 | 19 | 25 | 1 | 11 |
|---|---|---|---|---|---|---|---|---|---|---|---|---|---|---|---|---|
| 得分 | 100 | 100 | 100 | 100 | 99 | 99 | 98 | 64 | 60 | 29 | 25 | 18 | 7 | 2 | 1 | 1 |

表5.6中没有列出的属性2、8、12、13、14、15、17、21、22、23、26、27、28,得分均为0。对比分位数比较法得到的属性索引号为[ 3  7  6 20  0  5 24 18 25 23  1 22 15

10 9 2 13 26 16 4 21 19 11 27 12 28 14 8 17],虽然在计算属性得分过程中采取了随机森林,让属性得分不确定,两种算法所得到的最优属性有所差异,但是得分高的属性基本一致。

## 5.3 嵌入法

### 5.3.1 原理

嵌入法是将特征选择过程嵌入模型的训练过程中。不同于包裹法,嵌入法是直接在模型训练的过程中考虑特征的重要性。

**1. 优点**

(1) 直接与模型训练过程相结合,更加高效。
(2) 直接将特征选择过程融入模型的学习过程中,能够充分利用模型的学习能力,更好地捕捉特征之间的关系。

**2. 缺点**

(1) 要在模型训练的过程中评估特征的重要性,增加了模型的训练时间和计算成本。
(2) 特征选择与模型训练过程联系紧密,容易受到训练数据的噪声和过拟合的影响,导致模型性能下降。

常见的嵌入法有 LASSO 的 L1 正则惩罚项、Elastic Net 回归、GBDT 和决策树等。嵌入法的应用比较单调,Sklearn 提供了 SelectFromModel,可以直接调用模型挑选特征。

为了尽量避免重复代码,本程序所用的数据 X_train、X_test、y_train 和 y_test,直接使用递归特征消除法中的相应数据和代码。详情参见脚本"嵌入法"。

### 5.3.2 应用

```
import warnings
warnings.simplefilter('ignore', UserWarning)
from sklearn.ensemble import RandomForestRegressor
from sklearn.feature_selection import SelectFromModel
from sklearn.model_selection import train_test_split
#使用随机森林回归模型进行训练
clf = RandomForestRegressor(n_estimators = 100)  #使用 RandomForestRegressor 初始化一个随机
#森林回归模型 clf,n_estimators = 100 指定了随机森林中树的数量为 100
clf.fit(X_train, y_train)    #使用 fit() 方法将 clf 拟合到训练数据集 (X_train, y_train) 中使
#用嵌入法进行特征选择
sfm = SelectFromModel(clf, prefit = True)    # prefit = True 表示已经在模型上拟合好了数据,不
#需要在 SelectFromModel 中再次进行模型拟合
X_train_new = sfm.transform(X_train)         #将选择后的特征应用到训练集上,得到 X_train_new
X_test_new = sfm.transform(X_test)           #将选择后的特征应用到测试集,得到 X_test_new 打
#印选择的特征
print('原始特征数: ', X_train.shape[1])      #X_train.shape 返回一个元组,其中第 1 个元素表示
```

```
#行数,即获得原始特征的总数
print('选择的特征数: ', X_train_new.shape[1])
#获取选择的特征
selected_features = X.columns[sfm.get_support()] #使用 sfm.get_support() 获取选定的特征
#索引,其次根据索引提取相应的特征名称
print(selected_features)
```

运行结果如下。

```
原始特征数: 29
选择的特征数: 6
Index(['利润净资产比 1', 'ROE(摊薄)(%)', 'ROA(%)', 'ROIC(%)', '每股净资产 BPS', '每股企业自
由现金流'], dtype = 'object')
```

### 5.3.3 重要函数介绍

```
feature_selection.SelectFromModel(estimator, threshold = None, prefit = False, max_features = None)
```

该函数是根据重要性选择特征,主要参数设置如下。

- estimator:学习器。所选的学习器必须具备评分功能,即具备以下两个属性中的一个:coef 或 feature importance。如果参数 prefit 取 True,则该参数可以是一个已训练过的学习器;如果 prefit 取 False,则该参数必须是没有经过训练的学习器。
- threshold:阈值,默认为 None。可以取浮点型,也可以取字符型。如果是字符型,则可选 'mean'、'median' 等。
- max_features:最大特征数。

## 习题

1. 包裹法和过滤法的基本原理是什么?两者有何区别和联系?
2. 根据提供的某银行客户认购理财产品数据,以客户是否认购作为决策属性。利用包裹法中的递归特征消除,对数据进行特征选择,输出特征子集。由于不是完整的建模,因此不需要将样本集拆分为训练集和检验集,直接对样本集进行数据处理即可。
3. 使用 Null Importance 方法对习题 2 进行特征选择,并输出结果。

# 第 6 章

# 聚 类

CHAPTER 6

聚类分析是一种数据挖掘技术,用于将数据集中的对象分成具有相似特征的组。通过聚类分析,可以识别出数据集中的潜在模式和结构,为决策提供更多信息和洞察力。在经济学领域,聚类分析可以用于识别市场细分、消费者行为模式等重要信息,从而指导市场营销和战略决策。

本章首先介绍 K-means 聚类和层次聚类的相关原理和应用,然后介绍 $K$ 值优化的常用算法和聚类评价指标,最后结合实际案例和代码示例,介绍如何运用这些知识来解决实际经济问题。本章主要内容结构如图 6.1 所示。

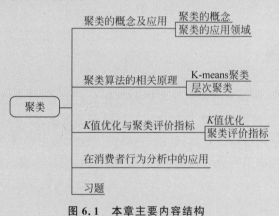

图 6.1 本章主要内容结构

## 6.1 聚类的概念及应用

### 6.1.1 聚类的概念

聚类应用在无监督学习中,即数据集的分类决策属性是未知的,没有明确的分类标签。聚类根据数据间的相似程度,将数据集划分成若干子集,每个子集就是一个簇。较好的聚类结果大多有簇内相似度高、簇间相似度低的特点。聚类广泛应用在无监督学习中的分类问题。

### 6.1.2 聚类的应用领域

**1. 数据分析**

在分析数据时,可以通过聚类算法,将数据集分成几个集群,分别分析每个集群。例如,对股票价格影响因子的相关系数进行聚类,分成高度相关、中度相关、轻度相关的影响因子,并针对不同集群进行分析。

**2. 客户细化**

可以根据客户的消费记录,对客户进行聚类,针对每类客户群设计方案,以达成提高效率、减少成本的目的。通常可以搭配 RFM 模型进行分析,将客户行为分为近因(Recency,R)、频率(Frequency,F)和货币(Monetary,M),并从这三个角度进行分析。该模型应用在企业客户关系管理上,可体现为三个指标。R 表示客户最近一次消费的时间,F 表示客户消费的频率,M 表示客户消费的金额。客户最近一次消费时间离现在越近,客户价值越高。客户消费的频率和客户消费的金额越高,客户价值越高。凭借这三个指标,可对客户进行细分,筛选出有价值的客户。

**3. 异常检测**

依据数据集特征,归类出组间差异大、组内差异小的集群。当出现与所有集群差异大的数据时,该数据的出现极有可能是异常情况。通过提取该数据,对其进一步检验。可以在大量金融交易信息中发现异常交易。

**4. 风险管理**

使用聚类算法将不同的金融产品划分到不同的组合中,实现更好的风险管理。组合不同股票时,可以使用聚类算法设计不同的股票组合,以满足多样化风险管理的需要。将大量股票进行划分,归纳到不同风险组,制定更适合的投资策略。

## 6.2 聚类算法的相关原理

### 6.2.1 K-means 聚类

**1. K-means 聚类的概念**

K-means 算法又名 K 均值算法，K-means 算法中的 $K$ 表示聚类为 $K$ 个簇，means 代表取每一个聚类中数据值的均值作为该簇的中心，也称为质心，即用每一个的类的中心对该簇进行描述。K-means 算法是一种无监督分类算法。该算法通过迭代计算数据点与簇中心的距离，将数据集划分为 $K$ 个簇。其主要目标是将数据集 $X = \{x_1, x_2, \cdots, x_n\}$ 划分到 $K$ 个类簇中，使得在同一个类簇内的数据差异性尽可能地小，在不同簇中的数据差异性尽可能地大。由于该算法简单快捷，被广泛使用。

**2. K-means 算法的实现过程**

如图 6.2 所示，A、B、C、D、E 是图中的样本点。而灰色的点是种子点，即用以寻找点群的点。

K-means 算法如下。

(1) 随机选择 $k$（这里 $k=2$）个初始种子点。

(2) 计算每个点与这 $k$ 个种子点的距离，如果某个点 $P_i$ 最接近种子点 $S_i$，那么将点 $P_i$ 分配给种子点 $S_i$ 所代表的簇。（在图中可以看到点 A 和 B 属于上方种子点的簇，而点 C、D 和 E 属于下方中部种子点的簇。）

(3) 根据新的分类，计算点 A 和 B 这一簇的中心位置，计算 C、D 和 E 这一簇中心位置。

(4) 将每个种子点移动到其所代表簇的中心位置（即图中的第 3 步）。

(5) 重复执行第 (2) ~ (4) 步，直到种子点位移小于阈值。（在图中的第 4 步，上方种子点聚合了点 A、B 和 C，下方种子点聚合了点 D 和 E。）

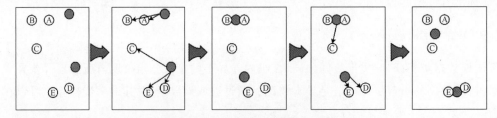

图 6.2 K-means 算法的实现过程

**3. K-means 聚类距离在经济问题分析中的作用**

由于 K-means 是通过欧氏距离确定每个数据点归属的类簇，属性间的数字大小带有一定的意义，表示一定程度上的差异大小。

举个例子，使用数字 0 表示"低等风险"，数字 1 表示"中等风险"，数字 2 表示"高等风险"。0 ~ 2 的距离表示"低等风险"到"高等风险"间的程度变化，两者之间有距离为 2 的差异。低等风险与高等风险到中等风险之间的距离都为 1,即低等风险与中等风险的相似度与高等风险与中等风险的相似度是一致的。因此,属性数字大小的设定需要根据属性特征决定。不同属性一起聚类时,需进行归一化或者标准化处理,以减少量纲对聚类结果的影响。

4. Kmeans()函数及相关命令介绍

1) Kmeans()函数

```
KMeans(n_clusters = 8, init = 'k - means++', n_init = 10, max_iter = 300, tol = 0.0001, n_jobs = 1,
algorithm = 'auto')
```

K-means 是一种无监督学习方法,是应用最广泛的聚类算法之一。该函数的主要参数如下。

- n_clusters:$K$ 值,即初始簇中心个数。默认是 8 个。
- init:选择初始值的方式,可选值包括'k-means++'(使用一种智能的中心初始化方法)和'random'(使用随机选择的中心),默认是'k-means++'。
- n_init:获取初始簇中心的更迭次数,为了弥补初始中心的影响,默认是 10 次。
- max_iter:最大的迭代次数,默认是 300 次。达到最大迭代次数后,算法退出循环。
- tol:容忍度,即 K-means 收敛的条件。
- n_jobs:同时工作的 CPU 个数。
- algorithm:算法,可选参数包括'auto'(稀疏矩阵时,采用 full,否则采用 elkan)、'full'(传统的距离计算方式)、'elkan'(三角不等式,效率更高,但是不支持稀疏数据)。

2) 数据聚类

```
kmeans.fit(data)    #使用 fit(data)函数对数据 data 进行聚类
```

3) 查询聚类相关信息

```
kmeans.cluster_centers_    #簇中心坐标
kmeans.labels_             #每个点的标签
kmeans.inertia_            #数据点到簇中心的平方和
kmeans.n_iter_             #迭代次数
```

4) 数据预测

```
kmeans.predict(new_data)      #对新数据 new_data 进行聚类
kmeans.fit_predict(data)      #用数据 data 进行聚类,并使用聚类的模型预测原数据 data
```

5. K-means 算法示例

表 6.1 为 15 个省或直辖市的经济数据(GDP 为全年城市经济发展总值,POPULATION 为全年总人口数)。

表 6.1 15 个省或直辖市的经济数据

| AREA | GDP | POPULATION |
| --- | --- | --- |
| 北京 | 41 610.9 | 2184 |
| 辽宁 | 28 975.1 | 4197 |
| 上海 | 44 652.8 | 2475 |

续表

| AREA | GDP | POPULATION |
|---|---|---|
| 浙江 | 77 715.4 | 6577 |
| 安徽 | 45 045 | 6127 |
| 福建 | 53 109.9 | 4188 |
| 江西 | 32 074.7 | 4528 |
| 山东 | 87 435.1 | 10 163 |
| 河南 | 61 345.1 | 9872 |
| 湖南 | 48 670.4 | 6604 |
| 广东 | 129 118.6 | 12 657 |
| 广西 | 26 300.9 | 5047 |
| 四川 | 56 749.8 | 8374 |
| 宁夏 | 5069.6 | 728 |
| 新疆 | 17 741.3 | 2587 |

使用K-means算法对城市经济数据进行聚类分析,将簇的数量设定为2。

```
import pandas as pd
from sklearn.cluster import KMeans
```

### 1) 创建数据

```
data = {
'AREA': ['北京', '辽宁', '上海', '浙江', '安徽', '福建', '江西', '山东', '河南', '湖南', '广东', '广
西', '四川', '宁夏', '新疆'],
'GDP': [41610.9, 28975.1, 44652.8, 77715.4, 45045, 53109.9, 32074.7, 87435.1, 61345.1,
48670.4, 129118.6, 26300.9, 56749.8, 5069.6, 17741.3],
'POPULATION': [2184, 4197, 2475, 6577, 6127, 4188, 4528, 10163, 9872, 6604, 12657, 5047,
8374, 728, 2587]
}
df = pd.DataFrame(data)
```

### 2) 使用K-means算法进行聚类

```
kmeans = KMeans(n_clusters = 2, random_state = 0).fit(df[['GDP', 'POPULATION']])
df['Cluster'] = kmeans.labels_
print(df)
```

运行结果如下。

```
   AREA     GDP     POPULATION  Cluster
0  北京    41610.9   2184        1
1  辽宁    28975.1   4197        1
2  上海    44652.8   2475        1
3  浙江    77715.4   6577        0
4  安徽    45045.0   6127        1
         ...
```

运行以上代码后,可以得到每个省份的聚类结果,其中,Cluster列表示该省份所属的簇。在这个例子中,使用K-means算法将省份划分为两个簇后,可以比较这两个簇的经济数据特征,例如,GDP和总人口。这有助于发现不同簇之间的经济发展差异,为政府制定针对不同簇的发展政策提供参考。

### 6.2.2 层次聚类

**1. 层次聚类的概念**

层次聚类是一种基于树状结构的聚类方法,它将数据集中的对象逐步合并或分割,形成一个层次化的聚类结果。与其他聚类算法不同,层次聚类不需要事先指定要划分的簇的数量,而是根据数据的相似度逐步构建聚类结构。

一般来说,有以下两种类型的层次聚类方法。

(1) 凝聚层次聚类(AGNES):采用自底向上策略,首先将每个对象作为单独的一个原子簇,然后合并这些原子簇形成越来越大的簇,直到所有的对象都在一个簇中(层次的最上层),或者达到一个终止条件。绝大多数层次聚类方法属于这一类型。

(2) 分裂层次聚类(DIANA):采用自顶向下策略,首先将所有对象置于一个簇中,然后逐渐细分为越来越小的簇,直到每个对象自成一个簇,或者达到某个终止条件,例如,达到了某个希望的簇的数目,或者两个最近的簇之间的距离超过了某个阈值。

**2. 层次聚类的实现过程**

图6.3描述了一种凝聚层次聚类算法 AGNES 和一种分裂层次聚类算法 DIANA 对一个包含5个对象的数据集合{A,B,C,D,E}的处理过程。

初始,AGNES 将每个对象自为一簇,然后这些簇根据某种准则逐步合并,直到所有的对象最终合并形成一个簇。例如,如果簇 B 和簇 C 的距离是所有属于不同簇的对象间欧氏距离中最小的,则 B 和 C 合并。

在 DIANA 中,所有的对象用于形成一个初始簇。根据某种原则(例如,簇中最近的相邻对象的最大欧氏距离),将该簇分裂。簇的分裂过程反复进行,直到每个新簇只包含一个对象。

在凝聚或者分裂层次聚类方法中,用户可以定义希望得到的簇数目作为一个终止条件。

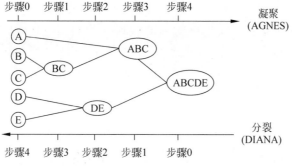

图 6.3 对数据对象{A,B,C,D,E}的凝聚和分裂层次聚类

**3. 层次聚类在经济问题分析中的运用**

在层次聚类中,属性的数字大小也具有一定的意义,反映了数据点之间的相似度或差异程度。例如,假设某属性表示"收入水平",数字大小代表不同的收入水平,0 表示"低收入",

1表示"中等收入",2表示"高收入"。在这种情况下,0~2的距离表示不同收入水平之间的程度变化,数字大小的差异反映了不同收入水平之间的差异程度。

当不同属性一起进行层次聚类时,需要对属性进行归一化或标准化处理,以消除不同属性之间的量纲差异,确保每个属性对聚类结果的影响权重是相同的。这样可以更准确地评估数据点之间的相似度,从而得到更可靠的聚类结果。

**4. 重要命令介绍**

1) AgglomerativeClustering()函数

```
AgglomerativeClustering(affinity = 'euclidean',compute_full_tree = 'auto',linkage = 'ward', n_clusters = 6)
```

AgglomerativeClustering()函数用于层次聚类,主要参数如下。

- affinity:选择数据点之间的距离计算方法,有'euclidean'(欧氏距离)、'cosine'(余弦相似性)、'mahalanobis'(马氏距离)等。如果 linkage = 'ward',则'affinity'必须是'euclidean'。
- linkage:类簇与类簇距离计算方法,有'single'(最短距离)、'complete'(最大距离)、'average'(平均距离)、'ward'(方差恶化距离)等。
- compute_full_tree:默认是'auto',即训练到 n_clusters 时停止训练。如果取 True,则持续训练到形成完整的树。
- n_clusters:$k$ 值,即初始簇中心个数。

2) 查询聚类相关信息

```
cluster.fit(data)    #使用fit(data)函数对数据data进行聚类
```

查询数据聚类相关信息:

```
Labels = cluster.labels_        #每个点的标签
Leaves = cluster.n_leaves_      #分层树的叶节点个数
Children = cluster.children_    #每个非叶节点中的子节点个数
```

3) 预测

```
cluster.predict(new_data)       #对新数据 new_data 进行聚类
cluster.fit_predict(data)       #用数据 data 进行聚类,并使用聚类的模型预测原数据 data
```

4) hierarchy.linkage(data,method,metric)函数

该函数用于生成聚类树,主要参数如下。

- data:输入的数据集,可以是一个数组或矩阵,其中每行表示一个样本,每列表示一个特征。
- method:簇间度量方法,默认是'single'。可选参数包括'single'(最近邻链接),'complete'(最远邻链接)、'average'(平均链接)、'ward'(瓦德链接)。
- metric:样本间距离的度量方法,默认是'euclidean'(欧氏距离)。可选参数包括'cityblock'(曼哈顿距离)、'correlation'(相关系数)等。

注:scipy.cluster.hierarchy 是 SciPy 库中的一个主要用于层次聚类的模块,该模块中常用的函数包括 linkage()、dendrogram()、fcluster()、ward()等。

5) hierarchy.dendrogram(Z,labels,orientation,color_threshold,leaf_rotation,p,leaf_font_size,truncate_mode)

该函数用于绘制聚类树,主要参数如下。

- Z：层次聚类的链接矩阵。链接矩阵可以通过 hierarchy.linkage 函数获得。
- labels：样本的标签,以列表形式提供。默认值为 None。
- orientation：树状图的方向,可选值为 'top'、'bottom'、'left'、'right'。默认值为 'top'。
- color_threshold：控制树状图中的颜色阈值,超过该阈值的线段将使用不同的颜色；默认值为 None,表示所有线段使用相同颜色。
- leaf_rotation：叶节点的旋转角度。默认值为 None。
- leaf_font_size：叶节点的字体大小。默认值为 None。
- truncate_mode：截断标签的方式,可选值为 'lastp'、'level'、'mtica'。默认值为 None。
- p：仅在 truncate_mode = 'lastp' 时使用,指定要显示的叶节点数量。默认值为 None,表示显示所有叶节点。

6) distance.pdist(X,metric = 'euclidean')

该函数用于计算矩阵 X 样本之间的距离,主要参数如下。

- X：$m \times n$ 矩阵。
- metric：默认是 'euclidean'(欧氏距离),可选参数包括 'minkowski'(明氏距离)、'cityblock'(曼哈顿距离)、'seuclidean'(标准欧氏距离)、'sqeuclidean'(欧氏距离的平方)等。

**5. 层次聚类算法示例**

层次聚类方法适用于需要动态构建聚类结构的场景,可以用于金融领域的数据分析和挖掘。使用层次聚类评价指标的算法,对所提供的城市经济数据进行聚类分析。

1) 创建数据

为了尽量避免重复代码,此处直接引用 K-means 程序中的数据 data。

```
df = pd.DataFrame(data)
```

2) 绘图

```
import matplotlib.pyplot as plt
plt.figure(figsize = (10, 8))    #创建一个大小为 10×8 的图形窗口
x, y = df['GDP'], df['POPULATION'] #获取 GDP 和人口数量作为 x 和 y 坐标
label = df['AREA']
plt.scatter(x, y)         #使用 plt.scatter() 绘制散点图
plt.xlabel('GDP')         #设置 x 轴标签为 'GDP'
plt.ylabel('人口')         #设置 y 轴标签为 '人口'
font_name = 'SimHei'       #设置全局中文字体
plt.rcParams['font.family'] = font_name
#使用循环遍历每个点,对散点图中的每个点标注省份名称
for a, b, l in zip(x, y, label):
    plt.text(a, b + 0.1, '%s' % l, ha = 'center', va = 'bottom', fontsize = 14)
#第 3 章有关于 zip()函数及在绘图中应用的详细介绍。在此处是把 x(GDP)、y(人口数量)和 label
#(地区)捆绑在一起,a、b、l 依次读取 x、y、label。a 和 b 形成标注的坐标,l 形成标注的内容
```

```
# 使用 axvline() 绘制纵向的平均线,位置为 GDP 的平均值
plt.axvline(x = df['GDP'].mean(), color = 'red', linewidth = 2)
# 使用 axhline() 绘制横向的平均线,位置为人口数量的平均值
plt.axhline(y = df['POPULATION'].mean(), color = 'red', linewidth = 2)
plt.grid(True)      # 打开网格线显示
plt.show()          # 显示图(见图 6.4)
```

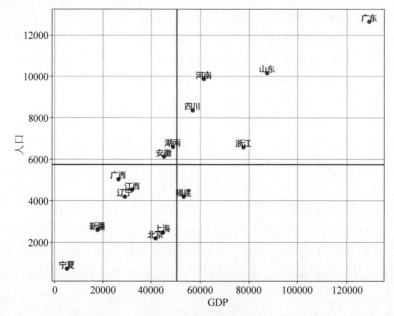

图 6.4 散点图结果

散点图展示了各省份的总体情况(GDP)和总人口(POPULATION)之间的关系。通过观察散点图,可以看到哪些省份在总体经济表现和总人口上处于较高或较低水平,以及是否存在异常值或离群点。

3) 层次聚类

```
import scipy.cluster.hierarchy as sch   # 导入层次聚类算法模块
disMat = sch.distance.pdist(X = df[['GDP', 'POPULATION']], metric = 'euclidean')   # 计算矩阵 X
# 的样本之间的欧氏距离
Z = sch.linkage(disMat, method = 'ward')    # 利用 hierarchy.linkage 用于层次聚类
# 绘制层次聚类树状图
plt.figure(figsize = (12, 8))    # 创建一个大小为 12×8 的图形窗口
sch.dendrogram(Z, labels = df['AREA'].tolist(), orientation = 'right')  # 使用 sch.dendrogram()
# 绘制层次聚类的树状图
plt.xlabel('距离')              # 设置 x 轴标签为 '距离'
plt.ylabel('省份')              # 设置 y 轴标签为 '省份'
plt.title('层次聚类树状图')      # 设置图表标题
plt.show()                     # 显示图(见图 6.5)
```

运行以上代码后,得到每个城市的层次聚类结果。

通过层次聚类可以看到哪些城市在经济指标上具有相似的表现。树状图展示了省份之间的相似性,可以看到哪些省份在经济表现上更接近。例如,北京和上海更相似、新疆与宁夏更相似等。这有助于识别出具有相似经济特征的省份群组。

散点图的结果可以帮助人们了解省份之间的经济表现差异,识别出表现较好或较差的

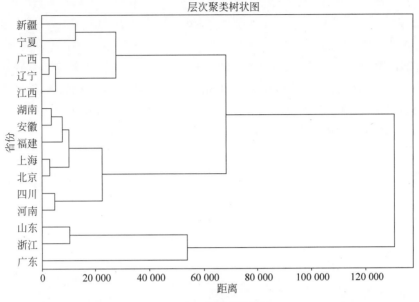

图 6.5　层次聚类树状图

省份,并分析其原因。通过层次聚类,可以识别出经济表现相似的省份群组,这有助于进行区域经济发展规划和政策制定。结合经济学知识,可以进一步分析省份经济表现背后的原因,例如,地理位置、产业结构、政策支持等因素,以指导省份经济发展的方向和策略。

## 6.3　K 值优化与聚类评价指标

### 6.3.1　K 值优化

**1. 提高 K 均值聚类算法精度的处理方法**

为了提高 K 均值聚类算法的准确性,可以采取以下处理方法。
(1) 根据属性的特点,选择适合分类的属性,以获取有价值的信息。
(2) 预先处理离群值,减少其对分类结果的影响。
(3) 尝试不同的初始簇中心,以避免数据陷入局部最优解。
(4) 选择适当的 K 值,常用的方法包括"拍脑袋"法和肘部分析法等。

**2. K 值的选择**

选择合适的 K 值对于 K 均值算法至关重要。常见方法包括肘部法则、轮廓系数等,帮助确定最佳的簇数。

1) 拍脑袋法

将样本量除以 2 再开平方根所计算出的值作为 K 值。这是相对直觉的方法,可靠性较低,但是能快速便捷地选出 K 值,适合小样本。

$$K = \sqrt{\frac{n}{2}} \tag{6.1}$$

其中,$n$ 为样本数量。

2) 肘部法则

如图 6.6(a)所示,此种方法适用于 $K$ 值相对较小的情况,当选择的 $K$ 值小于真正的 $K$ 时,$K$ 每增加 1,cost 值就会大幅地减小;当选择的 $K$ 值大于真正的 $K$ 时,$K$ 每增加 1,cost 值的变化就不会那么明显。这样,正确的 $K$ 值就会在这个转折点。

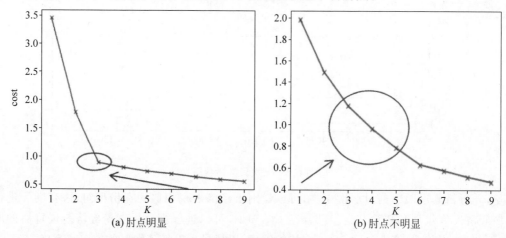

图 6.6 肘部法则

通过绘制 $K$ 与成本函数之间的关系曲线图,如图 6.6(a)所示,肘部的值(成本函数开始急剧下降,然后在肘部开始变得平缓)可作为 $K$ 值的选择依据,如 $K=3$。

然而,并非所有问题都能通过肘部图来确定最佳的 $K$ 值。对于某些问题,如图 6.6(b)所示,肘点位置不够明显(可能在 3、4 或 5),这种情况下就无法明确确定 $K$ 值。肘部图是一种可尝试的方法,但并不是所有问题都能像图 6.6(a)那样清晰地展示出肘部,从而可能无法确定最佳的 $K$ 值。

3. 应用

对 6.2.1 节提供的城市经济数据进行分析,探究最适合的 $K$ 值。

1) 拍脑袋法

利用计算器,将样本量除以 2 再开平方出来的值作为 $K$ 值,示例如下。

$$K \approx \sqrt{15/2} = 2.738\ 612\ 787\ 525\ 58 \approx 3 \quad (\text{有 15 个变量})$$

2) 肘部法则

利用肘部法则算法,对提供的城市经济数据进行聚类分析。代码如下。

```
import pandas as pd
from sklearn.cluster import KMeans
from sklearn.metrics import silhouette_score
import matplotlib.pyplot as plt
plt.rcParams['font.sans-serif'] = ['SimHei']   #设置中文显示
# 为了尽量避免重复代码,此处直接引用 K-means 程序中的数据 data 及相应代码
df = pd.DataFrame(data)
```

```
#使用肘部法则确定最佳的聚类数量
distortions = []        #初始化空列表 distortions 用于存储每个聚类数下的畸变程度
for i in range(1, 11):  #使用 for 循环遍历聚类数范围从 1 到 10
#创建 KMeans 对象,设置簇数为当前迭代的聚类数,并设置随机种子为 0
    kmeans = KMeans(n_clusters = i, random_state = 0)
#使用 fit() 方法对 df[['GDP', 'POPULATION']] 进行聚类
    kmeans.fit(df[['GDP', 'POPULATION']])
#将当前聚类数下畸变程度(Sum of Squared Errors,SSE)加到 distortions 列表中
    distortions.append(kmeans.inertia_)
#绘制聚类数量与畸变程度关系图
plt.plot(range(1, 11), distortions, marker = 'o')
plt.xlabel('集群数量')
plt.ylabel('畸变程度')
plt.title('肘部法则')
plt.show()
```

运行以上代码后,绘制了聚类数量与畸变程度之间的关系图(见图 6.7),以便使用肘部法则来确定最佳的聚类数量。

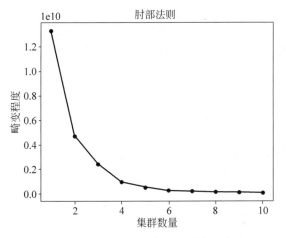

图 6.7　肘部法则下聚类数量与畸变程度关系

通过肘部法则可以看出,在聚类数量为 2 时出现了明显的拐点,这可能是一个合适的聚类数量选择,表示将城市经济数据分为两个簇。一类群体可能代表着高度城市化的地区,人口数量较多,同时 GDP 也相对较高;另一类群体可能代表着相对农村化的地区,人口数量较少,GDP 水平也较低。这对于城市化进程的研究和规划具有重要意义,可以帮助政府和决策者制定相关的城市化政策和发展策略。

## 6.3.2　聚类评价指标

**1. 轮廓系数**

轮廓系数(Silhouette Coefficient Index)是一种聚类评估指标,用于评估数据聚类的效果。其取值范围为$[-1,1]$,指标值越大表示聚类效果越好。

轮廓系数综合了样本与其所属簇内的相似度以及与最近的其他簇间的不相似度。它的计算方法如下。

(1) 对于每个样本,计算与同簇其他样本的平均距离($a$)。

(2) 对于每个样本,计算与最近簇的平均距离($b$)。

(3) 计算轮廓系数:

$$S(i) = \frac{b(i) - a(i)}{\max\{a(i), b(i)\}} \tag{6.2}$$

轮廓系数既考虑聚类结果的紧密性,又考虑聚类结果之间的分离度。如果一个数据点与自己所属的簇内的其他数据点的距离很小,但是与其他簇中的数据点的距离很大,就表示这个数据点所在的簇内紧密度高,簇间分离度大,那么该数据点的轮廓系数就会越大。

轮廓系数是更加全面的评估指标,在评估聚类效果时,尤其是对于需要分析簇内分布紧密而簇间分布分散的数据,轮廓系数是一个比较好的评估指标。

### 2. CHI 指数

CHI 指数也称方差比准则,本质上是通过簇间距离与簇内距离的比值来评估聚类效果的好坏。CHI 公式如下,$k$ 是簇的数量,$n$ 是数据量。

$$\text{CHI} = \frac{\text{BCSS}/(k-1)}{\text{WCSS}/(n-k)} \tag{6.3}$$

BCSS 是每个簇中心与整个数据集中心之间的欧氏距离加权平方和,即表示簇之间的分离程度。BCSS 越大,簇之间的分离程度越大,聚类效果越好。BCSS 公式如下,$n_i$ 是对应的 $i$ 簇内的数据量,$c_i$ 是 $i$ 簇的中心,$c$ 是整个数据集中心。

$$\text{BCSS} = \sum_{i=1}^{k} n_i \parallel c_i - c \parallel^2 \tag{6.4}$$

WCSS 是每个数据点与所归属的簇中心之间的欧氏距离平方和,即表示簇内的紧凑程度。WCSS 越小,簇内的紧凑程度越大,聚类效果越好。WCSS 公式如下,$x$ 是对应的 $i$ 簇内的数据点,$c_i$ 是 $i$ 簇的中心。

$$\text{WCSS} = \sum_{i=1}^{k} \sum_{x \in C_{x_i}} \parallel x - c_i \parallel^2 \tag{6.5}$$

BCSS 和 WCSS 除以自由度,减少簇数量的增加对 CH 指数的影响。

由此可知,好的聚类效果有较高的 BCSS 和较低的 WCSS。CH 指数越高,聚类效果越好。这种聚类效果评价方法比起轮廓系数,运行速度更快。

### 3. 戴维森堡丁指数

戴维森堡丁(Davies-Bouldin)指数由大卫·L·戴维斯和唐纳德·堡丁提出,又称为分类适确性指标。该指标本质上是通过计算所有簇的相似度的平均值来衡量聚类结果好坏,公式如下。

$$\text{DB} = \frac{1}{K} \sum_{i,j=1}^{K} \max_{i \neq j} \frac{s_i + s_j}{d_{ij}} \tag{6.6}$$

结果意义如图 6.8 所示。

六边形所代表的簇的相似度就是 $\max\left(\frac{s_1 + s_3}{d_{13}}, \frac{s_1 + s_2}{d_{12}}\right)$。整个聚类的 DB 值就是圆圈、菱形、六边形三个簇的相似度的平均值。DB 值越小表示聚类结果同簇内部紧密,不同簇分离较远。也就是说,类内距离越小,类间距离越大。

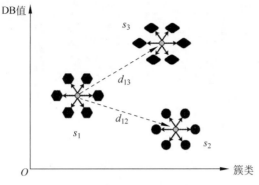

图 6.8　戴维森堡丁指数示意图

**4. 绘制轮廓系数图、CHI 指数、戴维森堡丁指数**

以 10 只 A 股上市公司 2022 年上半年的 117 条历史收益率数据为例,对资产的历史收益率进行聚类,并计算轮廓系数、CHI 指数、戴维森堡丁指数。

```
from sklearn.cluster import KMeans
from sklearn import metrics
import pandas as pd
import matplotlib.pyplot as plt
from sklearn.metrics import silhouette_score
from sklearn.metrics import davies_bouldin_score
# 设置全局中文字体
font_name = 'SimHei'
plt.rcParams['font.family'] = font_name
# 导入 10 只 A 股上市公司 2022 年上半年的 117 条历史收益率数据
df = pd.read_excel('C:\\量化金融\\第 6 章\\第 6 章数据\\2022 年上半年 10 只股票收益率
数据.xlsx')
data = df.drop('DATE', axis = 1) # 移除日期列
n_clusters_range = range(2, 11) # 设置聚类的簇数范围,即在 2~10 中选择簇数
silhouette_scores = [] # 初始化空列表 silhouette_scores,存储每个簇数对应的轮廓系数
CHI_scores = [] # 初始化空列表 CHI_scores,用于存储每个簇数对应的 Calinski - Harabasz 分数
# (CH 分数)
db_scores = [] # 初始化空列表 db_scores,用于存储每个簇数对应的 Davies - Bouldin 指数
for n_clusters in n_clusters_range:        # 使用 for 循环遍历簇数范围
# 创建 KMeans 对象,设置簇数为当前迭代的簇数,并设置随机种子为 0
    kmeans = KMeans(n_clusters = n_clusters, random_state = 0)
# 使用 fit_predict() 方法对数据进行聚类,获取每个样本的聚类标签
    cluster_labels = kmeans.fit_predict(data)
# 使用 silhouette_score() 计算当前簇数的轮廓系数
    silhouette_avg = silhouette_score(data, cluster_labels)
# 将轮廓系数添加到 silhouette_scores 列表中
    silhouette_scores.append(silhouette_avg)
# 使用 metrics.calinski_harabasz_score() 计算当前簇数的 CH 分数
    CHI_score = metrics.calinski_harabasz_score(data, cluster_labels)
    CHI_scores.append(CHI_score)         # 将 CH 分数添加到 CHI_scores 列表中
# 使用 metrics.davies_bouldin_score() 计算当前簇数的 Davies - Bouldin 指数
    db_score = metrics.davies_bouldin_score(data, cluster_labels)
# 将 Davies - Bouldin 指数添加到 db_scores 列表中
    db_scores.append(db_score)
# 绘制轮廓系数随簇数变化的曲线图
plt.plot(n_clusters_range, silhouette_scores, marker = 'o')
```

```
    plt.xlabel('集群数量')
    plt.ylabel('轮廓系数')
    plt.title('轮廓系数 vs.集群数量')
    plt.show()
    #绘制 CHI 指数随簇数变化的曲线图
    plt.plot(n_clusters_range, CHI_scores, marker = 'o')
    plt.xlabel('集群数量')
    plt.ylabel('CHI 指数')
    plt.title('CHI 指数 vs.集群数量')
    plt.show()
    #绘制 DB 指数随着聚类簇数变化的曲线图
    plt.plot(n_clusters_range, db_scores, marker = 'o')
    plt.xlabel('集群数量')
    plt.ylabel('DB 指数')
    plt.title('DB 指数 vs.集群数量')
    plt.show()
```

运行以上代码,可以得到如下轮廓系数、CHI 指数随着聚类簇数变化的曲线图(见图 6.9 和图 6.10)。根据曲线的走势,可以选择最优的聚类簇数作为资产配置方案。较高的轮廓系数和 CHI 指数表示样本在其所属簇内更紧密,与其他簇之间更分离,即聚类效果较好。

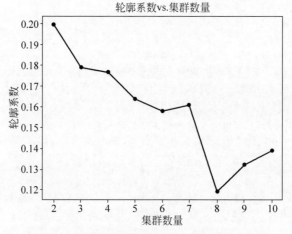

图 6.9 轮廓系数随着聚类簇数变化的曲线图

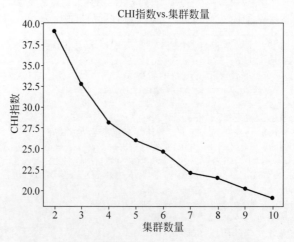

图 6.10 CHI 指数随着聚类簇数变化的曲线图

图 6.11 是 DB 指数随着聚类簇数变化的曲线。根据曲线走势，可以选择 DB 指数最小的聚类簇数作为风险分散效果最好的资产组合，从而降低投资组合的整体风险。

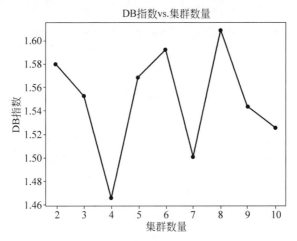

图 6.11　DB 指数随着聚类簇数变化的曲线图

## 6.4　在消费者行为分析中的应用

现有一份消费者数据集，该数据集中包含消费者的姓名、年龄、性别、月薪、消费偏好、消费领域、购物平台、支付方式、单次购买商品数量、优惠券获取情况（有无优惠券和购物动机等信息。数据集中共有 5000 多条记录。鉴于样本数量较多，故采取 K-means 聚类对消费者进行分类，以便于制定更高效的营销策略。

```
from sklearn.cluster import KMeans
from sklearn.metrics import silhouette_score
import matplotlib.pyplot as plt
import numpy as np
import pandas as pd
from sklearn import preprocessing
from scipy.spatial.distance import cdist
from sklearn.preprocessing import LabelEncoder, MinMaxScaler
path = 'C:\\量化金融\\第 6 章\\第 6 章数据\\原始数据 - 消费者商品交易调研清单 transaction_data.csv'   # 填写要导入的 CSV 文件路径
df = pd.read_csv(path, encoding = 'gb2312')  # 防止出现中文乱码或报错,使用 encoding = 'gb2312'
data = df.copy()   # 为了避免对原始数据的修改,使用 copy()来创建数据的副本
print(data.head()) # 查看数据集前 5 行,对数据集建立基本的了解
```

通过上面的代码，将数据导入 Python 中，并查看数据集的基本结构，如图 6.12 所示。

1) 描述性统计分析

设置全局中文字体为 SimHei，确保绘制的图表中可以显示中文字符。然后定义两个函数，用于绘制直方图和频数分布图。这些函数分别接收数据集和要绘制的列名作为输入。对于分类变量，使用 plot_frequency() 函数绘制频数分布图，遍历 data_column1 中的列名。对于数值变量，使用 plot_histogram() 函数绘制直方图，遍历了 data_column2 中的列名。

|   | 消费者姓名 | 年龄 | 性别 | 月薪 | 消费偏好 | 消费领域 | 购物平台 | 支付方式 | 单次购买商品数量 | 优惠券获取情况 | 购物动机 |
|---|---|---|---|---|---|---|---|---|---|---|---|
| 0 | Amy Harris | 39 | 男 | 18561 | 性价比 | 家居用品 | 天猫 | 微信支付 | 10 | 折扣优惠 | 品牌忠诚 |
| 1 | Lori Willis | 33 | 女 | 14071 | 功能性 | 家居用品 | 苏宁易购 | 货到付款 | 1 | 折扣优惠 | 日常使用 |
| 2 | Jim Williams | 61 | 男 | 14145 | 时尚潮流 | 汽车配件 | 淘宝 | 微信支付 | 3 | 免费赠品 | 礼物赠送 |
| 3 | Anthony Perez | 19 | 女 | 11587 | 时尚潮流 | 珠宝首饰 | 拼多多 | 支付宝 | 5 | 免费赠品 | 商品推荐 |
| 4 | Allison Carroll | 28 | 男 | 18292 | 环保可持续 | 美妆护肤 | 唯品会 | 信用卡 | 8 | 免费赠品 | 日常使用 |

图 6.12 数据集基本结构

```
# 设置全局中文字体
font_name = 'SimHei'
plt.rcParams['font.family'] = font_name
data_column1 = ['性别', '消费偏好', '消费领域', '购物平台', '支付方式', '优惠券获取情况', '购物动机']   # 获取分类变量的属性名称
data_column2 = ['年龄', '月薪', '单次购买商品数量']   # 获取数值变量的属性名称
# 建立绘制频数分布图函数
def plot_frequency(data, column):
    plt.figure(figsize=(6, 4))
    plot_data = data[column]
    counts = plot_data.value_counts()
    plt.bar(counts.index, counts.values)
    plt.xlabel(column)
    plt.ylabel('频数')
    title = column + '的频数分布图'
    plt.title(title)
    plt.xticks(rotation=0)
    plt.show()
# 建立绘制直方图函数
def plot_histogram(data, column):
    plt.figure(figsize=(10, 6))
    plt.hist(data[column], bins=10, edgecolor='black')
    plt.xlabel(column)
    plt.ylabel('频数')
    title = column + '的分布直方图'
    plt.title(title)
    plt.show()
# 分别对分类变量绘制频数分布图
for column in data_column1:
    plot_frequency(data, column)   # 调用自定义函数绘图
# 分别对数值变量绘制直方图
for column in data_column2:
    plot_histogram(data, column)   # 调用自定义函数绘图
```

通过以上的代码,可以得到相关数据的分布图(见图 6.13)。

分类变量的频数分布图显示了各个类别的频数。根据图表,可以观察到各个类别的分布相对均匀,没有明显的偏斜或不平衡情况。以消费者的消费偏好为例,可以看到不同的消费偏好类别之间的频数大致相当,没有明显的主导类别或类别之间的差异。这表明在给定的样本中,消费者对于不同的消费偏好表现出了相对均匀的分布。这种均匀分布可能意味着在该样本中,消费者对于各种不同的消费偏好都有一定的代表性,没有明显的倾向或偏好。

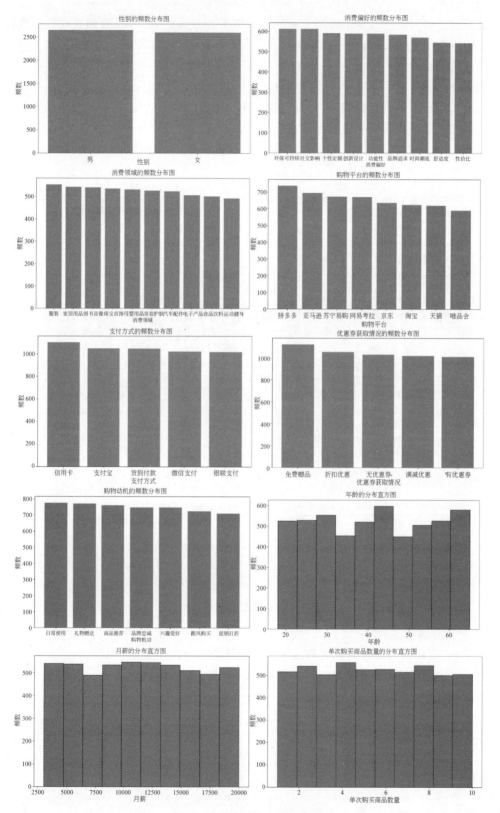

图 6.13 描述性统计分析图

数值变量的直方图显示了各个变量的分布情况。根据图表,可以看到这些数值变量呈现出比较均匀的分布,没有明显的异常值或长尾分布。年龄、月薪和单次购买商品数量在各个区间内的分布相对平衡。

2)数据预处理

接下来对数据进行预处理,将分类变量转换为离散的数值变量,并将连续数值变量进行归一化处理。这些处理可以使数据更适合用于聚类算法的训练和分析。

```python
#自定义分类变量转换函数
def label_encode(data, column):
    label_encoder = LabelEncoder()
    data[column] = label_encoder.fit_transform(data[column])
#利用循环语句调用自定义函数 label_encoder(),分别将分类变量转换为离散数值变量
for column in data_column1:
    label_encode(data, column)
#自定义连续数值变量归一化函数
def scale_encode(data, column):
    scaler = MinMaxScaler()
    data[column] = scaler.fit_transform(data[[column]])   #此处的 data[[column]]如果写成
#data[column],则报错。原因是通过下一条循环命令 for column in data_column2,此处的 column
#是依次读取 data_column2 中的一个列标签,例如,读取的是列标签'年龄'。使用 data['年龄']读取
#该列信息时,这意味着正在访问名为'年龄'的列标签所对应的值,由于'年龄'是一个单一的索引,所
#以返回的是 Series。当使用 data[['年龄']]读取该列信息时,Pandas 会将其解释为一个列表,并尝
#试返回与这个列表中的每个索引相对应的数据,返回的是 DataFrame。其他详细的介绍与示例,参
#见第 2 章创建 DataFrame 部分利用循环语句调用自定义函数 scale_encode(),分别将连续数值变
#量进行归一化
for column in data_column2:
    scale_encode(data, column)
print(data.head())   #查看转换后的数据结构
```

运行结果如图 6.14 所示。

| | 消费者姓名 | 年龄 | 性别 | 月薪 | 消费偏好 | 消费领域 | 购物平台 | 支付方式 | 单次购买商品数量 | 优惠券获取情况 | 购物动机 |
|---|---|---|---|---|---|---|---|---|---|---|---|
| 0 | Amy Harris | 0.446000 | 1 | 0.016461 | 4 | 1 | 3 | 1 | 1.000000 | 1 | 2 |
| 1 | Lori Willis | 0.319149 | 0 | 0.651312 | 2 | 1 | 7 | 3 | 0.000000 | 1 | 4 |
| 2 | Jim Williams | 0.914894 | 1 | 0.655665 | 5 | 4 | 5 | 1 | 0.222222 | 0 | 5 |
| 3 | Anthony Perez | 0.021277 | 0 | 0.505177 | 5 | 5 | 4 | 2 | 0.444444 | 0 | 3 |
| 4 | Allison Carroll | 0.212766 | 1 | 0.899635 | 6 | 7 | 2 | 0 | 0.777778 | 0 | 4 |

图 6.14 转换后的数据结构

3)确定最佳的 $K$ 值

接下来,使用肘部法和轮廓系数法来确定最佳的 $K$ 值,即聚类的数量。

```python
#自定义肘部法函数,max_k 代表最大的聚类数量
def elbow_method(data, max_k):
    sse = []   #初始化空列表 sse,用于存储每个聚类数下的误差平方和(SSE)
    for k in range(1, max_k + 1):   #使用 for 循环遍历聚类数范围从 1 到 max_k
#创建 KMeans 对象,设置簇数为当前迭代的聚类数,并设置随机种子为 42
        kmeans = KMeans(n_clusters = k, random_state = 42)
        kmeans.fit(data)   #使用 fit() 方法对 data 进行聚类
#将当前聚类数下的误差平方和添加到 sse 列表中,通过 kmeans.inertia_ 获取
        sse.append(kmeans.inertia_)
#绘制 K 值与 SSE 之间的曲线图
```

```
        plt.plot(range(1, max_k + 1), sse, 'bo-')
        plt.xlabel('集群数量(K)')
        plt.ylabel('误差平方和 (SSE)')
        plt.title('肘部法')
        plt.show()
#自定义轮廓系数法函数,max_k 代表最大的聚类数量
def silhouette_coefficient(data, max_k):
        silhouette_scores = []    #初始化空列表 silhouette_scores,存储每个聚类数下轮廓系数
        for k in range(2, max_k + 1):    #使用 for 循环遍历聚类数范围从 2 到 max_k
#创建 KMeans 对象,设置簇数为当前迭代的聚类数,并设置随机种子为 42
        kmeans = KMeans(n_clusters = k, random_state = 42)
        kmeans.fit(data)                #使用 fit() 方法对 data 进行聚类
        labels = kmeans.labels_         #获取聚类标签 labels
#使用 silhouette_score() 函数计算当前聚类数下的轮廓系数
        silhouette_avg = silhouette_score(data, labels)
#将当前轮廓系数添加到 silhouette_scores 列表中
        silhouette_scores.append(silhouette_avg)
#绘制 K 值与轮廓系数之间的曲线图
        plt.plot(range(2, max_k + 1), silhouette_scores, 'bo-')
        plt.xlabel('集群数量')
        plt.ylabel('轮廓系数')
        plt.title('轮廓系数法')
        plt.show()
#获取训练数据
X = data.iloc[:, 1:]       #提取除第 1 列外的所有列。第 1 列是消费者姓名
elbow_method(X,10)         #定义最大 K 值为 10,调用自定义函数 elbow_method
silhouette_coefficient(X, 10)#定义最大 K 值为 10,调用自定义函数 silhouette_coefficient
```

运行的结果如图 6.15 所示。

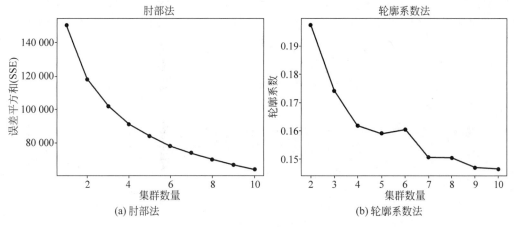

图 6.15 K 值优化结果

通过观察绘制的曲线图,可以根据肘部法和轮廓系数法的结果来确定最佳的 $K$ 值。在肘部法中,通过寻找 SSE 曲线的拐点,即曲线开始趋于平缓的 $K$ 值,可以发现最佳的 $K$ 值为 2。而在轮廓系数法中,通过寻找轮廓系数曲线的峰值,即轮廓系数最大的 $K$ 值,也可以得到最佳的 $K$ 值为 2。由此,最佳的聚类数量应该为 2。

4) 聚类分析与可视化

肘形图和轮廓系数推荐的 $K$ 值是 2,拍脑袋法推荐的 $K$ 值是 33。人们往往希望把客

户分得更细,但在实际销售中针对许多类客户制定不同的营销策略会使成本过大,因而选择3作为 $K$ 值。

```
K = 3    #聚类数量
#创建一个KMeans对象并拟合数据
kmeans = KMeans(n_clusters = K, random_state = 42)
kmeans.fit(X)
labels = kmeans.labels_     #获取每个数据点的所属聚类标签
#将聚类结果添加为数据的新一列
df_with_labels = pd.concat([df, pd.Series(labels, name = 'Cluster')], axis = 1)
print(df_with_labels)       #查看添加聚类结果后的DataFrame
```

通过K-means聚类可以得到各消费者所属的类别,结果如图6.16所示。

| | 消费者姓名 | 年龄 | 性别 | 月薪 | 消费偏好 | 消费领域 | 购物平台 | 支付方式 | 单次购买商品数量 | 优惠券获取情况 | 购物动机 | Cluster |
|---|---|---|---|---|---|---|---|---|---|---|---|---|
| 0 | Amy Harris | 39 | 男 | 18561 | 性价比 | 家рук用品 | 天猫 | 微信支付 | 10 | 折扣优惠 | 品牌忠诚 | 2 |
| 1 | Lori Willis | 33 | 女 | 14071 | 功能性 | 家用品 | 苏宁易购 | 货到付款 | 1 | 折扣优惠 | 日常使用 | 1 |
| 2 | Jim Williams | 61 | 男 | 14145 | 时尚潮流 | 汽车配件 | 淘宝 | 微信支付 | 3 | 免费赠品 | 礼物赠送 | 2 |
| 3 | Anthony Perez | 19 | 女 | 11587 | 时尚潮流 | 珠宝首饰 | 拼多多 | 支付宝 | 5 | 免费赠品 | 商品推荐 | 0 |
| 4 | Allison Carroll | 28 | 男 | 18292 | 环保可持续 | 美妆护肤 | 唯品会 | 信用卡 | 8 | 免费赠品 | 日常使用 | 0 |
| ... | | | | | | | | | | | | |
| 5241 | Shaun Wright | 18 | 男 | 7810 | 功能性 | 服装 | 亚马逊 | 货到付款 | 7 | 满减优惠 | 跟风购买 | 1 |
| 5242 | Amanda Ross | 33 | 女 | 11706 | 性价比 | 电子产品 | 拼多多 | 货到付款 | 4 | 有优惠券 | 兴趣爱好 | 1 |
| 5243 | Joshua Hall | 29 | 女 | 14252 | 个性定制 | 汽车配件 | 唯品会 | 微信支付 | 5 | 满减优惠 | 日常使用 | 1 |
| 5244 | Michael Jones | 37 | 男 | 6950 | 个性定制 | 图书音像 | 亚马逊 | 货到付款 | 7 | 折扣优惠 | 礼物赠送 | 1 |
| 5245 | Jordan Warren | 24 | 女 | 7185 | 环保可持续 | 服装 | 京东 | 信用卡 | 6 | 有优惠券 | 兴趣爱好 | 2 |

图 6.16 聚类后的数据结构

根据聚类结果,可以将消费者划分为三种不同的类别。每个类别代表了一组具有相似消费模式和行为的消费者群体。通过对每个类别进行详细的分析,可以获得关于消费者行为的深入洞察。

针对每个类别,可以研究其消费偏好、购买习惯等方面的特征。通过分析不同类别之间的差异,可以识别出不同消费者群体之间的共同特征和独特特征,有助于制定更有针对性的营销策略。

```
#绘制不同类别聚合后的消费偏好和消费领域分布图
unique_labels = df_with_labels['Cluster'].unique() #函数unique()用于获取Series或DataFrame
#中的唯一值。因为将消费者分为三类后,df_with_labels['Cluster']列的值存在大量重复的0、1、
#2,通过函数unique()取唯一值,unique_labels = [2 1 0]
plt.figure(figsize = (8, 6))
for label in unique_labels:      #label 依次读取[2 1 0]
    subset = df_with_labels[df_with_labels['Cluster'] == label]   #分别获取0、1、2这三类
#消费者,然后分别绘制三类消费者的'消费偏好'和'消费领域'的散点图
    plt.scatter(subset['消费偏好'], subset['消费领域'], label = f'Cluster {label}')
plt.xlabel('消费偏好')
plt.ylabel('消费领域')
plt.title('不同类别聚合后的消费偏好和消费领域分布')
plt.show()
```

以消费偏好和消费领域分布为例,可以通过上面的可视化代码进行分析,发现不同消费领域的消费者具有不同的消费偏好(见图6.17)。在运动健身、食品饮料、美妆护肤和电子

产品领域的消费者中,观察到消费偏好不敏感的趋势。相比之下,以服装、母婴用品、图书音像、汽车配件和家居用品为消费领域的消费者则被分为两类。可能存在一类消费者更注重时尚潮流、品牌认知和产品质量,他们倾向于购买高端品牌和设计独特的产品。而另一类消费者可能更注重价格和实用性,他们更倾向于购买性价比较高的产品。这表明在这些领域中,消费者的消费偏好更加多样化和个性化。通过对消费偏好和消费领域分布的分析,可以了解不同消费者群体在不同领域中的消费偏好,并据此制定相应的营销策略。这将帮助企业更好地满足消费者需求,提升产品竞争力,并实现可持续的业务增长。

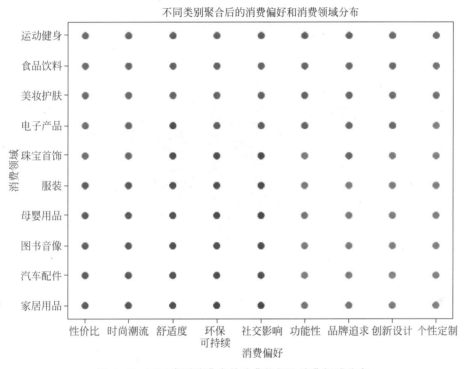

图 6.17　不同类别消费者的消费偏好和消费领域分布

接下来,以选择三个变量作为示例,通过聚类和可视化来进一步探究消费者特征。以年龄、月薪和单次购买数量这三个变量为例进行聚类以及绘制三维散点图,代码如下。

```
K = 3                          #聚类数量
X = X.iloc[:, [0,2,7]]         #提取要分析的特征
#创建一个 KMeans 对象并拟合数据
kmeans = KMeans(n_clusters = K, random_state = 42)
kmeans.fit(X)
labels = kmeans.labels_   #获取每个数据点的所属聚类标签
#将聚类结果添加为数据的新一列
df_with_labels = pd.concat([df, pd.Series(labels, name = 'Cluster')], axis = 1)
#绘制 3D 散点图
fig = plt.figure(figsize = (10, 8))
ax = fig.add_subplot(111, projection = '3d') #111 是指构建 1×1 个子图,在第 1 个子图上绘图。
#如果是 234,则指构建 2×3 子图,在第 4 个子图中作图
scatter = ax.scatter(df_with_labels['年龄'], df_with_labels['月薪'], df_with_labels['单次购
#买商品数量'], c = df_with_labels['Cluster'], marker = 'o')   #利用三列数据 df_with_labels
#['单次购买商品数量'], df_with_labels['月薪'], df_with_labels['年龄']构成三维坐标值,颜色
#由 df_with_labels['Cluster']确定,点的形状是'o'
```

```
# 设置坐标轴标签
ax.set_xlabel('年龄')
ax.set_ylabel('月薪')
ax.set_zlabel('单次购买商品数量')
plt.show()    # 显示图形
# 通过运行上述代码,可以得到三维散点图(见图 6.18)
```

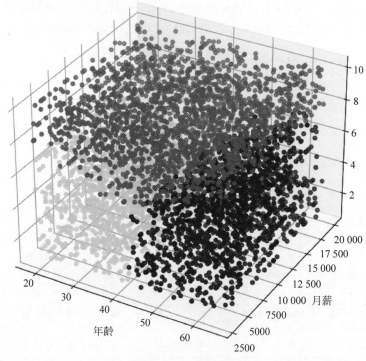

图 6.18 三维散点图

在这个散点图中,$X$ 轴表示年龄,$Y$ 轴表示月薪,$Z$ 轴表示单次购买数量,不同的颜色代表聚类后不同类型的消费者。通过观察三维散点图,可以更清晰地看到不同类别消费者在年龄、月薪和单次购买数量上的分布情况。根据观察结果,可以发现聚类将消费者分为三类。首先,有一类消费者表现出较高的单次购买数量,而他们的年龄和月薪之间的差异不明显。这可能意味着他们对于购买某种产品或服务具有较高的兴趣和需求,而年龄和月薪对其购买行为的影响较小。其次,另一类消费者表现出较低的单次购买数量。在这一类别内,可以进一步将其分为两个子类别。一类是年龄在 40 岁以下的消费者,而另一类则是年龄在 40 岁以上的消费者。这表明年龄对于这些消费者的购买行为有一定的影响。然而,与年龄相比,月薪对他们的购买行为的影响并不明显。

总之,通过对消费者特征进行聚类以及可视化,可以更好地理解聚类后不同类别消费者的特征,识别不同消费者群体之间的差异和相似之处,理解消费者商品交易数据中的潜在模式和群体,为市场定位、产品定制和营销策略提供指导。通过将消费者分为不同群体,企业可以更好地了解他们的需求和偏好,从而更有效地开展市场营销活动。此外,通过可视化展示聚类结果,可以直观地展示不同消费者群体在特征空间中的分布情况,帮助决策者更好地理解数据并制定相应的策略。

## 习题

1. 解释 K-means 聚类算法的工作原理。
2. 什么是层次聚类？它的两种主要类型是什么？
3. 轮廓系数是如何计算的？它衡量了什么？
4. 利用 6.4 节中的数据集，选择 10 位消费者进行层次聚类分析，并尝试探究其相关性和潜在的消费行为特征。

# 第 7 章

## 主成分分析

CHAPTER 7

主成分分析（Principal Components Analysis，PCA）是一种降维的手段，旨在损失很少信息的前提下，将众多指标通过线性变换浓缩为几个指标，从高维数据集中提取出最有价值的信息，提高算法运行效率。作为一种常用的数据降维技术，本章介绍的主成分分析，旨在简化复杂的数据集以便更好地理解和处理。本章主要内容结构如图 7.1 所示，首先解释了数据降维的必要性，然后对 PCA 的原理和应用进行介绍，最后利用 PCA 处理讯飞 A.I 算法赛的汽车贷款数据，包括数据预处理、PCA 降维、结果可视化等。

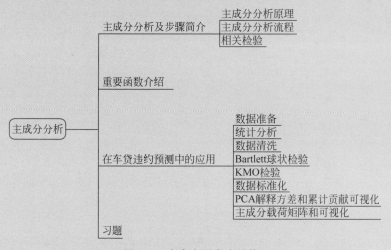

图 7.1 本章主要内容结构

## 7.1 主成分分析及步骤简介

### 7.1.1 主成分分析原理

在对建模对象进行分析的过程中,如果建模对象的属性过多导致信息系统过于复杂,出现信息过载,主成分分析的思路是在众多的属性中寻找相关性较高的属性,并把它们组合成少数几个新的属性,新的属性两两不相关。这不仅能提高处理和分析数据的效率,而且能保留数据集中关键的信息,使得在面对复杂决策时可以做出准确的判断。

如图 7.2 所示,在初始的坐标系中(见图 7.2 中左图)存在两个相关的属性 $X$、$Y$,同时存在 4 个样本点 $P_1$、$P_2$、$P_3$ 和 $P_4$。通过坐标旋转,可以用一个新的属性 $X'$ 替代原有的两个属性 $X$ 和 $Y$,从而在信息损失很少的情况下,将两个属性组合成一个新的属性,降低了维度,简化了信息系统。通过线性变换将原始变量组合为数量较少且满足一定性质的新变量,这些新变量称为主成分。主成分是原始特征的线性组合,但它们被设计为彼此之间不相关。PCA 的目标是找到能够最大程度保留原始数据信息的主成分。

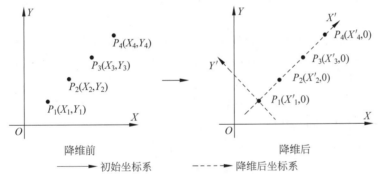

图 7.2 数据降维的方式

### 7.1.2 主成分分析流程

本节以主成分分析在贷款审批中的应用为例来说明主成分分析流程。面对庞大而复杂的客户数据集,决策者需依据客户信息做出精准判断。为实现此目的,一般而言,数据处理步骤如下。

首先,对数据集进行描述性统计分析,了解数据集的情况,以便后续的数据处理。

其次,进行数据预处理。在此阶段,需要对数据集进行清洗与整理,包括填补或剔除缺失值,清理经济含义非常低的属性,以及对数据实施标准化或归一化操作。例如,基于贷款数据数值分布范围差异很大的特征,如果数据不进行标准化,原始数据中度量范围大的特征会对计算协方差矩阵产生不成比例的影响,导致 PCA 分析的结果偏向于这些特征。标准化可以确保每个特征在分析中具有相同的权重。这不仅为后续的分析奠定了基础,还能确保不同量级或量纲的数据能在同一标准下进行比较。

最后,精简数据集。通过提取数据的主成分,即最能反映数据集变异性的特征,来减少数据的维度。例如,在贷款审查的过程中,决策者会思考:哪些特征在贷款审批过程中至关重要?哪些信息对结果影响不大,并可以被排除?通过 PCA 将筛选出最具信息量的特征,帮助简化决策模型。

### 7.1.3 相关检验

**1. Bartlett 球形检验**

主成分分析(PCA)是一种广泛应用于数据降维和结构发现的技术。在进行 PCA 时,需要找到数据中最重要的变化方向,以便将数据映射到一个更低维度的空间中,同时尽可能地保留原始数据的信息。

假设在三维空间里有一堆散落的点,这些点可以构成一个椭球形状。从不同的角度来观察这些点,以找到看上去最为"扁"的一个角度。这个"扁"的概念,实际上是指在这个角度下,点的分布可以用较少的维度来表示,这就类似于 PCA 中的降维过程。

在进行 PCA 之前,一般先评估原始数据进行 PCA 的价值。这就好比在决定 PCA 之前,需要确认这些点是否大致分布在一个椭球形状内。如果数据点是随机分布的,那么再去试图寻找一个最佳"扁平"视角就没有意义了,因为在任何角度下,数据的分布都将是均匀的。

Bartlett 球形检验就是用来检验数据集的数据点的分布形状是否为一个"球形",从而确定是否适合进行 PCA 的一种统计检验。具体地,Bartlett 检验是检查相关系数矩阵是否为单位矩阵的一种方法,单位矩阵对应于各变量之间的不相关性。如果相关系数矩阵显著不同于单位矩阵,这意味着变量之间存在相关性,PCA 是有价值的。

Bartlett 球形检验的假设分别如下。
- 零假设($H_0$):总体相关系数矩阵是单位矩阵(表示数据是球形的)。
- 备择假设($H_1$):总体相关系数矩阵不是单位矩阵(表示数据不是球形的)。

Bartlett 球形检验的理论基础是卡方分布。这个检验的假设是,相关系数矩阵和单位矩阵没有显著差异。检验的目标是判断所有变量是否在统计学上相关。如果检验统计量显著大于临界值,那么就拒绝原假设,说明相关矩阵不是单位矩阵,变量之间存在一定的相关性,相对适合进行主成分及因子分析等。其检验统计量 $\chi^2$ 的计算公式为

$$\chi^2 = -\left[(n-1) - \frac{2p+5}{6} - \frac{2m}{3}\right] \times \ln(|R|) \tag{7.1}$$

其中各参数说明如下。
- $n$:样本大小。
- $p$:变量的数量。
- $m$:变量组的数量(通常为 1,除非是在块状相关矩阵的情况)。
- $|R|$:相关矩阵的行列式。
- ln:自然对数。

随后根据自由度 $df = \frac{1}{2}p(p-1)$ 来确定 $\chi^2$ 分布中的临界值。如果计算出的 $\chi^2$ 值大于临界值,则可以拒绝原假设,认为变量之间有相关性。

该检验的关键在于行列式 $|R|$ 的值。行列式的值表明了变量间的整体相关性。如果 $|R|$ 接近 1,意味着变量间近乎互不相关,相关矩阵接近单位矩阵,此时 $\ln(|R|)$ 接近 $0$,$\chi^2$ 值较小,原假设得以保留;如果 $|R|$ 明显小于 1,$\ln(|R|)$ 为负数,且 $\chi^2$ 值较大,原假设被拒绝。

#### 2. Kaiser-Meyer-Olkin(KMO)检验

在通过 Bartlett 球形检验确认了数据集不是随机散布的之后,接下来,需要确认在减少维度的同时,能够保留多少信息。KMO 检验可以用于评估在简化数据集时是否会过多丢失重要的信息。这个过程涉及评估每个变量与其他变量的共同变异量有多大。在上文的椭球例子中,这就像是要评估这些点在各个方向上是如何相互连接的。如果每个方向上的点都有很多与其他点的共同变异量,这就意味着这个方向上的信息非常丰富,在降维时具有较高的保留价值。

KMO 检验衡量的是所有变量之间的偏相关关系平方和占总相关关系平方和的比例。对于单个变量的 KMO 测量,公式如下。

$$\text{KMO}_i = \frac{\sum_{i \neq j} r_{ij}^2}{\sum_{i \neq j} r_{ij}^2 + \sum_{i \neq j} u_{ij,1,2,\cdots,k}^2} \tag{7.2}$$

其中:
- $r_{ij}$:变量间的简单相关系数。
- $u_{ij,1,2,\cdots,k}$:变量间的偏相关系数。
- $i$ 和 $j$:单个变量和其他变量。

上述 KMO 公式涉及所有变量的相关系数和偏相关系数的平方和。通过比较这两个量的大小,KMO 值提供了关于数据进行因子分析适宜性的信息。通常认为,KMO 值超过 0.6 的数据集适合进行因子分析。较高的 KMO 值(通常高于 0.6 或 0.7)表明变量之间有足够的共同变异量,可以进行 PCA。较低的 KMO 值则表明变量之间的共同变异量较少,降维可能不会有多少作用。

## 7.2 重要函数介绍

#### 1. calculate_bartlett_sphericity()

chi_square_value,p_value = calculate_bartlett_sphericity(df)函数是用于做 Bartlett 球形检验。检验的目的是确定观测数据是否在多维空间中近似均匀分布在一个球体上。输入的数据集是 df,即需要做 Bartlett 球形检验的数据集,输出 chi_square_value,p_value。其中:
- chi_square_value 是检验的卡方统计量,反映了数据与完全球状分布之间的差异大小。大的卡方值通常意味着数据不太可能是各向同性的。
- p_value 则是检验的 $p$ 值,用来决定统计显著性。一个较小的 $p$ 值(通常小于 0.05)

意味着拒绝各向同性的零假设,出现错误的概率很小,即变量之间存在相关性,因而进行因子分析或主成分分析是合理的。

2．calculate_kmo()

kmo_all,kmo_model = calculate_kmo(df)函数是用于做 KMO 检验,比较变量间的简单相关系数和偏相关系数,评估变量是否适合进行因子分析。

输入的数据集是 df,即需要做 KMO 检验的数据集,df 包含要进行因子分析的变量数据。输出 kmo_all、kmo_model。其中:

- kmo_all 提供了数据集中每个变量的 KMO 值。这些值有助于判断单个变量是否适合包含在因子分析中。
- kmo_model 是整个数据集的 KMO 值,是对数据集中所有变量进行因子分析适宜性的总体评估。

3．PCA()

PCA(n_components = None, copy = True, whiten = False, svd_solver = 'auto', tol = 0.0, iterated_power = 'auto', random_state = None)函数是用于做主成分分析,主要参数如下。

- n_components:提取主成分的数量,默认是 None,即保留所有主成分,有多少自变量即提取多少主成分。
- copy:是否复制待处理的原始数据集,默认是 True,即复制;如果设置为 False,即直接在原始数据集上进行修改。
- whiten:白噪声处理,默认是 False,即不进行白噪声处理,一般情况下,不需要白噪声处理。
- random_state:随机种子,默认是 None。

PCA()常用的属性如下。

- pca.components_:主成分的特征向量,是一个(n_components, n_features)的 ndarray 数组,其中,n_components 是有多少个主成分,n_features 是训练集中的特征数量。
- pca.explained_variance_:每个主成分的解释方差,方差越大的主成分重要性越大。
- explained_variance_ratio_:每个主成分的解释方差占总方差的比例。
- mean_:每个特征的均值。
- n_features_:训练集中特征的数量。
- n_samples_:训练集中样本的数量。

4．plt.subplots_adjust()

plt.subplots_adjust(left = None, bottom = None, right = None, top = None, wspace = None, hspace = None)函数是用于调整图形中子图间的距离,主要参数如下。

- left,right:子图左边缘、右边缘距离图形左边缘的距离,距离单位为图形宽度的比例(小数),默认是 None;right 的值必须大于 left。

- bottom,top：子图下边缘、上边缘距离图形下边缘的距离，距离单位为图形高度的比例（小数），默认是 None；top 的值必须大于 bottom。
- wspace,hspace：子图间的水平和垂直距离，距离单位为子图宽度和高度的比例（小数），默认是 None。

## 7.3 在车贷违约预测中的应用

### 7.3.1 数据准备

本章所用的车贷违约预测数据 car_loan_train.csv 来自讯飞 A.I 算法赛，数据集有 53 个属性，15 万条记录。数据集的列标签含义如表 7.1 所示。

表 7.1 指标变量解释

| customer_id | 客户 ID | area_id | 区域 ID |
|---|---|---|---|
| main_account_loan_no | 主账户贷款号 | employee_code_id | 员工代码 ID |
| main_account_active_loan_no | 主账户活跃贷款号 | mobileno_flag | 手机号标志 |
| main_account_overdue_no | 主账户逾期贷款号 | idcard_flag | 身份证标志 |
| main_account_outstanding_loan | 主账户未偿还贷款 | driving_flag | 驾驶证标志 |
| main_account_sanction_loan | 主账户批准的贷款 | passport_flag | 护照标志 |
| main_account_disbursed_loan | 主账户已发放的贷款 | credit_score | 信用评分 |
| sub_account_loan_no | 子账户贷款号 | main_account_monthly_payment | 主账户月还款额 |
| sub_account_active_loan_no | 子账户活跃贷款号 | sub_account_monthly_payment | 子账户月还款额 |
| sub_account_overdue_no | 子账户逾期贷款号 | last_six_month_new_loan_no | 最近 6 个月新贷款数 |
| sub_account_outstanding_loan | 子账户未偿还贷款 | last_six_month_defaulted_no | 最近 6 个月违约数 |
| sub_account_sanction_loan | 子账户批准的贷款 | average_age | 平均年龄 |
| sub_account_disbursed_loan | 子账户已发放的贷款 | credit_history | 信用历史 |
| disbursed_amount | 发放金额 | enquirie_no | 查询次数 |
| asset_cost | 资产成本 | loan_to_asset_ratio | 贷款资产比例 |
| branch_id | 分行 ID | total_account_loan_no | 总贷款账户数 |
| supplier_id | 供应商 ID | sub_account_inactive_loan_no | 子账户不活跃贷款号 |
| manufacturer_id | 制造商 ID | total_inactive_loan_no | 总不活跃贷款号 |
| main_account_inactive_loan_no | 主账户不活跃贷款号 | main_account_tenure | 主账户期限 |
| total_overdue_no | 总逾期贷款号 | sub_account_tenure | 子账户期限 |
| total_outstanding_loan | 总未偿还贷款 | disburse_to_sactioned_ratio | 发放与批准比例 |

| customer_id | 客户 ID | area_id | 区域 ID |
|---|---|---|---|
| total_sanction_loan | 总批准贷款 | active_to_inactive_act_ratio | 活跃与不活跃账户比例 |
| total_disbursed_loan | 总已发放贷款 | year_of_birth | 出生年份 |
| total_monthly_payment | 总月还款额 | disbursed_date | 发放日期 |
| outstanding_disburse_ratio | 未偿还与发放比例 | Credit_level | 信用等级 |
| age | 年龄 | employment_type | 就业类型 |
| loan_default | 贷款情况(未违约0,违约1) | | |

```
import pandas as pd
import numpy as np
import matplotlib.pyplot as plt
from factor_analyzer.factor_analyzer import calculate_bartlett_sphericity  #导入执行 Bartlett
                                                                           #球形检验的库
from factor_analyzer.factor_analyzer import calculate_kmo  #导入执行 KMO 检验的库
import seaborn as sns
from sklearn.decomposition import PCA                      #导入执行 PCA 分析的库
from sklearn.preprocessing import StandardScaler
df = pd.read_csv('C:\\量化金融\\第 7 章\\第 7 章数据\\car_loan_train.csv')
```

**注意**：需要用 pip install 命令方式下载第三方库 factor_analyzer。

### 7.3.2 统计分析

首先对数据集进行描述性统计分析,了解该数据集大小、各项数据的统计口径是否相同等问题。

```
print(df.head(3))    #显示前 3 行
```

运行结果如下。

```
   customer_id  main_account_loan_no  ...  age  loan_default
0       105691                     4  ...   51             0
1        24938                     7  ...   27             0
2       104389                     5  ...   28             0
[3 rows x 53 columns]
```

```
print(df.info())    #查看基本信息
```

运行结果如下。

```
class 'pandas.core.frame.DataFrame'>
RangeIndex: 150000 entries, 0 to 149999
Data columns (total 53 columns):
 #    Column                Non-Null Count    Dtype
---   ------                --------------    -----
 0    customer_id           150000 non-null   int64
 1    main_account_loan_no  150000 non-null   int64
                            …(此处省略)
 51   age                   150000 non-null   int64
 52   loan_default          150000 non-null   int64
```

```
dtypes: float64(4), int64(49)
memory usage: 60.7 MB
None
```

```
pd.set_option('display.max_columns', None)  # 显示完整的列
print(df.describe())                         # 生成统计摘要
```

运行结果(因为显示了全部的 53 个属性,分为多段显示,下面只展示第 1 段)如下。

```
       customer_id    main_account_loan_no    main_account_active_loan_no \
count  150000.000000  150000.000000           150000.000000
mean   99944.368847   2.447133                1.045500
std    57629.110557   5.197172                1.952708
min    0.000000       0.000000                0.000000
25%    50069.750000   0.000000                0.000000
50%    99887.500000   1.000000                0.000000
75%    149916.500000  3.000000                1.000000
max    199716.000000  354.000000              144.000000
```

```
df.describe().to_csv('C:\\量化金融\\第 7 章\\第 7 章数据\\describe.csv')   # 保存统计摘要
print(df.shape)      # 展示该数据的大小
```

运行结果如下。

```
(150000,53)
```

从上述结果及 describe.csv 中观察得知,数据集中含有 53 个指标,且每个指标的 count 值均为 150 000,即含 150 000 个数据。其中部分指标存在着含有负数、异常值、大量数据为 0 等问题,将在后文的检验与数据清洗中进行解决。其中 outstanding_disburse_ratio 列的标准差 std 值因有无穷大'inf'存在而显示为 NaN,无穷大的存在将使得球状检验无法进行,所以下面将对含 inf 值的行进行清洗。

### 7.3.3 数据清洗

**1. 替换掉所有无穷大值为 NaN**

代码实现思路是:首先通过.where()方法在 outstanding_disburse_ratio 列中找到所有无穷大值并将它们替换为 NaN。np.isinf()用于检测无穷大值,~符号用于反转布尔值。简言之,where()方法是选择非无穷大的值保持原值,将无穷大的值替换为 NaN。接下来,使用 dropna()方法删除该列中包含 NaN 的行,其中,subset 参数指定只考虑 outstanding_disburse_ratio 列。

```
df['outstanding_disburse_ratio'] = df['outstanding_disburse_ratio'].where(~np.isinf(df
['outstanding_disburse_ratio']), np.nan)
# 第 5 章关于 where()函数的介绍,是 np.where()函数,而此代码中的 where()函数是 pandas.DataFrame.
# where(),condition 是~np.isinf(df['outstanding_disburse_ratio']),符合条件就保留原值,不
# 符合则替换为 np.nan
df = df.dropna(subset=['outstanding_disburse_ratio'])    # 删除包含 NaN 值的行
# 进行检查
print(df['outstanding_disburse_ratio'].max())
print(f'当前数据集中剩余{df.shape[0]}行.')
# print()是输出格式中的一种方法(f-string 方法)。在此代码中,花括号({})表示变量的占位符,
# 字符串前面添加字母 f,表明这是一个 f-string。花括号中的表达式将被替换为相应的变量值,
# 并以格式化的形式输出
```

运行结果如下。

```
5000001.0
当前数据集中剩余 149988 行。
```

### 2. 删除方差为 0 的属性

因为部分指标的方差为 0，在 PCA 的前置数据检验中，方差为 0 是不可接受的，因为方差为 0 表示变量在样本中没有任何变化，即所有样本具有相同的值，缺乏差异性的信息，而在进行球状检验和因子分析时，考虑的是变量之间的差异性，以便发现它们之间的模式与关系。因此，方差为 0 的变量通常被视为不适合用于主成分分析。

代码的实现思路：输出 variance 方差数据集中不为 0 的行的行索引，赋值至 non_zero_var_columns，随后再通过 df 调取，调取后直接覆盖原 df，同时计算新 df 每列的方差情况并输出，最后再通过 .reset_index() 的方法重置行索引。

```
variances = df.var()    # 计算每一列的方差
non_zero_var_columns = variances[variances != 0].index   # 方差不为 0 的列的索引
# 保留方差不为 0 的列
df = df[non_zero_var_columns]  # 根据方差不为 0 的列的索引，在 df 中提取相应的列，组成新的 df
variances = df.var()
df.reset_index(drop = True, inplace = True)
# reset_index() 是重置索引的方法，其中，drop 的参数默认是 False，即将原索引作为新的一列并入
# DataFrame，设置为 True 删除原索引。inplace 的参数默认是 False，即不修改数据本身，而是创建
# 一个新的 DataFrame 对象，设置为 True，表示在原 DataFrame 上直接进行操作，而不返回新的 DataFrame
# 副本
print(f'当前数据集中剩余{df.shape[1]}个指标。')
```

运行结果如下。

```
当前数据集中剩余 50 个指标。
```

### 3. 清理负值

上述指标都不可能有负数，因为它们描述的是客户的贷款和信用信息，实际生活中这些数据在逻辑上不可能为负数。例如，贷款数、信用评分、贷款金额等指标都不可能为负值。但是目前一些指标存在个别数值为负的情况，或许是在资料录入过程中存在差错或特殊设置。因此，在进行数据清洗步骤时，负值将被视为异常数据。

但在对数据的进一步检查中，发现 Credit_level 指标存在多个 −1 且 −1 为最小值的情况，据推测可能是信用评级的设置导致了 −1 的出现，所以代码在此对 Credit_level 指标整体加 1。

```
# 本段代码意在处理 DataFrame 中的负值。首先，检查原始 DataFrame 中是否包含负值，如果有则打
# 印相应的信息，否则打印没有负值的信息。然后记录原始 DataFrame 的行数，随后将 DataFrame 中
# 名为 Credit_level 的列的所有值加 1。接着创建一个空列表，用于存储不含负值的行索引。然后
# 遍历 DataFrame 的每一行以检查是否有负值，若某一行不含有负值，则将其索引添加到之前创建的
# 列表中。再根据这些索引保留了不含负值的行。最后重新设置 DataFrame 的索引，并打印出删除
# 行的数量。最后，再次检查 DataFrame 是否包含负值
has_negative_values = (df < 0).any().any()   # (df < 0)生成一个布尔值表，大于 0 的元素被标记
# 为 False，小于 0 的被标记为 True。(df < 0).any()是用于判断布尔值表的每一列是否存在 True，如
```

```
#果都是 False,则返回 False;如果存在一个 True,则返回 True.最后(df<0).any()返回一个 Series,
#里面记录了每一列是否全为 False.然后再用 any()来判断这个 Series 中是否全为 False,如果全
#为 False,则(df<0).any().any()返回 False,说明 df 不存在小于 0 的元素;如果返回 True,则说明
#df 存在至少一个小于 0 的元素
if has_negative_values:  #如果 df 存在至少一个小于 0 的元素, has_negative_values 的值为 True,
    #if 的条件成立,执行下一条命令
    print('Original DataFrame contains negative values. ')
else:
    print('Original DataFrame does not contain negative values. ')
```

运行结果如下。

```
Original DataFrame contains negative values.
```

```
original_rows = df.shape[0]          #获取 df 的行数,如果要获取 df 的列数,则是 df.shape[1]
df['Credit_level'] += 1              #是 df['Credit_level'] = df['Credit_level'] + 1 的缩写,
#即给这一列每个元素加 1
df = df[(df >= 0).all(axis = 1)]#遍历每一行(axis = 1),找出 df 中所有大于或等于 0 的元素
# --------- df = df[(df >= 0).all(axis = 1)]的功能等同于下列代码------------------
# indexes_to_keep = []                #创建一个空列表,用于存储不含负值的行索引
# for index, row in df.iterrows():  #遍历 DataFrame 的每一行
#     if not (row < 0).any():
#         indexes_to_keep.append(index)    #如果该行不含负值,则添加其索引到列表中
# df = df.loc[indexes_to_keep]           #保留不含负值的行
# -----------------------------------------------------------------
df.reset_index(drop = True, inplace = True)   #使用 reset_index 方法重新设置索引
#打印删除后的 DataFrame 的行数
rows_dropped = original_rows - df.shape[0]
print('\nDropped {} rows. '.format(rows_dropped))
```

运行结果如下。

```
Dropped 324 rows.
```

### 4. 清理缺乏经济含义的指标

customer_id 为客户 id,缺乏经济含义; loan_default 是决策属性,但是目前是对条件属性进行降维,故不需要。部分 sub_子系列变量所代表的实际意义其实已经被其他变量所包含,为了节约模型构建所占用的资源,在此将删除这些变量。

```
df.drop(['customer_id','loan_default','sub_account_loan_no', 'sub_account_active_loan_no',
'sub_account_overdue_no', 'sub_account_outstanding_loan', 'sub_account_sanction_loan', 'last_
six_month_new_loan_no', 'sub_account_monthly_payment'], axis = 1, inplace = True)
```

在对整体数据清洗完毕后,对所有数据都绘制相关性矩阵热力图来查看各个变量的相关性情况。

```
correlation_matrix = df.corr()       #计算相关系数矩阵
#绘制热力图
plt.figure(figsize = (25, 25))
sns.heatmap(correlation_matrix, annot = True, cmap = 'coolwarm', fmt = '.2f', linewidths = 0.5)
plt.title('Correlation Heatmap of Indicators')
plt.show()                             #因图形过大,缩小后无法看清各属性名称,故不展示
```

通过热力图,可以直观快捷地发现变量与变量之间的两两相关。如果热力图中没有深

色的存在，说明变量间不存在较强的相关性，则意味着该数据集没有进行主成分分析的必要与可能性，因为没有两个及以上的指标因为有着较高的相关性而被一个主成分变量替代。相反，若存在部分深色，则可以确定主成分分析的可行性，也可以对主成分分析结果的解释有一个初步的设想。

### 7.3.4　Bartlett 球状检验

calculate_bartlett_sphericity()函数以 df 作为输入参数，返回两个值：chi_square_value 和 p_value。这两个值分别代表 Bartlett 检验的卡方统计量和对应的 $p$ 值。卡方统计量用于衡量观察到的相关矩阵与完全独立（即单位矩阵）的假设之间的偏差程度，$p$ 值则用于确定这种偏差是否足够显著，通常用来判断是否拒绝原假设（即变量间无球状结构）。

```
chi_square_value, p_value = calculate_bartlett_sphericity(df)
print(f'first_output:{chi_square_value,p_value}')
```

运行结果如下。

```
first_output:(inf, 0.0)
```

由于 $p$ 值接近于零，远小于通常选择的显著性水平（例如 0.05），该结果拒绝了原假设。说明变量之间确实存在相关性，它们不是独立的，即存在至少一对变量之间的相关性。

### 7.3.5　KMO 检验

calculate_kmo()函数返回两个值：kmo_all 和 kmo_model。其中，kmo_all 是一个数组，包含数据集每一列的 KMO 值；kmo_model 则表示整个模型的 KMO 值。检查变量间的相关性和偏相关性，取值为 0~1；KMO 统计量越接近 1，变量间的相关性越强，偏相关性越弱，因子分析的效果越好。

```
kmo_all, kmo_model = calculate_kmo(df)
kmo_array_rounded = np.round(kmo_all, decimals = 2)   #将数组转换为浮点数类型，以便查看
print(kmo_array_rounded)
```

运行结果如下。

```
[0.56 0.71 0.56 0.69 0.79 0.13 0.02 0.57 0.54 0.53 0.55 0.51 0.53 0.5
 0.   0.   0.69 0.54 0.44 0.76 0.85 0.25 0.15 0.57 0.55 0.03 0.54 0.57
 0.7 0.79 0.13 0.54 0.75 0.96 0.66 0.48 0.62 0.57 0.63 0.13 0.57]
```

### 7.3.6　数据标准化

在 PCA（主成分分析）中采用标准化步骤的原因是确保数据在进行降维之前具有相似的尺度。PCA 的目标是找到数据投影后方差最大的方向。如果数据的不同特征具有不同的尺度，那么它们的方差也会有所不同。这可能会导致 PCA 错误地认为具有较大方差的特征更重要，从而产生不准确的结果。通过对数据进行标准化，将所有特征的均值调整为 0，标准差调整为 1，消除特征尺度带来的影响。

```
scaler = StandardScaler()
data_scaled = scaler.fit_transform(df)
```

## 7.3.7 PCA 解释方差和累计贡献可视化

```
pca = PCA()  #初始化 PCA 模型
principal_components = pca.fit_transform(data_scaled) #fit 方法计算数据的主成分,即确定数
#据中的特征向量(方向)和特征值(方向的重要性或解释的方差量)。这些特征向量定义了数据的新
#坐标系统;transform 方法实际上将原始数据转换到这个新坐标系统中。这意味着原始数据集中的
#每个点(或行)都将按照每个主成分的特征向量(载荷)进行转换。fit_transform 是 fit 和 transform
#两个步骤的组合,通常在训练模型的同时对数据进行转换。通过 PCA,数据被投影到主成分构成的
#新坐标系统中。其中,第 1 个主成分捕获最大的方差,每个随后的主成分依次捕获剩余方差中最大
#的部分。这些主成分是数据中方差最大的方向,并且它们是彼此正交的
explained_variance_ratio = pca.explained_variance_ratio_   #导出每个特征的贡献率
print('Explained Variance Ratio:', explained_variance_ratio)
```

运行结果如下。

```
Explained Variance Ratio:
[1.74573542e-01 1.13867941e-01 5.95199191e-02 5.10513940e-02 5.06387405e-02
 4.43914390e-02 4.22015467e-02 4.00969760e-02 3.64404329e-02 3.52895918e-02
 3.24456719e-02 2.87168339e-02 2.64800626e-02 2.45062417e-02 2.44186837e-02
 2.38723816e-02 2.36084905e-02 2.34095958e-02 2.16160743e-02 2.01134732e-02
 1.88589840e-02 1.69073867e-02 1.56365772e-02 1.52695746e-02 1.48012979e-02
 9.13753853e-03 5.71900316e-03 4.70919054e-03 4.99626252e-04 4.08418057e-04
 3.16641755e-04 2.89431990e-04 8.34380638e-05 6.16151403e-05 3.30397377e-05
 9.17453649e-06 2.98992086e-08 8.15996679e-28 3.06577302e-30 6.43422498e-32
 1.35396752e-34]
```

```
#绘制方差解释比例的折线图
plt.plot(pca.explained_variance_ratio_, marker = 'o', linestyle = '-')
plt.xlabel('Number of Principal Components')
plt.ylabel('Explained Variance Ratio')
plt.title('Explained Variance Ratio')
plt.grid(True)
plt.show()   #运行结果见图 7.3
```

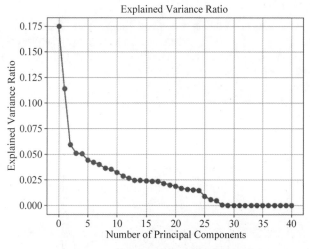

图 7.3 各成分方差解释比例图

```
#绘制累计方差解释比例曲线图
plt.plot(pca.explained_variance_ratio_.cumsum(), 'o-')
plt.xlabel('Principal Component')
plt.ylabel('Cumulative Proportion of Variance Explained')
plt.axhline(0.9, color = 'k', linestyle = '--', linewidth = 1)   #绘制一条水平线来标记累积解
#释方差比例达到90%的位置。axhline(y,c,ls,lw)函数用于在图表中绘制水平线,其中,y是水平
#参考线的出发点,c,即color的缩写,是参考线的颜色,ls是linestyle的缩写,是参考线的样式,
#lw,即linewidth的缩写,是参考线的宽度。axvline(x,c,ls,lw)函数用于绘制垂直线
plt.title('Cumulative PVE')
plt.show()   #运行结果见图7.4
```

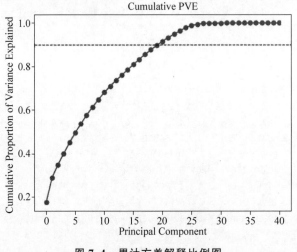

图 7.4　累计方差解释比例图

### 7.3.8　主成分载荷矩阵和可视化

如图 7.4 所示,仅需 20 个主成分(Principle Component)就可以起到对经过清洗后的 41 个指标有超过 90% 的解释作用。下面将输出上述主成分中各个指标所占的比例,并将对应的结果以 CSV 格式存储。

```
rows = ['PC' + str(i) for i in range(1, len(explained_variance_ratio) + 1)]  #rows是一个包含
#41个主成分的名称的字符串列表,用于生成主成分的标签。该字符串列表通过列表推导式实现
#的,结合了字符串 'PC' 和一个随 explained_variance_ratio 数组长度变化的序号 i
pca_loadings = pd.DataFrame(pca.components_, columns = df.columns, index = rows)   #将41个主
#成分的特征向量转换为 DataFrame 表格形式,行标签为 rows,列标签为 df 的列标签
pca_loadings = pca_loadings.round(2)    #保留两位小数,提高视觉效应
print(pca_loadings)
```

运行结果如下。

|  | main_account_loan_no | main_account_active_loan_no | ... | employment_type | age |
|---|---|---|---|---|---|
| PC1 | 0.31 | 0.29 | ... | -0.02 | 0.11 |
| PC2 | -0.17 | -0.11 | ... | 0.00 | -0.07 |
|  |  | ... |  |  |  |
| PC40 | -0.01 | -0.00 | ... | 0.00 | -0.01 |
| PC41 | -0.00 | -0.00 | ... | 0.00 | 0.71 |

如果将原始数据点(每个数据点对应于数据集中的一行)投影到主成分1上,即将每个指标的原始值乘以其在主成分1中的载荷值,并将所有这些乘积相加,将得到每个数据点在主成分1方向上的投影值。例如,使用 main_account_loan_no 的原始数据乘以 0.31,以及使用 main_account_active_loan_no 的原始数据乘以 0.29, total_account_loan_no 的原始数据乘以 0.31, sub_account_inactive_loan_no 的原始数据乘以 0.27,然后将这些乘积相加,得到每个数据点的主成分1方向上的投影值。

将得到的投影值作为数据点的新坐标,其中, main_account_loan_no、main_account_active_loan_no、total_account_loan_no 和 sub_account_inactive_loan_no 对应于它们在主成分1上的投影。使用这些新坐标绘制数据点的散点图或其他类型的图表,以可视化数据方式描述各变量与主成分1的关系。这样可以有效地帮助观察数据在主成分1方向上的分布情况,并探索主成分分析所捕捉到的数据结构。

```
#pca_loading可视化
fig, ax = plt.subplots(1, 2, figsize = (15, 4))
plt.subplots_adjust(hspace = 0.5, wspace = 0.1, left = 0.03, right = 0.99, bottom = 0.6)
for i in range(1, 3):
    ax = plt.subplot(1, 2, i)
    ax.plot(pca_loadings.T['PC' + str(i)], 'o-')
    ax.axhline(0, color = 'k', linestyle = '--', linewidth = 1)
    ax.set_xticks(range(len(explained_variance_ratio)))
    ax.set_xticklabels(df.columns, rotation = 90)
    ax.set_title('PCA Loadings for PC' + str(i))
plt.savefig('pca_loadings_1-2.png')
plt.show()    #运行结果见图7.5
fig, ax = plt.subplots(1, 2, figsize = (15, 4))
plt.subplots_adjust(hspace = 0.5, wspace = 0.1, left = 0.03, right = 0.99, bottom = 0.6)
for i in range(1, 3):
    ax = plt.subplot(1, 2, i)
    ax.plot(pca_loadings.T['PC' + str(i + 3)], 'o-')
    ax.axhline(0, color = 'k', linestyle = '--', linewidth = 1)
    ax.set_xticks(range(len(explained_variance_ratio)))
    ax.set_xticklabels(df.columns, rotation = 90)
    ax.set_title('PCA Loadings for PC' + str(i + 2))
plt.savefig('pca_loadings_3-4.png')
plt.show()    #运行结果见图7.6
```

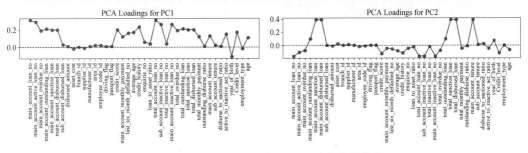

图7.5 主成分 PC1 与主成分 PC2 的各变量载荷图

此处只绘制主成分1~4的图形进行示例。以图7.5中的左图 PC1 为例,图形的含义是主成分1(PC1)主要与 main_account_loan_no、main_account_active_loan_no、total_

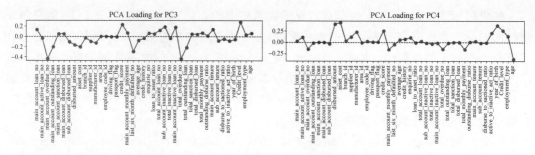

图 7.6 主成分 PC3 与主成分 PC4 的各变量载荷图

account_loan_no、sub_account_inactive_loan_no、main_account_inactive_loan_no、credit_history、total_sanction_loan、total_disbursed_loan、age 等因素相关。

## 习题

1. 以 PC1 为例,哪些变量对主成分 1 的影响最大?
2. Iris 数据集是机器学习和统计分类中非常著名的一个数据集。它最初是由统计学家和生物学家 Ronald Fisher 在 1936 年的论文中引入的,用于展示线性判别分析的用途。这个数据集中包含三种鸢尾花(Iris)的样本:Setosa、Versicolour 和 Virginica,每种各 50 个样本,共 150 个样本。

Iris 数据集包括 4 个特征:花萼长度(sepal length)、花萼宽度(sepal width)、花瓣长度(petal length)、花瓣宽度(petal width),均为花朵的物理测量数据。这些特征都是以厘米为单位测量的。数据集中的目标是预测每个样本的花的种类,这是一个典型的分类任务。

在学习完本章后,可以尝试通过下方代码调用 Python 中自带的 Iris 数据集,并对其进行主成分分析,看看是否能在对数据降维的同时最大限度地保留数据特征。

```
from sklearn.datasets import load_iris
import pandas as pd
# 加载 Iris 数据集
iris = load_iris()
df = pd.DataFrame(data = iris.data, columns = iris.feature_names)
# 用 Iris 数据集替代前文中的贷款数据,然后进行主成分分析
df = pd.read_csv('car_loan_train.csv')
```

# 第 8 章

# 线性模型

CHAPTER 8

线性回归模型的应用范围非常广泛,包括但不限于预测分析、趋势估计、关系建模等。线性回归模型虽然在精确度上可能不及神经网络和决策树模型,但其核心优势在于能够揭示数据的主要趋势和关系。通过拟合一条线来捕捉变量间的关系,线性回归模型提供了一种简洁直观的方法来理解数据潜在的主要规律。

本章首先介绍 OLS 线性回归(Linear Regression)、逻辑回归(Logistic Regression)和岭回归(Ridge Regression)等与建模相关的原理,然后利用上市公司的财务指标,如资产负债率、流动资产合计、总资产周转率、产权比例、毛利率和净利润等作为特征变量,分别利用 OLS 线性回归、逻辑回归和岭回归建立上市公司风险识别模型。最后通过财务知识优化特征属性后,再次建模,发现用优化后的特征建模,模型的识别精度显著提高。本章主要内容结构如图 8.1 所示。

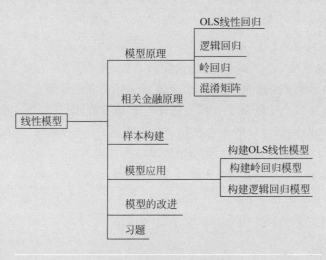

图 8.1 本章主要内容结构

## 8.1 模型原理

### 8.1.1 OLS 线性回归

**1. OLS 线性回归数学原理**

OLS 线性回归模型全称是"最小二乘法线性回归模型",是一种统计学上用来分析两个或多个变量之间关系的方法。OLS 线性回归的思想是,样本点在空间形成某种分布,例如形成线性分布,在空间上任意作一条直线来代表这些散点的分布趋势,一旦这条直线画出来了,那么各散点到直线的距离平方和 Q 也就确定了。因为在空间上可以作无数条直线来代表这些散点的趋势,每作出一条直线,就可以算出散点到这条直线的距离平方和 Q。哪条直线所对应的距离平方和 Q 最小,这条直线就是所寻找的线,这条直线所对应的方程就是所需要拟合的 OLS 线性回归模型。

在 OLS 线性回归模型中,假设每个观测值的偏差(即实际值与预测值之间的差异)是随机的,并且这些偏差之间相互独立。这种随机性意味着,尽管构建出的模型试图捕捉变量之间的真实关系,但总会有一些不确定性存在,这就是所谓的误差项,它代表了除了模型中包含的解释变量之外的其他因素对因变量的影响。由于误差项的存在,OLS 线性回归的预测值一般不等于实际观测值。预测值可能高于实际观测值,也可能低于实际观测值,通常可以通过仔细的模型改进来尽可能地减少误差。

在实际中,OLS 线性回归模型可以帮助理解很多复杂的问题,例如,房价如何受到房屋大小、地段、建筑年代等因素的影响,或者销售额如何受到广告支出、季节变化等因素的影响。通过该模型可以更好地理解变量之间的关系,并可以用这些知识做相应的预测和决策。

假设多元线性回归模型为

$$Y_i = \hat{\beta}_0 + \hat{\beta}_1 X_{1i} + \hat{\beta}_2 X_{2i} + \cdots + \hat{\beta}_k X_{ki} + e_i \quad (i=1,2,\cdots,n)$$

式中,$Y_i$ 是被解释变量,$\beta_0$ 是截距项,$\beta_1, \beta_2, \cdots, \beta_k$ 是偏回归系数,$X_{1i}, X_{2i}, \cdots, X_{ki}$ 是解释变量,$e_i$ 是随机干扰项,下标 $i$ 表示第 $i$ 次观测(或第 $i$ 个个体),下标 $k$ 表示解释变量的个数。

由于多元线性回归分析涉及多个变量和多个需要估计的未知参数,而且每个变量都有多个观测数据,所以上述多元回归模型可以展开为含有 $n$ 个方程的一个方程组:

$$\begin{aligned} Y_1 &= \beta_0 + \beta_1 X_{11} + \beta_2 X_{21} + \cdots + \beta_k X_{k1} + e_1 \\ Y_2 &= \beta_0 + \beta_1 X_{12} + \beta_2 X_{22} + \cdots + \beta_k X_{k2} + e_2 \\ &\vdots \\ Y_n &= \beta_0 + \beta_1 X_{1n} + \beta_2 X_{2n} + \cdots + \beta_k X_{kn} + e_n \end{aligned}$$

将方程组写成矩阵的形式:

$$\begin{bmatrix} Y_1 \\ Y_2 \\ \vdots \\ Y_n \end{bmatrix} = \begin{bmatrix} 1 & X_{11} & X_{21} & \cdots & X_{k1} \\ 1 & X_{12} & X_{22} & \cdots & X_{k2} \\ \vdots & \vdots & \vdots & & \vdots \\ 1 & X_{1n} & X_{2n} & \cdots & X_{kn} \end{bmatrix} \begin{bmatrix} \beta_0 \\ \beta_1 \\ \vdots \\ \beta_k \end{bmatrix} + \begin{bmatrix} e_1 \\ e_2 \\ \vdots \\ e_n \end{bmatrix}$$

其残差可以表示为

$$Q(\hat{\beta}_0,\hat{\beta}_1,\cdots,\hat{\beta}_k) = \sum e_i^2 = \sum (Y_i - \hat{Y}_i)^2 \\ = \sum (Y_i - \hat{\beta}_0 - \hat{\beta}_1 X_{1i} - \hat{\beta}_2 X_{2i} - \cdots - \hat{\beta}_k X_{ki})^2 \tag{8.1}$$

根据最小二乘原理,参数估计值应使 $Q$ 达到最小。由微积分知识可知,只需将它对未知参数求导,令所得的表达式为 0,然后解联立方程即可。

令 $Q$ 对 $\hat{\beta}_0,\hat{\beta}_1,\hat{\beta}_2,\cdots,\hat{\beta}_k$ 的微分都等于 0,即得下列方程组:

$$\begin{cases} n\hat{\beta}_0 + \hat{\beta}_1 \sum X_{1i} + \hat{\beta}_2 \sum X_{2i} + \cdots + \hat{\beta}_k \sum X_{ki} = \sum Y_i \\ \hat{\beta}_0 \sum X_{1i} + \hat{\beta}_1 \sum X_{1i}^2 + \hat{\beta}_2 \sum X_{2i} X_{1i} + \cdots + \hat{\beta}_k \sum X_{ki} X_{1i} = \sum X_{1i} Y_i \\ \vdots \\ \hat{\beta}_0 \sum X_{ki} + \hat{\beta}_1 \sum X_{1i} X_{2i} + \hat{\beta}_2 \sum X_{2i} X_{ki} + \cdots + \hat{\beta}_k \sum X_{ki}^2 = \sum X_{ki} Y_i \end{cases}$$

将方程组写成矩阵的形式:

$$\begin{bmatrix} n & \sum X_{1i} & \sum X_{2i} & \cdots & \sum X_{ki} \\ \sum X_{1i} & \sum X_{1i}^2 & \sum X_{2i} X_{1i} & \cdots & \sum X_{ki} X_{1i} \\ \vdots & \vdots & \vdots & & \vdots \\ \sum X_{ki} & \sum X_{1i} X_{2i} & \sum X_{2i} X_{ki} & \cdots & \sum X_{ki}^2 \end{bmatrix} \begin{bmatrix} \hat{\beta}_0 \\ \hat{\beta}_1 \\ \hat{\beta}_2 \\ \vdots \\ \hat{\beta}_k \end{bmatrix} = \begin{bmatrix} \sum Y_i \\ \sum X_{1i} Y_i \\ \vdots \\ \sum X_{ki} Y_i \end{bmatrix}$$

可记作

$$(\boldsymbol{X}'\boldsymbol{X})\hat{\boldsymbol{\beta}} = \boldsymbol{X}'\boldsymbol{Y}$$

如果 $\boldsymbol{X}'$ 可逆,即 $\boldsymbol{X}$ 是满秩矩阵,或者说解释变量之间不存在严格的线性关系,那么求出 $\boldsymbol{X}'\boldsymbol{X}$ 的逆矩阵并用它左乘上述正规方程组的两边,可得

$$\hat{\boldsymbol{\beta}} = (\boldsymbol{X}'\boldsymbol{X})^{-1} \boldsymbol{X}'\boldsymbol{Y} \tag{8.2}$$

**2. sklearn.linear_model.LinearRegression() 函数**

本章内容将使用 Scikit-learn 库来实现 OLS 线性回归、逻辑回归和岭回归。Scikit-learn(通常简称为 Sklearn)是一个开源的 Python 机器学习库,它基于 NumPy、Scipy 和 Matplotlib,提供了简单而高效的工具,用于数据挖掘和数据分析。Sklearn 因其易用性、强大的功能和良好的社区支持而广受欢迎。其常用模块有分类、回归、聚类、降维、模型选择和预处理,本章内容涉及回归与聚类模块。

在 Sklearn 库中,LinearRegression 类提供了一个简单而高效的接口,用于拟合这种线性关系,并预测目标变量的值。这种方法适用于连续数据的预测,并且可以通过添加多项式特征来捕捉数据中的非线性关系。

sklearn.linear_model.LinearRegression(fit_intercept = True, copy_X = True, n_jobs = None, positive = False)

- fit_intercept:布尔值,指是否计算模型的截距,默认值是 True。如果设置为 False,

则模型不会计算截距。
- copy_X：布尔值，指是否在拟合模型时复制输入数据 X。默认值是 True，指在内部对 X 进行深拷贝，以避免修改原始数据。如果设置为 False，则不会复制 X，而是直接在原始数据上操作，以节省内存。
- n_jobs：整数，用于指定拟合模型时并行运行的 CPU 核心数。如果设置为 -1，则使用所有可用的核心。如果设置为 1 或 None(默认值)，则所有计算将在单个核心上顺序执行。增加 n_jobs 可以加速计算，尤其是在处理大型数据集时，但可能会增加内存的使用。
- positive：布尔值，指是否强制模型的系数为正。这个参数在某些情况下用于确保解的物理或统计意义，例如，当系数代表概率或浓度时。如果设置为 True，则模型会尝试确保所有系数都是正的。默认值为 False，这意味着模型不会对系数的符号进行限制。

### 8.1.2 逻辑回归

#### 1. 逻辑回归数学原理

逻辑回归(Logistic Regression)是一种广义线性模型，其输出通过逻辑函数(或称为 Sigmoid 函数)转换为概率。逻辑回归的核心在于使用逻辑函数，将线性回归模型的输出映射到 0~1 的概率值。这个映射过程解释了自变量如何影响特定事件发生的概率。鉴于逻辑回归的原理，该回归模型比较适合分类问题，特别是二分类问题。例如，有一组包含很多病人的生活习惯的数据，如是否吸烟、运动频率等，以及他们是否患有某种疾病，逻辑回归可以根据这些生活习惯来预测一个人患病的概率。通过模型分析，不仅能知道某个人患病的可能性，还能了解哪些生活习惯对健康影响最大。逻辑回归首先通过一系列计算，将这些生活习惯的影响转换成一个 0~1 的概率值。0 表示结果不可能发生，而 1 表示结果肯定会发生。除此之外，还可以使用一个特定的值，如 0.5 作为一个界限，将概率值高于这个界限的预测为"患病"，低于这个界限的预测为"健康"。

逻辑回归模型的数学推导如下，首先给出线性回归表达式如下：

$$Z_i = \boldsymbol{W} \boldsymbol{X}_i + b \tag{8.3}$$

式中，$\boldsymbol{X}_i$ 是第 $i$ 个样本的 $N$ 个特征组成的特征向量，即 $\boldsymbol{X}_i = (X_i^{(1)}, X_i^{(2)}, \cdots, X_i^{(N)})$；$\boldsymbol{W}$ 为 $N$ 个特征对应的特征权重组成的向量，即 $\boldsymbol{W} = (w_1, w_2, \cdots, w_N)$；$b$ 是第 $i$ 个样本对应的偏置常数。

给出 Sigmoid 函数：

$$y_i = \frac{1}{1 + e^{-z_i}} \tag{8.4}$$

其中，$z_i$ 是自变量，$y_i$ 是因变量，e 是自然常数。

该函数具有 S 形曲线特征(如图 8.2 所示)，可以将输入的实数映射到 (0,1) 区间中。

在线性回归的结果上套 Sigmoid 函数就能得到逻辑回归的结果，即

$$y_i = \frac{1}{1 + e^{-z_i}} = \frac{1}{1 + e^{-(w \cdot x_i + b)}} \tag{8.5}$$

如果将 $y_i=1$ 视为 $x_i$ 作为正例的可能性,即

$$P(y_i=1\mid x_i)=\frac{1}{1+e^{-z_i}}=\frac{1}{1+e^{-(w\cdot x_i+b)}} \tag{8.6}$$

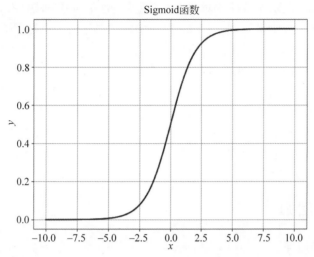

图 8.2 Sigmoid 函数图

那么反例 $y_i=0$ 的可能性就为

$$P(y_i=0\mid x_i)=1-P(y_i=1\mid x_i)=\frac{1}{1+e^{w\cdot x_i+b}} \tag{8.7}$$

定义两者的比值 $\frac{P(y_i=1\mid x_i)}{P(y_i=0\mid x_i)}$ 为"概率",对其取对数得到"对数概率",可得

$$\ln\frac{P(y_i=1\mid x_i)}{1-P(y_i=1\mid x_i)}=w\cdot x_i+b \tag{8.8}$$

上面定义的对数概率 $\ln\frac{P(y_i=1\mid x_i)}{1-P(y_i=1\mid x_i)}$ 的结果正好是线性回归的预测结果 $w\cdot x_i+b$。由此可知,Logistic 回归的本质其实就是用线性回归的预测结果 $w\cdot x_i+b$ 去逼近真实标记的对数概率 $\ln\frac{y}{1-y}$,这也是 Logistic 回归被称为"对数概率回归"的原因。

### 2. sklearn.linear_model.LogisticRegression() 函数

Sklearn 库中的 LogisticRegression 类是一个强大的工具,它使构建逻辑回归模型变得简单,用户可以根据自己的需求选择不同的求解器和正则化技术来提升模型效率。这种模型特别适用于分类任务。

```
sklearn.linear_model.LogisticRegression(penalty = 'l2', dual = False, tol = 1e - 4, C = 1.0, fit_
intercept = True, multi_class = 'auto')
```

主要参数如下。

- penalty:正则化选择参数,也称作惩罚项,默认是 L2 正则化,备选参数有 'l1'、'elasticnet'、'none'。'l2'(L2 正则化)通过添加权重平方的惩罚项,限制权重的大小,有助于防止过拟合;'l1'(L1 正则化)通过向模型添加绝对值权重的惩罚项,可以产

生稀疏的权重矩阵,从而产生少量特征,有助于特征选择;'elasticnet'结合了 L1 和 L2 正则化的特点,适用于特征相关性较高的情况;'none'表示不应用正则化,模型只通过数据拟合。
- dual:布尔值,表示是否使用对偶方法(原始问题和对偶问题)求解。即每一个线性规划问题(称为原问题)有一个与它对应的对偶线性规划问题(称为对偶问题),使用对偶问题,适用于凸优化问题。默认为 False。
- tol:float 类型,迭代停止的阈值,默认为 1e−4。
- C:float 类型,正则化系数的倒数,默认为 1.0。C 越小意味着正则化越强,模型可能越简单。
- fit_intercept:布尔类型,表示是否存在截距或者偏差。默认为 True,添加截距项。
- multi_class:指定多类分类策略,默认值为 'auto',自动选择策略。对于二分类使用 'ovr',对于多分类使用 'multinomial'。

### 8.1.3 岭回归

**1. 岭回归数学原理**

岭回归是一种专用于共线性数据分析的有偏估计回归方法,实质上是一种改良的最小二乘估计法,通过放弃最小二乘法的无偏性,以损失部分信息、降低精度为代价获得回归系数的回归方法,对病态数据的拟合要强于最小二乘法。

通常当两个或多个自变量之间存在高度相关性时,传统的线性回归模型可能无法有效地估计这些变量对因变量的影响,处理的方法一般是只保留一个自变量,删除其他自变量。但是在实际应用中,如果发现两个重要的自变量之间存在高度相关性,但又因为可能会丢失重要的信息而不能删除任何一个变量时,可以使用岭回归模型,岭回归允许在保留这些变量的同时,调整它们对模型的影响,确保模型的稳健性和预测能力。

岭回归通过引入一个正则化项来调整模型,即在最小化预测误差的同时,还在损失函数中加入了一个惩罚项,这个惩罚项与模型参数的大小有关。这样做的目的是减少模型参数的值,使得模型更加平滑,减少过拟合的风险。正则化项的引入,特别是 L2 正则化,有助于降低那些相关自变量的影响力,使模型不会过分依赖任何一个变量。

多元线性回归中提到如果 $X'$ 可逆,即 $X$ 是满秩矩阵,或者说解释变量之间不存在严格的线性关系时,多元线性回归模型参数的最小二乘估计量为

$$\hat{\beta}=(X'X)^{-1}X'Y \tag{8.9}$$

但当自变量间存在复共线性时,$X'X$ 可能接近奇异(即行列式接近零或条件数很大),导致参数估计不稳定,此时给 $X'X$ 加上一个由正则化参数 $k$ 乘以单位矩阵 $I$ 构成的正则化项,其中,$k$ 为大于 0 的常数,那么 $X'X+kI$ 接近奇异的程度就会比 $X'X$ 接近奇异的程度小得多。

$$\hat{\beta}(k)=(X'X+kI)^{-1}X'Y \tag{8.10}$$

在岭回归中选取不同参数 $k$ 时,相应地会得到一组对应于不同 $k$ 值的系数 $\hat{\beta}(k)$。当 $k$ 取值从 0 开始逐步增加(见图 8.3),最初 $\hat{\beta}(k)$ 也相应变化。当 $k$ 的取值超过某特定值 $k_0$

时，$\hat{\beta}(k)$ 的值趋于稳定，则这个特定值 $k_0$ 就是应该选取的 $k$ 值。

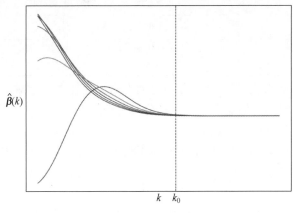

图 8.3　岭参数选择

**2. sklearn.linear_model.Ridge()函数**

在 Sklearn 库中，Ridge 类实现了岭回归，允许用户自定义正则化强度，通过调整参数 alpha 来控制模型复杂度和过拟合的风险。

```
sklearn.linear_model.Ridge(alpha = 1.0, fit_intercept = True, tol = 1e - 4, solver = 'auto', positive = False)
```

该函数主要参数如下。

- alpha：正则化强度，默认值为 1.0。alpha 值越大，正则化效果越强，模型复杂度越低。alpha 的值必须大于或等于 0。
- fit_intercept：表示是否需要截距（即偏置项）。默认为 True，有截距。
- tol：收敛容忍度。当迭代过程中的损失函数变化小于这个值时，算法停止迭代。默认值为 1e−4。
- solver：用于计算 Ridge 回归系数的算法，str 类型，默认为 auto。可选参数有'auto'、'svd'、'cholesky'、'lsqr'、'sparse_cg'和'sag'等。
- positive：当设置为 True 时，强制系数为正。这通常用于某些特定的问题，例如，非负矩阵分解。默认值为 False。

### 8.1.4　混淆矩阵

**1. 混淆矩阵及相关概念**

混淆矩阵是将真实类别与模型预测类别的结果进行汇总，以反映分类模型的分类效果的一种矩阵，通常是一个 $n \times n$ 的矩阵。如表 8.1 所示，是一个二分类问题的混淆矩阵。其中有 4 种结果：真正例（True Positive，TP），模型正确地将正例样本预测为正例；真反例（True Negative，TN），模型正确地将反例样本预测为反例；假正例（False Positive，FP），模型错误地将反例样本预测为正例；假反例（False Negative，FN），模型错误地将正例样本预测为反例。

表 8.1 二分类问题混淆矩阵表

| 真实类别 | 预测类别 | |
|---|---|---|
| | 0 | 1 |
| 0 | TN | FP |
| 1 | FN | TP |

(1) 准确率(Accuracy): 用于衡量分类问题中测试集样本被分对的比例,在本章中可以衡量线性模型正确预测样本的能力。其计算公式为

$$\text{Accuracy} = (TP + TN)/(TP + TN + FP + FN) \tag{8.11}$$

(2) 精确率(Precision): 用于衡量所有的预测类别为正例的样本中的真正例的比例,在本章中可以衡量线性模型在预测类别为正例的样本中的准确性,其计算公式为

$$\text{Precision} = TP/(TP + FP) \tag{8.12}$$

(3) 召回率(Recall): 用于衡量所有真实类别为正例的样本中的真正例的比例,在本章中可以衡量线性模型对于正例的识别能力,其计算公式为

$$\text{Recall} = TP/(TP + FN) \tag{8.13}$$

(4) $F_1$ 值(F1-score): 综合考虑了精确率和召回率,适用于不平衡的数据集,即正例和负例样本数量差异较大的情况。它能够综合评估分类器的准确性和对正例的识别能力。$F_1$ 值是精确率和召回率的调和平均值,其计算公式为

$$F_1 = \frac{2 \times \text{Precision} \times \text{Recall}}{\text{Precision} + \text{Recall}} = \frac{2}{\dfrac{1}{\text{Precision}} + \dfrac{1}{\text{Recall}}} = \frac{2TP}{2TP + FP + FN}$$

(5) ROC 曲线:指以不同阈值下的真正例率(True Positive Rate,TPR,或称召回率)为纵轴,以不同阈值下的假正例率(False Positive Rate,FPR)为横轴来绘制的曲线,如图 8.4 所示。ROC 曲线能够展示分类器在不同阈值下的性能,并提供了在灵敏性(召回率)和特异性(1-假正例率)之间的权衡。曲线上的每个点代表了模型在特定阈值下的性能表现。TPR 和 FPR 的计算公式如下。

$$\text{TPR} = \text{Recall} = TP/(TP + FN) \tag{8.14}$$

$$\text{FPR} = FP/(FP + TN) \tag{8.15}$$

由于在一个样本集中,TP+FN 和 FP+TN 是不变的,TP 越大,FP 越小,因此 ROC 曲线越靠近左上角,分类器性能越好。

(6) AUC 值:指 ROC 曲线下的面积,取值范围为 0~1,如图 8.4 所示,阴影部分面积即为 AUC 值。AUC 值提供了一个综合的度量,用于评估分类器在所有可能阈值下分类正确的能力。AUC 值越接近 1,表示分类器性能越好,能够更好地区分正例和反例。

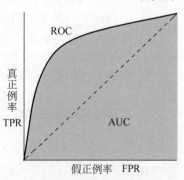

图 8.4 ROC 曲线图

**2. crosstab()函数**

```
pd.crosstab(index, columns, rownames = None, colnames = None, margins = False, dropna = True,
margins_name = 'All')
```

该函数是可用于实现交叉表,交叉表是用于统计一列数据对于另外一列数据的分组个数。主要参数如下。
- index:行数据,可以是 Series、数组或列表。
- columns:列数据,可以是 Series、数组或列表。
- rownames:行名称,可选。
- colnames:列名称,可选。
- margins:统计行和列的总计,可选。默认是 False,即不统计。设置为 True,则统计。
- dropna:默认是 True,可选。如果是 True,则删除全部是 NaN 值的列。
- margins_name:总计的名称,可选。

## 8.2 相关金融原理

在建模的过程中采取引入经济金融理论的方法,以提高模型的精度。上市公司财务造假可能涉及多个会计科目,主要目的是虚增利润、夸大资产或隐藏负债,以误导投资者和相关利益方对公司财务状况的判断。本节将识别上市公司财务造假模型中引入的经济金融理论,包括应收账款、预付账款、在建工程、商誉等。

应收账款造假手法:公司可能通过虚构销售或提前确认收入来虚增应收账款,从而夸大收入和利润。这种手法可能涉及延迟确认坏账准备或虚构应收账款回收,以美化财务状况。识别难度中等,因为应收账款的异常增长或与收入不匹配的情况可能通过财务比例分析被发现。

预付账款造假手法:预付账款可能被用来掩盖资金流向,例如,通过虚构的预付采购款或预付工程款将资金转出,然后以营业收入的形式回流,虚增利润。识别难度较高,因为预付账款的合理性通常需要对供应商和合同的深入了解。

在建工程造假手法:在建工程可能被用来隐藏资金的不当使用,通过虚构或夸大在建项目的成本来虚增资产。这种手法可能涉及延迟将在建工程转为固定资产,以减少折旧费用和虚增利润。识别难度较高,因为需要对项目的进度和成本有详细的了解和审计。

商誉造假手法:商誉通常在并购中产生,可能通过虚报收购价格或低估可识别净资产公允价值来夸大商誉。这可能导致未来期间的商誉减值损失被低估。识别难度很高,因为商誉的估值涉及对未来现金流的预测,这本身就具有很大的不确定性。

这些科目的造假手法多样且隐蔽,识别难度普遍较高。虽然通过财务比例分析、审计和市场反馈可以发现一些异常迹象,但最终确认造假行为往往需要深入的调查和专业的审计技术。因此,投资者和分析师在评估公司财务状况时,应保持警惕,对这些科目给予足够的关注,并寻求独立的第三方审计意见。

## 8.3 样本构建

**1. 数据样本介绍**

(1) 数据来源:本章所用数据是文件名是 hebing.xlsx 的 Excel 表格,该表格的数据来自第 4 章的上市公司合并财务报表,将得到的最优属性转置后形成数据集。

(2) 数据基本介绍:数据集 hebing.xlsx 中包含货币资金、交易性金融资产、衍生金融资产等 245 个条件属性和 1 个决策属性,涵盖 900 家上市公司样本。其中,ST 上市公司 300 家,其决策属性取值为 1;正常上市公司有 600 家,其决策属性取值为 0。

(3) 挑选财务指标构建模型:鉴于 hebing.xlsx 中条件属性过多,故先利用第 5 章随机搜索算法中的随机特征子集算法过滤出的财务指标,再根据财务知识增加一些常用的反映企业安全性、流动性和营利性指标。这些财务指标将作为模型的特征变量或自变量。

**2. 数据样本构建**

```
#coding:utf-8    #因为 hebing.xlsx 中包含非 UTF-8 编码的内容,所以加这条代码,否则程序报
#错且无法运行。稳妥起见,在编写程序的时候,可以写上此代码
import pandas as pd
import numpy as np
import matplotlib.pyplot as plt
from sklearn.model_selection import train_test_split
from sklearn import preprocessing
from sklearn.linear_model import LinearRegression    #导入线性回归模型
from sklearn.linear_model import LogisticRegression  #导入逻辑回归模型
from sklearn.linear_model import Ridge               #导入岭回归模型
plt.rcParams['font.sans-serif'] = ['SimHei'] #默认情况下,Matplotlib 可能不支持中文显示,
#或者在某些环境中无法找到合适的字体,导致中文字符无法正确显示或者显示为乱码。此代码用
#来正常显示中文标签
path = 'C:\\量化金融\\第 8 章\\第 8 章数据\\'
data = pd.read_excel( path + 'hebing.xlsx', sheet_name = 0, index_col = 0)
#根据第 5 章随机搜索算法中的随机特征子集算法过滤出的财务指标,定义一个列表,目的是从 hebing
#.xlsx 中提取所关注的财务指标及财务数据
array = ['开发支出','加:其他综合收益','其他金融类流动负债','发放贷款及垫款','划分为持有待
售的负债','其中:利息费用','其他非流动负债','减:现金等价物的期初余额','管理费用','减:利息收
入','流动负债合计','固定资产清理','合同负债','其他权益工具投资','经营活动现金流出差额(特殊
报表科目)','稀释每股收益','营业总成本','递延所得税负债','衍生金融负债','预收款项','衍生金
融资产','应收账款','减:少数股东损益','固定资产','专项储备','预付款项','使用权资产','盈余公
积金','筹资活动现金流入差额(合计平衡项目)','永续债','现金的期末余额','负债及股东权益差额
(合计平衡项目)','其他金融类流动资产','投资净收益','其中:对联营企业和合营企业的投资收益',
'销售商品、提供劳务收到的现金','固定资产折旧、油气资产折耗、生产性生物资产折旧','油气资产',
'营业总收入','间接法-经营活动现金流量净额差额(合计平衡项目)','筹资活动现金流入差额(特殊
报表科目)','资产总计','一年内到期的非流动资产','长期待摊费用摊销','流动资产合计','终止经营
净利润','投资活动现金流入小计','资产减值损失','其他业务成本(金融类)','其他','利润总额差额
(合计平衡项目)','投资活动现金流出小计','流动负债差额(特殊报表科目)','其他权益工具','持续经
营净利润','投资活动现金流入差额(特殊报表科目)','长期应付款','经营活动现金流出(金融类)',
'支付给职工以及为职工支付的现金','应付职工薪酬','交易性金融资产','间接法-经营活动现金流
量净额差额(特殊报表科目)','非流动负债差额(合计平衡项目)','公允价值变动损失','无形资产',
'支付其他与投资活动有关的现金','归属于母公司所有者权益合计','流动资产差额(特殊报表科目)',
'利润总额','收回投资收到的现金','预提费用','收到其他与投资活动有关的现金','基本每股收益',
'应收票据及应收账款','划分为持有待售的资产','交易性金融负债','预计负债','净敞口套期收益',
'经营活动现金流出差额(合计平衡项目)','净利润','非流动资产差额(特殊报表科目)','经营活动现
金流入差额(合计平衡项目)','收到的税费返还','预提费用增加','其他应收款(合计)','汇兑净收益',
'非流动负债合计','应交税费','未确认的投资损失','收到其他与经营活动有关的现金','资产处置收
益','投资支付的现金','其他应付款(合计)']
```

```
df_1 = data[[i for i in array]]  # i 依次从 array 中读取财务指标(即列标签),形成新的财务指标
# 列表,根据该列表,从 data 中获取财务指标及数据。该代码等同于 df = data[array]
# -------- data[[i for i in array]]的原理见第 2 章列表推导式,详细写法如下:------------
# array_1 = []            # 创建空列表
# for i in array:         # 遍历 array 中的每个元素
#     array_1.append(i)   # 将新读取的财务指标添加到 array_1 列表中
# df = data[array_1]      # 形成新的数据集 df
# ---------------------------------------------------------------------------
df = pd.DataFrame(df_1)  # 先将 df_1 以 DataFrame 格式存储在 df 中,然后对 df 进行下列添加列的
# 操作,如果缺少这个转存的代码,虽然程序可以正常运行,但是有时候程序会报错。原因在于,如果
# 代码写成
# df = data[[i for i in array]]
# df['总资产周转率'] = data['营业收入']/data['资产总计']
# 虽然 df 也是 DataFrame 格式,但是 df 是从 data 这个 DataFrame 得到的,直接在 df 上添加列,将报
# 错。解决方法,一种是直接在 data 这个原始的 DataFrame 上添加列,但是在本程序中不合适。第
# 二种是将 df_1 转存为 DataFrame,例如,在上条转存的代码中,将 df_1 转存为 df,然后在 df 上添加
# 列增加总资产周转率、流动比例等财务指标以及决策属性
df['总资产周转率'] = data['营业收入']/data['资产总计']
df['资产负债率'] = data['资产总计']/data['负债合计']
df['产权比例'] = (data['负债合计'])/data['所有者权益合计']
df['毛利率'] = (data['营业收入']-data['营业成本'])/data['营业收入']
df['净利率'] = data['净利润']/data['营业收入']
df['x1'] = data['营业利润']/(data['资产总计']-data['负债合计'])
df['x2'] = data['购买商品、接受劳务支付的现金']/data['营业总成本']
df['决策属性'] = data['决策属性']
print(df)
```

运行结果如下。

|  | 开发支出 | ... | x1 | x2 | 决策属性 |
|---|---|---|---|---|---|
| 002646.SZ-资产负债表.xlsx | 0.00 | ... | 0.040943 | 0.531811 | 0 |
| 002651.SZ-资产负债表.xlsx | 0.00 | ... | 0.096515 | 0.344485 | 0 |
| ... | ... | ... | ... | ... | ... |
| 688086.SH-资产负债表.xlsx | 0.00 | ... | -0.091190 | 1.119338 | 1 |
| 600313.SH-资产负债表.xlsx | 0.00 | ... | -0.056273 | 0.964601 | 1 |

[900 rows x 101 columns]
# 可以看出数据一共有 900 行和 101 个特征。存在大量缺失值,故需要对数据进行清洗

```
# 查看重要特征的统计量,这里以资产总计为例
print(df['资产总计'].describe())
```

运行结果如下。

```
count   9.000000e+02    # 观测值的数量
mean    2.169785e+06    # 平均值
std     9.055983e+06    # 标准差
min     4.200850e+03    # 最小值
25%     1.865632e+05    # 第一四分位数
50%     4.782794e+05    # 中位数
75%     1.371069e+06    # 第三四分位数
max     1.523951e+08    # 最大值
Name: 资产总计, dtype: float64   # 数据类型
```

理想情况下，如果数据分布是对称的，均值和中位数应该相近。然而，在这个数据集中，均值远大于中位数。这可能表明数据分布是右偏的，即有一些公司具有非常高的资产总计，该值拉高了整体平均值，而大多数公司的资产总计则集中在一个相对较低的范围。接下来，将通过简单的绘图来查看某一重要数据的结构，来确定以上的猜测。

```
plt.rcParams['font.sans-serif'] = ['SimHei']
new_df = df[df['资产总计']<5000000]    # 因为资产总计的数据存在非常大的异常值，如果不将大
                                      # 于 500 万的数据过滤，绘制的图如图 8.5 中的左图所示。过滤后，则如图 8.5 中右图所示
new_df['资产总计'].hist(bins=20, alpha=0.7, color='green', edgecolor='black')
# hist 函数是用于生成直方图。bins 是设定直方图中的柱子数量。alpha 设定图形的透明度。
# color 是设定柱子的颜色。edgecolor 设置了柱子边缘的颜色，让每个柱子的边界更清晰
plt.title('资产总计直方图')        # 设置图名称
plt.xlabel('资产总计')             # 设置横坐标名称
plt.ylabel('频数')                 # 设置纵坐标名称
plt.show()
```

如图 8.5 所示，可以发现频数随资产总计的增加而减少。印证有一些公司具有非常高的资产总计，而大多数公司的资产总计则集中在一个相对较低的范围的猜测。

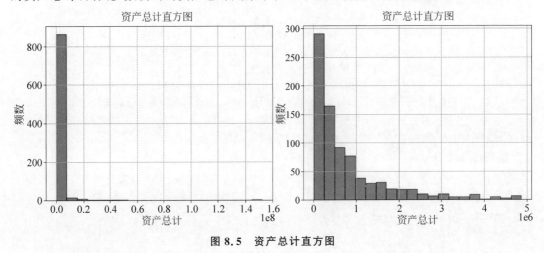

图 8.5　资产总计直方图

### 3. 数据的预处理

```
df = df.astype('float32')  # 将数据类型转换为 32 位浮点数，以减少精度并节省空间
# 检查并替换特征中的无穷大和负无穷大为 0，并重置索引。以便后续的分析或机器学习模型训练
# 不会因为这些极端值而受到影响
df = df.replace((np.inf, -np.inf), 0).reset_index(drop=True)
# 查看数据每列缺失值的总计信息
print(df.isnull().sum())
```

运行结果如下。

```
开发支出                          0
加:其他综合收益                      0
                             ...
x1                            0
x2                           10
决策属性                          0
Length: 101, dtype: int64
# 发现数据集中存在缺失值
```

```
#删除带空值的行
df = df.dropna(axis = 0, how = 'any')    #其中,how参数如果为any,则有一个空值则全删;若为 all,
#则全为空才删
#数据中的缺失值主要源于中国在1998年才开始全面实施现金流量表的编制和披露,因此在1997
#年及以前没有现金流量表数据。数据处理完毕,df有101个属性,其中有100个条件属性,1个决
#策属性,890个样本
```

## 8.4 模型应用

### 8.4.1 构建 OLS 线性模型

**1. 构建样本集**

根据 8.3.1 节中数据的预处理的结果,直接引用进行空值处理后的 df。

```
#计算变量的相关系数矩阵
correlation_matrix = df.corr()
#打印相关系数矩阵,查看相关系数高的变量
print(correlation_matrix)
```

运行结果如下。

|  | 开发支出加:其他综合收益 | 其他金融类流动负债 | … | x1 | x2 | 决策属性 |
| --- | --- | --- | --- | --- | --- | --- |
| 开发支出 | 1.000000 | 0.025467 | 0.030577 | … | 0.001201 | -0.039748 | -0.108504 |
| 加:其他综合收益 | 0.025467 | 1.000000 | 0.004836 | … | -0.005870 | 0.006866 | -0.051906 |
| … |  |  |  | … |  |  |  |
| x1 | 0.001201 | -0.005870 | 0.000936 | … | 1.000000 | -0.007112 | 0.012298 |
| x2 | -0.039748 | 0.006866 | 0.058263 | … | -0.007112 | 1.000000 | 0.171908 |
| 决策属性 | -0.108504 | -0.051906 | -0.055589 | … | -0.012298 | -0.171908 | 1.000000 |

```
#根据相关系数矩阵,手动删除相关系数大于0.8的变量
#df = df.drop(columns = ['管理费用', '减:利息收入', '流动负债合计', '合同负债', '现金的期末
#余额', '应收账款', '销售商品、提供劳务收到的现金', '营业总收入', '流动资产合计', '归属于母
#公司所有者权益合计', '其他应收款(合计)', '应交税费', '其他应付款(合计)', '投资活动现金流入
#小计', '收回投资收到的现金', '投资支付的现金', '发放贷款及垫款', '其他权益工具', '投资活
#动现金流入差额(特殊报表科目)', '应付职工薪酬', '支付给职工以及为职工支付的现金', '归属
#于母公司所有者权益合计', '支付其他与投资活动有关的现金', '净利润', '间接法 - 经营活动现
#金流量净额差额(特殊报表科目)'])
#在构建 OLS 线性回归模型和逻辑回归模型时,需要考虑条件属性多重共线性问题,为此,需要删除
#数据集中具有高度相关性的变量。虽然在第5章皮尔逊相关系数部分有通过程序自动删除高度
#相关的属性的代码,但是这种删除没有考虑到属性的经济金融学含义。例如,"应收票据及应收账
#款"与"应收账款"之间的相关系数高达 0.98,表明两者之间存在极强的线性关系。在这种情况下,需
#要通过专业知识和对数据的深入理解来决定哪些变量应当保留在模型中。考虑到"应收票据及应
#收账款"这一指标不仅包含"应收账款"的信息,而且涵盖了与票据相关的业务,它能够提供更为丰
#富和全面的公司财务状况信息。因此,在综合考量之后,决定从模型中剔除"应收账款",而保留"应
#收票据及应收账款"作为预测变量
print(df.info())    #查看剩下的属性信息
```

运行结果如下。

```
<class 'pandas.core.frame.DataFrame'>
Int64Index: 890 entries, 0 to 899
Data columns (total 77 columns):
 #    Column         Non-Null Count    Dtype
---   ------         --------------    -----
 0    开发支出         890 non-null      float32
 1    加:其他综合收益    890 non-null      float32
 …    …              …                 …
 74   x1             890 non-null      float32
 75   x2             890 non-null      float32
 76   决策属性         890 non-null      float32
dtypes: float32(77)
memory usage: 274.6 KB
None
```

处理完毕,数据集 df 有 77 个属性,其中有 76 个条件属性、1 个决策属性,890 个样本。

### 2. 分拆样本集与归一化

```
X,y = df.iloc[:,:-1],df.iloc[:,-1]   #将 df 分为条件属性集 X 和决策属性集 y
X_train,X_test,y_train,y_test = train_test_split(X,y,test_size=0.3,random_state = 10)
#分拆样本。样本总数 890 个,其中训练集 623 个,测试集 267 个。random_state 是设定随机种子数。
#在 train_test_split 函数中指定 random_state 参数时,Scikit-learn 会使用这个数值作为随机
#数生成器的种子。这意味着每次调用 train_test_split 并使用相同的随机种子时,数据集都会被
#以相同的方式分割,即相同的样本会被分配到训练集或测试集中。例如,如果原始数据集中有 100
#个样本,并且设置 test_size=0.3,那么理论上会有 30 个样本被分配到测试集,剩下的 70 个样本
#分配到训练集。但是如果没有设置随机种子,每次运行 train_test_split 时,这 30 个样本可能会
#不同。设置随机种子后,无论何时运行代码,被分配到测试集的始终是相同的 30 个样本,从而让每
#次模型运行的结果一致
robustscaler_scale = preprocessing.RobustScaler()
X_train_scaled = robustscaler_scale.fit_transform(X_train)
X_test_scaled = robustscaler_scale.transform(X_test)   #X_test_scaled 应该使用 transform 而
#不是 fit_transform,因为 robustscaler_scale 已经从 X_train 上学习规律(fit),为了让 X_test
#采用与 X_train 相同的缩放归一化,所以直接学以致用 transform
```

### 3. 拟合 OLS 方程

```
model = LinearRegression()                          #实例化
model.fit(X_train_scaled, y_train)                  #使用测试集对训练好的模型进行训练
y_pred = model.predict(X_test_scaled)               #用 X_test_scaled 代入拟合好的方程 model 进行预测
r2 = model.score(X_train_scaled, y_train)           #引入评分函数拟合优度
print('回归系数: ',model.coef_)                     #输出回归系数
print('回归截距: ',model.intercept_)                #输出回归模型截距
print('R-squared: ', r2)                            #输出拟合优度
```

运行结果如下。

```
回归系数: [-2.3667490e-06  -2.8411037e-04  -9.0287676e-07 …… ]
回归截距: 0.3603317
R-squared: 0.47346973894726296
```

```
#构建混淆矩阵
y_pre = (y_pred>0.5)   #用阈值 0.5 来分类,运行结果返回布尔值,大于 0.5 为 True,小于或等于
#0.5 为 False
```

```
y_pred = np.array(y_pre,int)      #将预测结果转换为NumPy数组
#计算真实值和预测值之间的混淆矩阵
confusion_mat = pd.crosstab(y_test,y_pred,rownames=['Actual'],colnames=['Prediction'])
print(confusion_mat)              #输出混淆矩阵
```

运行结果如下。

```
Prediction   0    1
Actual
0.0         175   8
1.0          35  49
```

根据混淆矩阵,可以对模型的性能进行评估。混淆矩阵展示了模型预测结果与实际标签的对比。在这个案例中,行标签 0 代表非 ST 上市公司,其决策属性取值为 0;行标签 1 代表 ST 上市公司,其决策属性取值为 1。模型正确识别了 49 家 ST 上市公司(真正例),但有 35 家 ST 上市公司被错误地预测为正常上市公司(假负例)。同时,模型正确地识别了 175 家 ST 上市公司(真负例),但有 8 家正常上市公司被错误地预测为 ST 上市公司(假正例)。可以计算出模型的准确率约为 83.89%,这是通过将真正例和真负例的数量相加,然后除以总样本数得到的。这个指标表明模型正确预测的样本数占总样本数的大约 82.77%。精确率约为 85.96%,这表示在所有被模型预测为 ST 公司的样本中,实际为 ST 公司的比例为 85.96%。召回率为 58.33%,这表示在所有实际为 ST 公司的样本中,被模型正确预测为 ST 公司的比例为 58.33%。

```
import seaborn as sns
sns.heatmap(confusion_mat,annot=True,fmt='g')  #绘制混淆矩阵图(见图8.6)。其中,fmt 参数
#用于指定字符串(即热图上的每一个数据点)的显示格式。如果 fmt 的参数取'.2f',则输出的数据
#保留 2 位小数
plt.show()
```

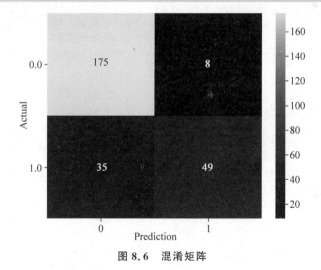

图 8.6　混淆矩阵

## 8.4.2　构建岭回归模型

### 1. 构建数据集

为了尽量避免重复代码,此处根据 8.3.1 节中数据预处理的结果,直接引用进行空值处

理后的 df。该数据集只删除了空值,没有处理属性相关性问题。

```python
X,y = df.iloc[:,:-1],df.iloc[:,-1]    #将 df 分为条件属性集 X 和决策属性集 y
X_train,X_test,y_train,y_test = train_test_split(X,y,test_size=0.3,random_state=10)
robustscaler_scale = preprocessing.RobustScaler()
X_train_scaled = robustscaler_scale.fit_transform(X_train)
X_test_scaled = robustscaler_scale.transform(X_test)
import warnings
warnings.filterwarnings('ignore')    #设置忽视所有警告,提高程序运行结果的美观。但是该代码
#过滤警告是全局性的,可能会隐藏重要的警告信息,在实际应用中,应该谨慎使用
#启用自动垃圾回收,用于在程序运行时自动释放不再使用的内存,从而提高程序的内存利用效率
import gc
gc.enable()
```

### 2. 确定岭回归参数 K

在构建岭回归模型之前,一个关键的步骤是确定岭参数的值,因为它直接影响模型的性能和泛化能力。岭参数控制着正则化项的强度,该正则化项旨在减少模型复杂度,避免过拟合,并提高模型对新数据的预测稳定性。

```python
#自定义岭回归训练函数
def Ridge_train(X,y,k):
    model = Ridge(alpha = k)              #实例化岭回归对象,设置 alpha 参数为 k
    model.fit(X, y)                       #输入训练数据进行模型训练
    return model                          #返回模型
#Ridge 回归模型测试函数
def Ridge_test(model,X,y):
    y_predict = model.predict(X)          #使用训练好的模型对测试集进行预测
    y_pre = (y_predict > 0.5)             #将预测值转换为布尔值
    y_pred = np.array(y_pre, int)         #将布尔值转换为整数类型
    confusion_mat = pd.crosstab(y,y_pred,rownames = ['Actual'],colnames = ['Prediction'])  #计算混
#淆矩阵
    r2 = model.score(X, y)                #输出回归系数
    print('回归系数: ',model.coef_)
    print('回归截距: ',model.intercept_)  #输出回归模型截距
    print('R - squared: ', r2)            #输出拟合优度
    print(confusion_mat)                  #输出混淆矩阵
k = 1                                     #设置初始岭参数 k 值
aim_list = []                             #设置空列表,存储不同 k 值的回归系数
for i in range(200):                      #循环 200 次
    model = Ridge_train(X_train_scaled, y_train, k)  #调用自定义函数 Ridge_test(model,X,y)
    model.predict(X_test_scaled)          #使用训练好的模型对测试集进行预测
    model.coef = model.coef_              #输出回归系数
    aim_list.append(model.coef)           #将每次的回归系数存入列表 aim_list 中
    k += 1                                #每次循环 k 取值增加 1
#将存储好的回归系数转换为 DataFrame,以便后续绘图
aim_data = pd.DataFrame(aim_list)

#默认情况下,Matplotlib 可能不支持中文显示,或者在某些环境中无法找到合适的字体,导致中文
#字符无法正确显示或者显示为乱码。此代码用来正常显示中文标签
plt.rcParams['font.sans - serif'] = ['SimHei']
#使用 matplotlib 过程中,负号字符可能无法正确显示,此代码用来正常显示负号
```

```
plt.rcParams['axes.unicode_minus'] = False
for column in aim_data.columns:        # column 依次读取 aim_data 的所有列
    # 在 for 循环体内,调用 matplotlib 的 plot 函数来绘制图表。aim_data.index 提供了 DataFrame 的
    # 行索引,这些索引被用作 x 轴的数据点。aim_data[column]是从 DataFrame 中选取的当前迭代的列
    # 数据,这些数据被用作 y 轴的数据点
    plt.plot(aim_data.index, aim_data[column])
plt.grid(True)                          # 显示网格
plt.xlabel('k', fontsize = 15)          # 设置横坐标名称为 k,字体大小为 15
# 设置纵坐标名称为 β(k),字体大小为 15,控制纵坐标名称的旋转角度,旋转角度为 0°,则纵坐标名
# 称水平显示,va 参数即垂直对齐参数
plt.ylabel('β(k)', fontsize = 15, rotation = 0, va = 'top')
plt.show()                              # 显示图
```

如图 8.7 所示,显示了随着 $k$ 值的变化,回归系数的稳定性和变化情况。图像的横轴表示不同的 $k$ 值,即岭参数的候选值,从 0 开始逐渐增大至 200。纵轴则表示回归系数,其中,$β(k)$ 是针对某个特定特征的回归系数,随着 $k$ 值的增加而变化。在图像中,可以看到当 $k$ 值约为 90 时,每个回归系数达到了一个相对稳定的水平,因此,选择 $k=90$ 作为最终的岭参数。

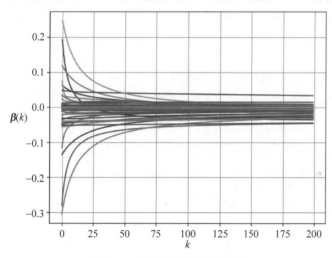

图 8.7  岭回归岭函数选择图

### 3. 建模

```
# 调用自定义函数 Ridge_train()进行模型训练,岭参数选择 90
model = Ridge_train(X_train_scaled, y_train, 90)
```

```
# 调用自定义函数 Ridge_test()进行模型测试
Ridge_test(model,X_test_scaled,y_test)
```

运行结果如下。

```
回归系数:[-9.82690381e-07  -2.44314462e-04  -2.56732051e-07 …]
回归截距: 0.34967282
R-squared: -0.8589374747987573
Prediction      0    1
Actual
0.0           173   10
1.0            34   50
```

根据混淆矩阵，模型正确识别了 50 家 ST 上市公司（真正例），但错误地将 34 家 ST 上市公司预测为非 ST 上市公司（假负例）。同时，模型正确地识别了 173 家非 ST 上市公司（真负例），但未能正确识别 10 家非 ST 上市公司（假正例）。可以计算出模型的准确率约为 83.52%，这个指标表明，模型正确预测的样本数占总样本数的大约 83.52%。精确率约为 83.33%，这表示在所有被模型预测为 ST 公司的样本中，实际上为 ST 公司的比例为 83.33%。召回率为 59.52%，这表示在所有实际为 ST 公司的样本中，模型正确预测为 ST 公司的比例为 59.52%。

### 8.4.3 构建逻辑回归模型

**1. 构建数据集**

与 OLS 线性模型类似，逻辑回归模型要求条件属性不能具有高度的两两相关。为了尽量避免重复代码，此处直接使用 8.4.1 节构建 OLS 线性模型中的拆分样本集与归一化部分的数据集 X_train_scaled、X_test_scaled、y_train、y_test。

**2. 建模**

```
model = LogisticRegression()          #实例化
model.fit(X_train_scaled, y_train)    #使用训练数据对模型进行训练
y_pred = model.predict(X_test_scaled)    #使用训练好的模型对测试集进行预测
y_pre = (y_pred > 0.5)  #将预测结果转换为布尔值，大于 0.5 的为 True，小于或等于 0.5 的为 False
y_pred = np.array(y_pre, int)         #将布尔值转换为整数类型
#计算真实值和预测值的混淆矩阵
confusion_mat = pd.crosstab(y_test, y_pred, rownames = ['Actual'], colnames = ['Prediction'])
r2 = model.score(X_train_scaled, y_train) #拟合优度
print('回归系数：', model.coef_)
print('回归截距：', model.intercept_)     #输出回归模型截距
print('R - squared: ', r2)                #输出拟合优度
print(confusion_mat)                       #输出混淆矩阵
```

运行结果如下。

```
回归系数：[[ - 1.40426179e - 04  - 1.87911734e - 03  8.68521097e - 05 … ]]
回归截距：[ - 9.41421761e - 05]
R - squared: 0.841091492776886
Prediction    0    1
Actual
0.0          156   27
1.0           30   54
```

根据混淆矩阵，模型正确识别了 54 家 ST 上市公司（真正例），但错误地将 30 家 ST 上市公司预测为非 ST 上市公司（假负例）。同时，模型正确地识别了 156 家非 ST 上市公司（真负例），但未能正确识别 27 家非 ST 上市公司（假正例）。可以计算出模型的准确率约为 78.65%，这个指标表明，模型正确预测的样本数占总样本数的大约 78.65%。精确率约为 66.66%，这表示在所有被模型预测为 ST 公司的样本中，实际上为 ST 公司的比例为 66.66%。召回率为 64.28%，这表示在所有实际为 ST 公司的样本中，模型正确预测为 ST 公司的比例为 64.28%。

对于投资者而言，将非 ST 上市公司错误地识别为 ST 上市公司所带来的风险和潜在损失远低于相反的情况。因此，在评估模型性能时，召回率成为一个尤为关键的指标。在本章中，OLS 线性回归模型的召回率为 58.33%，而岭回归模型的召回率略有提升，达到了 59.52%。更为显著的是，逻辑回归模型展现出更高的效能，其召回率增至 64.28%。这一结果表明，逻辑回归模型在识别 ST 上市公司方面的能力更为出色，从而更有效地服务于投资者的需求。

接下来，将进一步运用金融领域的专业知识，对表现最佳的回归模型进行精细化调整，以期在保持高召回率的同时，进一步提升模型的整体预测精度。这有助于开发出更为精准的模型，以便更好地指导投资决策，降低误判风险，确保投资者的利益得到最大程度的保障。

## 8.5 模型的改进

在金融分析和监管领域，上市公司的财务造假行为引起了广泛关注，因为它严重损害了投资者的利益并破坏了市场的公平性和透明度。财务造假行为通常通过操纵公司财务数据来进行，目的是掩盖真实的经营状况或夸大公司的财务表现。财务造假的行为导致通过财务指标识别上市公司风险的各种识别失效，而模型的准确性很大程度上依赖于输入数据的质量，数据质量差，模型的质量也差。因此，通过经济金融知识进一步优化特征，可以增强模型对财务造假行为的识别能力。

与财务造假相关的因素非常多，不仅包括因为财务动机造假，还包括公司治理结构缺陷等诸多因素。限于篇幅，此处作为示例，仅考虑 5 个财务指标。在财务造假行为中，应收账款、预付账款、在建工程、商誉、无形资产 5 个关键财务指标常被操纵。通过直接删除这 5 个属性，并在模型中剔除或校正这些科目的影响，可以提升模型的准确度。

为了尽量避免重复代码，此处直接引用 8.3.1 节数据样本介绍与构建中数据样本构建部分，处理完毕得到的拥有 101 个属性的 df，包括 100 个条件属性和 1 个决策属性。该数据集未做任何数据清洗，包括去除空缺值。

**1. 优化属性**

利用 5 个财务指标优化属性，包括直接从条件属性集中剔除这 5 个指标，以及从内含这 5 个财务指标的财务指标中剔除该会计科目。例如，固定资产这个会计科目中包含在建工程，则用固定资产这个指标减在建工程这个指标，得到不包含在建工程的固定资产属性。代码实现思路如下。

第 1 步：构造一个包含上述 5 个指标及内含这 5 个指标的属性集 df_drop。
第 2 步：查询 df 的 101 个属性中是否包含 df_drop。
第 3 步：在 df 的属性集中剔除内含这 5 个指标的属性。
第 4 步：在 df 的属性集中删除这 5 个指标。
**注意**：第 3 步和第 4 步的顺序不能颠倒，否则程序会报错。原因在于如果先删除这 5 个属性，就无法实现剔除内含这 5 个指标的属性。

```
df_columns = df.columns    # 获取数据集 df 的 101 个属性
print(df_columns)
```

运行结果如下。

```
Index(['开发支出', '加:其他综合收益' … '毛利率', '净利率', 'x1', 'x2', '决策属性'],
      dtype = 'object', length = 101)
```

```python
#构建需要清除的属性集
df_drop = ['应收账款','预付款项','在建工程','商誉','无形资产','应收票据及应收账款','其他应
收款(合计)','资产总计','流动资产合计','固定资产','总资产周转率','资产负债率','x1']
#其中,df['x1'] = data['营业利润']/(data['资产总计'] - data['负债合计'])。df_drop中不仅包括
#应收账款、预付账款、在建工程、商誉、无形资产 5 个属性,还包括内含这 5 个属性的会计科目
new_list = [] #构建一个空的列表,用于存放查询结果
new_list = [columns for columns in df_drop if columns in df_columns] #用于查询 df_drop 中的
#属性,有哪些属性是包含在 df_columns 中。columns 依次读取 df_drop,每读取一个属性,就通过 if
#columns in df_columns 来查询该属性是否包含(in)在 df_columns 中,如果包含,就把 columns 叠加
#到上一个列表 columns 中。该代码结构的详细介绍,参看第 2 章 for 循环部分的列表推导式
print(new_list)
```

运行结果如下。

```
['应收账款', '预付款项', '无形资产', '应收票据及应收账款', '其他应收款(合计)', '资产总计',
'流动资产合计', '固定资产', '总资产周转率', '资产负债率', 'x1']
#new_list 中包括需要清理的属性,其中,指标'应收票据及应收账款'、'其他应收款(合计)'、'资产总
#计'、'流动资产合计'、'固定资产'、'总资产周转率'、'资产负债率'和'x1'内含需要除的 5 个属性。还
#包含需要直接删除'预付款项'、'无形资产'和'应收票据及应收账款'这 3 个属性
#删除 5 个属性
df['资产总计'] = data['资产总计'] - data['应收账款'] - data['预付款项'] - data['在建工程'] -
data['商誉']    #将'应收账款'、'预付款项'、'在建工程'、'商誉'从'资产总计'这个会计科目中删除。
#之所以提取 data 的列,例如,采用 data['在建工程']而不是 df['在建工程'],原因是在数据集中,
#'在建工程'这一列已被删除,所以如果要在'资产总计'中删除'在建工程',就需要从最原始的数据集
#data 中获取'在建工程'
df['流动资产合计'] = data['流动资产合计'] - data['应收账款'] - data['预付款项']
df['固定资产'] = data['固定资产'] - data['在建工程']
#清洗空缺值、异常值
df = df.astype('float32')    #将特征数据类型转换为 32 位浮点数,以减少精度并节省空间
#检查并替换特征中的无穷大和负无穷大为 0,并重置索引
df = df.replace((np.inf, - np.inf),0).reset_index(drop = True)
df = df.dropna(axis = 0, how = 'any')
#处理高度相关性属性。计算变量的相关系数矩阵,并手动删除高度相关的属性
correlation_matrix = df.corr()
df = df.drop(columns = ['管理费用', '减:利息收入', '流动负债合计', '合同负债', '现金的期末余
额', '应收账款', '销售商品、提供劳务收到的现金', '营业总收入', '流动资产合计', '归属于母公司所
有者权益合计', '其他应收款(合计)', '应交税费', '其他应付款(合计)', '投资活动现金流入小计', '收
回投资收到的现金', '投资支付的现金', '发放贷款及垫款', '其他权益工具', '投资活动现金流入差
额(特殊报表科目)', '应付职工薪酬', '支付给职工以及为职工支付的现金', '归属于母公司所有者
权益合计', '支付其他与投资活动有关的现金', '净利润', '间接法 - 经营活动现金流量净额差额(特
殊报表科目)'])
#直接删除 5 个属性中的 3 个
df = df.drop(columns = ['预付款项', '无形资产', '应收票据及应收账款'])
```

### 2. 建逻辑回归模型

```python
#分拆样本和归一化
X, y = df.iloc[:,: - 1], df.iloc[:, - 1]
X_train, X_test, y_train, y_test = train_test_split(X, y, test_size = 0.3, random_state = 10)
```

```
robustscaler_scale = preprocessing.RobustScaler()
X_train_scaled = robustscaler_scale.fit_transform(X_train)
X_test_scaled = robustscaler_scale.transform(X_test)
# 建模
model = LogisticRegression()                      # 实例化
model.fit(X_train_scaled, y_train)                # 使用训练数据对模型进行训练
y_pred = model.predict(X_test_scaled)             # 使用训练好的模型对测试集进行预测
y_pre = (y_pred > 0.5)      # 将预测结果转为布尔值,大于 0.5 的为 True,不大于 0.5 的为 False
y_pred = np.array(y_pre, int)                     # 将布尔值转换为整数类型
# 计算真实值和预测值的混淆矩阵
confusion_mat = pd.crosstab(y_test, y_pred, rownames = ['Actual'], colnames = ['Prediction'])
r2 = model.score(X_train_scaled, y_train)         # 输出回归系数
print('回归系数: ', model.coef_)
print('回归截距: ', model.intercept_)              # 输出回归模型截距
print('R - squared: ', r2)                        # 输出拟合优度
print(confusion_mat)                              # 输出混淆矩阵
```

运行结果如下。

```
回归系数: [[-1.30414686e-04 -3.30266781e-03 1.30727769e-04 …]]
回归截距: [-0.00019621]
R - squared: 0.8443017656500803
Prediction    0    1
Actual
0.0          157   26
1.0           29   55
```

根据混淆矩阵,模型的准确率约为 79.40%,即正确预测的样本数占总样本数的大约 79.40%。精确率约为 67.90%,即预测为 ST 公司的样本中,实际上为 ST 公司的比例为 67.90%。召回率约为 65.47%,即正确预测为 ST 公司的比例为 65.47%。

回归分析的结果显示,逻辑回归模型在特征优化后,准确率从 78.65% 提升至 79.40%,上升了 0.75 个百分点;精确率也从 66.66% 提升至 67.90%,上升了 1.24 个百分点。召回率从 64.28% 提升至 65.47%,上升了 1.19 个百分点。这些结果表明,结合金融知识和业务逻辑对模型特征进行改进,能有效提升模型的性能指标,为投资决策提供了更为精准的支持。

### 3. 建 OLS 回归模型

为了尽量避免重复代码,此处从 8.5.1 节构建数据集中优化属性部分开始建立 OLS 回归模型,详情参见脚本"OLS(改进)"。

```
# 分拆样本和归一化
X, y = df.iloc[:, :-1], df.iloc[:, -1]
X_train, X_test, y_train, y_test = train_test_split(X, y, test_size = 0.3, random_state = 10)
robustscaler_scale = preprocessing.RobustScaler()
X_train_scaled = robustscaler_scale.fit_transform(X_train)
X_test_scaled = robustscaler_scale.transform(X_test)
# 拟合 OLS 方程
model = LinearRegression()    # 实例化
model.fit(X_train_scaled, y_train)
y_pred = model.predict(X_test_scaled)
y_pre = (y_pred > 0.5)                # 将预测值进行二分类,大于 0.5 为 True,小于或等于 0.5 为 False
```

```
y_pred = np.array(y_pre,int)                #将预测结果转换为NumPy数组
#计算真实值和预测值之间的混淆矩阵
confusion_mat = pd.crosstab(y_test,y_pred,rownames = ['Actual'],colnames = ['Prediction'])
r2 = model.score(X_train_scaled, y_train)
print(confusion_mat)                        #输出混淆矩阵
```

运行结果如下。

```
Prediction    0     1
Actual
0.0          177    6
1.0           33   51
```

根据混淆矩阵,模型的准确率约为 85.39%,精确率约为 89.47%,召回率约为 60.71%。与没有改进的 OLS 模型相比,准确率从 83.89% 提升至 85.39%;精确率从 85.96% 提升至 89.47%,召回率从 58.33% 提升至 60.71%。再次说明通过财务知识改进指标后,能够有效提升模型的质量。

## 习题

1. 根据"出口货物总额、工业增加值、人民币汇率数据.xlsx",建立 OLS 线性回归模型来预测出口货物总额(目标变量 $Y$)与工业增加值(解释变量 $X_1$)及人民币汇率(解释变量 $X_2$)之间的关系。

2. 根据"出口货物总额、工业增加值、人民币汇率数据.xlsx",建立岭回归模型来预测出口货物总额(目标变量 $Y$)与工业增加值(解释变量 $X_1$)及人民币汇率(解释变量 $X_2$)之间的关系。在模型建立后,对结果进行分析。

3. 根据"某公司销售人员收入状况的调查数据.xlsx",拆分为训练集和测试集,建立一个逻辑回归模型(以判断一个销售人员是否为管理人员),根据其混淆矩阵,计算模型的准确率、精确率和召回率,并解释其意思。

4. 修改岭回归代码,尝试调节设置 alpha 参数(增加或减少),然后查看模型性能变化,并对模型的泛化性进行讨论。

5. 为了减少冗杂,突出所要讲述的知识点,本章先进行数据预处理、再分割样本的流程。然而,这种做法在理论上不严谨。为了加深对这一问题的理解,试根据本章 8.3 节与 8.4 节的相关代码,实现一个更加严谨的流程(即先进行分割样本,再进行数据预处理)。

# 第 9 章

# 支持向量机

CHAPTER 9

支持向量机(Support Vector Machine,SVM)是一种按照监督学习方式对数据进行二元分类的广义线性分类器,它的基本思想是找到一个超平面,能够将不同类别的数据点尽可能地分开,并且使得边界上的点到超平面的距离最大化,以实现较好的分类效果。在 SVM 中,通过引入核函数,力图将低维空间的非线性问题转换为高维空间的线性问题,即 SVM 通过适当的非线性变换 $\varphi(x)$,将输入空间映射到高维特征空间,使得分类问题在高维特征空间中近似线性可分。SVM 在各种领域都有广泛的应用,包括文本分类、图像识别、生物信息学、垃圾邮件检测等,不仅如此,SVM 在金融领域的应用为金融机构提供了更精确、更有效的风险评估、风险管理和投资决策工具。

本章围绕 SVM 算法在保险反欺诈案例中的应用,先讲述支持向量机的原理,其中包含线性可分和线性不可分两种不同的情况,叙述了如何调节模型中的参数,优化模型的性能;之后讲述如何利用现有的 SVM 算法库来实现 SVM 模型,并对支持向量机函数参数进行解释,同时列举了鸢尾花分类问题 SVM 的简单应用的例子;接着,详细地介绍了保险反欺诈模型建立过程中所涉及的其他相关算法和金融理论知识;最后,展示保险反欺诈模型建立的整个具体过程。在建模的过程中,通过引入经济金融理论对属性值进行了融合,从而提高了模型的精度,证明将数学、编程和金融三者融合,可以有效地提高模型的质量。本章主要内容结构如图 9.1 所示。

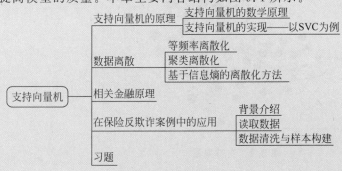

图 9.1 本章主要内容结构

## 9.1 支持向量机的原理

假设有一个训练数据集 $\{(x_1,y_1),(x_2,y_2),\cdots,(x_n,y_n)\}$，其中，$x_i$ 是输入特征向量，$y_i$ 是对应的类别标签，$y_i \in \{-1,+1\}$。

支持向量机算法的主要思想是通过求解凸二次规划问题来找到最优的分类超平面，从而实现数据的分类，在求解这个凸二次规划问题后可以找到最优的分类超平面，这个超平面能够将正负样本最大程度地分开，同时保持间隔最大化。在实际应用中，通常使用现成的优化库或工具来求解凸二次规划问题，例如，Python 中的 Scikit-learn 库中的 SVM。

### 9.1.1 支持向量机的数学原理

**1. 线性可分支持向量机**

如果数据是线性可分的，意味着存在一个超平面能够完全将两类数据分开，此时的目标是找到一个最优的超平面，使得其到最近的数据点（即支持向量）的距离最大化。首先，如图 9.2 所示，SVM 会尝试在数据集中找到一个初始超平面（在二维空间中表现为一条直线，三维空间中是一个平面，而在高维空间中则是一个超平面），这个初始超平面应当能够将数据点划分为两个不同的区域，每个区域对应一个类别；然而，如图 9.3 所示，SVM 并不满足于仅找到一个能够将数据分开的超平面，它的目标是找到一个最优的超平面，这个超平面不仅能够将数据分开，而且能够最大化不同类别数据点到这个超平面的最小距离，这个距离被称为间隔；在寻找最优超平面的过程中，SVM 会特别关注那些离超平面最近的数据点，这些点被称为支持向量，支持向量对于确定超平面的位置起着至关重要的作用，因为超平面的位置完全是由这些支持向量决定的。通过最大化间隔，SVM 实际上是在寻找那些能够最大化支持向量到超平面距离的超平面，而最大化间隔的目的是增强分类器的鲁棒性，使其对噪声和异常值更加不敏感。从数学理论上可以说明，这样找出的分类器有更好的泛化性能。因此，通过这一系列步骤，SVM 能够找到一个最优的超平面，这个超平面不仅能够将数据点完全分开，而且具有最大的间隔，从而保证了分类的准确性和鲁棒性。

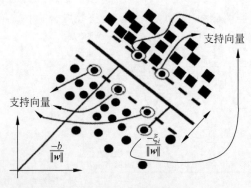

图 9.2 支持向量

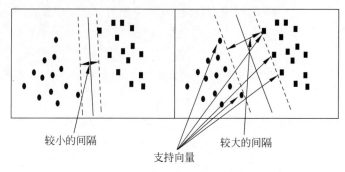

图 9.3 寻找最优的超平面

假设超平面的方程为 $w^T x + b = 0$,其中,$w$ 是超平面的法向量,$b$ 是偏置。对于任意数据点 $x_i$,其到超平面的距离可以表示为

$$\text{距离} = \frac{|w^T x_i + b|}{\|w\|} \tag{9.1}$$

其中,$\|w\|$ 是 $w$ 的范数。

(1) 最大化间隔:目标是找到 $w$ 和 $b$,使得所有样本点到超平面的距离之中的最小值最大(最大间隔)。数学上可以表示为以下最优化问题。

$$\max_{w,b} \min_i \frac{|w^T x_i + b|}{\|w\|} \tag{9.2}$$

为了简化问题,通常对公式进行一些变换,得到等效的问题:

$$\max_{w,b} \frac{1}{\|w\|} \tag{9.3}$$

约束条件:对于所有的 $i$,$y_i(w^T x_i + b) \geqslant 1$。

(2) 拉格朗日乘子法:通过拉格朗日乘子法,将带约束的优化问题转换为一个无约束的问题。定义拉格朗日函数为

$$L(w, b, \alpha) = \frac{1}{2} \|w\|^2 - \sum_{i=1}^n \alpha_i [y_i(w^T x_i + b) - 1] \tag{9.4}$$

其中,$\alpha_i$ 是拉格朗日乘子。

(3) 对 $w$ 和 $b$ 求偏导:分别对 $w$ 和 $b$ 求偏导,并令其等于 0。

$$w = \sum_{i=1}^n \alpha_i y_i x_i \tag{9.5}$$

$$\sum_{i=1}^n \alpha_i y_i = 0 \tag{9.6}$$

(4) 替换回拉格朗日函数:将 $w$ 和 $b$ 的表达式代入拉格朗日函数,得到拉格朗日对偶函数。

$$W(\alpha) = \sum_{i=1}^n \alpha_i - \frac{1}{2} \sum_{i,j=1}^n \alpha_i \alpha_j y_i y_j x_i^T x_j \tag{9.7}$$

(5) 求解对偶问题:现在需要求解的对偶问题如下。

$$\max_{\alpha} W(\alpha) \tag{9.8}$$

约束条件:$\alpha_i \geqslant 0$,对于所有的 $i$,$\sum_{i=1}^n \alpha_i y_i = 0$。

(6) 计算 $w$ 和 $b$：通过求解对偶问题得到一组最优的 $\alpha$，然后可以计算出 $w$ 和 $b$。

$$w = \sum_{i=1}^{n} \alpha_i y_i x_i \tag{9.9}$$

$$b = y_j - \sum_{i=1}^{n} \alpha_i y_i \boldsymbol{x}_i^{\mathrm{T}} x_j \tag{9.10}$$

**2. 线性不可分问题下的 SVM**

支持向量机是一种二类分类模型，用于解决线性可分和线性不可分但近似线性可分的问题。针对一般线性不可分问题，可以通过扩维的方法，将原始数据映射到更高维的空间，使得原本线性不可分的数据在高维空间中变得线性可分，或者近似线性可分，如图 9.4 和图 9.5 所示。

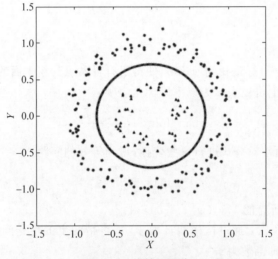

图 9.4 线性不可分

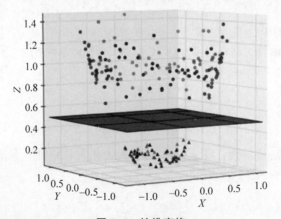

图 9.5 扩维变换

因此，支持向量机算法分为三大类：①当数据集线性可分，直接找最大间隔超平面；②当数据集近似线性可分，引入松弛变量结合最大间隔超平面；③当数据集非线性可分，引入核变换结合松弛变量技术的最大间隔超平面。超平面的方程是 $w^{\mathrm{T}}x + b = 0$，其中，$w$ 是超平面的法向量，$b$ 是偏置。对于任意数据点 $x_i$，其到超平面的距离可以用以下公式表示。

$$距离 = \frac{|\mathbf{w}^{\mathrm{T}} x_i + b|}{\|\mathbf{w}\|} \tag{9.11}$$

(1) 软间隔：允许一些数据点位于超平面的错误一侧，为此，这里引入了松弛变量 $\xi_i$。对于每个数据点 $x_i$，有对应的松弛变量点 $\xi_i$，表示其到正确一侧的距离。

(2) 最大化软间隔：目标是找到 $\mathbf{w}$ 和 $b$，使得间隔尽可能大，并且最小化所有的松弛变量之和。这可以形式化为以下最优化问题。

$$\min_{\mathbf{w},\xi} \frac{1}{2} \|\mathbf{w}\|^2 + C \sum_{i=1}^{n} \xi_i \tag{9.12}$$

约束条件为 $y_i(\mathbf{w}^{\mathrm{T}} x_i + b) \geqslant 1 - \xi_i$，对于所有的 $i, \xi_i \geqslant 0$。

其中，$C$ 是一个正则化参数，用于平衡间隔的大小和错误分类的惩罚；

(3) 拉格朗日乘子法：可以使用拉格朗日乘子法来处理带约束的优化问题，并定义拉格朗日函数为

$$L(\mathbf{w},b,\xi,\alpha,\beta) = \frac{1}{2} \|\mathbf{w}\|^2 + C \sum_{i=1}^{n} \xi_i - \sum_{i=1}^{n} \alpha_i [y_i(\mathbf{w}^{\mathrm{T}} x_i + b) - 1 + \xi_i] - \sum_{i=1}^{n} \beta_i \xi_i \tag{9.13}$$

其中，$\alpha_i$ 和 $\beta_i$ 是拉格朗日乘子。

(4) 对 $\mathbf{w}$、$b$ 和 $\xi$ 求偏导：分别对 $\mathbf{w}$、$b$ 和 $\xi$ 求偏导，并令其等于 0，得到一组等式。

(5) 求解对偶问题：通过求解对偶问题，得到一组最优的拉格朗日乘子，然后可以使用它们来计算 $\mathbf{w}$ 和 $b$。

(6) 计算 $\mathbf{w}$ 和 $b$：通过一组最优的拉格朗日乘子，可以计算出 $\mathbf{w}$ 和 $b$，通常需要通过一些额外的步骤来处理支持向量，因为它们对超平面的确定至关重要。

## 9.1.2　支持向量机的实现——以 SVC 为例

### 1. Sklearn 中 SVM 的算法库概述

在 Scikit-learn 库中，支持向量机（SVM）算法分为两大类：用于分类的库和用于回归的库。分类库包含 SVC、NuSVC 和 LinearSVC 三个类，而回归库则包含 SVR、NuSVR 和 LinearSVR 三个类。这些类都位于 sklearn.svm 模块中。

SVC 和 NuSVC 是用于分类的 SVM 算法，它们的主要区别在于损失的度量方式不同。SVC 提供了多种核函数选择，适用于各种数据分布情况。而 NuSVC 与 SVC 类似，但损失度量方式有所不同。LinearSVC 是专门用于线性分类的 SVM 算法，它不支持低维到高维的核函数转换，只支持线性核函数。因此，当数据线性可分或者已知线性可分的情况下，使用 LinearSVC 能够更快速地进行分类，而无须进行复杂的核函数选择和参数调整。

在回归方面，SVR 和 NuSVR 是用于回归的 SVM 算法，它们的主要区别也在于损失的度量方式。SVR 同样提供了多种核函数选择，适用于不同的数据分布。LinearSVR 则是用于线性回归的 SVM 算法，它只支持线性核函数。当数据适合线性回归模型时，使用 LinearSVR 可以更加高效地进行回归任务，避免了复杂的核函数选择和调参过程。

对于有经验的数据分析师或机器学习工程师，如果已知数据是线性可分的，可以选择使

用 LinearSVC 进行分类或 LinearSVR 进行回归,以提高速度和效率,而对于数据分布不确定的情况,通常使用 SVC 进行分类或 SVR 进行回归,并通过选择适当的核函数和调参来优化模型性能。

### 2. sklearn.svm.SVC()函数

sklearn.svm.SVC(C=1.0, kernel='rbf', degree=3, gamma='scale', coef0=0.0, tol=1e−3, verbose=False, max_iter=−1, random_state=None)

svm.SVC()是 Sklearn 中关于支持向量机的包,主要参数如下。

- C:误分类的惩罚参数,默认值是 1。表示对分错的点加多少的惩罚。C 值越大,对误分类的惩罚越重,模型将尝试更准确地拟合训练数据,但可能导致过拟合,即泛化能力弱。较小的 C 值将使模型更加简化,可能导致欠拟合,得到的模型可能不太正确。
- kernel:核函数,默认是'rbf',可选参数包括'linear'(线性核函数)、'poly'(多项式核函数)、'rbf'(高斯核函数)、'sigmoid'(Sigmoid 核函数)、'precomputed'(核矩阵)等。
- degree:当使用多项式核函数('poly')时,这个参数表示多项式的最高次数。
- gamma:核函数的系数,gamma 值越大,过拟合风险越高。默认是'scale',即 gamma=$1/(n\_features * X.var())$。可选参数包括'auto'或浮点数。如果参数设置为 'auto',即 gamma =$1/(n\_features)$;如果设置为浮点数,则要求是一个非负数。
- coef0:核函数中的独立项。仅在 'poly'和'sigmoid' 核函数中使用。
- tol:优化容忍度,即停止优化的标准,默认为 1e−3。
- verbose:是否启用详细输出,一般情况下设置为 False。
- max_iter:优化算法的最大迭代次数。如果设为−1,则没有限制。
- random_state:控制随机数生成的种子。当使用概率估计时,这个参数很有用,因为它可以确保结果的可重复性。

其中主要调节的参数有 C、kernel、degree、gamma、coef0,根据吴恩达给出的选择核函数的方法,有以下几条经验,但是在实际应用中还需要根据具体的数据集和问题进行适当的调整和优化。

第一,如果特征的数量大到和样本数量差不多,则选用 LR 或者线性核的 SVM。

第二,如果特征的数量小,样本的数量正常,则选用 SVM+高斯核函数。

第三,如果特征的数量小,而样本的数量很大,则需要手工添加一些特征从而变成第一种处理方式。

### 3. 利用支持向量机对鸢尾花进行分类

1)鸢尾花数据集

如果利用 PyCharm 下载鸢尾花数据集,Python 的科学计算库 Sklearn(Scikit-learn)已经内置了鸢尾花数据集,则在安装了 Sklearn 库后,直接输入代码 iris = load_iris()加载数据集即可,无须手动下载。如果需要不同格式或更大规模的鸢尾花数据集,可以从其他来源(如 TensorFlow 的网站)下载,但是需要注意数据格式和预处理与机器学习模型是否兼容。鸢尾花数据集的结构如表 9.1 所示。

表 9.1 鸢尾花数据集的结构

|   | A | B | C | D | E |
|---|---|---|---|---|---|
| 1 | 150 | 4 | setosa | versicolor | virginica |
| 2 | 5.1 | 3.5 | 1.4 | 0.2 | 0 |
| 3 | 4.9 | 3 | 1.4 | 0.2 | 0 |
| 4 | 4.7 | 3.2 | 1.3 | 0.2 | 0 |
| 5 | 4.6 | 3.1 | 1.5 | 0.2 | 0 |
| 6 | 5 | 3.6 | 1.4 | 0.2 | 0 |
| 7 | 5.4 | 3.9 | 1.7 | 0.4 | 0 |
| 8 | 4.6 | 3.4 | 1.4 | 0.3 | 0 |
| 9 | 5 | 3.4 | 1.5 | 0.2 | 0 |
| 10 | 4.4 | 2.9 | 1.4 | 0.2 | 0 |
| 11 | 4.9 | 3.1 | 1.5 | 0.1 | 0 |

2)支持向量机的简单示例

```
import numpy as np                                  #引入 NumPy 库
from sklearn import svm                             #导入 svm 模块
import pandas as pd                                 #引入 Pandas 库
from sklearn.datasets import load_iris              #导入 load_iris 函数
iris = load_iris()                                  #load_iris(),加载用于分类的数据集
tem_X = iris.data[:, :2]                            #取数据集中前两列.[:,2]表示取第 3 列
tem_Y = iris.target                                 #花卉品种
new_data = pd.DataFrame(np.column_stack([tem_X,tem_Y]),columns = ['Feature1', 'Feature2',
'Target'])         #将 tem_Y(标签)作为一个额外的"特征"添加到 tem_X 中,再将堆叠后的数据转换为
#Pandas 的 DataFrame 格式
print(new_data.head(3))                             #打印 DataFrame 的前 3 行
new_data = new_data[new_data['Target'] != 1]  #移除所有目标变量(即花卉品种)为 1 的行。目
#标变量的值有 0、1、2,通过该代码,去除了值为 1 的样本
X = new_data[['Feature1', 'Feature2']].values #使用列名提取特征值
Y = new_data['Target'].values                 #使用列名提取特征值
clf = svm.SVC(kernel = 'linear')              #创建了一个 SVC 对象,并将其存储在变量 clf 中
clf.fit(X, Y)                                 #训练 SVM 分类器
print('Model Accuracy: ', clf.score(X, Y))    #打印训练后的模型准确率
```

运行结果如下。

```
   Feature1  Feature2  Target
0       5.1       3.5     0.0
1       4.9       3.0     0.0
2       4.7       3.2     0.0
Model Accuracy: 0.99
```

4. 重要函数介绍

1) numpy.column_stack(tup)

该函数是将元组 tup 中的每个一维数组都视为一个列向量,堆叠到二维数组的右侧,生成一个新的二维数组,如图 9.6 所示。

```
import numpy as np
a = np.array([1,2,3])
b = np.array([4,5,6])
c = np.array([7,8,9])
d = np.column_stack((a,b,c))
print(d)
```

运行结果如下。

```
[[1 4 7]
 [2 5 8]
 [3 6 9]]
```

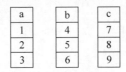

图 9.6 列堆叠

2) numpy.row_stack(tup)

该函数是将元组 tup 中的每个 1 维数组都视为一个行向量,并将它们堆叠成一个新的 2 维数组,如图 9.7 所示。不过在较新的 Numpy 中,该函数已被 np.vstack()替代。关于 np.vstack()函数的介绍,详见第 11 章。

```
import numpy as np
a = np.array([1,2,3])
b = np.array([4,5,6])
c = np.array([7,8,9])
d = np.row_stack((a,b,c))
print(d)
```

运行结果如下。

```
[[1 2 3]
 [4 5 6]
 [7 8 9]]
```

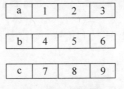

图 9.7 行堆叠

3) DataFrame.groupby(by=None,axis=0,level=None,as_index=True)

该函数是根据一个或多个列进行分组,主要参数如下。

- by:要分组的列名,可以是 1 个或多个。
- axis:分组的方向,0 表示行方向,1 表示列方向。
- level:分组级别。
- as_index:分组后的结果是否作为索引。

以处理第 9 章文件夹中的数据表格"分组"为例。为了方便查看,将该表格转置,如表 9.2 所示,该表格包含 3 个属性'X1'、'X2'、'决策值 Y';15 个样本。'X1'的值包括 1、2、3;

'X2'的值包括 0、1、2;'决策值 Y'的值都是 0 和 1。

表 9.2　分组表

| 样本序号 | 1 | 2 | 3 | 4 | 5 | 6 | 7 | 8 | 9 | 10 | 11 | 12 | 13 | 14 | 15 |
|---|---|---|---|---|---|---|---|---|---|---|---|---|---|---|---|
| X1 | 1 | 1 | 1 | 2 | 2 | 2 | 2 | 3 | 3 | 3 | 3 | 3 | 3 | 3 | 3 |
| X2 | 2 | 2 | 2 | 2 | 2 | 1 | 1 | 0 | 0 | 1 | 1 | 1 | 1 | 1 | 1 |
| 决策值 Y | 1 | 0 | 1 | 1 | 0 | 0 | 1 | 1 | 0 | 0 | 1 | 1 | 1 | 1 | 0 |

```
import pandas as pd
data = pd.read_excel('C:\\量化金融\\第 9 章\\第 9 章数据\\分组.xlsx', index_col = 0, 
header = 0)
attr1_ratio = data.groupby('X1')
print(attr1_ratio)
```

运行后,没有分组的结果,但是可以通过命令查询。

```
print(data.groupby('X1').describe())
```

运行结果如下。

```
         X2                     …    决策值 Y
      count  mean    std         …    50%   75%   max
X1                               …
1      3.0   2.00   0.00000      …    1.0   1.0   1.0
2      4.0   1.50   0.57735      …    0.5   1.0   1.0
3      8.0   0.75   0.46291      …    1.0   1.0   1.0
```

用一些函数配合则可以得到分组的结果,这些函数包括 mean()(均值)、min()(最小值)、size()(分组大小)、count()(统计)等。

```
#根据一个属性进行分组
attr2_ratio = data.groupby('X1').mean()
print(attr2_ratio)
```

运行结果如下。

```
       X2    决策值 Y
X1
1     2.00   0.666667
2     1.50   0.500000
3     0.75   0.625000
#结合表 9.2,运行的结果显示,分组统计后,针对属性'X2',当'X1'取值为 1 时,'X2'的取值是 2、2、2、
#因此'X2'的均值是 2;当'X1'取值为 2 时,'X2'的均值是 1.5;当'X1'取值为 3 时,'X2'的均值是 0.75。
#针对属性'决策值 Y',当'X1'取值为 1 时,'决策值 Y'的取值是 1、0、1,因此'决策值 Y'的均值是 0.66667;
#当'X1'取值为 2 时,'决策值 Y'的均值为 0.5,当'X1'取值为 3 时,'决策值 Y'的均值为 0.625
```

```
#根据两个属性进行分组
attr3_ratio = data.groupby(['X1','X2']).mean()
print(attr3_ratio)
```

运行结果如下。

```
           决策值 Y
X1  X2
1   2     0.666667
```

```
2    1    0.500000
     2    0.500000
3    0    0.500000
     1    0.666667
```
#结合表9.2,运行的结果显示,分组统计后,例如,当'X1'取值为3,'X2'取值为0时,'决策值Y'的取
#值是1、0,因此'决策值Y'的均值是0.5;当'X1'取值为3,'X2'取值为1时,'决策值Y'的取值是0、1、
#1、1、1、0,因此'决策值Y'的均值是0.666667

```
#一个属性对另外一个属性进行分组
attr4_ratio = data.groupby('X1')['决策值Y'].mean()
print(attr4_ratio)
```

运行结果如下。

```
X1
1    0.666667
2    0.500000
3    0.625000
Name: 决策值Y, dtype: float64
```

## 9.2 数据离散

因为本章在建模过程中采用了数据离散,同时数据离散是特征工程中的一个重要技术,故在此处系统讲述数据离散。数据离散主要是将连续型的特征值转换为离散型的特征值,可以将无限空间中的有限个体映射到有限的空间中,从而提高算法的效率。例如,当数据只与它们之间的相对大小有关,而与具体是多少无关时,可进行离散化。常见的区域离散化方法有等宽离散化、等频率离散化、聚类离散化、决策树离散化、基于熵的离散化方法、基于卡方的离散化方法等,下面具体讲述等频率离散化、聚类离散化和基于信息熵的离散化方法及其实现。

### 9.2.1 等频率离散化

**1. 原理**

等频率离散化是依据数据的频率分布进行排序,按照等频或指定频率将数据划分成不同的区间,从而完成对数据的离散。等频划分则会使得最终的每个区间包含大致相等的样本数量,它不考虑数据值的实际分布,例如,如果有一个包含1000个数据点的数据集,并指定将其划分为10个等频区间,那么每个区间将包含大约100个数据点;指定频率划分则可以根据数据的实际分布来定义区间的边界,例如,如果指定区间的边界为[0,0.2,0.6,1],那么数据将被分成3个箱子,分别是[0,0.2)、[0.2,0.6)和[0.6,1]。通过对数据进行离散化处理,不仅简化了数据分析的复杂度,还可以更好地处理数据中的噪声和异常值,使分析结果更加稳定和可靠。

**2. 应用**

函数: pd.qcut(x,bins,labels=None,retbins=False,precision=3,duplicates='raise')。

pd.qcut()函数可以根据样本的分位数对数据进行划分,确保每个区间包含大致相同数量的样本,从而实现等频率离散化,主要参数如下。
- x：1维数组或Series。即需要进行分位数划分的数据集。
- bins：创建的分箱的数量或者分箱的边界值。如果是整数,则代表分箱数。如果是数组,箱子的边界即是数组中给定的一系列切点。
- labels：每个箱体的标签。
- duplicates：用于处理待分箱数据中的重复值,duplicates＝'drop'会确保返回的临界值是唯一的。如果有多个重复的临界值,则只保留一个,删除其他重复值后继续分箱,从而不报错。

下面使用qcut()函数对欺诈样本数据进行离散演示,该数据集来自阿里云天池大赛。

```
import pandas as pd
data = pd.read_csv('C:\\量化金融\\第9章\\第9章数据\\金融数据分析赛题2:保险反欺诈预测数据集 train.csv')    # 读取数据
print(data[['customer_months','capital-gains']].head(5))    # 显示前5行
```

运行结果如下。

```
   customer_months  capital-gains
0              189          62203
1              234          31606
2               23              0
3              210              0
4               81          75296
```

```
# 使用qcut()函数进行离散化
data['customer_months'],data['capital-gains'] = pd.qcut(data['customer_months'],10, labels\
=False,duplicates='drop'),pd.qcut(data['capital-gains'], 4, labels=False,duplicates='drop')
# 离散'customer_months'和'capital-gains',其中将属性'customer_months'离散为10个值,标签
#(labels)设置为False。将'capital-gains'离散为4个值。在上条代码的第1个labels后,有一
# 个反斜杠(\),作用是在程序编辑器中,如果某行代码过长,不便于查看,可以用反斜杠(\)将一条
# 过长的代码分为两行或者多行显示,虽然分为多行显示,但实质上是一条代码
# 因为数据集data有700条样本,首次直接用print()显示结果,只显示前5条和最后5条结果,其
# 他结果会省略。从省略的结果中发现,虽然设定将'capital-gains'离散为4个值,但是最终离散
# 的结果值只有0、1、2。为了查看全部显示结果,添加如下4条代码
pd.set_option('display.max_columns', None)        # 显示完整的列
pd.set_option('display.max_rows', None)           # 显示完整的行
pd.set_option('display.expand_frame_repr', False) # 设置不折叠数据
pd.set_option('display.max_colwidth', 100)
print(data[['policy_deductable','capital-gains']])
```

运行结果如下。

```
   policy_deductable  capital-gains
0               1000              2
1                500              1
2               1000              0
3                500              0
4               1000              2
5                500              0
6               1000              2
7               1000              2
                ...
# 此处的省略号是手动添加的。因为最终显示了700条结果,在此处不全部展示
# 通过查看全部的结果,发现虽然'capital-gains'被设定为离散的值有4个,但最终被离散的值只
```

\#有 3 个,原因在于'capital-gains'的 700 个初始值中有 347 个值是 0,占比接近 50%,则有两个重
\#复的边界值(0),而由于设置 duplicates = 'drop',返回的边界值是唯一的,如果有重复,它只会保留
\#一个。最终离散的结果是,350 个值被离散为 0,175 个值被离散为 1,175 个值被离散为 2

### 9.2.2 聚类离散化

**1. 原理**

K-means 算法中的 $K$ 表示的是聚类为 $K$ 个簇,means 代表取每个聚类中数据值的均值作为该簇的中心(也称质心),即用每个的类的质心对该簇进行描述。通过 K-means 离散法,可以将连续的数据集划分为 $K$ 个离散的聚类,从而实现数据的离散化。这种方法在数据分析和数据挖掘中广泛应用,特别是在处理大规模高维数据时,可以有效地降低数据的维度和复杂性,提高数据处理的效率和准确性。

**2. 应用**

```
KBinsDiscretizer(n_bins = 5, encode = 'onehot', strategy = 'quantile')
```

KBinsDiscretizer 是 Scikit-learn 库中的一个类,用于将连续型数据分成离散的 bins(箱子)。该类的实例化对象可以通过参数的选择采取多种离散方法,如果参数 strategy 选择'kmeans',则使用聚类方法进行离散化。主要参数如下。

- n_bins:箱子的数量,默认是 5。取值必须大于 2,否则程序报错。
- encode:对转换结果进行编码的方法,默认是'onehot'。可选参数包括'onehot-dense'、'ordinal'。
- strategy:定义箱子宽度的方法,默认是'quantile'(分位数,即每个属性中的所有 bin 具有相同数量的点)。可选参数包括'uniform'(每个属性中的所有 bin 具有相同的宽度)、'kmeans'(每个 bin 中的值具有相同的 1 维 K-means 簇的最近中心)。

下面对欺诈样本数据进行离散。

```
import pandas as pd
from sklearn.preprocessing import KBinsDiscretizer
#读取数据
data = pd.read_csv('C:\\量化金融\\第 9 章\\第 9 章数据\\金融数据分析赛题 2:保险反欺诈预测数据集 train.csv')
print(data[['policy_deductable','capital-gains','capital-loss','injury_claim','vehicle_claim', 'property_claim','umbrella_limit']].head(5))   #显示前 5 行
```

运行结果如下。

```
   policy_deductable   capital-gains   ...   property_claim   umbrella_limit
0              1000            62203   ...             5752          5000000
1               500            31606   ...            10156                0
2              1000                0   ...             9247                0
3               500                0   ...             5955                0
4              1000            75296   ...            10301                0
[5 rows x 7 columns]
```

```
#离散化
for col in ['capital-gains', 'capital-loss', 'injury_claim', 'vehicle_claim', 'property_claim',
'umbrella_limit', 'policy_deductable']:   #col 依次读取需要离散的属性标签
```

```
        discretizer = KBinsDiscretizer(n_bins = 8, encode = 'ordinal', strategy = 'kmeans')
#对于所读取的列,创建一个 KBinsDiscretizer 对象
        data[col] = discretizer.fit_transform(data[col].values.reshape(-1, 1))
#拟合离散化器并转换数据,注意要将数据集中提取特定列的数据的形状调整为 2 维数组,因为 fit_
# transform()的输入必须是 2 维矩阵,所以被输入的 1 维数据经过 reshape(-1,1)处理转变为 2
#维,reshape(-1,1)是将输入的数据集变成一列,reshape(1,-1)是将输入的数据变成一行。此处
# -1 是指未指定,可理解为一个占位符,它代替任何整数
print(data[['policy_deductable', 'capital - gains', 'capital - loss', 'injury_claim', 'vehicle_
claim', 'property_claim', 'umbrella_limit']].head(5))
```

运行结果如下。

```
   policy_deductable   capital - gains  ...  property_claim   umbrella_limit
0        1.0                5.0         ...        1.0              4.0
1        0.0                2.0         ...        3.0              1.0
2        1.0                0.0         ...        3.0              1.0
3        0.0                0.0         ...        2.0              1.0
4        1.0                6.0         ...        3.0              1.0
[5 rows x 7 columns]
```

### 9.2.3 基于信息熵的离散化方法

**1. 原理**

熵是一个在多个领域中都有重要应用的概念。在信息论中,熵被用来衡量信息的不确定性。它是由克劳德·香农在 1948 年提出的,并被认为是信息论的核心概念之一。熵衡量了从信源中接收到的信息的丰富程度,也衡量了不确定性的程度,一个事物的熵越大,其不确定性越大。一个高熵的随机变量意味着它包含更多的信息或不确定性,而一个低熵的随机变量则意味着它包含较少的信息或不确定性。熵被定义为所有可能的事件发生概率的负对数的期望值,假设一个随机变量 $X$ 的可能取值为 $X=\{x_1,x_2,\cdots,x_n\}$,且已知 $p(X=x_i)$ ($i=1,2,\cdots,n$)为其概率分布,则根据定义,随机变量 $X$ 的熵为

$$H(X) = -\sum_{i=1}^{n} p_i \log p_i \tag{9.14}$$

在定义中使用对数函数,是由于其可以将概率 $p(x)$ 映射到一个实数上,放大概率的微小变化,将取值范围为 $[0,1]$ 的 $p(x)$ 放大到取值范围为 $(-\infty,0]$,从而更准确地反映不确定性。在定义中,熵是所有可能事件概率与其对应对数概率的乘积之和,其中,权重是事件的概率,加权平均的方式是为了综合考虑所有可能事件的不确定性,从而得到随机变量的总不确定性。

熵在数学上具有非负性、极值性、可加性等性质,这些性质对于理解和应用熵的概念至关重要。显然,从公式即可看出其非负的特点,这一性质也反映了没有负的不确定性;熵的极值性是指熵在特定条件下可以达到最大值或最小值,该性质是熵应用中的重要性质之一,例如,当随机变量 $X$ 是确定性的,即所有概率都集中在某个特定的值上时,熵达到最小值 0,而当 $X$ 的所有可能取值具有相同的概率时(即均匀分布),熵达到最大值。

而条件熵 $H(X|Y)$ 表示在已知随机变量 $Y$ 的条件下,随机变量 $X$ 的不确定性。例如,如表 9.3 所示,属性 $X$ 的条件熵为 $H(D|A) = 5/15 H(D_1) + 5/15 H(D_2) + 5/15 H(D_3) =$

$-(5/15)\times((3/5)\times np.\log_2(3/5)+(2/5)\times np.\log_2(2/5))-(5/15)\times((2/5)\times np.\log_2(2/5)+(3/5)\times np.\log_2(3/5))-(5/15)\times((4/5)\times np.\log_2(4/5)+(1/5)\times np.\log_2(1/5))=0.888$。

表 9.3 是随意设定的对 $X$ 进行离散的结果,在这样的离散结果下,属性 $X$ 的信息熵是 0.888,但是这样的离散结果可能并未是最优的结果,即并非是让属性 $X$ 的熵最小。为了寻找最佳离散结果,可以采取遍历所有可能的阈值,然后计算每一组阈值下离散结果的信息熵,最后挑选出最小信息熵,即是最佳离散结果。

以表 9.4 为例,设定将属性 $X$ 离散为三个值 1、2、3,因此需要两个阈值 $T_1$ 和 $T_2$。先对属性 $X$ 进行排序,然后在属性 $X$ 的值中,当 $T_1$ 取样本 1 的值 0.1,$T_2$ 取样本 2 的值 0.11,此时属性 $X$ 被划分为三段。在第 1 段中,样本序号为 1,决策值只有一个,即当样本 1 的值的离散结果取 1,决策属性值确定为 1,不确定性为 0,所以信息熵为 0。在第 2 段中,样本序号为 2,决策值只有一个,所以信息熵为 0。在第 3 段中,样本序号为 3~15,样本值均被离散为 3。在这 13 个样本中,有 8 个样本决策属性取值为 1,5 个样本决策属性取值为 0,信息熵为 $0+0-(13/15)\times((8/13)\times np.\log_2(8/13)+(5/13)\times np.\log_2(5/13))=0.833$。

表 9.3 样本

| 样本序号 | 属性 $X$ 的值 | 离散后 $X$ 的值 | 决策值 $Y$ |
| --- | --- | --- | --- |
| 1 | 0.1 | 1 | 1 |
| 2 | 0.11 | 1 | 0 |
| 3 | 0.2 | 1 | 1 |
| 4 | 0.3 | 1 | 1 |
| 5 | 0.32 | 1 | 0 |
| 6 | 0.4 | 2 | 0 |
| 7 | 0.5 | 2 | 1 |
| 8 | 0.54 | 2 | 1 |
| 9 | 0.55 | 2 | 0 |
| 10 | 0.55 | 2 | 0 |
| 11 | 0.56 | 3 | 1 |
| 12 | 0.7 | 3 | 1 |
| 13 | 0.7 | 3 | 1 |
| 14 | 0.7 | 3 | 1 |
| 15 | 0.9 | 3 | 1 |

表 9.4 属性 $X$ 的离散(1)

| 样本序号 | 属性 $X$ 的值 | 离散后 $X$ 的值 | 决策值 $Y$ |
| --- | --- | --- | --- |
| 1 | 0.1 | 1 | 1 |
| 2 | 0.11 | 2 | 0 |
| 3 | 0.2 | 3 | 1 |
| 4 | 0.3 | 3 | 1 |
| 5 | 0.32 | 3 | 0 |
| 6 | 0.4 | 3 | 1 |
| 7 | 0.5 | 3 | 1 |
| 8 | 0.54 | 3 | 1 |
| 9 | 0.55 | 3 | 0 |
| 10 | 0.55 | 3 | 0 |
| 11 | 0.56 | 3 | 1 |
| 12 | 0.7 | 3 | 1 |
| 13 | 0.7 | 3 | 1 |
| 14 | 0.7 | 3 | 1 |
| 15 | 0.9 | 3 | 0 |

固定阈值 $T_1$,阈值 $T_2$ 下滑一个位次(见表 9.5),取样本 3 的值 0.2,此时在第 1 段中,决策值仍然只有一个,信息熵为 0。在第 2 段中,样本序号为 2~3 的值被离散为 2,决策值有两个:0 和 1,信息熵为 $-(2/15)\times((1/2)\times np.\log_2(1/2)+(1/2)\times np.\log_2(1/2))=0.133$。在第 3 段中,样本序号为 4~15 的值被离散为 3,在这 12 个样本中,有 7 个样本决策属性取 1,5 个样本决策属性取 0,信息熵为 $-(12/15)\times((7/12)\times np.\log_2(7/12)+(5/12)\times np.\log_2(5/12))=0.784$。在这种离散情况下,总信息熵为 0.917。

当阈值 $T_2$ 下滑取样本 14 的值时(如果阈值 $T_2$ 下滑到取样本 15 的值,则属性 $X$ 的值只能被划分为两段,故阈值 $T_2$ 不能取到样本 15 的值),阈值 $T_1$ 下滑一个位次,样本 1~2 的值被离散为 1,阈值 $T_2$ 取样本 3 的值,样本 3 的值被离散为 2,其他样本的值被离散为 3,然后计算在这个分段下属性 $X$ 的信息熵;然后阈值 $T_1$ 保持固定,阈值 $T_2$ 下滑一个位次,取样本 3~4,然后计算在这个分段下属性 $X$ 的信息熵,直到阈值 $T_2$ 取到样本 14,阈值 $T_1$ 再次下滑一个位次。如此不断循环。

如表 9.6 所示,阈值 $T_1$ 取到样本 3 的值,在第 1 段中,包含三个样本,这些样本的值被离散为 1,第 1 段信息熵为 $-(3/15)\times((1/3)\times np.\log_2(1/3)+(2/3)\times np.\log_2(2/3))=0.1837$;阈值 $T_2$ 取得样本 7 的值,第 2 段包含 4 个样本,这些样本的值被离散为 2,第 2 段信息熵为 $-(4/15)\times((2/4)\times np.\log_2(2/4)+(2/4)\times np.\log_2(2/4))=0.2667$;第 3 段包含 8 个样本,第 3 段信息熵为 $-(8/15)\times((3/8)\times np.\log_2(3/8)+(5/8)\times np.\log_2(5/8))=0.5090$,总信息熵为 $0.9594$。

表 9.5 属性 $X$ 的离散(2)

| 样本序号 | 属性 $X$ 的值 | 离散后 $X$ 的值 | 决策值 $Y$ |
|---|---|---|---|
| 1 | 0.1 | 1 | 1 |
| 2 | 0.11 | 2 | 0 |
| 3 | 0.2 | 2 | 1 |
| 4 | 0.3 | 3 | 1 |
| 5 | 0.32 | 3 | 0 |
| 6 | 0.4 | 3 | 0 |
| 7 | 0.5 | 3 | 1 |
| 8 | 0.54 | 3 | 1 |
| 9 | 0.55 | 3 | 0 |
| 10 | 0.55 | 3 | 0 |
| 11 | 0.56 | 3 | 1 |
| 12 | 0.7 | 3 | 1 |
| 13 | 0.7 | 3 | 1 |
| 14 | 0.7 | 3 | 1 |
| 15 | 0.9 | 3 | 0 |

表 9.6 属性 $X$ 的离散(3)

| 样本序号 | 属性 $X$ 的值 | 离散后 $X$ 的值 | 决策值 $Y$ |
|---|---|---|---|
| 1 | 0.1 | 1 | 1 |
| 2 | 0.11 | 1 | 0 |
| 3 | 0.2 | 1 | 1 |
| 4 | 0.3 | 2 | 1 |
| 5 | 0.32 | 2 | 0 |
| 6 | 0.4 | 2 | 0 |
| 7 | 0.5 | 2 | 1 |
| 8 | 0.54 | 3 | 1 |
| 9 | 0.55 | 3 | 0 |
| 10 | 0.55 | 3 | 0 |
| 11 | 0.56 | 3 | 1 |
| 12 | 0.7 | 3 | 1 |
| 13 | 0.7 | 3 | 1 |
| 14 | 0.7 | 3 | 1 |
| 15 | 0.9 | 3 | 0 |

通过遍历所有可能的阈值,得到最小信息熵,最小信息熵所对应的阈值即是最佳离散阈值,根据最佳阈值离散的结果即是最佳的离散结果。

**2. 应用**

基于熵的离散化方法是一种有监督离散化方法,它利用信息论中条件熵的概念来确定数据的最佳离散化方式,其目的是找到一种划分方式,使得划分后的数据集的熵最小,即数据纯度最高。信息熵离散连续型数值的缺陷在于运算量大。为此,此处示例用包含 145 个样本、30 个属性的上市公司风险预警样本数据进行信息熵离散,将其离散为三个类别,分别为 0、1、2。

代码实现思路是:遍历每一个特征的索引值,对于每个特征计算其最小条件熵。计算条件熵的方法:先确定需要离散的特征,并进行升序排序,并去重复值;然后第 1 个阈值 $T_1$ 遍历该特征的样本取值,在 $T_1$ 取值确定的情况下,第 2 个阈值 $T_2$ 遍历 $T_1$ 到该属性最大取值的前一个值之间的值;由于 $T_2$ 属于第 3 个循环,只有在第 3 个循环运行完毕,第 2 个循环才会+1,因此第 1 个阈值 $T_1$ 会在第 2 个阈值遍历完之前都保持不动,直到第 2 个阈值遍历完一次后,第 1 个阈值才会往后挪,第 2 个阈值又会重新归位到第 1 个阈值的后一个值。通过这样的方法,最终遍历完所有不同阈值的条件熵值。在每次计算完一个阈值组合的条件熵后,会与保存的最小条件熵值做比较,如果更小,则会替换原来的条件熵值,最后遍历完后就能选出最小的条件熵。最后还需要依据最小条件熵来对属性值进行分类。

```
# -*- coding: utf-8 -*-
import numpy as np                              # 导入 NumPy 库
import pandas as pd                             # 导入 Pandas 库
path = r'C:\量化金融\第9章\第9章数据'           # 设置工作路径
df_1 = pd.read_excel(path + '\\' + '上市公司风险预警样本.xlsx', index_col = 0, header = 0)
# 导入上市公司风险预警样本.xlsx 文件,以第 1 列作为 df 的索引值,以第 1 行作为变量名
df = df_1.T    # 因为原始表格行标签为财务指标,列标签为上市公司代码,故需要转置
df = df.replace((np.inf, -np.inf, np.nan), 0) # 将 df 中的无穷大、无穷小、空值都换成 0
J = df.shape[1]-1 # 表格中样本决策属性所在的列的数值为 30,因为 Python 从 0 开始计算,所以
# 减 1,J = 29
```

1) 设定两个阈值 $T_1$、$T_2$

```
for feature in df.columns[0:J]:                 # feature 依次读取列标签(正在被离散的条件属性)
    best_entropy = float('inf')                 # 初始化最佳熵值为正无穷大
    best_first_threshold = float('inf')         # 初始化第 1 个最佳阈值为正无穷大
    best_second_threshold = float('inf')        # 初始化第 2 个最佳阈值为正无穷大
    df_1 = df.sort_values(by = feature, ascending = True)  # df 会根据 feature 列的值进行升
# 序排序,并且所有列都会相应地重新排列,以保持它们之间的对应关系
    length = df_1[feature].shape[0]   # 得到 feature 列元素的个数,shape 属性返回一个元组,其中
# 第 1 个元素是行数,第 2 个元素是列数。因为只关心列的元素个数(即行数),所以使用 shape[0]
    t = df_1[feature].values                    # 获取待离散属性 feature 的所有属性值
    T = sorted(list(set(t)))                    # 合并 feature 的属性值中的重复值。如果不合并重
# 复值,在离散过程中,阈值将重复取相同的值,不仅运算量加大,且程序容易出错
    print('T',T)
    for i in range(len(T)-2):                   # 遍历从 0 到 len(T) - 3 的整数,i 的值即为划分到 A1
# 类(即第 1 段)的样本的最大索引值,由于需要将值分为三类,因此 A1 类的样本只取到倒数第 3 个值
        for j in range(i+1,len(T)-1):           # 遍历从 i + 1 到 len(T) - 2 的整数,j 的值即为划分到
# A2 类(即第 2 段)的样本的最大索引值,由于需要将值分为三类,因此 A2 类的样本只取到倒数第 2 个值
            threshold_1 = T[i]                  # 设置当前循环的第 1 个阈值为 T 的第 i 个元素。T 类
# 似表 9.5 中属性 X 的值,即 T 为正在被离散的属性的所有取值的升序排列(去除了重复值)
            threshold_2 = T[j]                  # 设置当前循环的第 2 个阈值为 T 的第 j 个元素
```

2) 计算 A1 类(即第 1 段)的信息熵

```
            values_1 = df_1[df_1[feature].values <= threshold_1]   # values_1 是一个满足条件
# 的 DataFrame, values_1 是属于 A1 类(即第 1 段)的值
            values_1_row = values_1.shape[0]  # values_1_row 是 values_1 的长度(元素个数)。类似表 9.5
# 中,A1 类(第 1 段)包含的样本数量
            p_1 = (list(values_1.iloc[:, J]).count(0)) / values_1_row   # A1 类中 fraud 标签为 0
# 的比例。类似表 9.5 中,A1 类(第 1 段)包含的样本中,决策属性值为 0 的样本占比
# values_1 是一张 DataFrame 表格,里面的样本为 A1 类(第 1 段)的样本,values_1.iloc[:, J]是
# Series,由 A1 类(第 1 段)中样本的决策属性组成。list(values_1.iloc[:, J])是将数据类型为
# Series 的 values_1.iloc[:, J]转换为数组,list(values_1.iloc[:, J]).count(0)是统计数组中有
# 多少个样本取 0 值
# 如果 p_1 的值不为 0 或 1 时,即 A1 类中 fraud 标签不全为 1 或不全为 0 时
            if p_1 != 0 and p_1 != 1:
# 计算条件熵值的第 1 项,即 A1 类占总类别的比例作为权重,再乘 A1 类组内熵值
                entropy_1 = -(len(values_1)/length) * (((p_1) * np.log2(p_1)) + (1 - p_1) *
np.log2((1 - p_1)))
# 与计算表 9.5 A1 类(第 1 段)的信息熵对比,length 是样本总数,类似 15;len(values_1)类似 A1 类
# (第 1 段)所包含的样本数;(p_1)类似 A1 类(第 1 段)中决策属性为 0 的样本数的占比
```

```
            else:                    # 如果 p_1 的值为 0 或 1 时
                entropy_1 = 0        # 条件熵值的第 1 项为 0
# 将 entropy_1 赋值给 first_entropy,则 first_entropy 也是条件熵值的第 1 项
            first_entropy = entropy_1    # 计算 values_1 的熵值
```

3) 计算 A2 类(即第 2 段)的信息熵

```
            values_2 = df_1[(df_1[feature] > threshold_1) & (df_1[feature] <= threshold_2)]
# 获取满足元素值在第 1 个阈值到第 2 个阈值之间该条件的行,values_2 属于 A2 类
            values_2_row = values_2.shape[0]   # values_2_row 是 values_2 的长度(元素个数)
            p_2 = (list(values_2.iloc[:, J]).count(0)) / values_2_row # A2 类中 fraud 标签为 0 的比例
# 以下条件语句同 A1 类一致
            if p_2 != 0 and p_2 != 1:
                entropy_2 = - (len(values_2)/length) * (((p_2) * np.log2(p_2)) + (1 - p_2) *
np.log2((1 - p_2)))
            else:
                entropy_2 = 0
            second_entropy = entropy_2    # 计算 values_2 的熵值
```

4) 计算 A3 类(即第 3 段)的信息熵

```
            values_3 = df_1[df_1[feature] > threshold_2]    # 获取满足元素值大于第 2 个阈值该条
# 件的行,values_3 属于 A3 类
            values_3_row = values_3.shape[0]   # values_3_row 是 values_3 的长度(元素个数)
            p_3 = (list(values_3.iloc[:, J]).count(0)) / values_3_row    # A3 类中 fraud 标签为
# 0 的比例
# 以下条件语句同 A1、A2 类一致
            if p_3 != 0 and p_3 != 1:
                entropy_3 = - (len(values_3)/length) * (((p_3) * np.log2(p_3)) + (1 - p_3) *
np.log2((1 - p_3)))
            else:
                entropy_3 = 0
            third_entropy = entropy_3    # 计算 values_3 的熵值
```

5) 计算总信息熵

```
            entropy = first_entropy + second_entropy + third_entropy
# 每次循环都会比较此次循环的熵值与存放的最佳熵值
            if entropy < best_entropy:      # 如果此处循环计算的总信息熵 entropy 比已有的熵 best_
# entropy 小,更新下列数据
                best_entropy = entropy              # 更新最佳熵值
                best_first_threshold = threshold_1   # 更新最佳阈值
                best_second_threshold = threshold_2  # 更新最佳阈值
# 此时获取了特征的最佳阈值,因此只需要对该特征的每一行都与最佳阈值做一个比较就可以实现
# 分类了
```

6) 遍历每一列的索引值,并根据上述最佳阈值进行离散

```
    for index, value in df[feature].items():   # 如果数据框 df 坐标为(row,feature)的数据比最
# 佳阈值 threshold_1 小,则归为"1"类(以下另外两个 elif 分支同理)
# df.items()函数是遍历数据集的每一列,同时返回该列中的行标签以及行标签所对应的列值
        if value <= best_first_threshold:
            df.at[index, feature] = 1
# 单元格选取,方法包括 df.at[]和 df.iat[]。使用时必须输入两个参数,即行索引和列索引,其中,
# df.at[]只能使用标签索引,df.iat[]只能使用整数索引
        elif (value > best_first_threshold) & (value <= best_second_threshold):
```

```
            df.at[index, feature] = 2
        elif value > best_second_threshold:
            df.at[index, feature] = 3
pd.set_option('display.max_rows', None)      #不限制 DataFrame 的显示行数
pd.set_option('display.max_columns', None)   #不限制 DataFrame 的显示列数
pd.set_option('display.width', None)         #保证 DataFrame 在一行之内显示完(不加这一句会
#分成多行显示)
print(df)
df.to_excel(path + '\\' + 'df10.xlsx')       #将离散的结果保存为 df10 表格
```

## 9.3 相关金融原理

在建模的过程中采取引入经济金融理论的方法,以提高模型的精度,在本章保险反欺诈模型中引入的经济金融理论包括学历和城市的经济状况、风险偏好、收入状况对保险欺诈的影响、道德风险、信息不对称等。

**1. 学历是影响保险欺诈发生的重要因素之一**

从一般情况来看,学历较高的个体可能具备更强的知识背景和分析能力,特别是法学博士(JD),他们更有可能理解和识别保险合同的条款和规定,且一般来说,学历高的人往往能在社会中获得更高的地位和收入,这可能会降低他们进行保险欺诈的可能性;当然,高学历者也可能利用其对保险合同的条款和规定的熟悉能力或其他方面进行保险诈骗。所以在该模型中对学历的属性值进行处理时,将法学博士(JD)与其他学位博士(PhD,MD)进行区别。

**2. 城市的经济状况也是影响保险欺诈发生的重要因素之一**

一般来说,经济发达的城市,保险市场的规模也更大,因此可能会吸引更多的保险欺诈行为。同时,经济发达的城市也可能有更多的机会和方式来进行保险欺诈,如通过复杂的金融交易、虚假的财务报告等手段。当然,经济发达的城市,获取合法收入的渠道也很多,也可能让保险欺诈发生概率降低。

**3. 高风险偏好被保人可能与保险欺诈的风险相关**

被保人的兴趣爱好一定程度上反映了他们的风险偏好,喜欢高风险活动的人可能更愿意承担风险,这可能导致他们在购买保险时选择更高的保额或更广泛的覆盖。这种高风险偏好的个体也可能更倾向于采取冒险行为,包括可能的欺诈行为。

**4. 收入状况与保险欺诈之间存在一定的关系**

低收入者可能更容易成为保险欺诈的目标或参与者。由于他们的经济状况较为困难,面对高额的保险赔付,一些人可能会受到诱惑而故意制造事故、夸大损失或提供虚假信息,以获取不应得的保险赔偿;高收入者也可能涉及保险欺诈。一些高收入者可能通过购买高额保险来获取不正当的利益,例如,故意制造事故或虚构损失来骗取高额的保险金。此外,他们还可能利用复杂的金融手段和保险产品进行欺诈,如虚构投资回报、操纵市场价格等。

### 5. 保险市场具有信息不对称的特征

当投保人和被保人不是同一个人时，关系的远近可能会导致投保人对被保人的风险状况了解的程度不同，关系较疏远的也可能会由于利益驱动发生欺诈行为。投保人可能对被保人的风险状况了解不足或存在隐瞒，这种信息不对称可能为欺诈行为提供了机会。

### 6. 道德风险

道德风险是指保险参与方之一在保险交易过程中出于道德因素，采取不诚实或不合理的行为，以获取不应得到的保险利益，道德风险的存在给保险市场和保险公司都会带来一定的影响。

## 9.4 在保险反欺诈案例中的应用

### 9.4.1 背景介绍

在大数据时代下，保险反欺诈工作将变得更加精准、高效和协作化。数据技术的应用可以帮助保险公司建立更加有效的反欺诈模型。通过对历史欺诈案例的数据进行分析和挖掘，保险公司可以发现欺诈行为的模式和特点，从而建立更加精准的反欺诈模型，这些模型可以自动化地识别和处理欺诈行为，提高保险公司的业务效率。

此处所用的数据集来自阿里云天池金融数据分析大赛的数据集。数据分为三个 Excel 表文件，包括保险反欺诈预测数据集 train、保险反欺诈预测数据集 test、保险反欺诈预测数据集 submission。其中，命名为 train 的数据集是用于训练模型和检验模型，从而建立一个识别模型。然后用这个识别模型来预测 test 数据集中的样本，并标识出 test 中每个样本是否会发生欺诈。然后把这个识别结果存放到 submission，提交大赛组委会用于比赛。

从文件中的字段可以知道，该数据的特点之一是 object 类别的数据占比大（如果一列中含有多个类型，则该列的类型会是 object，同样字符串类型的列也会被当成 object 类型），文件中的字段含义如表 9.7 所示。

表 9.7 相关字段及其含义

| 字 段 | 含 义 |
| --- | --- |
| customer_months | 成为客户的时长，以月为单位 |
| policy_bind_date | 保险绑定日期 |
| policy_state | 上保险所在地区 |
| policy_csl | 组合单一限制 |
| policy_deductable | 保险扣除额 |
| policy_annual_premium | 每年的保费 |
| umbrella_limit | 保险责任上限 |
| insured_zip | 被保人邮编 |
| insured_sex | 被保人性别 |
| insured_education_level | 被保人学历 |

续表

| 字 段 | 含 义 |
| --- | --- |
| insured_occupation | 被保人职业 |
| insured_hobbies | 被保人兴趣爱好 |
| insured_relationship | 被保人关系 |
| capital_gains | 资本所得 |
| capital_loss | 资本损失 |
| incident_date | 出险日期 |
| incident_type | 出险类型 |
| collision_type | 碰撞类型 |
| incident_severity | 事故严重程度 |
| authorities_contacted | 联系了当地的哪个机构 |
| incident_state | 出事所在的州 |
| incident_hour_of_the_day | 出事所在的小时(1天24小时的哪个时间) |
| number_of_vehicles_involved | 涉及的车辆数 |
| property_damage | 是否有财产损失 |
| bodily_injuries | 身体伤害 |
| witnesses | 目击证人 |
| police_report_available | 是否有警察记录的报告 |
| total_claim_amount | 整体索赔金额 |
| injury_claim | 伤害索赔金额 |
| property_claim | 财产索赔金额 |
| vehicle_claim | 汽车索赔金额 |
| auto_make | 汽车品牌 |
| auto_model | 汽车型号 |
| auto_year | 汽车购买的年份 |
| fraud | 是否欺诈 |
| policy_id | 案件编号 |
| age | 年龄 |
| incident_city | 出事的城市 |

## 9.4.2 读取数据

先引入接下来所有会用到的库和模块,包括 Pandas 库、NumPy 库、Sklearn 库的 svm 模块等,然后使用 Pandas 库中的 read_csv 方法读取数据(代码如下)。

```
# -*- coding:utf-8 -*-
import pandas as pd
import numpy as np
import time
from sklearn import preprocessing as pp
from sklearn import svm
import matplotlib.pyplot as plt
import matplotlib
from sklearn.preprocessing import KBinsDiscretizer
from sklearn.model_selection import train_test_split
from sklearn.metrics import roc_auc_score
```

```
matplotlib.rcParams['font.sans-serif'] = ['SimHei']
matplotlib.rcParams['axes.unicode_minus'] = False    #确保负号在各种情况下都能正确显示
#前3行代码为读取数据
data = pd.read_csv('C:\\量化金融\\第9章\\第9章数据\\金融数据分析赛题2:保险反欺诈预测数据集 train.csv')
test = pd.read_csv('C:\\量化金融\\第9章\\第9章数据\\金融数据分析赛题2:保险反欺诈预测数据集 test.csv')
submission = pd.read_csv('C:\\量化金融\\第9章\\第9章数据\\金融数据分析赛题2:保险反欺诈预测 数据集 submission.csv')
print(data.head(5))    #打印data数据集的前5行
```

运行结果如下。

|   | policy_id | age | customer_months | … | auto_model | auto_year | fraud |
|---|---|---|---|---|---|---|---|
| 0 | 122576 | 37 | 189 | … | Maxima | 2000 | 0 |
| 1 | 937713 | 44 | 234 | … | Civic | 1996 | 0 |
| 2 | 680237 | 33 | 23 | … | Wrangler | 2002 | 0 |
| 3 | 513080 | 42 | 210 | … | Legacy | 2003 | 1 |
| 4 | 192875 | 29 | 81 | … | F150 | 2004 | 0 |

### 9.4.3 数据清洗与样本构建

**1. 常规方法**

1) 选择算法

为了体现支持向量机在金融领域的具体应用,本节直接采用支持向量机模型,但是由于支持向量机不适合该问题的数据特性,无法充分利用车险索赔的数据特征,与深度学习模型相比,在准确率和训练速度上效果较差。

2) 数据切分

为了不造成测试集中的信息泄露到训练集中,应该在数据预处理前进行数据集切分,以确保训练集和测试集的独立性,从而更准确地评估模型泛化能力和性能。

```
#数据切分
fea = data.drop(['fraud'],axis=1).columns    #去除决策属性列fraud,然后提取剩余列的列标
#签,并赋予fea
train_x = data[fea]    #train_x将只包含fea的列(不含决策属性列)
train_y = data['fraud']
X_train, X_test, y_train, y_test = train_test_split(train_x,train_y,test_size=0.15,
random_state=42)    #划分数据集为训练集和测试集
```

3) 数据探索及数据清洗

在数据清洗之前,先了解数据的基本结构。经过初步探索(代码如下),发现该数据的特点之一是字符串类型列(即 dtype 为 object 类别)占比大,包括'insured_education_level'、'incident_city'、'insured_relationship'、'police_report_available'、'insured_hobbies'、'insured_occupation'等。

```
for col in X_train.columns:    #col 依次读取 X_train 的列标签
    print(X_train[col].value_counts(ascending=True))
#value_counts()函数是用于统计一个列中每个唯一取值的频数,返回一个新的Series,其中,索引
```

```
# 是唯一取值，而值是该唯一取值对应的频数。以表 9.6 为例，如果用 value_counts()处理'离散后 X
# 的值'这一列，返回的结果中，索引是'离散后 X 的值'这个列的属性值 1、2、3，索引 1 对应的频数是 3，
# 即有三个样本取值为 1。索引 2 对应的频数是 4，即有 4 个样本取值为 2。索引 3 对应的频数是 8。
# ascending 参数是可选的，默认值是 False，即按照出现次数的升序排列；若设定为 False，则降序
# 排列
# 由于此处变量太多，且在下面将会给出每个特征中属性值对应的属性'fraud'的值为 1 的占比的运
# 行结果，也有相关属性值的列示，为避免重复，此处不列示代码结果。从运行结果可知，上述部分
# 特征的属性值分类指标过多，当属性值分类太多时，可能导致模型复杂度增加、数据稀疏性问题及
# 理解和解释上的困难，这会给数据分析和处理带来一定的挑战，对此，可以基于业务逻辑、领域知
# 识或数据分布来检查属性值分类，确定是否有相似或可以合并的类别
```

在该应用中，先基于数据分布，初步判断属性值该如何融合，再根据经济金融领域知识最终确定融合方式，所以可以通过计算这些特征的不同属性值中保险欺诈('fraud'为 1)的占比来初步融合属性值，融合策略为属性值'fraud'为 1 的占比接近则考虑融合，代码如下。

```
X_train_with_y = pd.concat([X_train, y_train], axis = 1)
# 使用 concat 函数沿着 axis = 1(列方向)合并，即将 y_train 作为新列添加到 X_train 的右侧，形成
# 一个新的 DataFrame，名为 X_train_with_y
# 对于每个属性，用 for 循环依次读取属性，然后通过 groupby 计算 fraud 为 1 的占比
for attr in ['insured_education_level','incident_city','insured_relationship',
'police_report_available','insured_hobbies','insured_occupation']:
# 使用 groupby 按属性分组，计算每个属性在不同属性值下，fraud 的均值(即 fraud 为 1 的占比)，得
# 出发生欺诈的占比
    attr_fraud_ratio = X_train_with_y.groupby(attr)['fraud'].mean() * 100
# 乘以 100 得到百分比
    print("Attribute {} fraud = 1 ratio:".format(attr))
# print()输出格式中的一种方法，即 format()方法。在此代码中，是将 format(attr)中的 attr 传递给
# 双引号中的花括号，然后输出。例如，print("{}{}{}".format('ABC',123,'456'))，是将 format()中
# 的 ABC 传递给第 1 个花括号，将数字 123 传递给第 2 个花括号，将字符 456 传递给第 3 个花括号，
# 输出的结果是 ABC123456
    print(attr_fraud_ratio)
```

运行的结果较多，只展示以及说明'insured_relationship'和'incident_city'两个特征。其中，'incident_city'的属性值中'Columbus'、'Springfield'、'Riverwood'和'Northbend'的占比(即发生欺诈的概率)接近，可以考虑融合；'insured_relationship'的属性值中'not-in-family'和'unmarried'百分比(即发生欺诈的概率)接近，可以考虑融合。

运行结果(因为结果很多，此处只展示部分结果)如下。

```
Attribute incident_city fraud = 1 ratio:
incident_city
Arlington            31.182796
Columbus             24.418605
Hillsdale            30.120482
Northbend            24.418605
Northbrook           22.222222
Riverwood            24.675325
Springfield          24.489796
Name: fraud, dtype: float64

Attribute insured_relationship fraud = 1 ratio:
insured_relationship
```

```
husband            23.076923
not-in-family      27.522936
other-relative     29.523810
own-child          22.641509
unmarried          27.500000
wife               26.373626
Name: fraud, dtype: float64
```

接下来进行数据清洗,检查数据中是否有缺失值。

```
print(X_train.isnull().sum())
```

运行结果(因结果较多,此处只显示部分结果)如下。

```
policy_id              0
age                    0
customer_months        0
policy_bind_date       0
policy_state           0
policy_csl             0
          ...
```

检查运行的结果发现'authorities_contacted'有缺失值,这里将其作为类别变量中的一个单独类别处理。检查原始表格发现,'authorities_contacted'存在一个空缺值。虽然此次的 X_train 中存在一个空缺值,但是在有的计算机对样本进行随机分割而形成的 X_train 中,可能不存在空缺值,因为此时这个空缺值被分割到 X_test 中了。

```
fill_value = '?'    #指定一个值来填充空缺
X_train['authorities_contacted'] = X_train['authorities_contacted'].fillna(fill_value)
#使用 fillna()方法填充'authorities_contacted'列中的空缺值
```

4)特征工程

特征工程在机器学习中扮演着至关重要的角色。特征的质量直接决定了模型的性能,所以选择合适的特征来正确地刻画建模对象,对于模型性能的影响往往超过模型参数选择的影响。以下是为建立保险反欺诈模型,针对该案例的数据集所进行的特征工程。

(1)特征构建与处理。

样本集中有些特征可以直接使用,但是有些特征需经过转换成为算法能够利用的特征,如'policy_bind_date'、'incident_date',它们的属性值'**-**-**'的日期格式可能不会被直接识别,所以应用 Python 的 datetime 模块进行转换;为了提取出'policy_bind_date'、'incident_date'这两个变量中的有用信息作为新特征来训练模型,应该计算两个日期之间的天数差,创建出一个新的列'insured_days';另外,通过日常经验,可初步判断样本集所提供的有些特征之间存在多重共线性的问题,需对其进行处理,例如,'total_claim_amount'与'injury_claim'、'property_claim'、'vehicle_claim'、'policy_deductable'存在多重共线性,应将其剔除。代码如下。

```
#特征构建
X_train['policy_bind_date'] = pd.to_datetime(X_train['policy_bind_date'])
#通过 to_datetime,将保险绑定日期 policy_bind_date 转换为 Pandas 的日期时间格式,然后替代原
#来的 policy_bind_date
X_train['incident_date'] = pd.to_datetime(X_train['incident_date'])
#将这两列转换成 datetime64 类型
```

```
# 保险绑定日期 policy_bind_date,出险日期 incident_date,两个日期相减创建衍生变量已保天数
# insured_days
X_train['insured_days'] = (X_train['incident_date'] - X_train['policy_bind_date']).dt.days
X_train['auto_year'] = pd.to_datetime(X_train['auto_year'].astype(str) + '-01-01', format
='%Y-%m-%d')    # 将 auto_year 列中的数据类型转换为形如'YYYY-01-01'的字符串
X_train['auto_year'] = (X_train['policy_bind_date']-X_train['auto_year']).dt.days
# 原变量剔除,保险编号'policy_id'与是否欺诈无关,也将其剔除
X_train.drop(columns = ['policy_bind_date', 'incident_date','policy_id'], inplace = True)
# total_claim_amount 与 injury_claim、property_claim、vehicle_claim 存在多重共线性,应将其
# 剔除
X_train.drop(columns = ['total_claim_amount'], inplace = True)
```

(2) LabelEncoder 方法编码。

由于机器学习中的大多数算法需要数值型输入,所以可以利用 LabelEncoder 方法将分类数据转换成数字。LabelEncoder 是 Scikit-learn 库中提供的一个实用工具,用于将分类标签(即非数字类型的标签)转换为 $0 \sim (n-1)$ 的数字,但这些整数并不表示任何顺序或大小关系,它们只是用于区分不同的类别。例如,有一个简单的数据集,其中包含一些动物的名称['cat','dog','bird','cat','elephant','bird'],为了将这些数据用于机器学习模型,需将这些动物的名称转换为数字,LabelEncoder 将每个唯一的动物名称('cat','dog','bird','elephant')转换为一个唯一的整数(0,1,2,3),这些整数并不反映任何实际的顺序或数值意义,是任意分配的。

在使用 LabelEncoder 方法进行编码的时候要为每一列创建一个 LabelEncoder 实例并且将该编码器和列名存储在字典中,以便处理测试集数据时可以使用。在上述例子中,若有另一组需要编码的动物标签,并且这些标签与之前的标签相同,可以使用上面例子中创建的 LabelEncoder 对象(编码器)来进行转换,无须再次拟合。

```
# 创建一个包含 X_train 中所有字符串类型(object)列的列名的列表。如果创建所有非字符串类型
# 列的列名列表,就要把 == 'object'修改为!= 'object'
disorder_list = X_train.dtypes[X_train.dtypes == 'object'].index
label_encoders = {}              # 创建一个字典来存储每个列的 LabelEncoder 实例
for col in disorder_list:
    a = pp.LabelEncoder()        # 创建一个 LabelEncoder 实例
    X_train[col] = a.fit_transform(X_train[col])
    # 循环 disorder_list 列表中的每个列名,对每一列使用 LabelEncoder 方法进行编码
    label_encoders[col] = a    # 将编码器存储在字典中,以便后续使用。如果将 X_train 保存下来
# 可以发现,字符串类型列的列值已被编码,例如,列标签为'insured_education_level'的类别有 7 类,
# 现在已被编码为 0、1、2、3、4、5、6
for col, a in label_encoders.items():
    print('{} classes: {}'.format(col,a.classes_))    # 可查看每个编码器的类别
```

运行结果如下。

```
policy_state classes: ['A' 'B' 'C']
policy_csl classes: ['100/300' '250/500' '500/1000']
insured_sex classes: ['FEMALE' 'MALE']
        ...
# 从编码器中可以发现,列'policy_state'的类别是'A' 'B' 'C',经编码后转换为 0、1、2
```

(3) 连续数据离散化。

虽然前面已通过经验去除了一些具有共线性的特征,但是还需要在进行离散化前,用函

数检查一下相关性。

```
#检查相关性
correlation = X_train.corrwith(y_train).abs()  #计算自变量与因变量的相关系数的绝对值
print(correlation)
correlation.sort_values(ascending = False, inplace = True)  #对相关系数进行从高到低排序
correlation.plot.bar()                      #绘制相关性条形图
plt.show()                                  #由相关性图9.8,舍弃'policy_annual_premium'
```

运行结果如下。

```
X_train.drop(columns = ['policy_annual_premium'], inplace = True)
```

```
#离散化
for col in ['capital-gains', 'capital-loss', 'injury_claim', 'vehicle_claim', 'property_claim',
'umbrella_limit', 'insured_days','policy_deductable']:
    discretizer = KBinsDiscretizer(n_bins = 8, encode = 'ordinal', strategy = 'kmeans')
#采用 KMeans 方法,对于每个列,它都创建了一个 KBinsDiscretizer 对象
    X_train[col] = discretizer.fit_transform(X_train[col].values.reshape(-1, 1))
#拟合离散化器并转换数据,注意要将数据集中提取特定列的数据的形状调整为二维数组,因为fit_
#transform方法需要输入的数据是二维的
discretizer_2 = KBinsDiscretizer(n_bins = 9, encode = 'ordinal', strategy = 'uniform')
X_train['customer_months'] = discretizer_2.fit_transform(X_train['customer_months'].values.
reshape(-1, 1))
```

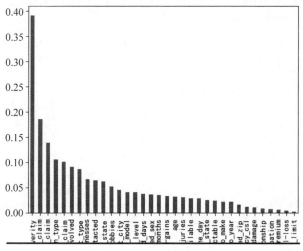

图 9.8 相关性

(4) 归一化。

```
robustscaler_scale = pp.RobustScaler()    #使用 RobustScaler()来创建实例
X_train_scaled = robustscaler_scale.fit_transform(X_train)    #将 X_train 的值进行缩放,使
#其具有零均值和单位方差
```

5) 模型的训练与评价

(1) 训练模型。

使用 Sklearn 中的 SVM 算法,其中,svm.SVC()函数中的 C 和 gamma 参数通过手动调参,当 C=10,gamma=0.1 时,效果较好。

```
start = time.time()   # 记录当前的时间点
clf = svm.SVC(kernel = 'rbf', C = 10, gamma = 0.1, probability = True)   # 实例化,并将其存储在变
# 量 clf 中
clf.fit(X_train_scaled, y_train)   # 训练模型
```

在对测试集进行预测从而评价之前,测试集也需要进行与训练集相同的数据处理过程,这能够确保模型在未知数据上的泛化能力得到准确评估。如果只对训练集进行数据处理,而测试集保持原始状态,那么模型可能会在测试集上表现不佳,因为模型没有学习到测试集的数据特性。下面只展示如何将对训练集编码、离散化步骤的相同规则应用到测试集中,不对代码进行详细解释。

(2) 字段处理。

```
X_test['authorities_contacted'] = X_test['authorities_contacted'].fillna(fill_value)
X_test['policy_bind_date'] = pd.to_datetime(X_test['policy_bind_date'])
X_test['incident_date'] = pd.to_datetime(X_test['incident_date'])
X_test['insured_days'] = (X_test['incident_date'] - X_test['policy_bind_date']).dt.days
X_test['auto_year'] = pd.to_datetime(X_test['auto_year'].astype(str) + '-01-01', format =
'%Y-%m-%d')
X_test['auto_year'] = (X_test['policy_bind_date'] - X_test['auto_year']).dt.days
X_test.drop(columns = ['policy_bind_date', 'incident_date', 'policy_id'], inplace = True)
X_test.drop(columns = ['total_claim_amount'], inplace = True)
X_test.drop(columns = ['policy_annual_premium'], inplace = True)
```

(3) LabelEncoder 方法编码。

```
disorder_list_test = X_test.dtypes[X_test.dtypes == 'object'].index   # 创建一个包含 X_test
# 中所有字符串类型列的列名的列表
for i in disorder_list_test:
    print(i)
    a = label_encoders[i]    # 在 label_encoders 字典中找到对应的编码器
    a.classes_ = [str(cls) for cls in a.classes_] # 将原始类别转换为字符串(如果它们不是的话)
    a.classes_ = np.append(a.classes_, '<unk>') # 添加<unk>到类别列表中
    test_labels = X_test[i].unique()              # 获取测试数据中的唯一标签
    for t in test_labels:
        if t not in a.classes_:                   # 检查在测试集中是否出现训练集没有的标签
            print('*** Warning ***: Column {} contains previously unseen labels'.format(i))
            print('将新出现值转换成<unk>')
    X_test[i] = X_test[i].map(lambda s: '<unk>' if s not in a.classes_ else str(s)) # 将新标签转
# 换为<unk>,并编码已知标签
    X_test[i] = a.transform(X_test[i].astype(str))   # 确保以字符串形式进行转换
```

(4) 连续数据离散化。

```
# 对测试集离散化
for col in ['capital-gains', 'capital-loss', 'injury_claim', 'vehicle_claim', 'property_claim',
'umbrella_limit', 'insured_days', 'policy_deductable']:
    X_test[col] = discretizer.transform(X_test[col].values.reshape(-1, 1))
X_test['customer_months'] = discretizer_2.transform(X_test['customer_months'].values.reshape
(-1, 1))
```

(5) 归一化。

```
X_test_scaled = robustscaler_scale.transform(X_test)
```

(6) 模型预测与评价。

在对测试集预测结果进行评价时,使用的评价指标为 AUC。AUC 是衡量学习器优劣的一种性能指标,用于评估分类模型性能,特别是在二分类问题中,AUC 对正负样本的均衡性不敏感,因此在处理不平衡数据集时,其性能评估仍然有效。AUC 的值介于 0.5~1.0,其中,0.5 表示分类器的性能与随机猜测没有区别,而 1.0 则表示分类器的性能达到最佳,所以 AUC 越接近 1.0,表示分类器的性能越好;相反,AUC 越接近 0.5,表示分类器的性能越差。

```
#使用测试集进行预测
y_pred_prob = clf.predict_proba(X_test_scaled)[:, 1]   #预测概率
end = time.time()                                      #记录当前的时间点
time_cost = end - start                                #计算所花费的时间
auc_score = roc_auc_score(y_test, y_pred_prob)         #计算 AUC 评分
print("AUC Score: {:.5f},耗时:{:0.2f}秒".format(auc_score,time_cost))
#使用常规方法的运行结果
AUC Score: 0.64995,耗时:0.22 秒
```

6) 模型的应用

对最终需要预测的 test 数据集进行与 train 训练集相同的数据处理过程,最终形成需要提交组委会的参赛结果。下面只展示如何将对训练集编码、离散化步骤的相同规则应用到测试集中,不对代码进行解释。

(1) 字段处理。

```
test_x = test[fea]
test_x['authorities_contacted'] = test_x['authorities_contacted'].fillna(fill_value)
test_x['policy_bind_date'] = pd.to_datetime(test_x['policy_bind_date'])
test_x['incident_date'] = pd.to_datetime(test_x['incident_date'])
test_x['insured_days'] = (test_x['incident_date'] - test_x['policy_bind_date']).dt.days
test_x['auto_year'] = pd.to_datetime(test_x['auto_year'].astype(str) + '-01-01', format = '%Y-%m-%d')
test_x['auto_year'] = (test_x['policy_bind_date'] - test_x['auto_year']).dt.days
test_x.drop(columns = ['policy_bind_date', 'incident_date','policy_id'], inplace = True)
test_x.drop(columns = ['total_claim_amount'], inplace = True)
test_x.drop(columns = ['policy_annual_premium'], inplace = True)
```

(2) LabelEncoder 方法编码。

```
disorder_list_test_x = test_x.dtypes[test_x.dtypes == 'object'].index
for i in disorder_list_test_x:
    print(i)
    a = label_encoders[i]
    a.classes_ = [str(cls) for cls in a.classes_]
    a.classes_ = np.append(a.classes_, '<unk>')
    test_labels = test_x[i].unique()
    for t in test_labels:
        if t not in a.classes_:
            print('*** Warning *** : Column {} contains previously unseen labels'.format(i))
            print('将新出现值转换成<unk>')
    test_x[i] = test_x[i].map(lambda s: '<unk>' if s not in a.classes_ else str(s))
    test_x[i] = a.transform(test_x[i].astype(str))
```

(3) 连续数据离散化。

```
for col in ['capital-gains', 'capital-loss', 'injury_claim', 'vehicle_claim', 'property_claim',
'umbrella_limit', 'insured_days','policy_deductable']:
    test_x[col] = discretizer.transform(test_x[col].values.reshape(-1, 1))
test_x['customer_months'] = discretizer_2.transform(test_x['customer_months'].values.reshape
(-1, 1))
```

(4) 归一化。

```
test_x_scaled = robustscaler_scale.transform(test_x)    #对"保险反欺诈预测数据集test"进
                                                       #行预测
```

(5) 模型的应用。

用识别模型来预测 test 数据集中的样本，预测出 test 中每个样本是否会发生欺诈，最后把这个识别结果存放到 submission，并将其保存为一个 CSV 文件。

```
test_y_pred = clf.predict(test_x_scaled)  #对test集进行预测
submission['fraud'] = test_y_pred          #将预测结果加入submission中
submission.to_csv('C:\\量化金融\\第9章\\第9章数据\\金融数据分析赛题2:submission_
predict.csv', index = False)    #将一个DataFrame(命名为submission)保存为一个CSV文件
```

### 2. 模型的改进

在构建该量化模型的过程中，采取引入经济金融理论的方法，以提高模型的精度，而通过分析车险索赔的数据特征，部分分类指标的类别过多，所以需要利用金融知识对属性值进行融合，以提供新的有用信息给模型。

需要注意的是，在进行数据整合时，如果整合方法可能存在问题，会导致整合后的数据并未提供新的有用信息给模型。例如，对于'insured_occupation'属性，如果整合只是简单地合并或重新分类，而没有根据金融知识，考虑到职业特性或风险模式的差异对保险欺诈结果的影响，那么整合后的数据可能无法为模型提供额外的预测能力。

在该案例中，对'insured_education_level'、'incident_city'、'insured_relationship'、'police_report_available'、'insured_hobbies'、'insured_occupation'这6个特征的属性值进行融合。

对于'insured_education_level'，前文有提到，由于学历对保险欺诈有所影响，特别是法学博士(JD)，可能更理解和识别保险合同的条款和规定，所以在对'insured_education_level'这个属性值进行处理时，将法学博士(JD)与其他学位博士(PhD,MD)进行区别，其他学历从高到低进行有序排序。

从资源分配的角度来看，经济状况的提升通常意味着国家有更多的资源来支持人口增长，而人口数量也是影响经济状况的因素之一，所以此处以人口数量来初步简化各城市的经济状况。'incident_city'的属性值(城市)按照经济状况从低到高进行排序，'Riverwood'是一个面积为0.54平方千米，人口数量为492的城市，其人口密度达到911人/平方千米；'Northbend'为一个面积为11.42平方千米，人口数量为7695的城市；'Hillsdale'是一个面积为15.88平方千米，人口数量为8186的城市，则'Riverwood'、'Northbend'、'Hillsdale'这三个城市的人口密度相近，经济状况差不多，可以进行融合；'Northbrook'是一个面积为34.45平方千米，人口数量为3.459万的村落；'Springfield'是一个人口数量为17.17万的城市；'Arlington'是一个人口数量为23.58万的县；'Springfield'、'Arlington'这两个城市的

经济状况相当,可以融合;'Columbus'是人口数量为 90.65 万的州府。

'insured_relationship'的属性值按照被保人和投保人的亲缘关系进行有序排序,其中,'own-child'、'husband'、'wife'可以融合为一类,'unmarried'、'not-in-family'也可以融合为一类。

'police_report_available'则涉及信息不对称问题,所以将三个属性值进行有序排序即可。

'insured_hobbies'的属性值在一定程度上反映了他们的风险偏好,则根据兴趣爱好的风险程度进行有序排序。

'insured_occupation'的属性值在一定程度上反映了他们的收入状况,所以根据收入的高低对该属性值进行处理(代码如下)。

所以对 9.4.3 节中的第 4)部分特征工程中的第(2)部分 LabelEncoder 方法编码、9.4.3 节中的第 5)部分模型的训练与评价中的第(3)部分 LabelEncoder 方法编码以及 9.4.3 节中的第 6)部分模型的应用中的第(2)部分 LabelEncoder 方法编码中的代码进行替代,以改进模型,替换后的完整程序参见脚本文件"常规方法"和"模型改进"。

1) 对第 4)部分特征工程中的第(2)部分 LabelEncoder 方法编码进行代码替换

```
X_train['insured_education_level'] = X_train['insured_education_level'].replace(['JD','PhD','MD',
'Masters','College','Associate','High School'],[0,1,1,2,3,4,5])    #使用 replace 方法对有序类别学
#历进行编码,这里将值'JD'替换成新值 0,将值'PhD'、'MD'替换成 1,剩下的属性值同理
X_train['incident_city'] = X_train['incident_city'].replace(['Riverwood','Northbend','Hillsdale',
'Northbrook','Springfield','Arlington','Columbus'],[0,0,0,1,2,2,3])    #根据城市的发达程度
X_train['insured_relationship'] = X_train['insured_relationship'].replace(['own-child','husband',
'wife','other-relative','unmarried','not-in-family'],[0,0,0,1,2,2])    #根据关系的远亲
X_train['police_report_available'] = X_train['police_report_available'].replace(['YES','?','NO'],[0,
1,2])
X_train['insured_hobbies'] = X_train['insured_hobbies'].replace({'sleeping': 0, 'reading': 0,
'movies': 0, 'chess': 0, 'board-games': 0, 'video-games':0, 'camping': 0, 'hiking': 0, 'dancing': 0,
'exercise': 0, 'paintball': 0, 'golf': 0, 'basketball': 0, 'cross-fit': 1, 'yachting': 2, 'kayaking':
2, 'polo': 3, 'skydiving': 3, 'base-jumping': 3, 'bungie-jumping': 3, })    #使用了一个字典来映射
#旧值到新值,如将旧值'sleeping'、'reading'、'movies'、'chess'、'board-games'、'video-games'、
#'camping'、'hiking'、'dancing'、'exercise'、'paintball'、'golf'、'basketball'替换成新值 0,剩余属性值
#同理
X_train['insured_occupation'] = X_train['insured_occupation'].replace({'exec-managerial':0,
'prof-specialty':0, 'tech-support':0, 'sales':1, 'craft-repair':2, 'machine-op-inspct':2,
'protective-serv':3, 'transport-moving':3, 'armed-forces':3, 'farming-fishing':4,
'handlers-cleaners':4, 'priv-house-serv':4, 'adm-clerical':5, 'other-service':5,})
disorder_list = X_train.dtypes[X_train.dtypes == 'object'].index
label_encoders = {}           #创建一个字典来存储每个列的 LabelEncoder 实例
for col in disorder_list:
    a = pp.LabelEncoder()     #创建一个 LabelEncoder 实例
    X_train[col] = a.fit_transform(X_train[col])
    #循环 disorder_list 列表中的每个列名,对每一列使用 LabelEncoder 方法进行编码
    label_encoders[col] = a   #将编码器存储在字典中,以便后续使用。如果将 X_train 保存下来
#可以发现,字符串类型列的列值已被编码,例如,列标签为'insured_education_level'的类别有 6
#类,现在已被编码为 0、1、2、3、4、5
for col, a in label_encoders.items():
    print("{} classes: {}".format(col,a.classes_))    #可查看每个编码器的类别
```

2) 对第 5)部分模型的训练与评价中的第(3)部分 LabelEncoder 方法编码进行代码替换

```python
X_test['insured_education_level'] = X_test['insured_education_level'].replace(['JD','PhD','MD',
'Masters','College','Associate','High School'],[0,1,1,2,3,4,5])
X_test['incident_city'] = X_test['incident_city'].replace(['Riverwood','Northbend','Hillsdale',
'Northbrook','Springfield','Arlington','Columbus'],[0,0,0,1,2,2,3])
X_test['insured_relationship'] = X_test['insured_relationship'].replace(['own-child',
'husband','wife','other-relative','unmarried','not-in-family'],[0,0,0,1,2,2])
X_test['police_report_available'] = X_test['police_report_available'].replace(['YES','?',
'NO'],[0,1,2])
X_test['insured_hobbies'] = X_test['insured_hobbies'].replace({'sleeping':0,'reading':0,
'movies': 0, 'chess': 0,'board-games': 0,'video-games':0,'camping': 0,'hiking': 0,'dancing': 0,
'exercise': 0,'paintball': 0,'golf': 0, 'basketball': 0,'cross-fit': 1,'yachting': 2, 'kayaking': 2,
'polo': 3, 'skydiving': 3,'base-jumping': 3, 'bungie-jumping': 3,})
X_test['insured_occupation'] = X_test['insured_occupation'].replace({'exec-managerial':0,
    'prof-specialty':0,'tech-support':0,'sales':1,'craft-repair':2,'machine-op-inspct':2,
'protective-serv':3,'transport-moving':3,'armed-forces':3,'farming-fishing':4,'handlers-
cleaners':4,'priv-house-serv':4,'adm-clerical':5,'other-service':5,})
# 对测试集编码
disorder_list_test = X_test.dtypes[X_test.dtypes == 'object'].index    # 创建一个包含 X_test
# 中所有字符串类型列的列名的列表
for i in disorder_list_test:
  print(i)
  a = label_encoders[i]      # 在 label_encoders 字典中找到对应的编码器
  a.classes_ = [str(cls) for cls in a.classes_]  # 将原始类别转换为字符串(如果它们不是的话)
  a.classes_ = np.append(a.classes_, '<unk>')     # 添加<unk>到类别列表中
  test_labels = X_test[i].unique()     # 获取测试数据中的唯一标签
  for t in test_labels:
      if t not in a.classes_:    # 检查在测试集中是否出现训练集没有的标签
          print('*** Warning ***: Column {} contains previously unseen labels'.format(i))
          print("将新出现值转换成<unk>")
  X_test[i] = X_test[i].map(lambda s: '<unk>' if s not in a.classes_ else str(s))  # 将新标签
# 转换为<unk>,并编码已知标签
  X_test[i] = a.transform(X_test[i].astype(str))    # 确保以字符串形式进行转换
```

3) 对第 6)部分模型的应用中的第(2)部分 LabelEncoder 方法编码进行代码替换

```python
test_x['insured_education_level'] = test_x['insured_education_level'].replace(['JD','PhD',
'MD','Masters','College','Associate','High School'],[0,1,1,2,3,4,5])
test_x['incident_city'] = test_x['incident_city'].replace(['Riverwood','Northbend','Hillsdale',
'Northbrook','Springfield','Arlington','Columbus'],[0,0,1,2,2,3,3])
test_x['insured_relationship'] = test_x['insured_relationship'].replace(['own-child',
'husband','wife','other-relative','unmarried','not-in-family'],[0,0,0,1,2,2])
test_x['police_report_available'] = test_x['police_report_available'].replace(['YES','?','NO'],
[0,1,2])
test_x['insured_hobbies'] = test_x['insured_hobbies'].replace({'sleeping':0,'reading':0,
'movies': 0, 'chess': 0,'board-games': 0,'video-games':0,'camping': 0,'hiking': 0,'dancing': 0,
'exercise': 0,'paintball': 0,'golf': 0, 'basketball': 0,'cross-fit': 1,'yachting': 2, 'kayaking': 2,
'polo': 3, 'skydiving': 3,'base-jumping': 3, 'bungie-jumping': 3,})
test_x['insured_occupation'] = test_x['insured_occupation'].replace({'exec-managerial':0,
'prof-specialty':0,'tech-support':0,'sales':1,'craft-repair':2,'machine-op-inspct':2,
'protective-serv':3,'transport-moving':3,'armed-forces':3,'farming-fishing':4,'handlers-
cleaners':4,'priv-house-serv':4,'adm-clerical':5,'other-service':5,})
disorder_list_test_x = test_x.dtypes[test_x.dtypes == 'object'].index
for i in disorder_list_test_x:
    print(i)
    a = label_encoders[i]
    a.classes_ = [str(cls) for cls in a.classes_]
```

```
        a.classes_ = np.append(a.classes_, '<unk>')
        test_labels = test_x[i].unique()
        for t in test_labels:
            if t not in a.classes_:
                print('*** Warning *** : Column {} contains previously unseen labels'.format(i))
                print("将新出现值转换成<unk>")
        test_x[i] = test_x[i].map(lambda s: '<unk>' if s not in a.classes_ else str(s))
        test_x[i] = a.transform(test_x[i].astype(str))
```

模型改进后,在评价模型时,可以得到以下运行结果。

```
# 在融入金融知识之后的运行结果是:
AUC Score: 0.66796,耗时:0.27 秒
```

与常规方法的运行结果对比,可以得知,在融入金融理论知识之后,模型的性能相较于常规方法提高了,AUC Score 由 0.649 95 提升至 0.667 96。这说明金融理论知识的融入对模型性能产生了积极的影响。金融知识的融入有助于改善模型的泛化能力。在常规方法中,模型可能只依赖于历史数据来进行预测,而忽略了金融市场的本质特性和运行规律。通过融入金融知识,模型可以更好地理解和应对市场变化,从而提高泛化能力,减少过拟合的风险。不仅如此,金融知识的融入还可以提高模型的可解释性。在机器学习中,往往存在"黑箱"问题,即模型难以解释其预测结果背后的原因,而通过融入金融知识,模型可以更清晰地解释其预测结果,从而提高可解释性。

# 习题

1. 本章中基于信息熵离散的代码是将连续数据最终划分为三个离散的类别 1、2、3,尝试编写最终离散为 4 个类别的代码。

2. 在保险欺诈案例中,支持向量机模型的参数为手动调整,尝试使用网格搜索,得到模型的最优参数。为了降低计算复杂度,只选取数据集中的 age、insured_education_level、incident_city、insured_relationship,对这 4 个特征进行网格搜索。

# 第 10 章 决策树及随机森林

CHAPTER 10

决策树(Decision Tree)可以通过对数据集进行递归分割,构建一个树状结构,其中每个内部节点表示一个属性或特征,每个叶子节点表示一个类别或回归值。决策树根据属性的值进行分割,并根据数据的特征来做出预测。随机森林(Random Forest)是一种集成学习方法,它基于决策树构建了一个组合模型。随机森林通过在训练过程中构建多个决策树,并对它们的预测结果进行整合来进行决策。在实际生产中,决策树和随机森林的应用范围非常广泛,包括但不限于分类问题、回归问题、特征选择、异常检测、金融风控和市场营销等领域。在经济金融领域,决策树和随机森林可以用于信用评分、证券市场预测、风险管理、金融产品组合推荐等方向。

本章主要介绍了决策树和随机森林的基本概念和原理,在实例方面,本章使用决策树和随机森林对银行客户认购产品的案例进行分析,根据客户的基本信息(包括客户的年龄、职业、婚姻、违约、房贷等),应用决策树和随机森林建模来预测客户接下来是否会购买银行的产品。在建模的过程中,本章介绍如何调整参数、如何利用经济金融知识优化特征值以提高模型的运行效率和金融方面的可解释性,提高模型的质量。同时,还用实例介绍如何修饰输出结果,增加输出结果的视觉效应,提高处理现实问题的技能。本章主要内容结构图如图 10.1 所示。

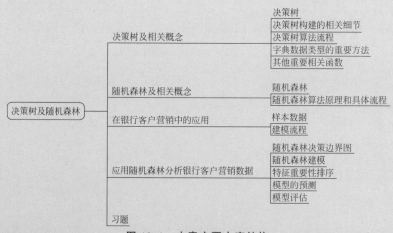

图 10.1 本章主要内容结构

## 10.1 决策树及相关概念

### 10.1.1 决策树

决策树(Decision Tree),顾名思义,是用来进行决策的树状的模型。在机器学习中,决策树通常被用来分类或者预测。例如,又红又大又甜的苹果是好苹果,那么在购买苹果时可以构建如下决策树来决定是否购买苹果。如图 10.2 所示,在购买苹果时,首先根据苹果是否红来进行决策,如果苹果不红,则决策结果为"不买";如果苹果红,则进行下一步判断。

在决策树中,最初的分支节点叫作根节点(root node);不再有分支的节点,即最终的结果,叫作叶子节点(leaf node);其余的节点被称为子节点(internal node)或中间节点(intermediate node),见图 10.2。

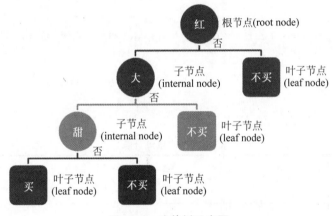

图 10.2 决策树示意图

### 10.1.2 决策树构建的相关细节

决策树构建的关键因素有两个:一是如何找到一个效果最好的特征进行分类,二是在何时让树停止生长。

下面介绍一些基本概念。

熵:在决策树中,熵反映了该分支下样本种类的丰富性,样本种类越多越混乱,则熵越大,如果样本完全属于同一类,则熵等于零。决策树的基本思想就是用树状结构进行分类或预测,随着决策树层数的增加,熵快速降低,以达到分类的目的。熵降低的速度越快,决策树的分类效率越高。

欠拟合:样本信息不足,例如,样本特征少、样本量不足等,导致无法从样本中提取太多信息,使模型训练程度不足,或者模型过于简单,最终导致模型对于测试集(或称验证集)的预测不准确。

过拟合:模型对于训练集的样本进行过于深度的学习,甚至学习了数据中的一些"噪声",导致模型对于训练集的拟合精度过高,对于测试集(或称验证集)的泛化能力降低。一一般而言，决策树算法容易出现过拟合问题，很少出现欠拟合。

信息增益：对于决策树而言，选择不同的特征作为分类依据，熵值降低的速度也不同，熵值降低的速度可以用信息增益来表示，这便是ID3算法的核心思想。其值为：父节点的样本熵值减子节点的样本加权平均熵值（权数为分类的频率。例如，一个二分类问题，类为"yes"和"no"，分类的频率即父节点中类为"yes"和"no"样本的频率）（此处的加权平均熵值也叫条件熵）。因此，应该在决策树的每个节点都找到最优的特征来对样本进行分类，即每个节点的分类特征都能让信息增益达到最大。例如，在表10.1中，$Y$为决策属性，$X_1$、$X_2$、$X_3$为条件属性。决策属性$Y$的熵为$H(Y) = -(9/15) \times \text{np.log}_2(9/15) - (6/15) \times \text{np.log}_2(6/15) = 0.971$；

条件熵$H(Y|X_1) = -(5/15) \times ((2/5) \times \text{np.log}_2(2/5) + (3/5) \times \text{np.log}_2(3/5)) - (5/15) \times ((2/5) \times \text{np.log}_2(2/5) + (3/5) \times \text{np.log}_2(3/5)) - (5/15) \times ((1/5) \times \text{np.log}_2(1/5) + (4/5) \times \text{np.log}_2(4/5)) = 0.8879$；

条件熵$H(Y|X_2) = -(10/15) \times ((4/10) \times \text{np.log}_2(4/10) + (6/10) \times \text{np.log}_2(6/10)) - 0 = 0.6473$；

条件熵$H(Y|X_3) = -(9/15) \times ((3/9) \times \text{np.log}_2(3/9) + (6/9) \times \text{np.log}_2(6/9)) - 0 = 0.551$。

信息增益$\text{Gain}(Y|X_1) = H(Y) - H(Y|X_1) = 0.083$；$\text{Gain}(Y|X_2) = H(Y) - H(Y|X_2) = 0.3237$；

$\text{Gain}(Y|X_3) = H(Y) - H(Y|X_3) = 0.42$。

表10.1 信息熵计算一

| 序号 | $X_1$ | $X_2$ | $X_3$ | $Y$ |
|---|---|---|---|---|
| 1 | 1 | 0 | 0 | 0 |
| 2 | 1 | 0 | 0 | 0 |
| 3 | 1 | 1 | 0 | 1 |
| 4 | 1 | 1 | 1 | 1 |
| 5 | 1 | 1 | 0 | 0 |
| 6 | 2 | 0 | 0 | 0 |
| 7 | 2 | 0 | 0 | 0 |
| 8 | 2 | 1 | 1 | 1 |
| 9 | 2 | 1 | 1 | 1 |
| 10 | 2 | 1 | 1 | 1 |
| 11 | 3 | 0 | 1 | 1 |
| 12 | 3 | 0 | 1 | 1 |
| 13 | 3 | 1 | 0 | 1 |
| 14 | 3 | 1 | 0 | 1 |
| 15 | 3 | 0 | 0 | 0 |

因为属性 $X_3$ 的信息增益最大,所以将 $X_3$ 这个最优特征作为根节点,根据 $X_3$ 的取值分为两个子集,$X_3$ 取值为 0 的集合是 $X_{30}$,$X_3$ 取值为 1 的集合是 $X_{31}$。因为 $X_3$ 取值为 1 的决策属性取值只有一个值,所以它成为一个叶子节点。在 $X_3$ 取值为 0 时所构成的子集 $X_{30}$ (见表 10.2) 中,决策属性 $Y$ 的熵为 $H(Y_1) = -(3/9) \times \mathrm{np.log}_2(3/9) - (6/9) \times \mathrm{np.log}_2(6/9) = 0.9183$;

条件熵 $H(Y|X_{13}) = -(4/9) \times ((1/4) \times \mathrm{np.log}_2(1/4) + (3/4) \times \mathrm{np.log}_2(3/4)) - 0 - (3/9) \times ((2/3) \times \mathrm{np.log}_2(2/3) + (1/3) \times \mathrm{np.log}_2(1/3)) = 0.6667$;条件熵 $H(Y|X_{23}) = 0$。信息增益 $\mathrm{Gain}(Y|X_{13}) = H(Y_1) - H(Y|X_{13}) = 0.2516$,$\mathrm{Gain}(Y|X_{23}) = 0.9183$。在集合 $X_{30}$ 中,属性 $X_2$ 的信息增益最大,以 $X_2$ 为最优特征,根据 $X_2$ 的取值继续分两类 $X_{20}$ 和 $X_{21}$,因为 $X_{20}$ 和 $X_{21}$ 的决策属性取值均只有一个值,所以形成两个叶子节点。然后在集合 $X_{30}$ 中,对属性 $X_1$ 进行分类。根据 $X_1$ 的取值分为三类:$X_{11}$、$X_{12}$ 和 $X_{13}$。因为没有更多可以用于分类的条件属性,分类结束。

表 10.2 信息熵计算二

| 序  号 | $X_1$ | $X_2$ | $X_3$ | $Y$ |
|---|---|---|---|---|
| 1 | 1 | 0 | 0 | 0 |
| 2 | 1 | 0 | 0 | 0 |
| 3 | 1 | 1 | 0 | 1 |
| 5 | 1 | 0 | 0 | 0 |
| 6 | 2 | 0 | 0 | 0 |
| 7 | 2 | 0 | 0 | 0 |
| 13 | 3 | 1 | 0 | 1 |
| 14 | 3 | 1 | 0 | 1 |
| 15 | 3 | 0 | 0 | 0 |

信息增益率:使用信息增益的方式会存在一些问题,举一个极端一点的例子,如果一个样本中含有一个特征"ID",其特征值对于每一条观测值都是唯一的,那么,将这一特征作为分类的依据就可以最高效地将各个样本分类完毕,同时,其信息增益也一定是最大的。但是这个决策树模型对于其他的样本却不具有普适性,因为其他样本的 ID 不可能与训练集的任何一个样本相同,因此对测试集(或称验证集)数据预测的准确度将会降低。针对这种情况,采用信息增益率的方式,即 C4.5 算法。信息增益率就是用信息增益除以子节点的样本加权平均熵值(权数为分类的频率,同上)。

基尼不纯度:也叫 GINI 指数,是指在一个分类中,随机抽取一个样本,这个样本被错误分在这一类的概率。也是各个样本出现的频率越低,即样本标签越多,则基尼不纯度越高。但是与熵的计算方式不同,其计算公式为

$$\mathrm{GINI}(p) = \sum_{k=1}^{n} p_k (1-p_k) = 1 - \sum_{k=1}^{n} p_k^2$$

假定有 $K$ 类,$p_k$ 为样本属于 $K$ 类的概率。

CART 算法:使用 GINI 指数作为衡量标准来选择分类特征。

超参数:非模型生成的参数,即在构建模型的时候自己设定的参数,如最大深度、子节点中的样本量、子节点个数等。

除了选择特征的标准不同,还有许多问题会引起模型的过拟合,如树的深度太深、子节

点中的样本量太小等。为了防止模型的过拟合,通常会采用剪枝操作,剪枝又分为预剪枝和后剪枝,区别如下。

预剪枝:在决策树构建的过程中,设定好超参数,如限制决策树的学习深度、限制子节点中的最小样本量、限制父节点达到最小样本量条件才被允许分枝、限制分枝时考虑的特征个数、限制最小信息增益等。在实际问题中,预剪枝可以结合网格搜索来选择一个较优的超参数,因此预剪枝应用广泛且效果较好。

后剪枝:在决策树模型构建完毕后再进行剪枝操作。后剪枝会从决策树的叶子节点开始,一层一层往上进行剪枝操作。在实际问题中,后剪枝一般应用较少。

交叉验证:每次验证时,将样本划分为不同的训练集和验证集,分别使用训练集来训练模型,再计算验证集的准确率,最后取验证集准确率的平均值作为最终结果。进行了 $K$ 次交叉验证就叫作 $K$ 折交叉验证,如图 10.3 所示是一个 4 折交叉验证。

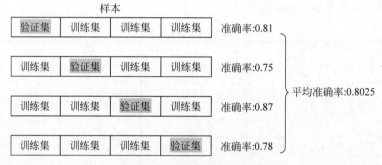

图 10.3　4 折交叉验证示意图

网格搜索:通过指定超参数的取值范围,计算机自动按照步长依次建立决策树模型,对于每组超参数,建模过程中都采用交叉验证的方法来评估,最后选出准确度最高的一组超参数及其对应的模。

### 10.1.3　决策树算法流程

分类决策树的核心思想就是在一个数据型集中找到一个最优特征,然后从这个特征的选值中找一个最优候选值,根据这个最优候选值将数据集分为两个子数据集,然后递归上述操作,直到满足指定条件为止。算法的实现流程大致如下。

- 数据准备:首先对数据进行预处理,包括缺失值填充、异常值处理以及特征编码等操作。
- 特征选择:在每个内部节点上,计算所有特征的信息增益/信息增益率(ID3/C4.5)或基尼不纯度(CART),选取具有最大增益/最小不纯度的特征作为划分标准。
- 生成分支:根据选定特征的最佳分割点,将数据集划分为子集,并为该节点创建分支。
- 递归生长:对每个子集重复上述过程,直至满足停止条件,如达到预设的最大深度、叶子节点包含样本数量少于阈值或者信息增益不再显著提高等。
- 剪枝优化:为了防止过拟合,可以通过后剪枝或预剪枝方法来简化决策树结构,提升模型泛化能力。

## 10.1.4 字典数据类型的重要方法

字典数据类型的基本格式为{key：value}，其中，"key"表示字典的"键"，"value"表示字典的"值"，"key：value"表示一个"键值对"。在一个字典中，可以有多个键值对，每个键值对用英文状态下的逗号(,)隔开，如{key1：value1,key2：value2}。字典的键必须为不可变数据类型，而字典的值可以为任意数据类型，可变数据类型和不可变数据类的分类如下。

- 可变数据类型：列表类型(List)，字典类型(Dictionary)，集合类型(Set)。
- 不可变数据类型：字符串类型(String)，数值类型(Number，包括 int、float、complex)，元组类型(Tuple)(注意：只有元组中的元素不存在可变数据类型时，元组才是一个不可变数据类型)。

注：字典的键不能重复，而字典的值可以重复；当字典中出现两个以上相同的键时，会保留最后一个键值对；不可以使用索引值来对字典进行索引和切片操作。

**1. 查询**

1) dict[key]

在字典数据类型中，不能像列表一样通过元素的索引值进行索引，必须通过字典的键来进行索引，在 dict[key]中，方括号内的"key"指的就是字典的键，在"key"存在的情况下，返回值为键"key"对应的值"value"。例如：

```
dict = {'a': 1,'b': 2,}
print(dict['a'])
```

运行结果如下。

```
1
```

如果"key"不存在，则 dict[key]用法会报错"KeyError"。例如：

```
print(dict['c'])
```

运行结果如下。

```
KeyError: 'c'
```

dict[key]用法还可以用来更改字典"dict"的键"key"对应的值"value"，或创建新的键值对。例如：

```
dict = {'a': 1,'b': 2,}
dict['a'] = 3
dict['c'] = 4
print(dict)
```

运行结果如下。

```
{'a': 3, 'b': 2, 'c': 4}
```

```
dict = {'a': 'A','b': 'B',}
dict['a'] = ['e','f']    #用['e','f']替代原来的'A'
dict['b'] = [1,2,3]      #用[1,2,3]替代原来的'B'
print(dict)
```

运行结果如下。

```
{'a': ['e', 'f'], 'b': [1, 2, 3]}
```

2) dict.get()

语法：dict.get(key,x)

该方法用于返回字典中指定键的值,主要参数如下。

- key：需要查询的键。
- x：如果查询不到,则返回 x,默认是 None,也可以是自己设定的返回值。

如字典中不存在此值,返回默认值

与 dict[key]比较,当字典"dict"的键"key"存在时,与 dict[key]用法的返回值一致,返回值为键"key"对应的值"value";当字典"dict"中的键"key"不存在时,dict[key]用法会报错"KeyError",而 dict.get(key,default)用法的返回值为"default",例如：

```
dict = {'a': 1,'b': 2,}
print(dict.get('a', 'not found'))
print(dict.get('c', 'not found'))
```

运行结果如下。

```
1
not found
```

```
dict['a'] = dict.get('a',0) + 1    # 因为字典中有键'a',所以 dict.get('a')返回'a'的值1,再加1,
                                   # 更新'a'的值为2。
dict['c'] = dict.get('c',0) + 1    # 因为字典中没有键'c',所以 dict.get('c')返回0,再加1。因为
                                   # dict[]具有添加键的功能,所以字典添加'c','c'的值为1。
print(dict)
```

运行结果如下。

```
{'a': 2, 'b': 2, 'c': 1}
```

3) dict.items(),dict.keys(),dict.values()

dict.items()的返回值为字典的所有键值对,数据类型为"dict_items"。

dict.keys()的返回值为字典的所有键,数据类型为"dict_keys"。

dict.values()的返回值为字典的所有值,数据类型为"dict_values"。例如：

```
dict = {'a': 1,'b': 2,}
print(dict.items())
print(dict.keys())
print(dict.values())
```

运行结果如下。

```
dict_items([('a', 1), ('b', 2)])
dict_keys(['a', 'b'])
dict_values([1, 2])
```

同时,可以通过 dict.items()、dict.keys()、dict.values()来遍历字典的键值对、键、值。例如：

```
dict = {'a': 1,'b': 2,}
for item in dict.items():
    print(item)
for key in dict.keys():
```

```
    print(key)
for value in dict.values():
    print(value)
```

运行结果如下。

```
('a', 1)
('b', 2)
a
b
1
2
```

### 2. 使用字典进行词频统计

对于一个可迭代的数据类型,如果想要统计其各个元素的出现次数,可以使用字典来进行统计。其中,字典的键为该元素,字典的值为该元素出现的次数。例如:

```
import random
import string
random.seed(1)    #设置随机种子,保证每一次运行的结果都一致
lowercase_list = list(string.ascii_lowercase)    #建立一个包含 26 个小写字母的列表
letter_list = []
for i in range(100):
    letter_list.append(random.choice(lowercase_list))    #随机从 lowercase_list 中有放回地
#抽取 100 个英文字母并存入 letter_list 中
print(letter_list)
```

运行结果如下。

```
['e', 's', 'z', 'y', 'c', 'i', 'd', 'p', 'y', 'o', 'p', 'u', 'm', 'z', … …, 'v', 'f', 'l', 'r', 'w',
'y', 'v', 'x']
```

```
frequency_dict = {}        #设置一个空的字典
for letter in letter_list:    #letter 遍历列表 letter_list
    frequency_dict[letter] = frequency_dict.get(letter, 0) + 1    #对 letter_list 进行词频
#统计。letter 遍历字母列表 letter_list 中的每一个字母,当 letter 取其中一个字母,然后通过
#frequency_dict.get()在字典 frequency_dict 中查询,如果 letter 所取的字母在字典中作为键存
#在,返回该字母(键)所对应的值,并加 1,然后通过 dict[]更新该字母(键)所对应的值。如果 letter
#所取的字母没有在字典中作为键存在,返回 0,并加 1,然后通过 dict[]作为字典的键添加该字母,
#值为 1
print(frequency_dict)    #输出统计结果
```

运行结果如下。

```
{'e': 1, 's': 4, 'z': 4, 'y': 7, 'c': 1, 'i': 2, 'd': 5, 'p': 6, 'o': 4, 'u': 4, 'm': 5, 'g': 3, 'a': 8,
'n': 5, 't': 1, 'w': 3, 'x': 7, 'h': 6, 'k': 2, 'r': 4, 'v': 5, 'q': 4, 'l': 2, 'j': 4, 'f': 2, 'b': 1}
```

### 3. 字典推导式

字典推导式用于创建新的字典,其语法结构如下。

```
New_dict = {key_expression: value_expression for item in iterable if condition}
```

在该语法中,if condition 是可选部分。

- key_expression: value_expression 是新字典中的元素,不可省略。

- iterable 是一个可迭代对象。

```
dict = {'a': 1,'b': 2,'c':3}
New_dict = {k: v * 2 for (k,v) in dict.items() if v > 1}
print(New_dict)
```

运行结果如下。

```
{'b': 4, 'c': 6}
```

### 10.1.5 其他相关重要函数

#### 1. tree.DecisionTreeClassifier()函数

```
sklearn.tree.DecisionTreeClassifier(criterion = 'gini',splitter = 'best',max_depth = None,max_features = None,random_state = None,min_impurity_decrease = 0.0)
```

DecisionTreeClassifier()函数中有很多属性可以调整,这些属性即超参数,通过调整超参数可以改变模型的精确率和准确率,这一过程也叫预剪枝。该函数主要参数如下。

- criterion：评估方法,默认是'gini',可选参数包括'entropy'(信息熵)。
- splitter：分枝时特征选择的方法,默认是'best'(选择最优特征),可选参数包括'random'(随机选择特征)。
- max_depth：树的最大深度,默认为 None,表示不限制树的最大深度。如果设定一个具体整数,则表示深度取到最大超过该深度的树会被剪掉。
- max_features：分枝时考虑的特征个数,默认为'auto',即总特征个数的算术平方根的整数部分；如果取值为浮点数,即为分枝时考虑的特征占比；如果取值为整数,即为分枝时考虑的特征个数。
- random_state：随机数种子,默认为 None。
- min_impurity_decrease：最小信息增益,一个节点的子节点的信息增益必须大于该值才会继续进行分枝,默认为 0。

#### 2. GridSearchCV()函数

```
sklearn.model_selection.GridSearchCV(estimator,param_grid,scoring = None,cv = None)
```

GridSearchCV()可用于自动遍历多种参数组合,通过交叉验证确定最佳效果参数。主要参数如下。

- estimator：分类器对象,即定义好的一棵树。
- param_grid：超参数字典,键为超参数,值为超参数取值列表。
- scoring：评分函数,如'roc_auc',默认为 None。
- cv：交叉验证参数,默认为 None,即 3 折交叉验证。

#### 3. metrics.classification_report()

```
sklearn.metrics.classification_report(y_true,y_pred)
```

classification_report()用于返回一个样本的分类指标的结果,包括 precision、recall、

accuracy、f1-score 等，主要参数如下。
- y_true：真实值。
- y_pred：估计值。y_true 和 y_pred 的顺序不能变。

## 10.2 随机森林及相关概念

### 10.2.1 随机森林

随机森林(Random Forest)，顾名思义：众树成林。随机森林是一种集成学习方法，它由多棵决策树构成并取其平均或投票结果作为最终预测。每棵决策树都在随机抽取的样本子集上，基于随机选取的部分特征进行训练。这种随机性和多样性保证了即使单棵决策树存在偏差，整体的预测准确度也能保持稳定和强大。如图 10.4 所示，是随机森林的示意图。

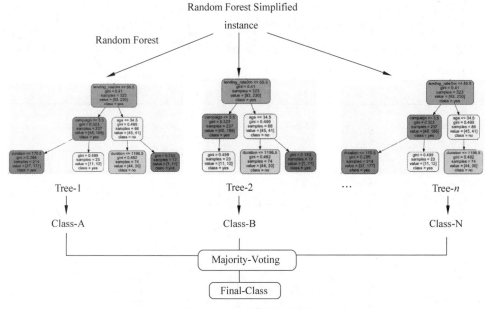

图 10.4　随机森林示意图

### 10.2.2 随机森林算法原理和具体流程

随机森林是一种集成学习方法，它由多棵决策树构成并取其平均或投票结果作为最终预测。随机林森采用 Bagging 的思想，Bagging 是并行式集成学习的最著名代表，名字是由 Bootstrap Aggregating 缩写而来，Bagging 是最早也是最基本的集成技术之一。它是由 Leo Breiman 在 1994 年提出的。在集成算法中，Bagging 方法在原始训练集的随机子集上构建一类黑盒估计器的多个实例，然后把这些估计器的预测结果结合起来形成最终的预测结果。

具体来说，Bagging 就是：
(1) 每次有放回地取出 $n$ 个训练样本组成训练集。
(2) 使用训练集得到多个子模型。

（3）对于分类问题，使用投票的方式选出最佳子模型；对于回归问题则采用简单平均方法得到。

根据前述构建决策树的方式，构建多个决策树模型，其中投票结果最多的类别，就是最终的模型结果。

随机森林算法里每次构建树时只"随机"地取部分特征，用这部分特征建树，所以可以生成更多的"树"，以这一大片树形成决策，形象地叫随机森林。

## 10.3 在银行客户营销中的应用

### 10.3.1 样本数据

本节以银行客户认购产品为案例，利用决策树和随机森林建模来预测客户是否会认购产品。数据来自阿里云天池，其中，命名为 train 的数据集是用于训练模型和检验模型，从而建立一个识别模型。然后用这个识别模型来预测 test 数据集中的样本，并标识出 test 中每个样本是否会购买银行产品。数据集 train 有 22 个特征，22 500 个样本。该数据各特征的意义如表 10.3 所示。

表 10.3 案例数据各特征意义

| 字 段 | 说 明 |
| --- | --- |
| age | 年龄 |
| job | 职业：admin,unknown,unemployed,management,… |
| marital | 婚姻状况：married,divorced,single |
| default | 信用卡是否有违约：yes 或 no |
| housing | 是否有房贷：yes 或 no |
| contact | 联系方式：unknown,telephone,cellular |
| month | 上一次联系的月份：jan,feb,mar,… |
| day_of_week | 上一次联系的星期几：mon,tue,wed,thu,fri |
| duration | 上一次联系的时长（秒） |
| campaign | 活动期间联系客户的次数 |
| pdays | 上一次与客户联系后的间隔天数 |
| previous | 在本次营销活动前，与客户联系的次数 |
| poutcome | 之前营销活动的结果：unknown,other,failure,success |
| emp_var_rate | 就业变动率（季度指标） |
| cons_prince_index | 消费者价格指数（月度指标） |
| cons_conf_index | 消费者信心指数（月度指标） |
| lending_rate3m | 银行同业拆借率三个月利率（每日指标） |
| nr_employed | 雇员人数（季度指标） |
| subscribe | 客户是否进行购买：yes 或 no |

## 10.3.2 建模流程

以下决策树建模的步骤中,步骤1~3是数据的预处理过程,由于本书的决策树建模部分和随机森林建模部分所使用的数据是一致的,因此在随机森林建模部分将不再展示数据预处理过程,而直接进行随机森林建模。

**1. 导入数据集并查看**

```
# - * - coding: utf - 8 - * -
import pandas as pd
import numpy as np
#本文在导入数据和导出数据的所有操作中对于目录的分隔符采用的都是"/",如果使用"\"作为目
#录的分隔符,则需要改成 r"C:\量化金融\银行客户认购产品预测数据集 train.csv",或者"C:\\量
#化金融\\银行客户认购产品预测数据集 train.csv",后文所有对于路径的操作同理。原因是在
# Python 中,"\"为转义字符,如果在一个字符串中不进行任何对 Python 语法的转义,则需要在字符
#串前加上"r",或者在转义字符"\"前面再加一个转义字符"\"
TrainSet = pd.read_csv('C:/量化金融/第10章/数据/银行客户认购产品预测数据集 train.csv')
    #导入训练集数据
TestSet = pd.read_csv('C:/量化金融/第10章/数据/银行客户认购产品预测数据集 test.csv')
#导入测试集数据
#查看空缺值
TrainSet.info()     #查看训练集每个变量的非空值个数
TestSet.info()      #查看测试集每个变量的非空值个数
#TrainSet 和测试集 TestSet 数据都不存在空缺值。因为结果很长,此处不再展示
subscribe_dict = {}#定义一个字典用于存储训练集中 subscribe 取值的分布情况
#遍历训练集 TrainSet 中的列'subscribe'的值并进行词频统计,列'subscribe'的值有两类,一类是
# no,另一类是 yes。对于列'subscribe'的值 no 和 yes,如果字典中没有该词,则生成以该词作为键,值
#为1的键值对;如果字典中有该词,则让该词为键所对应的值加1。最终统计列'subscribe'的值
#中,no 有多少个,yes 有多少个
for subscribe in TrainSet['subscribe']:    # subscribe 遍历 TrainSet 中的列'subscribe'的值
# dict[key]可以通过字典的键来访问其值,也可以用 dict[key] = value 的方式来更改键 key 对应的
# 值 value。dict.get(key, default)表示如果存在键 key,则返回键 key 对应的值,否则返回 default
    subscribe_dict[subscribe] = subscribe_dict.get(subscribe, 0) + 1
print('subscribe: ', subscribe_dict)
```

运行结果如下。

```
subscribe: {'no': 19548, 'yes': 2952}    #词频统计的结果是,在列'subscribe'的值中,no 出现了
#19548 次,即有 19548 人没有订购银行产品;yes 出现了 2952 次,即有 2952 人订购了银行产品
```

**2. 统计分析并优化特征**

对数据进行描述性统计分析,合并和删除一些特征,简化模型,提高运行效率和模型的可解释性(融入金融相关知识)。

```
#对训练集数据进行基本描述
#利用 format 方法,将 format 中的数据依次填入"{}"中
print('训练集的数据共{}行,{}个特征.\n\n'.format(len(TrainSet.index), len(TrainSet.columns)))
```

运行结果如下。

训练集的数据共 22500 行, 22 个特征.
# 对每一个特征进行描述性统计
featurename_list = []      # 用于存储数值型特征的特征名
mean_list = []             # 用于存储数值型特征的特征值均值
var_list = []              # 用于存储数值型特征的特征值方差
median_list = []           # 用于存储数值型特征的特征值中位数
max_list = []              # 用于存储数值型特征的特征值最大值
min_list = []              # 用于存储数值型特征的特征值最小值
# 构建数值型特征字典, 后续会将这个字典转换成 DataFrame 类型
feature_subscribe_dict = {'特征名': featurename_list, '平均值': mean_list, '方差': var_list,
'中位数': median_list, '最大值': max_list, '最小值': min_list}
# 遍历数据集, 首先将数据集的特征分为字符型和离散型, 对于字符型特征, 进行词频统计, 以便对
# 各特征取值情况做深入了解
for col in TrainSet.columns.tolist():     # TrainSet.columns.tolist()是由表格 TrainSet 的特
# 征名所组成的列表。假设此时 col 读取了列'loan'
# 对于离散型特征
# TrainSet.loc[0, col]指的是在 TrainSet 中特征名为 col 的列中, 索引号为 0, 也就是第 1 个数, 一
# 般而言, 只要这一个数是字符串类型, 就属于离散型数据, 如果是数值类型, 就属于数值型数据
    if type(TrainSet.loc[0, col]) is str:
        feature_frequency_dict = {}     # 存储离散型特征各不同取值下的频数
        frequency_dict = {} # 用于存储 col 这个离散型特征的各种取值. 例如, 当 col 读取到列
# 'loan', 列'loan'的值有三个:no、yes 和 unknown
# 遍历每一条观测值, observation 从 0 开始, 依次读取到 len(TrainSet)为止。因为 TrainSet 是
# DataFrame 表格, len(TrainSet)获取的是表格的行数数据, 即每个特征有 22500 个取值
        for observation in range(len(TrainSet)):
# 对每个特征值进行词频统计(与上文"查看 subscribe 分布情况"方法一致)
            frequency_dict[TrainSet.loc[observation, col]] = frequency_dict.get
(TrainSet.loc[observation, col], 0) + 1
# print('frequency_dict',frequency_dict)    # 如果在这个位置直接写这个代码, 同样可以获得词
# 频统计结果, 但是视觉感官欠缺, 所以此处不 print, 而是通过下面三条命令来修饰输出的结果
# frequency_dict.keys()是获取 frequency_dict 的键, 键为 col 特征的特征值, 值为特征值对应的
# 词频, 此时 feature_frequency_dict 中有一个键值对, 键为 str(col) + '的特征值', 值为 list
# (frequency_dict.keys())
# 以 col 读取列'loan'为例, 列'loan'的值有三个:no, 词频 17954;yes, 词频 3657;unknown, 词频 889。
# 此时 frequency_dict = {'no': 17954, 'yes': 3657, 'unknown': 889}, 提取 frequency_dict 的键,
# 并转换为列表['no', 'yes', 'unknown'], 然后作为值, 赋予键 str(col) + '的特征值', 即此时键
# 是:loan 的特征值
        feature_frequency_dict[str(col) + '的特征值'] = list(frequency_dict.keys())
# 同理, feature_frequency_dict 的第 2 个键值对的键为'特征值的频数', 值为每个值出现的频次
        feature_frequency_dict['特征值的频数'] = list(frequency_dict.values())
# 将字典 feature_frequency_dict 转换成 DataFrame 类型
        feature_frequency_dataframe = pd.DataFrame(feature_frequency_dict)
# 输出每个特征的各个取值的频数, 每个输出间隔两行
        print(feature_frequency_dataframe, '\n\n')

运行结果(因为结果很多,此处只展示部分结果)如下。

```
    loan 的特征值      特征值的频数
0        no           17954
1        yes           3657
2        unknown        889
    education 的特征值   特征值的频数
0        basic.4y      2322
1        basic.6y      1349
2        basic.9y      3266
3        high.school   5031
4        illiterate     161
5        professional.course  2853
6        university.degree   6524
7        unknown        994
```

```
#对于数值型特征
    else:
        featurename_list.append(col)           #将列名加入 featurename_list 中
        mean_list.append(TrainSet[col].mean())  #将列名对应的一列数据的均值加入 mean_list 中
        var_list.append(TrainSet[col].var())    #将列名对应的列数据的方差加入 var_list
        median_list.append(TrainSet[col].median())  #添加与列名对应的列的中位数
        max_list.append(TrainSet[col].max())   #添加与列名对应的列的最大值
        min_list.append(TrainSet[col].min())   #添加与列名对应的列的最小值
#feature_subscribe_dataframe 的列名与值没对齐,因此进行调整
#用于调整东亚字符(如中文、日文、韩文等)的显示宽度,由于本例中 feature_subscribe_dataframe
#中的列名为中文,因此需要这条代码用于调整显示宽度,以便对齐
pd.set_option('display.unicode.east_asian_width', True)
#由于经过上面那条代码后仍然无法对齐,因此需要手动对列名的间隔进行调整
#将 feature_subscribe_dataframe 转换为字符串类型后使用 replace 函数对文本中的空格进行调整
feature_subscribe_dataframe = pd.DataFrame(feature_subscribe_dict).to_string()
feature_subscribe_dataframe = feature_subscribe_dataframe.replace('方差', '方差 ')
feature_subscribe_dataframe = feature_subscribe_dataframe.replace('中位数', '中位数 ')
feature_subscribe_dataframe = feature_subscribe_dataframe.replace('最大值', '最大值 ')
#输出 feature_subscribe_dataframe,结尾空两行
print(feature_subscribe_dataframe, '\n\n')
```

运行结果部分如下。

```
    特征名    平均值          方差          中位数      最大值     最小值
0    id     11250.500000  4.218938e+07  11250.500  22500.00   1.00
1    age    40.407511     1.460733e+02  38.000     101.00    16.00
2    duration 1146.303733  2.051862e+06  353.000    5149.00    0.00
        ...
```

```
#定义一个函数计算某一特征在不同特征值下,人群不购买产品的概率。例如,列'loan'有三个取
#值:no、yes、unknown
def not_buy_percentage(TrainSet, feature_name):
    not_buy_percentage_dict = {}    #用于存储不同特征值下不买产品的概率,键为特征的不同
#取值,值为该取值不买产品的概率
    total_dict = {}    #用于存储某特征的不同特征值的样本数,键为特征的不同取值,值为该取
#值对应的样本数
```

```python
        not_buy_dict = {}    # 用于存储某特征的不同特征值下不购买产品的样本数,键为不同特征
# 值,值为该标签对应的不购买产品的样本数
# 遍历每一个特征值.Observation 依次读取 0~22499
        for observation in range(len(TrainSet)):
            total_dict[TrainSet.loc[observation,feature_name]] = total_dict.get(TrainSet.loc
[observation, feature_name], 0) + 1    # 对 TrainSet 的 feature_name 列进行词频统计,统计每个
# feature_name 的不同特征值有多少是不购买产品的人。因为 Observation 依次读取 0~22499,
# 所以 TrainSet.loc[observation, feature_name]会遍历 feature_name 列的每一个值,以 feature_
# name 是'loan'为例,'loan'的值分为三类:no、yes、unknown。TrainSet.loc[observation, feature_
# name]每读取'loan'的一个值(值是 no、yes、unknown 这三类中的一种),就会通过 total_dict.get()
# 在字典 total_dict 中查询该值是否已作为键存放在字典中
# 统计每个特征值下有多少个'no'(与"查看 subscribe 分布情况"的方法一致)
            if TrainSet.loc[observation, 'subscribe'] == 'no':
                not_buy_dict[TrainSet.loc[observation, feature_name]] = not_buy_dict.get
(TrainSet.loc[observation, feature_name], 0) + 1    # 该代码与上上条代码的思路完全一致,不
# 同的是,因为加了 if 这个逻辑语句,从样本总体中筛选出不购买产品的作为一个集合,在这个集合
# 中,再进行词频统计。以 feature_name 是'loan'为例,样本总数是 22500(见表 10.4),其中,17954
# 个样本取值是 no;3657 个样本取值是 yes;889 个样本取值是 unknown。如果把样本总体分割为购
# 买和不购买两个样本集,不购买的样本集的样本数是 19548,在这个样本集中,有 15785 个样本取
# 值是 no;3140 个样本取值是 yes;623 个样本取值是 unknown。在列'loan'中,当列值为 no(未贷款)
# 时,不购买银行产品的概率是 15785/17954 = 87.92%。因此在后续的代码中,将计算不同特征值
# 下,不购买的概率
```

表 10.4 概率计算图

| | no(未购买) | yes(购买) | 合计 |
|---|---|---|---|
| no(未贷款) | 15 785 | 2169 | 17 954 |
| unknown(未知) | 623 | 266 | 889 |
| yes(贷款) | 3140 | 517 | 3657 |
| 合计 | 19 548 | 2952 | 22 500 |

```python
# 如果该条观测值的 subscribe 列不是'no',则进行下一次循环
            else:
                continue
    for total_dict_item in total_dict.items():    # 遍历 total_dict 的每一个 item
        for not_buy_dict_item in not_buy_dict.items():    # 遍历 not_buy_dict 的每一个 item
# 计算 feature_name 的不同特征值下不购买产品率
            if total_dict_item[0] == not_buy_dict_item[0]:
                not_buy_percentage_dict[total_dict_item[0]] = not_buy_dict_item[1] / total_
dict_item[1]
            else:
                continue
# 字典类型在输出时不够直观,因此将 not_buy_percentage_dict 转换成 DataFrame 类型
# 用于存储 DataFrame 的列名和值
    not_buy_percentage_todataframe_dict = {}
    not_buy_percentage_todataframe_dict[str(feature_name) + '的特征标签'] = list(not_buy_
percentage_dict.keys())# 键为某特征的列标签,值为不同的特征值
    not_buy_percentage_todataframe_dict['不购买产品的概率'] = list(not_buy_percentage_
dict.values())    # 键为'不购买产品的概率',值为不同特征值下不购买产品的概率
    not_buy_percentage_dataframe = pd.DataFrame(not_buy_percentage_todataframe_dict)
# 将字典类型转换成 DataFrame 类型
```

```
        return not_buy_percentage_dataframe        # 返回 DataFrame
print(not_buy_percentage(TrainSet, 'job'))         # 调用函数并传入参数
print(not_buy_percentage(TrainSet, 'education'))   # 调用函数并传入参数
```

运行结果(只展示部分结果)如下。

```
     job 的特征标签          不购买产品的概率
0      admin.              0.868634
1      services            0.903505
2      blue-collar         0.924497
3      entrepreneur        0.877173
4      management          0.864375
5      technician          0.877620
6      housemaid           0.850837
7      self-employed       0.836124
8      unemployed          0.797527
9      retired             0.729622
10     student             0.670157
11     unknown             0.740876

   education 的特征标签       不购买产品的概率
0    professional.course   0.862951
1    high.school           0.883323
2    basic.9y              0.906614
3    university.degree     0.852698
4    unknown               0.817907
5    basic.4y              0.878553
6    basic.6y              0.878428
7    illiterate            0.496894
```

```
# 合并标签(在保证模型准确度基本不变的情况下,尽可能简化决策树和随机森林的模型)
for observation in range(len(TrainSet)):
# 由运行结果可知,职业为 admin(行政人员)的样本和职业为 management(管理人员)的样本不购买
# 产品的概率分别为 0.868634 和 0.864375,二者无论是从职业相似度还是不购买产品概率的相似
# 度上都很高,因此尝试将二者合并为一个标签,以增加经济意义的可解释性
    if TrainSet.loc[observation, 'job'] == 'admin.' or TrainSet.loc[observation, 'job'] ==
'management':
        TrainSet.loc[observation, 'job'] = 'admin. or management'
# 职业为 entrepreneur(企业家)和职业为 technician(技术员)的样本不购买产品的概率分别为
# 0.877173 和 0.877620,二者在不购买产品的概率上相似度很高,因此尝试将二者合并为一个标签,
# 以增加经济意义的可解释性
    elif TrainSet.loc[observation, 'job'] == 'entrepreneur' or TrainSet.loc[observation, 'job'] ==
'technician':
        TrainSet.loc[observation, 'job'] = 'entrepreneur or technician'
# 受教育程度为 basic.4y(小学 4 年级)和受教育程度为 basic.6y(小学 6 年级)的样本不购买产品
# 的概率分别为 0.878553 和 0.878428,二者在不购买产品的概率上相似度很高,因此将二者合并为
# 一个标签,以增加经济意义的可解释性
    elif TrainSet.loc[observation, 'education'] == 'basic.4y' or TrainSet.loc[observation,
'education'] == 'basic.6y':
        TrainSet.loc[observation, 'education'] = 'basic.4y or basic.6y'
```

由于'cons_price_index'(消费者价格指数)、'cons_conf_index'(消费者信心指数)和'nr_employed'(雇员人数)这三个特征似乎对是否会购买产品不会产生太大影响。对于'cons_price_index'和'cons_conf_index'两个特征,就短期而言,消费者价格指数和消费者信心指数是比较稳定的,变化率很小,即两个月之间的变化不大;对于雇员人数'nr_employed'这个季

度指标,一般是经营规模扩大导致雇员人数增加,而不是通过增加雇员人数来扩大经营规模。在删除了这三个特征后可以简化模型,还可以让模型的经济意义更加明确。

```
TrainSet = TrainSet.drop(['cons_price_index'], axis = 1)
TrainSet = TrainSet.drop(['cons_conf_index'], axis = 1)
TrainSet = TrainSet.drop(['nr_employed'], axis = 1)    #此处删除三个属性的代码,可以放在一
#个列表中删除,但是分为三条代码来删除,目的是便于程序调试,即只删其中一条、两条。最终调
#试的结果是三条均被删除
```

在将样本标签合并和删除完这三个特征后,建立一棵决策树模型的准确率仅下降0.6个百分点,即0.006,但是运行时间少了约6.5s(少的时间仅为一棵决策树的建模时间,不包括对特征标签进行合并和删除特征等操作的时间,这些操作的时间大约需要2.8s)。因此,在融入了经济金融相关知识后,能够在确保模型准确率基本不变的情况下,简化模型并提高可读性,从而提升建模效率。而少6.5s仅仅是建立一棵决策树的时间,如果应用于随机森林,那建模的效率将会有更大幅度的提升。

```
#对每个特征的标签进行编码
from sklearn import preprocessing
encoder = preprocessing.LabelEncoder()   #创建 LabelEncoder 对象
for col in TrainSet.columns:    #遍历数据集的列名,将每一列数据(每一个特征)都转换成整数类型
    TrainSet[col] = encoder.fit_transform(TrainSet[col])    #将一列数据转换成整数类型将测试集
#数据保存为 CSV 文件(保存路径为绝对路径)
TrainSet.to_csv('C:/量化金融/第 10 章/数据/bank_customer_train_LabelEncoder.csv')
```

### 3. 拆分测试集与训练集

```
from sklearn.model_selection import train_test_split
x = TrainSet.iloc[:, 1: - 1]  #从列索引为1开始,一直到倒数第一列的前一列,作为 x 集
y = TrainSet['subscribe']     #提取列名为'subscribe'的一列数据,返回值即为所要划分的样本结
#果的特征值
x_train, x_test, y_train, y_test = train_test_split(x, y, test_size = 0.3, random_state = 1)
```

### 4. 决策树建模

```
import sklearn.tree as tree    #导入 Sklearn 库中的 tree 模块
from sklearn.model_selection import GridSearchCV    #从 Sklearn 库的 model_selection 模块中导入
#GridSearchCV 模块
clf = tree.DecisionTreeClassifier(random_state = 1)        #定义一棵树,随机种子设置为1
#网格搜索的参数:正常决策树建模中的参数——特征模式的选择,树的最大深度,最小拆分的叶子
#样本数
param_grid = {'criterion': ['entropy', 'gini'], 'max_depth': [2, 3, 4, 5, 6, 7, 8],
'min_samples_split': [4, 8, 12, 16, 20, 24, 28]}
#使用网格搜索并传入参数,注意这里只是定义,还没有开始训练模型
clfcv = GridSearchCV(estimator = clf, param_grid = param_grid, scoring = 'roc_auc', cv = 4)
clfcv.fit(X = x_train, y = y_train)   #使用训练集数据来训练模型
clfcv_bestmodel = clfcv.best_estimator_    #使用网格搜索后,会保存每个超参数组合建立的
#决策树模型,因此需要取出具有最佳性能的模型,即准确度最高的模型
```

## 5. 决策树的可视化

```
import graphviz   # 虽然已下载 graphviz,但是在程序运行过程中,可能会出现错误提示：failed
# to execute WindowsPath('dot'), make sure the Graphviz executables are on your systems' PATH。
# 解决办法之一是进入官网选择适合的 graphviz 版本进行下载并安装,如果是 windows 操作 64 位系
# 统,可以选择的版本是 graphviz-12.2.1 (64-bit) EXE installer [sha256]。在安装过程中,勾
# 选"Add Graphviz to the system PATH for all users",并复制安装路径,如 C:\Program Files\
# Graphviz。按快捷键 Win+R,在输入栏中输入 SYSDM.CPL 后按回车键,打开系统配置界面,然后单
# 击"高级"→"环境变量"。打开环境变量后,双击系统变量的 Path,单击"新建"按钮,将刚才复制的
# graphviz 安装路径添加并保存。如果是用 python 的 IDLE 运行本章程序,则此时可以正常调用
# graphviz；如果是用 Pycharm 运行本章程序,则重启 Pycharm 即可正常调用 graphviz
feature_names = x.columns.tolist()   # 提取特征名并转换成列表类型
class_names = [target for target in subscribe_dict.keys()]
# ------------- 提取分类标签,此行列表推导式等价于以下代码 --------------
# class_names = []
# for target in subscribe_dict.keys():
#     class_names.append(target)
# ----------------------------------------------------------------
dot_data = tree.export_graphviz(clfcv_bestmodel, feature_names = feature_names,
class_names = class_names, filled = True, rounded = True, out_file = None)
# tree.export_graphviz()用于将决策树导出为 GraphViz 格式,以便于可视化。其中：
# • feature_names(可迭代数据类型,如列表):各个特征的特征名,默认为 None。
# • class_names(可迭代数据类型,如列表):分类标签的标签名,默认为 None。
# • filled(布尔类型):将每个节点染色,颜色越深说明该节点的熵值越小,默认为 False。
# • rounded(布尔类型):将节点的形状改成圆角的长方形,默认为 False。
# • out_file(object 或字符串类型):输出的文件,默认为 None。
graph = graphviz.Source(dot_data)   # 将 DOT 格式的决策树数据 dot_data 转换成 graphviz。
# Source 数据类型
graph.render('C:/量化金融/第 10 章/数据/tree_graph')
graph.view()   # 在默认图像查看器中查看决策树图,决策树如图 10.5 所示
```

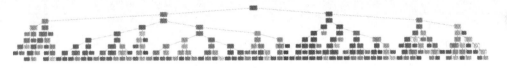

图 10.5　决策树作图结果

关于决策树图的解读,以该决策树的局部图为例(见图 10.6),上方的子节点中第 1 行"duration <= 166.5"表示该节点中分类的依据,因此下方左侧子节点的样本特征"duration"的特征值都是 <= 166.5 的,而右侧子节点的样本特征"duration"的特征值都是 > 166.5 的；第 2 行的"entropy"指的是该节点的信息熵值；第 3 行的"samples"指的是该节点的样本量；第 4 行的"value"指的是样本中分类特征的标签数量,如上方子节点中分类特征标签为"no"的样本有 129 个,分类特征标签为"yes"的样本有 242 个；第 5 行的"class"指的是该节点的分类结果；节点不同颜色表示分类的结果不同,该决策树中蓝色(图 10.6 中右侧两方块)代表分类结果为"yes"的节点,橙色(图 10.6 中左侧方块)代表分类结果为"no"的节点；节

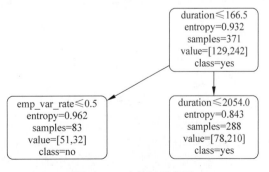

图 10.6　决策树局部图

点颜色的深浅表示该节点信息熵值的大小,信息熵越大,节点颜色越浅,信息熵越小,节点颜色越深,比如下方右侧子节点的颜色比上方子节点的颜色深,说明下方右侧子节点的信息熵比上方子节点的信息熵小。

### 6. 预测

```
test_est = clfcv.predict(x_test)          # 使用模型来对测试集进行预测
np.set_printoptions(threshold = np.inf)   # numpy.ndarray 数据会省略输出结果,这行代码可以让
# numpy.ndarray 数据显示完整
# 将测试集(或称验证集)预测结果写入记事本文件中
# 以写入模式打开 test_est.txt 文件,编码设定为'utf-8'
with open('C:/量化金融/第 10 章/数据/test_est.txt', 'w', encoding = 'utf-8') as fp:
    fp.write(str(test_est))    # 将预测结果转换为字符串类型后写入 test_est.txt 文件中。该
# 代码使用 with…as…语句来提供类似下面三条代码的功能,优点在于节约系统资源
# -----------------------------------------------------------------
# with open('./ test_est.txt', mode = 'r/w/a') as fp:    # mode 可选参数包括 r(只读)、w(只写)、
# a(追加内容)
#   fp.read/write()
# print(fp.close())
# -----------------------------------------------------------------
print(test_est)    # 输出测试集(或称验证集)预测结果
```

运行结果(只展示部分结果,其中,"1"表示"yes","0"表示"no")如下。

```
[0 0 0 0 0 0 0 0 0 0 0 0 0 1 0 0 0 0 0 1 0 0 0 0 0 0 0 0 0 1 0 1 0 0 0 0 0
 0 0 0 1 0 0 0 0 0 1 0 1 0 0 0 0 0 0 0 0 0 0 0 0 0 0 0 0 0 0 0 0 0 0 0
                                  …
 0 0 0 0 0 1 0 0 1 0 0 0 0 0 0 0]
```

### 7. 模型评估

```
from sklearn import metrics           # 从 Sklearn 库中导入 metrics 模块
print('决策树模型的评估结果:')  # 输出模型评估报告
print(metrics.classification_report(y_test, test_est))   # y_test 是真实值,test_est 是预测值
```

运行结果如下。

决策树模型的评估结果:

|  | precision | recall | f1-score | support |
|---|---|---|---|---|
| 0 | 0.91 | 0.96 | 0.93 | 5869 |
| 1 | 0.55 | 0.33 | 0.42 | 881 |
| accuracy |  |  | 0.88 | 6750 |
| macro avg | 0.73 | 0.65 | 0.67 | 6750 |
| weighted avg | 0.86 | 0.88 | 0.86 | 6750 |

根据这个决策树模型的评估结果表可知:测试集(或称验证集)共有 6750 个样本,类别 0 表示"no",类别 1 表示"yes"。

- precision(精确率):对于类别 0,精确率为 0.91,即在预测类别 0 的样本中,91% 的样本实际上是类别 0。对于类别 1,精确率为 0.55,即在预测类别 1 的样本中,55% 的样本实际上是类别 1。

- recall(召回率)：对于类别 0，召回率为 0.96，即在所有实际为类别 0 的样本中，有 96%的样本被正确地预测为类别 0。对于类别 1，召回率为 0.33，即在所有实际为类别 1 的样本中，只有 33%的样本被正确地预测为类别 1。
- f1-score：F1 分数是精确率和召回率的调和平均值，用于综合考虑两个指标。对于类别 0，F1 分数为 0.93。对于类别 1，F1 分数为 0.42。
- support：这表示每个类别的样本数量。类别 0 有 5869 个样本，类别 1 有 881 个样本。
- accuracy：总体准确率是 0.88，意味着在所有样本中，有 88%的样本被正确分类。这个结果与使用 score 接口输出的准确率结果不同，可能是因为 score 接口直接计算整个测试集上正确分类的样本比例。它不考虑每个类别的具体表现，只是简单地计算了正确分类的总数除以样本总数。而 classification_report 接口计算的准确率是基于每个类别的性能度量加权计算得出的，权重通常是每个类别的支持数。
- macro avg(宏平均)：宏平均是对每个类别的指标进行平均，而不考虑类别样本的数量。宏平均精确度是 0.86，宏平均召回率是 0.88，宏平均 F1 分数是 0.86。由于类别之间的样本数量差异很大，宏平均可能是一个更公平的评估指标。
- weighted avg(加权平均)：加权平均是根据每个类别在数据集中的比例，对指标进行加权计算。由于类别 0 的样本数量远多于类别 1，加权平均结果更接近类别 0 的指标。加权平均精确度、召回率和 F1 分数分别为 0.94、0.88 和 0.91。

```
y_pred_prob = clfcv_bestmodel.predict_proba(x_test)[:, 1]    #使用 predict_proba 方法获取每
#个样本分别属于两种类别的概率，并选取第 2 列作为预测为正样本的概率
fpr_test, tpr_test, th_test = metrics.roc_curve(y_test, test_est)    #th_test:用于计算真阳
#性率和假阳性率，其原理是在每个阈值下都将 test_est 与阈值相比较，如果大于阈值则为阳性，小
#于则为阴性。tpr_test:真阳性率，数据类型为 numpy.ndarray，与 th_test 具有相同数量。fpr_
#test:假阳性率，数据类型为 numpy.ndarray，与 th_test 具有相同数量
print('AUC = %.4f' % metrics.auc(fpr_test, tpr_test))#格式化输出 auc 的值
```

运行结果如下。

```
AUC = 0.8546
clfcv_score = clfcv.score(X = x_test, y = y_test)    #计算模型的准确性
print('模型的准确率:{}'.format(clfcv_score))    #格式化输出模型的准确率
```

运行结果如下。

```
模型的准确率：0.8546340658675443
```

## 10.4 应用随机森林分析银行客户营销数据

此处沿用了决策树的数据集，采用随机森林建模，用以预测客户是否会认购产品。注意：以下随机森林的代码是基于上文中决策树部分的代码，即特征中的标签已经合并，且删除了'cons_price_index'、'cons_conf_index'和'nr_employed'三个特征。除此之外，数据预处理、特征工程、拆分的测试集与训练集均与决策树部分相同。只有建模部分与决策树部分不同。详情参见脚本文件。

### 10.4.1 随机森林决策边界图

```
from sklearn.ensemble import RandomForestClassifier
from sklearn.model_selection import cross_val_score
from matplotlib import pyplot as plt
score_list = []  #用于存储不同数量的决策树构成的随机森林对测试集(或称验证集)预测的准确
#率进行多次随机森林建模,每次都让随机森林中的决策树数量加5,再使用10折交叉验证的方法
#计算每个随机森林预测的准确度并存入列表中
for estimator in range(1, 101, 5):
    #进行随机森林建模,n_estimators 表示随机森林中决策树的数量,n_jobs 表示多进程处理,可以设
    #置为跟CPU核心数一致,如果不知道CPU的核心数可以设置为-1,则自动设置为CPU的核心数。
    #需要注意的是,如果是在 Anaconda 环境下运行,可能会因为 n_jobs 的参数设定为-1而报错。当
    #出现'UnicodeEncodeError:ascii'codec can't encode characters in position 18-20: ordinal not
    #in range(128)'的报错问题后,可以通过单击该报错的上一行中的 resource_tracker.py 文件,在
    #该文件中将 msg = f'fcmd}:iname}:irtype}in'.encode('ascii')改成 msg = f'fcmd}:iname}:irtype}
    #in'.encode('utf8')后,再次运行代码,即可得到图片输出。如果不做上述修改,将 n_jobs 的参数设
    #置为1,也可以运行程序,只是程序运行速度较慢
    rfc = RandomForestClassifier(n_estimators = estimator, n_jobs = -1, random_state = 1)
    score = cross_val_score(rfc, x_train, y_train, cv = 10).mean()   #使用10折交叉验证的
    #方法计算每个随机森林的准确度并求均值。此处的 x_train, y_train 与决策树部分一致
    score_list.append(score)   #将每个随机森林的准确度存入列表中
#绘制随机森林的准确率图,横坐标为随机森林中决策树的个数,纵坐标为模型的准确率(Accuracy)
plt.figure(num = '随机森林决策边界图_1')  #生成一个图
plt.rcParams['font.family'] = ['SimHei']  #将字体设置为黑体
plt.plot(range(1,101,5), score_list)     #画折线图
plt.xlabel('随机森林中决策树的个数', fontsize = 15)    #将横坐标的标签改为'随机森林中决策
#树的个数'
plt.ylabel('模型的准确率(Accuracy)', fontsize = 15)   #将纵坐标的标签改为'模型的准确率
#(Accuracy)'
plt.show()                                           #展示图(见图 10.7)
print('最大准确率:', max(score_list))   #输出最大准确率
print('最大准确率对应的决策树个数:', (score_list.index(max(score_list)) * 5) + 1)
#输出最大准确率对应的决策树个数
```

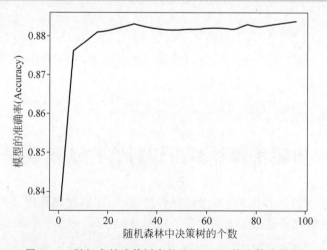

图 10.7 随机森林决策树个数为 0~100 的决策边界图

运行结果如下。

```
最大准确率: 0.8836190476190475
最大准确率对应的决策树个数: 96
```

可以看到,最大值准确率对应的决策树个数为 96 个,但是由于建立决策树时的步长为 5,且没有探究 100 棵及以上的决策树数量的准确率,因此进一步缩小范围。

```
score_list = []        #用于存储不同数量的决策树构成的随机森林对测试集预测的准确率
#进行多次随机森林建模,每次都让随机森林中的决策树数量加1,再使用10折交叉验证的方法计
#算每个随机森林预测的准确度并存入列表中
for estimator in range(93, 109):
    rfc = RandomForestClassifier(n_estimators = estimator, n_jobs = -1,random_state = 1)
    #使用10折交叉验证的方法计算每个随机森林的准确度并求均值
    score = cross_val_score(rfc, x_train, y_train, cv = 10).mean()
    score_list.append(score)                    #绘制随机森林的准确率图
plt.figure(num = '随机森林决策边界图_2')           #生成一个图
plt.rcParams['font.family'] = ['SimHei']         #将字体设置为黑体
plt.plot(range(93, 109, 1), score_list)          #画折线图
plt.xlabel('随机森林中决策树的个数', fontsize = 15)
plt.ylabel('模型的准确率(Accuracy)', fontsize = 15)
plt.show()                                        #展示图,见图 10.8
```

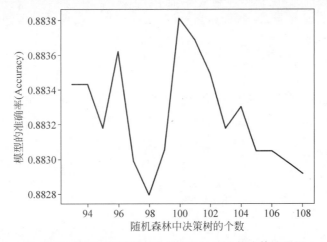

图 10.8　随机森林决策树个数为 94～108 的决策边界图

可以发现,决策树的数量在 100 时,准确率最高,且决策树数量为 96 和 104 时都存在高点,且决策树数量在 100 附近的模型准确率实际上并没有太大差距,为了不让决策树数量太相近导致模型相似度过高,在接下来的网格搜索中,以 100 棵决策树作为中心,选择±4 棵决策树来进行择优,即决策树的个数选择 96、100、104。

### 10.4.2　随机森林建模

```
from sklearn.model_selection import GridSearchCV
#网格搜索的参数:特征模式的选择,树的最大深度,决策树个数,分类时考虑的最大特征数,最小拆
#分的叶子样本数
param_grid = { 'criterion':['entropy', 'gini'], 'max_depth': [5, 6, 7, 8], 'n_estimators':[96,
100, 104], 'max_features': [0.3, 0.4, 0.5], 'min_samples_split': [4, 8, 12, 16]}
rfc = RandomForestClassifier(random_state = 1, n_jobs = -1)
#使用网格搜索并传入参数,注意这里只是定义,还没有开始训练模型
```

```
rfc_cv = GridSearchCV(estimator = rfc, param_grid = param_grid, scoring = 'roc_auc', cv = 4)
rfc_cv.fit(x_train, y_train)    # 使用训练集数据来训练模型
rfc_cv_best_estimator = rfc_cv.best_estimator_    # 取出最优超参数组(准确度最高的超参数
                                                 # 组)生成的随机森林
print(rfc_cv_best_estimator)    # 输出最优的超参数组
```

运行结果如下。

```
RandomForestClassifier(criterion = 'entropy', max_depth = 8, max_features = 0.5,
min_samples_split = 4, n_jobs = -1, random_state = 1)
```

### 10.4.3 特征重要性排序

```
importances_dict = {}    # 创建一个字典,用于存储各个特征的特征名和其重要性
feature_names = x.columns.tolist()        # 提取特征名并转换成列表类型
importances_dict['特征名'] = feature_names    # '特征名'为键,变量 feature_names 为值(值为列表
                                             # 类型)
# '特征重要性'为键,特征重要性为值(值为列表类型)
importances_dict['特征重要性'] = rfc_cv_best_estimator.feature_importances_.tolist()
# 将 importances_dict 转换成 DataFrame 类型并按照特征重要性的大小进行降序排序
importances = pd.DataFrame(importances_dict).sort_values(by = '特征重要性',
ascending = False)
print(importances)    # 输出 importances
```

运行结果如下。

|    | 特征名 | 特征重要性 |
| --- | --- | --- |
| 15 | emp_var_rate | 0.213621 |
| 10 | duration | 0.199985 |
| 12 | pdays | 0.108948 |
| 8  | month | 0.105869 |
| 0  | age | 0.088111 |
| 16 | lending_rate3m | 0.084380 |
| 11 | campaign | 0.079209 |
| 4  | default | 0.025405 |
| 13 | previous | 0.018195 |
| 2  | marital | 0.017870 |
| 1  | job | 0.012558 |
| 3  | education | 0.011291 |
| 9  | day_of_week | 0.010722 |
| 7  | contact | 0.007277 |
| 14 | poutcome | 0.006329 |
| 6  | loan | 0.005707 |
| 5  | housing | 0.004521 |

### 10.4.4 模型的预测

```
rfc_cv_best_estimator.fit(X = x_train, y = y_train)    # 将准确度最高的一个随机森林进行训练
# 使用测试集(或称验证集)数据进行预测
rfc_cv_best_estimator_predict = rfc_cv_best_estimator.predict(x_test)
# 将测试集(或称验证集)数据写入记事本文件中
```

```
with open('C:/量化金融/第10章/数据/rfc_cv_best_estimator_predict.txt','w',encoding = 'utf
-8') as fp:
    fp.write(str(rfc_cv_best_estimator_predict))
np.set_printoptions(threshold = np.inf)       # 让 numpy.ndarray 数据显示完整
print(rfc_cv_best_estimator_predict)          # 输出测试集(或称验证集)的预测结果
```

运行结果(只展示部分结果)如下。

```
[0 0 0 0 0 0 0 0 0 0 0 0 0 0 0 0 0 0 0 0 0 1 0 0 0 0 0 0 0 0 0 1 0 1 0 0 0 0 0
 0 0 1 0 0 0 0 0 0 1 0 0 0 0 0 0 0 0 0 0 0 0 0 0 0 0 0 0 0 0 0 0 0 0 0 0 0 0 0
  ...
 0 0 0 0 0 1 0 0 1 0 0 0 0 0 0 0]
```

### 10.4.5 模型评估

```
from sklearn import metrics
print('随机森林模型的评估结果: ')
#输出模型评估报告,其中,y_test 是真实值,rfc_cv_best_estimator_predict 是预测值
print(metrics.classification_report(rfc_cv_best_estimator_predict, y_test))
# 使用 predict_proba 方法获取每个样本分别属于两种类别的概率,并选取第 2 列作为预测为正样
# 本的概率
y_pred_prob = rfc_cv_best_estimator.predict_proba(x_test)[:, 1]
fpr_test, tpr_test, th_test = metrics.roc_curve(y_test, y_pred_prob)
# 使用最佳随机森林模型对测试集(或称验证集)样本进行训练
rfc_cv_best_estimator_score = rfc_cv_best_estimator.score(x_test, y_test)
print('模型的准确率:{}'.format(rfc_cv_best_estimator_score))#输出模型的准确率
print('AUC = %.4f' % metrics.auc(fpr_test, tpr_test))        # 格式化输出 auc 的值
```

运行结果如下。

```
随机森林模型的评估结果:
              precision    recall  f1-score   support
           0       0.98      0.89      0.93      6428
           1       0.23      0.62      0.33       322
    accuracy                           0.88      6750
   macro avg       0.60      0.76      0.63      6750
weighted avg       0.94      0.88      0.91      6750
模型的准确率:0.8807407407407407
AUC = 0.8850
```

随机森林模型的评估结果表解读如下。

测试集(或称验证集)共有 6750 个样本。

- precision(精确率): 对于类别 0,精确率为 0.98;对于类别 1,精确率为 0.23。
- recall(召回率): 对于类别 0,召回率为 0.89;对于类别 1,召回率为 0.62。
- f1-score: 对于类别 0,F1 分数为 0.93;对于类别 1,F1 分数为 0.33。
- support: 类别 0 有 6428 个样本,类别 1 有 322 个样本。
- accuracy(准确率): 总体准确率是 0.88。
- macro avg(宏平均): 宏平均精确度是 0.60,宏平均召回率是 0.76,宏平均 F1 分数是 0.63。
- weighted avg(加权平均): 加权平均精确度、召回率和 F1 分数分别为 0.94、0.88 和 0.91。

## 习题

1. 导入"上市公司风险预警样本.xlsx"数据,进行以下处理。

(1) 对数据集进行描述性统计。

(2) 拆分测试集和训练集,对数据进行预处理,包括数据清洗和特征工程(如合并、删除一些特征,以简化模型或提升模型精度)等操作。

(3) 进行决策树建模,包括建立决策树模型、决策树的可视化、使用决策树模型对测试集数据进行预测、对决策树模型进行评估等。

(4) 绘制随机森林决策边界图,并选择其中准确率较高的决策树,为后续随机森林的建模做准备。

(5) 进行随机森林建模,包括绘制随机森林决策边界图、建立随机森林模型、使用随机森林模型对测试集数据进行预测、对随机森林模型进行评估等。

2. 在本章实际应用的案例中,为了简化模型和代码复杂程度,将部分数据预处理的工作放在拆分训练集和测试集之前。试重新进行决策树和随机森林的建模,严格依照先划分训练集和测试集、再进行数据预处理的步骤进行。建模完成后,与本章案例中模型的准确率进行比较。建模步骤如下。

(1) 导入数据集,将数据集拆分为训练集和测试集。

(2) 对训练集数据进行描述性统计。

(3) 对训练集数据进行数据预处理、数据清洗和特征工程。

(4) 对测试集数据进行数据预处理、数据清洗和特征工程。

(5) 进行决策树建模,包括决策树的建模、决策树的可视化、使用决策树模型对测试集数据进行预测、对决策树模型进行评估等。

(6) 进行随机森林建模,包括绘制随机森林决策边界图、建立随机森林模型、使用随机森林模型对测试集数据进行预测、对随机森林模型进行评估等。

3. 建模大赛的模式一般是组委会提供用于建模的数据集,同时提供用于模型应用的检测数据集,并要求参赛人员将检测结果提交组委会。在第 2 题的基础上,对"银行客户认购产品预测数据集 test"数据集中各样本决策属性的值进行预测,然后提交带有预测结果的 csv 文件。

# 第 11 章

# 神经网络

CHAPTER 11

在数字化时代,金融市场的数据呈现爆炸式增长,数据结构越来越复杂,为了应对这一难题,神经网络等人工智能模型被应用到越来越多的场景。本章用神经网络建立股票价格走势预测模型,展示如何用神经网络模型处理现实数据。在股票预测中,用神经网络学习历史股票数据中的规律,预测未来的股价走势。但是现在无法获得未来的数据,所以通常的处理方法是收集一段时间的历史数据,然后将历史数据分割为两个数据集,一个作为历史数据来建模,另外一个数据集被当作未来数据,用于检验模型的准确性。在建模的时候,将一天的数据作为一个样本,或者是将前 $n$ 天的数据作为一个样本(滑动窗口法),将整理好形状的样本输入模型中,通过不断地训练,使预测值逐步靠近实际值。股票预测是一个极具挑战性的任务,即使是最先进的模型也无法做到百分百准确,这是因为股票的变动涉及的因素太多,如政策变动、投资者心理预期等,仅使用少数几个变量去预测未来股票趋势往往效果不会很好,所以本章中的程序仅供读者学习模型的搭建。如果要训练一个效果比较好的模型,还需要使用一些提高预测精度的技术,例如,增加神经元数量、对超参数进行调优、使用不同的激活函数、采用不同的优化算法等。

本章首先将使用通俗易懂的语言来解释神经网络模型的基本原理。随后,对数学公式进行讲解。最后,通过滑动窗口法处理数据集,运用多层感知机(MLP)、卷积神经网络(CNN)以及长短期记忆循环神经网络(LSTM),分别解决以上证指数涨跌为标签的分类问题和以上证指数收盘价为预测值的回归问题。本章主要内容结构如图 11.1 所示。

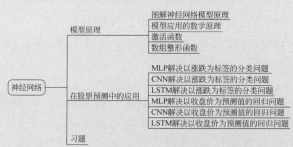

图 11.1　本章主要内容结构

## 11.1 模型原理

### 11.1.1 图解神经网络模型原理

神经网络是一种模拟人脑神经元结构的计算模型,通过大量数据的训练,学习数据中蕴含的潜在规律,对未来数据进行分类或预测。神经网络由许多神经元组成,每个神经元接收输入信号并通过运算处理后输出到下一层。在神经网络的训练过程中,权重和阈值会不断调整,使神经网络能逐步地拟合训练数据。

**1. 神经元**

一个神经元通常具有多个树突,用来接收传入信息;而轴突只有一条,轴突尾端有许多神经末梢可以给其他多个神经元传递信息,如图11.2所示。

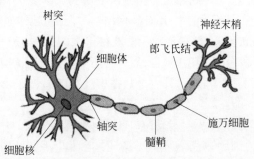

图 11.2 人脑神经元

根据神经元的示意图可以绘制神经元模型示意图(见图11.3),该模型包含输入、输出与计算功能的模型。输入可以类比为神经元的树突,而输出可以类比为神经元的轴突,计算则可以类比为细胞核。箭头线被称为"连接",每个"连接"上有一个"权值"。

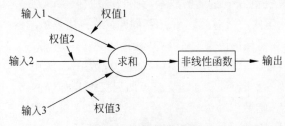

图 11.3 神经元模型

训练神经网络模型即调整权重的值到最优,以使得模型的预测效果最好。用 $a$ 表示输入,$w$ 表示权值。输入的信号是 $a$,加权后变成 $a \times w$,因此输出的信号是 $a \times w$,如图11.4所示。输出的计算公式如式(11.1)所示。

$$Z = g(a_1 \times w_1 + a_2 \times w_2 + a_3 \times w_3) \tag{11.1}$$

可见 $Z$ 是在输入和权值的线性加权和叠加了一个函数 $g$ 后得到的值。这里的函数 $g$ 即在神经网络发展的早期常用的 Heaviside 函数 $H(x)$ 或符号函数 $\text{sgn}(x)$。其中,函数 $H(x)$ 在 $x > 0$ 时取值为 1,在 $x < 0$ 时取值为 0。而函数 $\text{sgn}(x)$ 在 $x > 0$ 时取值为 1,在 $x < 0$

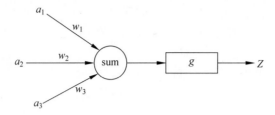

图 11.4 神经元计算

时取值为 $-1$。

以 $g$ 选用 sgn 函数为例,将 sum 函数与 sgn 函数合并到一个圆圈里,代表神经元的内部计算。神经元可以看作一个计算与存储单元。计算是对输入进行计算,存储时神经元会暂存计算结果,并传递到下一层。一个神经元可以引出多个代表输出的有向箭头,但值是一样的(见图 11.5)。

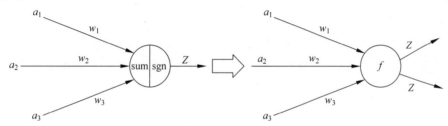

图 11.5 神经元扩展

**2. 单层神经网络**

在"输入"位置添加神经元节点,标志为"输入单元",便形成了"感知器"(见图 11.6)。

在"感知器"中,有两个层次,分别是输入层和输出层。输入层里的"输入单元"只负责传输数据,不做计算。输出层里的"输出单元"则是对前面一层的输入进行计算,因此又被称为"计算层",拥有一个计算层的网络称为"单层神经网络"。如果输出的结果不再是一个而是两个(见图 11.7),则可以在输出层再增加一个"输出单元"。

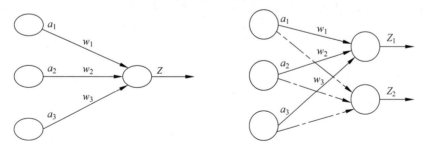

图 11.6 单层神经网络     图 11.7 单层神经网络

$Z_1$ 和 $Z_2$ 的公式如下。

$$Z_1 = g(a_1 \times w_1 + a_2 \times w_2 + a_3 \times w_3) \tag{11.2}$$

$$Z_2 = g(a_1 \times w_4 + a_2 \times w_5 + a_3 \times w_6) \tag{11.3}$$

一个神经元可以向多个神经元输出,但是在式(11.2)和式(11.3)中,无法区分 $w_4$、$w_5$、$w_6$ 与 $w_1$、$w_2$、$w_3$ 的关系。因此改用 2 维的下标,用 $w_{x,y}$ 来表达一个权值,其中,$x$ 代表后一层神经元的序号,而 $y$ 代表前一层神经元的序号。例如,$w_{1,2}$ 代表后一层的第 1 个神经元与前一层的第 2 个神经元的连接的权值。根据以上方法标记,便得到了图 11.8。

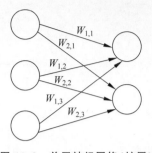

图 11.8 单层神经网络(扩展)

$Z_1$ 和 $Z_2$ 的公式改进为式(11.4)和式(11.5):

$$Z_1 = g(a_1 \times w_{1,1} + a_2 \times w_{1,2} + a_3 \times w_{1,3}) \quad (11.4)$$
$$Z_2 = g(a_1 \times w_{2,1} + a_2 \times w_{2,2} + a_3 \times w_{2,3}) \quad (11.5)$$

式(11.4)和式(11.5)就是类似拟合多元线性回归方程解释变量参数的线性代数方程组。因此可以用矩阵乘法表达这两个公式,即

$$Z = g(\boldsymbol{W} \times \boldsymbol{a}) \quad (11.6)$$

在式(11.6)中,输入的变量 $a_1$、$a_2$、$a_3$ 用向量 $\boldsymbol{a}$ 表示,参数是矩阵 $\boldsymbol{W}$。

### 3. 两层神经网络

在单层神经网络的输入层和输出层中间,再增加一个计算层,便形成了两层神经网络(图 11.9,多层感知器 MLP)。此时,中间层和输出层都是计算层。权值矩阵增加到了两个,并使用上标来区分不同层次之间的变量。例如,$a_x^{(y)}$ 代表第 $y$ 层的第 $x$ 个节点。$Z_1$,$Z_2$ 变成了 $a_1^{(2)}$,$a_2^{(2)}$。

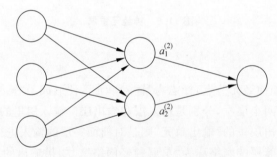

图 11.9 两层神经网络(中间层计算)

$a_1^{(2)}$,$a_2^{(2)}$ 的计算公式为

$$a_1^{(2)} = g(a_1^{(1)} \times w_{1,1}^{(1)} + a_2^{(1)} \times w_{1,2}^{(1)} + a_3^{(1)} \times w_{1,3}^{(1)}) \quad (11.7)$$
$$a_2^{(2)} = g(a_1^{(1)} \times w_{2,1}^{(1)} + a_2^{(1)} \times w_{2,2}^{(1)} + a_3^{(1)} \times w_{2,3}^{(1)}) \quad (11.8)$$

如果计算最终输出 $Z$ 的方式是利用了中间层的 $a_1^{(2)}$、$a_2^{(2)}$ 和第 2 个权重矩阵计算得到的,如图 11.10 所示。

$Z$ 的计算公式为

$$Z = g(a_1^{(2)} \times w_{1,1}^{(2)} + a_2^{(2)} \times w_{1,2}^{(2)}) \quad (11.9)$$

假设预测目标是一个向量,那么与前面类似,只需要在"输出层"再增加节点即可。使用向量和矩阵来表示层次中的变量。$a^{(1)}$、$a^{(2)}$、$Z$ 是网络中传输的向量数据。$W^{(1)}$ 和 $W^{(2)}$ 是网络的矩阵参数。那么使用矩阵运算来表达整个计算公式如下。

$$g(W^{(1)} \times a^{(1)}) = a^{(2)} \quad (11.10)$$
$$g(W^{(2)} \times a^{(2)}) = Z \quad (11.11)$$

需要说明的是,在两层神经网络中,"中间层"一般被称作"隐含层",并不再使用 $H$ 函数

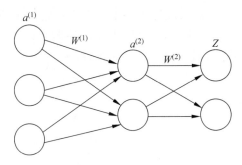

图 11.10　两层神经网络（向量形式）

及 sgn 函数作为函数 $g$，而是使用像 sigmoid、tanh、relu 等更为常用的函数作为函数 $g$。函数 $g$ 也称作激活函数（Active Function）。

**4．卷积神经网络**

卷积神经网络（CNN）是为了处理图像数据而特别设计的（如图 11.11 所示）。与全连接的 MLP 不同，CNN 中的神经元只与输入数据的一部分相连，这种连接方式叫作局部连接。此外，CNN 还使用了卷积操作来提取图像中的局部特征，如边缘和纹理。

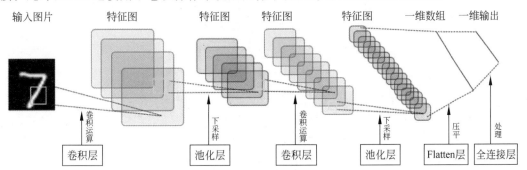

图 11.11　CNN 模型结构

可以把 CNN 想象成一个图像识别专家。它通过卷积操作提取图像中的特征，然后利用这些特征来判断图像中的内容。CNN 在图像分类、目标检测等任务中取得了显著成果，成为计算机视觉领域的重要工具。

在时间序列预测中，CNN 也被发现对于短期的时间序列预测任务可能表现较好。当时间序列数据具有清晰的局部模式或短期依赖关系时，CNN 可以通过卷积操作捕捉这些模式，从而进行有效的预测。

**5．长短期记忆循环神经网络**

循环神经网络（RNN）是一种能够处理序列数据的神经网络。但是，传统的 RNN 在处理长序列时存在一些问题，如梯度消失或梯度爆炸。为了解决这个问题，长短期记忆循环神经网络（LSTM）被提了出来。

LSTM 通过引入门控机制和记忆单元来改进 RNN。门控机制可以控制信息的流入和流出，而记忆单元则可以存储和更新长期依赖信息。这使得 LSTM 能够处理长序列并捕捉其中的长期依赖关系。

可以把LSTM想象成一个记忆能力很强的阅读者。它不仅能够读取文本中的每个单词,还能够记住之前的单词,并根据这些单词之间的关系来理解整个句子的意思。LSTM在自然语言处理、语音识别等领域取得了显著成果,展示了神经网络在处理序列数据时的强大能力(见图11.12、图11.13)。

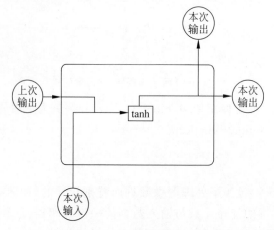

图 11.12　RNN 单元结构

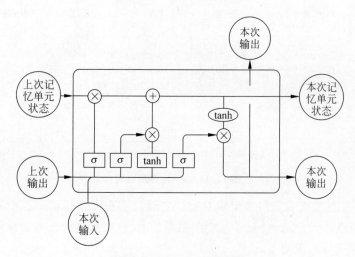

图 11.13　LSTM 单元结构

## 11.1.2　模型应用的数学原理

**1. 多层感知机**

1)模型结构

多层感知机(MLP)主要由输入层、一个或多个隐藏层,以及输出层构成,通过堆叠这些层来构建深度网络。每一层的神经元都与相邻层完全连接,但层内的神经元之间互不连接,这些层结构也就是全连接层。

2)输入层

直接将输入向量 $x$ 传递给下一层,不进行任何变换。

3)隐藏层

对于每个隐藏层 $l$,计算其输出矩阵 $\boldsymbol{h}^{(l)}$。表达式如下。

$$z^{(l)} = \boldsymbol{W}^{(l)} \cdot \boldsymbol{h}^{(l-1)} + \boldsymbol{b}^{(l)} \tag{11.12}$$

$$\boldsymbol{h}^{(l)} = \sigma(z^{(l)}) \tag{11.13}$$

其中各参数说明如下。

$z^{(l)}$:隐含层 $l$ 的线性输出。

$\boldsymbol{W}^{(l)}$:层 $l$ 的权重矩阵。

$\boldsymbol{h}^{(l-1)}$:层 $l-1$ 的输出。

$\boldsymbol{b}^{(l)}$:层 $l$ 的偏置向量。

$\sigma$:激活函数。

4)输出层

对于输出层,计算输出向量 $\boldsymbol{y}$。表达式如下。

$$z^{(L)} = \boldsymbol{W}^{(L)} \cdot \boldsymbol{h}^{(L-1)} + \boldsymbol{b}^{(L)} \tag{11.14}$$

$$\boldsymbol{y} = \sigma_0(z^{(L)}) \tag{11.15}$$

其中各参数说明如下。

$z^{(L)}$:输出层的线性输出。

$L$:总层数,包括输出层。

$\boldsymbol{W}^{(L)}$:最后一层也就是输出层的权重矩阵。

$\boldsymbol{h}^{(L-1)}$:隐含层的最后一层。

$\boldsymbol{b}^{(L)}$:输出层的偏置向量。

$\sigma_0$:输出层的激活函数。

5)损失函数

损失函数用于衡量模型预测与真实值之间的差距。通过最小化损失函数,可以优化模型的参数,使得模型的预测更加准确。常见的损失函数有均方误差(MSE)和交叉熵损失等。数学公式表示损失函数为

$$L = \text{loss}(O, Y) \tag{11.16}$$

其中各参数说明如下。

$L$:损失值。

loss:损失函数。

$O$:模型的预测输出。

$Y$:真实标签。

6)前向传播

前向传播其实就是通过输入数据 $\boldsymbol{x}$,通过输入层、隐含层和输出层计算模型输出值 $\boldsymbol{y}$ 的过程。

7)反向传播

反向传播是训练神经网络模型的核心。它的主要目的是计算损失函数对模型参数的梯度,并使用这些梯度来更新参数,从而减小预测误差,可以理解为这一步是神经网络模型学习到"知识"的过程。以下为反向传播操作过程。

(1)计算输出层的误差和梯度。

对于输出层,计算模型预测与真实值之间的误差,并计算损失函数对输出层参数的梯度。

公式如下。

$$\frac{\partial L}{\partial \boldsymbol{W}^{(L)}} = \frac{\partial L}{\partial \boldsymbol{y}} \cdot \frac{\partial \boldsymbol{y}}{\partial z^{(L)}} \cdot \frac{\partial \boldsymbol{y}}{\partial \boldsymbol{W}^{(L)}} = \delta^{(L)} \cdot (\boldsymbol{h}^{(L-1)})^{\mathrm{T}} \quad (11.17)$$

$$\frac{\partial L}{\partial \boldsymbol{b}^{(L)}} = \frac{\partial L}{\partial \boldsymbol{y}} \cdot \frac{\partial \boldsymbol{y}}{\partial z^{(L)}} \cdot \frac{\partial \boldsymbol{y}}{\partial \boldsymbol{b}^{(L)}} = \delta^{(L)} \quad (11.18)$$

其中各参数说明如下。

$L$:损失函数。

$y$:模型预测的输出。

$\boldsymbol{W}^{(L)}$ 和 $\boldsymbol{b}^{(L)}$:输出层的权重和偏置。

$\delta^{(L)}$:输出层的误差项。

(2) 反向传播到隐藏层。

对于每个隐藏层,计算损失函数对该层参数的梯度。这需要使用链式法则,基于输出层的误差和该层到输出层的连接权重来计算。

公式如下。

$$\delta^{(l)} = (\boldsymbol{W}^{(l+1)})^{\mathrm{T}} \delta^{(l+1)} \cdot \sigma'(z^{(l)}) \quad (11.19)$$

$$\frac{\partial L}{\partial \boldsymbol{W}^{(l)}} = \delta^{(l)} \cdot (\boldsymbol{h}^{(l-1)})^{\mathrm{T}} \quad (11.20)$$

$$\frac{\partial L}{\partial \boldsymbol{b}^{(l)}} = \delta^{(l)} \quad (11.21)$$

其中各参数说明如下。

$\boldsymbol{h}^{(l)}$:隐藏层 $l$ 的输出。

$\boldsymbol{W}^{(l)}$ 和 $\boldsymbol{b}^{(l)}$:该层的权重和偏置。

(3) 更新参数。

使用计算得到的梯度来更新模型的参数。这通常通过一种称为梯度下降的优化算法实现。

参数更新规则如下。

$$\boldsymbol{W}^{(l)} \leftarrow \boldsymbol{W}^{(l)} - \eta \frac{\partial L}{\partial \boldsymbol{W}^{(l)}} \quad (11.22)$$

$$\boldsymbol{b}^{(l)} \leftarrow \boldsymbol{b}^{(l)} - \eta \frac{\partial L}{\partial \boldsymbol{b}^{(l)}} \quad (11.23)$$

其中,$\eta$ 是学习率,它决定了参数更新的步长。

8) 训练过程

(1) 初始化权重和偏置项为随机值。

(2) 进行前向传播,计算模型输出。

(3) 计算损失函数值。

(4) 进行反向传播,计算损失函数对模型参数的梯度。

(5) 使用梯度下降或其变种更新权重和偏置项。

(6) 重复步骤(2)~(5),直到满足停止条件(如达到最大迭代次数、损失函数收敛等)。

**2. 卷积神经网络**

1) 模型结构

卷积神经网络(CNN)主要由输入层、卷积层、池化层和全连接层构成,通过堆叠这些层来构建神经网络。

2) 输入层

直接将输入数据传递给下一层,不进行任何变换。

3) 卷积层

卷积层是 CNN 的核心部分,负责从输入图像中提取特征。卷积操作是通过滑动卷积核(也叫 filters 滤波器)来实现的,卷积核与输入图像的局部区域进行点积运算,再通过激活函数运算,生成特征图。CNN 模型结构如图 11.14 所示。

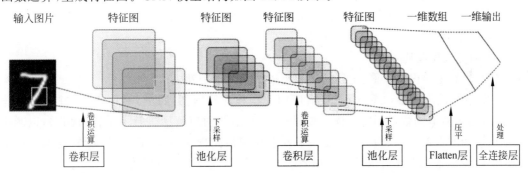

图 11.14　CNN 模型结构

用数学公式表示卷积操作如下。

$$Z_{i,j}^{l} = \sum_{m=0}^{M-1} \sum_{n=0}^{N-1} X_{i+m,j+n}^{l-1} \cdot W_{m,n}^{l} + b^{l} \tag{11.24}$$

$$A_{i,j}^{l} = \sigma(Z_{i,j}^{l}) \tag{11.25}$$

其中各参数说明如下。

$Z_{i,j}^{l}$:第 $l$ 层卷积层在位置 $(i,j)$ 的输出值。

$X_{i+m,j+n}^{l-1}$:第 $l-1$ 层在位置 $(i+m,j+n)$ 的输出值,作为输入。

$W_{m,n}^{l}$:第 $l$ 层卷积核在位置 $(m,n)$ 的权重值。

$b^{l}$:第 $l$ 层卷积层的偏置项。

$m$ 和 $n$:卷积核的尺寸(高度和宽度)。

$A_{i,j}^{l}$:第 $l$ 层激活函数在位置 $(i,j)$ 的输出值。

4) 池化层

池化层通常位于卷积层之后,用于对特征图进行下采样(池化),减少数据的空间维度和计算量,同时增强模型的鲁棒性。常见的池化操作有最大池化和平均池化。用数学公式表示池化操作如下。

$$P_{i,j}^{l} = \text{pool}(A_{i \times s+m, j \times s+n}^{l-1}) \tag{11.26}$$

其中各参数说明如下。

$P_{i,j}^{l}$:第 $l$ 层池化层在位置 $(i,j)$ 的输出值。

pool：池化函数，如最大池化或平均池化。

$A_{i \times s+m, j \times s+n}^{l-1}$：第 $l-1$ 层激活函数在位置 $(i \times s+m, j \times s+n)$ 的输出值，作为输入。

$s$ 是池化步长。

$m$ 和 $n$：池化窗口内的坐标。

5) 全连接层

全连接层通常位于网络的最后几层，用于将前面层提取到的特征进行整合，并输出最终的预测结果。表达式如下。

$$O = W \cdot P + b \tag{11.27}$$

其中各参数说明如下。

$O$：全连接层的输出。

$W$：权重矩阵。

$P$：池化层的输出（或经过扁平化处理的特征图）。

$b$：偏置项。

6) 训练过程概述

(1) 初始化卷积核权重、全连接层权重以及偏置项为随机值。

(2) 进行前向传播：通过卷积层，使用卷积核对输入图像进行卷积操作，并加上偏置项，然后通过激活函数得到特征图。如果存在池化层，对特征图进行下采样（池化），以减小数据规模同时保留主要特征。经过一系列卷积和池化操作后，将特征图展平，送入全连接层。全连接层进行常规的线性变换和激活函数运算，最终得到模型输出。

(3) 计算损失函数值，通常使用交叉熵损失、均方误差等来衡量模型输出与真实标签之间的差异。

(4) 进行反向传播：从输出层开始，计算损失函数对全连接层参数的梯度。通过链式法则，反向传播梯度至卷积层，计算损失函数对卷积核权重和偏置项的梯度。如果存在池化层，需要进行池化层的反向传播，通常涉及上采样（反池化）操作。

(5) 使用梯度下降或其变种（如 Adam、RMSprop 等）更新卷积核权重、全连接层权重以及偏置项。

(6) 重复步骤(2)~(5)，进行迭代训练，直到满足停止条件（如达到预设的最大迭代次数、损失函数收敛、验证集性能不再提升等）。

### 3. 长短期记忆循环神经网络

1) 模型结构

长短期记忆循环神经网络（LSTM）主要由 LSTM 层和全连接层构成，通过堆叠这些层来构建神经网络。这种模型的隐含层通常只有 LSTM 层，但是穿插一些全连接层也是可以的，有时候这种操作还会提高模型性能，而对于模型的输出层，在多数任务中只使用全连接层。

2) LSTM 层

LSTM 层的核心是 LSTM 单元，每个 LSTM 单元包含一个记忆单元（CellState）和三个门控机制：遗忘门（ForgetGate）、输入门（InputGate）和输出门（OutputGate）。为了方便计算和理解，接下来的原理分析将加入一个"候选门"组件，不过要注意，标准的 LSTM 架构中并没有一个直接命名为"候选门"的组件,"候选门"也并不是一个门控机制,因为它不涉及任何形式的门控操作(即使用 Sigmoid 函数将值压缩到 0～1,图 11.15 中 $\sigma$ 表示的就是 Sigmoid 函数)。

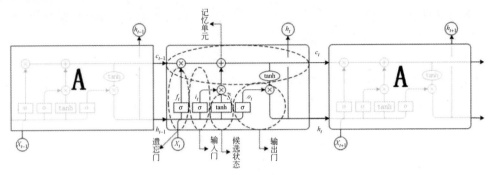

图 11.15 LSTM 单元运算结构

3) 遗忘门

遗忘门决定了上一时刻的记忆单元信息哪些需要被遗忘。它通过接收上一时刻的隐藏状态 $h_{t-1}$ 和当前时刻的输入 $x_t$,输出一个介于 0～1 的值 $f_t$,其中,0 表示完全遗忘,1 表示完全保留。表达式如下。

$$f_t = \sigma(\mathbf{W}_f \cdot [h_{t-1}, x_t] + b_f) \tag{11.28}$$

各参数说明如下。

$f_t$:遗忘门的输出。

$\sigma$:Sigmoid 激活函数。

$\mathbf{W}_f$:遗忘门的权重矩阵。

$[h_{t-1}, x_t]$:两者拼接成更长的向量。

$b_f$:遗忘门的偏置项。

4) 输入门

输入门与当前时刻的输入信息哪些需要被保存到记忆单元中有关。它同样接收 $h_{t-1}$ 和 $x_t$ 作为输入,输入门输出为 $i_t$。表达式如下。

$$i_t = \sigma(\mathbf{W}_i \cdot [h_{t-1}, x_t] + b_i) \tag{11.29}$$

各参数说明如下。

$\mathbf{W}_i$ 和 $b_i$:输入门的权重和偏置项。

5) 候选门

候选门与当前时刻的输入信息哪些需要被保存到记忆单元中有关。它同样接收 $h_{t-1}$ 和 $x_t$ 作为输入,候选门输出为 $\tilde{c}_t$。表达式如下。

$$\tilde{c}_t = \tanh(\mathbf{W}_c \cdot [h_{t-1}, x_t] + b_c) \tag{11.30}$$

各参数说明如下。

tanh:双曲正切激活函数。

$\mathbf{W}_c$ 和 $b_c$:候选门的权重和偏置项。

6) 记忆单元

记忆单元(CellState)负责保存和更新长期依赖信息。它通过结合上一时刻记忆单元的状态、遗忘门、输入门和候选门的输出来更新自身的状态,记忆单元输出为 $c_t$。表达式如下。

$$c_t = f_t \cdot c_{t-1} + i_t \cdot \tilde{c}_t \tag{11.31}$$

各参数说明如下。

$c_{t-1}$:上一时刻的记忆单元状态。

7) 输出门

输出门决定了当前时刻的记忆单元信息中哪些需要被输出到隐藏状态 $h_t$ 中。它接收 $h_{t-1}$ 和 $x_t$ 作为输入,并输出一个介于 0~1 的值 $o_t$,用于控制记忆单元的输出。表达式如下。

$$o_t = \sigma(\boldsymbol{W}_o \cdot [h_{t-1}, x_t] + b_o) \tag{11.32}$$

$$h_t = o_t \cdot \tanh(c_t) \tag{11.33}$$

各参数说明如下。

$h_t$:当前时刻的隐藏状态。

$\boldsymbol{W}_o$ 和 $b_o$:分别是输出门的权重和偏置项,但要注意 LSTM 单元的真正输出是隐藏状态 $h_t$,而不是输出门的输出 $o_t$。

8) 全连接层

全连接层通常位于网络的最后几层,用于将前面层提取到的特征进行整合,并输出最终的预测结果。表达式如下。

$$\boldsymbol{O} = \boldsymbol{W} \cdot \boldsymbol{H} + b \tag{11.34}$$

各参数说明如下。

$\boldsymbol{O}$:全连接层的输出。

$\boldsymbol{W}$:权重矩阵,$b$ 是偏置项。

$\boldsymbol{H}$:LSTM 层中输出门的输出。

9) 训练过程概述

(1) 初始化 LSTM 单元内部的权重矩阵(如输入门、遗忘门、输出门的权重和偏置项)以及可能的额外全连接层的权重和偏置项为随机值。

(2) 进行前向传播:将输入序列按时序逐个输入 LSTM 单元中。对于每个时间步,LSTM 单元根据当前输入和前一个时间步的隐藏状态,通过输入门、遗忘门和输出门的计算,更新细胞状态和隐藏状态。经过整个序列的处理后,LSTM 单元的输出(通常是最后一个时间步的隐藏状态)被送入可能的额外全连接层进行进一步处理,最终得到模型输出。

(3) 计算损失函数值,通常使用交叉熵损失、均方误差等来衡量模型输出与真实标签之间的差异。

(4) 进行反向传播:从输出层开始,计算损失函数对全连接层参数和 LSTM 单元最后一个时间步输出的梯度。利用随时间反向传播算法,将梯度反向传播至 LSTM 单元内部,计算损失函数对输入门、遗忘门、输出门权重和偏置项的梯度,以及细胞状态和隐藏状态的梯度。

(5) 使用梯度下降或其变种(如 Adam、RMSprop 等)更新 LSTM 单元内部的权重矩阵以及全连接层的权重和偏置项。

（6）重复步骤（2）～（5），进行迭代训练，直到满足停止条件（如达到预设的最大迭代次数、损失函数收敛、验证集性能不再提升等）。

### 11.1.3 激活函数

**1. Sigmoid 函数**

Sigmoid 函数的值域为(0,1)，表达式如下。

$$g(x) = \sigma(x) = \frac{1}{1+e^{-x}} \tag{11.35}$$

该激活函数在隐含层并不常用，因为它的梯度太容易饱和，不过在解决二分类问题的模型的输出层中常常会用到。

Sigmoid 函数图像如图 11.16 所示。

**2. Tanh 函数**

Tanh 函数的值域为(−1,1)，表达式如下。

$$g(x) = \tanh(x) = \frac{1-e^{-2x}}{1+e^{-2x}} \tag{11.36}$$

Tanh 函数因为 ReLU 函数的普及而不那么流行了，但是 Tanh 函数仍然用于许多标准的 RNN-LSTM 模型。

Tanh 函数图像如图 11.17 所示。

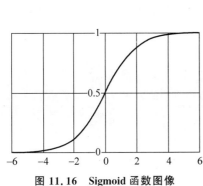

图 11.16　Sigmoid 函数图像

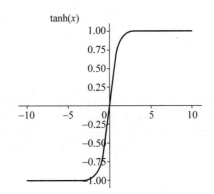

图 11.17　Tanh 函数图像

**3. ReLU 函数**

ReLU 的值域为[0,+∞)，表达式如下。

$$g(x) = \text{ReLU}(x) = \begin{cases} x, & x \geqslant 0 \\ 0, & x < 0 \end{cases} \tag{11.37}$$

目前 ReLU 函数应用最为广泛，还有些基于它的变体，如 leaky-ReLU 和 ELU 等。

ReLU 函数图像如图 11.18 所示。

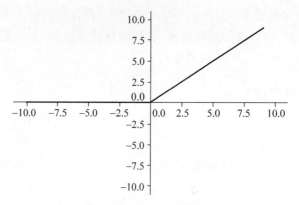

图 11.18　ReLU 函数图像

### 11.1.4　数组整形函数

**1. np.hstack()函数**

利用 NumPy 将多种特征的数组进行堆叠有两种方式：np.hstack 函数是采取水平堆叠，np.vstack()是采取垂直堆叠。

```
import numpy as np
x = np.array([[1,2,3,4],         #x是2×4的2维表格
              [5,6,7,8]])
y = np.array([[9,10,11,12],
              [13,14,15,16]])
z = np.array([[17,18,19,20],
              [21,22,23,24]])
xyz = np.hstack((x,y,z))
print(xyz)
```

运行结果如下。

```
[[ 1  2  3  4  9 10 11 12 17 18 19 20]
 [ 5  6  7  8 13 14 15 16 21 22 23 24]]    #堆叠后,xyz是2×12的2维数组
#从运行结果可以知道,np.hstack函数将x的1,2,3,4和y的9,10,11,12以及z的17,18,19,20
#水平方向堆叠,将x的5,6,7,8和y的13,14,15,16以及z的21,22,23,24水平方向堆叠。如果把
#x、y、z看成三本书,水平堆叠就是把这三本书并排放在一起
```

**2. reshape()函数**

array.reshape()函数用于改变数组 array 的形状和维度而不改变 array 的数据。接上例数据演示 reshape()函数功能。

1) reshape(-1,1)

```
xyz_reshape_1 = xyz.reshape(-1,1)
print(xyz_reshape_1)
```

运行结果如下。

```
[[ 1]
 [ 2]
```

```
...
 [23]
 [24]]
#reshape(-1,1)中-1表示任意行,1表示一列。也就是将数组xyz整形为一列数组,至于有多少
#行,由计算而定。同理,reshape(-1,2)表示任意行,两列。reshape(1,-1)表示一行,任意列。虽
#然从运行的结果看,类似一维数组,但是依然是二维数组,数组的结构是(24,1)
```

2) reshape(-1)

```
xyz_reshape_11 = xyz.reshape(-1)
print(xyz_reshape_11)
print(xyz_reshape_11.shape)
```

运行结果如下。

```
[ 1 2 3 4 9 10 11 12 17 18 19 20 5 6 7 8 13 14 15 16 21 22 23 24]
(24,)
```

3) reshape(m,n,p)

```
xyz_reshape = xyz.reshape(2,3,4)
print(xyz_reshape)
```

运行结果如下。

```
[[[ 1  2  3  4]
  [ 9 10 11 12]
  [17 18 19 20]]
 [[ 5  6  7  8]
  [13 14 15 16]
  [21 22 23 24]]]
#从运行结果可以知道,整形之前,xyz是2×12的2维数组,整形之后,xyz_reshape是2×3×4的3
#维数组。如果将x、y、z看成三本书,reshape()就是将这三本书堆叠在一起成为一摞书,再进行倒
#立放置
```

4) flatten()

```
xyz_reshape_01 = xyz_reshape.flatten()
print(xyz_reshape_01)
```

运行结果如下。

```
[ 1 2 3 4 9 10 11 12 17 18 19 20 5 6 7 8 13 14 15 16 21 22 23 24]
#从运行结果可以知道,整形之前,xyz_reshape是2×3×4的三维数组,通过flatten()降维到1维
#行数组
```

### 3. transpose()函数

transpose(0,1,2)函数用于改变数组的维度和轴的顺序,其中,0代表0轴,可以视为x轴;1代表1轴,可以视为y轴;2代表2轴,可以视为z轴。接上例数据演示transpose()函数的功能:

```
XYZ_transpose = np.transpose(xyz_reshape,(0, 1, 2))
print(XYZ_transpose)
```

运行结果如下。

```
[[[ 1  2  3  4]
  [ 9 10 11 12]
```

```
   [17 18 19 20]]
 [[ 5  6  7  8]
  [13 14 15 16]
  [21 22 23 24]]]
# 从运行结果可以知道,三维数组 xyz_reshape 经过 np.transpose(xyz_reshape,(0,1,2))后,数据
# 没有发生任何变化。这是因为三维数组 xyz_reshape 原本就是按照 0 轴、1 轴、2 轴堆叠在一起。所
# 以经过 transpose(0,1,2)整形后,数组没有发生任何变化
xyz_transpose = np.transpose(xyz_reshape,(0, 2, 1))
print(xyz_transpose)
```

运行结果如下。

```
[[[ 1  9 17]
  [ 2 10 18]
  [ 3 11 19]
  [ 4 12 20]]
 [[ 5 13 21]
  [ 6 14 22]
  [ 7 15 23]
  [ 8 16 24]]]
# transpose(0,2,1)是指交换三维数组 xyz_reshape 的 1 轴与 2 轴,也就是让三维数组以 0 轴为中心,翻
# 转 90°。如果将 x、y、z 看成三本书,通过 reshape()将这三本书堆叠成一摞书,再进行倒立放置,然
# 后通过 transpose()把这一摞书逆时针旋转 90°
```

### 4. Sequential 顺序模型

Sequential 模型是一个线性堆叠模型,它通过 add 将每一层线性添加到模型中,形成一个神经网络模型。

Sequential 模型的基本构成如下。

1) 创建 Sequential 模型

一般通过输入代码 model=Sequential()搭建 Sequential 模型。然后开始后续步骤,向 model 添加层,构建神经网络模型。

2) model.add(添加层)

通过 add 向 model 添加全连接层 Dense()构建 MLP 模型(多层感知器),如果添加 Conv1D,则构建一维 CNN 模型(卷积神经网络模型),如果添加 LSTM,则构建 LSTM 模型(长短期记忆神经网络模型)。

(1) 全连接层 Dense(units,activation='liner',use_bias=True,input_dim)的主要参数如下。

- units:该层输出的维度,即该层神经元个数。
- activation:激活函数,默认是'liner',可选参数包括'relu'、'sigmoid'、'softmax'、'tanh'等。
- use_bias:偏置,默认带有偏置。
- input_dim:指定输入数据的维度,该参数在第 1 层使用。

(2) 一维卷积 Conv1D(filters,kernel_size,strides=1,activation=None, use_bias=True,input_shape=())主要用于时间序列数据或者文本数据,主要参数如下。

- filters:卷积核数量,即输出的维度。
- kernel_size:卷积核大小,默认是 1,表示 $1 \times n$ 的核,其中,$n$ 是输入的维度。

- strides：步长，默认是 1。
- activation：激活函数。
- use_bias：偏置，默认带有偏置。
- input_shape()：输入样本的形状，由时间窗口大小和特征数组成，该参数在第 1 层使用。

（3）一维卷积最大池化层 MaxPooling1D(pool_size=2,strides=2) 用于对卷积层输出的特征进行降采样，以便提高模型的计算效率和泛化能力，主要参数如下。
- pool_size：池化窗口大小，设置为 2，是指把输入的时间维度压缩为原来的一半。
- strides：池化窗口的步长，设置为 2，是指每隔一个元素采样一次。

（4）LSTM 模型 LSTM(units,activation,input_shape=()) 可用于解决序列问题，主要参数如下。
- units：该层输出的维度，即该层神经元个数。
- activation：激活函数，可选参数包括 'relu'、'sigmoid'、'softmax'、'tanh' 等。
- input_shape()：输入样本的形状，由时间窗口大小和特征数组成，该参数在第 1 层使用。

（5）Dropout(rate) 用于防止过拟合，参数 rate 为丢弃率，即每次随机丢弃神经元的比例。

3）编译模型

compile(optimizer,loss,metrics=None) 用于设置优化器 optimizer、损失函数 loss、评价函数 metrics，主要参数如下。
- optimizer：优化器，可选参数包括 'adam'、'sgd' 等。
- loss：损失函数，可选参数包括 'binary_crossentropy'、'mean_squared_error' 等。
- metrics：评价函数，可选参数包括 'accuracy'、'binary_accuracy' 等。

4）模型训练

fit(x,y,batch_size,epochs,verbose) 用于训练模型，主要参数如下。
- x,y：输入，输出。
- batch_size：每个 batch 包含的样本数，训练时一个 batch 的样本会被计算一次梯度下降，使目标函数优化一步。默认为 32。
- epochs：训练的轮数。
- verbose：显示日志的模式，0 为不显示，1 为显示进度条，2 为每个 epochs 输出一行记录。

5）模型预测

用 predict(x) 进行模型预测。

## 11.2 在股票预测中的应用

### 11.2.1 MLP 解决以涨跌为标签的分类问题

如果在运行本章程序时出现错误提示 No module named tensorflow，则可能是 keras 已经整合成了 TensorFlow2.x 的一部分。因此，如果代码中直接使用 keras 库（如 import keras),则应需要确保环境中已安装 TensorFlow。在下载 TensorFlow 时,如果错误提示是 Could not find a version that satisfies the requirement tensorflow (from versions: none),则可能是所安装的 Python 版本太新,而 TensorFlow 还没有推出相应的版本。解决办法是使用稍微旧一点的 Python 版本,或者等待 TensorFlow 发布针对最新 Python 的版本。本书所用的 Python 版本是 3.12,keras 库版本是 2.14.0,TensorFlow 版本是 2.15.0。

### 1. 导入库

```
# - * - coding: utf-8 - * -
import numpy as np
import pandas as pd
import akshare as ak
# 如果使用代理或 VPN 上网,则可能无法从 akshare 中在线获取数据,从而可能导致本程序无法运行
import matplotlib.pyplot as plt
from keras.models import Sequential    # 从 Keras 库中导入模型构建相关的模块,其中,Sequential
# 用于创建线性堆叠的层模型(构建神经网络),Dense 用于添加全连接层(由若干个神经元组成),
# Dropout 用于添加随机失活层(防止过拟合)
from keras.layers import Dense, Dropout
from sklearn.preprocessing import MinMaxScaler
from sklearn.model_selection import train_test_split
from sklearn.metrics import accuracy_score    # 从 Sklearn 库中导入模型评估相关的模块。
# accuracy_score 用于评估分类模型的准确率
```

### 2. 自定义函数

```
# 定义分割时间序列函数,将单个特征的时间序列按照时间窗口大小进行分割,sequence 是待处理
# 的时间序列数据,n_steps 是时间窗口大小。如果 n_steps = 7,则表示用过去 7 天的数据预测第 8
# 天的股价
def split_sequence(sequence, n_steps):
    sequence = np.array(sequence)    # 将输入的序列转换为 NumPy 数组,以便于后续的数组操作
    X, y = list(), list()    # 初始化两个空列表,存储条件属性的值(X)和预测值(y)
    for i in range(len(sequence)):    # 遍历输入的序列 sequence
        end_ix = i + n_steps         # 计算当前模式的结束索引
        if end_ix > len(sequence) - 1:    # 检查是否超出了序列的最后一个元素
            break                    # 如果超出,则终止循环
# 提取条件属性的值和预测值。其中,seq_x 是从当前索引开始,长度为 n_steps 的子序列,即前 n_
# steps 天的上证指数数据(特征或者条件属性);seq_y 是紧接在 seq_x 后面的下一个元素,即第 n_
# steps + 1 天的上证指数数据(预测值或者决策属性的值),做法如表 11.1 所示
```

表 11.1 seq_x 与 seq_y 关系

| seq_x | | | | | | | | seq_y |
|---|---|---|---|---|---|---|---|---|
| 1 | 2 | 3 | 4 | 5 | 6 | 7 | | 8 |
| 2 | 3 | 4 | 5 | 6 | 7 | 8 | | 9 |
| 3 | 4 | 5 | 6 | 7 | 8 | 9 | | 10 |

```
        seq_x, seq_y = sequence[i:end_ix], sequence[end_ix]
# 将条件属性的值和预测值添加到相应的列表中
        X.append(seq_x)
        y.append(seq_y)
# 将列表 X 和 y 转换为 NumPy 数组,并返回。其中,X 包含所有的输入特征;y 包含对应的特征或预测值
    return np.array(X), np.array(y)
```

### 3. 构建数据集

```
#定义开始和结束日期,用于截取数据集中的特定时间段,转换为 datetime 类型方便后续操作
start_date = pd.to_datetime('2017-01-01')   #利用 pd.to_datetime,将'2017-01-01'转换为
#Pandas 时间格式
end_date = pd.to_datetime('2022-01-01')
#打印开始和结束日期
print(f'开始日期:{start_date}')
print(f'结束日期:{end_date}')
```

运行结果如下。

```
开始日期:2017-01-01 00:00:00
结束日期:2022-01-01 00:00:00
```

```
#使用 akshare 库下载上证指数的日数据
df_daily = ak.stock_zh_index_daily(symbol = 'sh000001')
print(df_daily)
```

运行结果如下。

```
          date      open     high      low    close    volume
0   1990-12-19    96.050   99.980   95.790   99.980    126000
1   1990-12-20   104.300  104.390   99.980  104.390     19700
2   1990-12-21   109.070  109.130  103.730  109.130      2800
...        ...       ...      ...      ...      ...       ...
#因为通过 ak.stock_zh_index_daily()提取上证指数时,不能限定所提取的时间段,否则报错。因
#此运行的结果是从 1990 年开始的
#下载的上证指数的列标签为'date'、'open'、'high'、'low'、'close'、'volume',用中文修改列标,使
#其更具可读性
df_daily.columns = ['日期','开盘','最高价','最低价','收盘','成交量']
#将日期列转换为 datetime 格式,以便于后续处理
df_daily['日期'] = pd.to_datetime(df_daily['日期'])
#根据指定的开始和结束日期截取数据集中的一部分
df_daily = df_daily[(df_daily['日期']>= start_date) & (df_daily['日期']<= end_date)]
#因为使用 akshare 库下载的上证指数数据集中不包含'涨跌幅',因此在数据集中增加一个新的列
#'涨跌幅',用于存储计算得到的每日的涨跌幅数据
df_daily['涨跌幅'] = np.nan
#计算每日的涨跌幅,并存储到'涨跌幅'列中
for i in range(len(df_daily) - 1):
#用列'收盘'的值计算涨跌幅。列'收盘'的列索引是 4.用第 i+1 天的收盘价减第 i 天的收盘价,再除
#以第 i 天的收盘价,得到的是第 i+1 天的涨跌幅
    df_daily.iloc[i + 1,6] = ((df_daily.iloc[i + 1,4] - df_daily.iloc[i,4]) / df_daily.iloc
[i,4]) * 100
#由于在计算涨跌幅时,第 1 个数据点无法计算,因此将其删除
df_daily = df_daily.drop(df_daily.index[0])    #df_daily.index 是 df 的行索引,df_daily.
#index[0]是第 1 个索引。利用 drop,根据行索引删除指定的行
#如果用 print(df_daily.head())查看 df_daily,结果如下
          日期        开盘      最高价      最低价      收盘       成交量       涨跌幅
6370  2017-01-04  3133.787  3160.103  3130.115  3158.794  16786085000   0.729387
6371  2017-01-05  3157.906  3168.502  3154.281  3165.411  17472764500   0.209479
6372  2017-01-06  3163.776  3172.035  3153.025  3154.321  18370896600  -0.350349
6373  2017-01-09  3148.532  3173.136  3147.735  3171.236  17171407500   0.536249
6374  2017-01-10  3167.570  3174.578  3157.332  3161.671  17975921600  -0.301617
```

```
#选择特征:涨跌幅、成交量和日期
features = ['涨跌幅', '成交量', '日期']
data = df_daily.loc[:,features]   #根据特征列表 features 提取相应的列以及列值。关于切片,
#参见第 2 章 Pandas 库部分
#将日期转换为对应的星期数(1 代表星期一,2 代表星期二,以此类推),使模型在训练的过程中捕
#捉上证指数其中的星期效应
data['日期'] = data['日期'].dt.weekday + 1   #根据.dt.weekday 提取的星期,0 表示星期一,1 表
#示星期二,所以加 1,以符合常识
#对涨跌幅列进行涨跌标签化处理,即希望预测出涨幅大于 0.5 的股票;所以将大于 0.5 的设为 1,
#否则设为 0。lambda x: 1 if x > 0.5 else 0 是列表式推导,是指如果 x > 0.5,x = 1;否则,x = 0
data.loc[:, ['涨跌幅']] = data.loc[:,['涨跌幅']].applymap(lambda x: 1 if x > 0.5 else 0 )
#注意:此代码可以正常运行,但函数 applymap()将废弃并被 map()替代
#检查数据集中每列的缺失值数量
print(f'特征中空值个数:\n{data.isnull().sum()}')
```

运行结果如下。

```
特征中空值个数:
涨跌幅     0
成交量     0
日期      0
dtype: int64
```

```
#根据上条命令,特征中没有空值。但是为了提高程序的适用范围,所以还是增加了下面两条处理
#缺失值的代码。对于 features 列表中的每一个特征,使用其均值填充缺失值
for i in range(len(features)):
    data[features[i]].fillna(data[features[i]].mean(), inplace = True)
#注意:此代码可以正常运行,但在 Pandas 3.0 版本中,该代码的形式变更为 data.fillna({features[i]:
data[features[i]].mean()}, inplace = True)
#删除含有任何缺失值的行
data = data.dropna()
print(data)
```

运行结果如下。

```
      涨跌幅        成交量      日期
6370    1    16786085000    3
6371    0    17472764500    4
 ...   ...        ...     ...
7584    1    30783929100    4
7585    1    32968193200    5
[1216 rows x 3 columns]
#data 是一个包含三个属性 1216 个样本的 Pandas 表格。第一个样本的行标签是 6370。注:为了直
#观观察数据集,例如 data 的变化,可以将每个过程中的 data 保存下来并命名为不同名称的 Excel
#表格。例如,用 data.to_excel('df_1.xlsx')保存,通过查看所保存的 Excel 表格中数据的变化来
#了解 data 的变化
```

```
#设置滑动窗口宽度,用于时间序列分割。即在 1216 个样本中,从行标签为 6369 的样本开始,窗口
#大小 n_steps 取 7,即依次取 7 天的样本,由行标签为 6369~6375 这 7 个样本构成一个数组;然后
#滑动一个样本,由行标签为 6370~6376 这 7 个样本构成第 2 个数组……
n_steps = 7
#调用先前自定义的分割时间序列函数 split_sequence(),分别对涨跌幅(标签化)、成交量和日期
#(星期)三个特征的时间序列进行分割
X1, y1 = split_sequence(data['涨跌幅'], n_steps)
X2, y2 = split_sequence(data['成交量'], n_steps)
X3, y3 = split_sequence(data['日期'], n_steps)
print(X1[:10,:])   #查看前 10 行的数据。因为 X1 是一个 ndarray 数据类型,无法使用 X1.head()
#来查看前几行的数据
```

运行结果如下。

```
[[1 0 0 1 0 0 0]
 [0 0 1 0 0 0 0]
 [0 1 0 0 0 0 0]
 [1 0 0 0 0 0 0]
 [0 0 0 0 0 0 0]
 [0 0 0 0 0 0 0]
 [0 0 0 0 0 0 1]
 [0 0 0 0 0 1 0]
 [0 0 0 0 1 0 0]
 [0 0 0 1 0 0 0]]
#分割的结果,例如,'涨跌幅'X1是一个1209行7列的二维数组,1209行表示单特征样本个数,7列
#表示时间窗口大小,要注意的是,在本例中,不要把单独一个值(即1天的数据)理解为一个样本,而
#是把时间窗口中的7个数据(即7天的数据)看作一个样本,而且此时得到的只是单特征的样本,本
#例的目标是同时使用三种特征进行训练,所以后续将对三个特征样本进行堆叠,堆叠的结果才作
#为模型的输入;y1则是一个长度为1209的一维数组,与X1上的1209个样本一一对应,并作为预测值
#(或决策属性的值),具体的值为进行时间序列切割时,时间窗口大小后1天的涨跌幅(标签化),即
#第8天的涨跌幅(标签化)。剩余两个特征的分割与上述类似,本例中,因为要预测的是涨跌幅(标
#签化),所以在后续只需要选用y1作为预测值(或决策属性的值)即可,y2和y3废弃
X = np.transpose(np.hstack((X1, X2, X3)).reshape(len(X1), len(features), n_steps), (0, 2, 1))
#将分割好的三个不同的时间序列特征堆叠成样本并整形为三维(样本数,时间窗口大小,特征数)。
#np.hstack((X1,X2,X3))是将三个特征序列在水平方向上堆叠起来,此时数据仍为二维,其形状为
#(样本数,时间窗口大小×特征数),即1209行21列
#如果采用下面三条命令,将堆叠后的数据集保存成Excel表格(见图11.19),即可以看到堆叠后的
#数据集结构
#X123 = np.hstack((X1, X2, X3))
#df_X123 = pd.DataFrame(X123)
#df_X123.to_excel('C:\\量化金融\\第11章\\df_X123.xlsx')
```

| A | B | C | D | E | F | G | H | I | J | K | L | M | N | O | P | Q | R | S | T | U | V |
|---|---|---|---|---|---|---|---|---|---|---|---|---|---|---|---|---|---|---|---|---|---|
|   | 0 | 1 | 2 | 3 | 4 | 5 | 6 | 7 | 8 | 9 | 10 | 11 | 12 | 13 | 14 | 15 | 16 | 17 | 18 | 19 | 20 |
| 0 | 1 | 0 | 0 | 1 | 0 | 0 | 0 | 1.7E+10 | 1.7E+10 | 1.8E+10 | 1.7E+10 | 1.8E+10 | 1.5E+10 | 1.5E+10 | 3 | 4 | 5 | 1 | 2 | 3 | 4 |
| 1 | 0 | 0 | 1 | 0 | 0 | 0 | 0 | 1.8E+10 | 1.7E+10 | 1.7E+10 | 1.8E+10 | 1.78E+10 | 1.5E+10 | 1.6E+10 | 4 | 5 | 1 | 2 | 3 | 4 | 5 |
| 2 | 0 | 1 | 0 | 0 | 0 | 0 | 0 | 1.8E+10 | 1.7E+10 | 1.8E+10 | 1.8E+10 | 1.49E+10 | 1.6E+10 | 2.6E+10 | 5 | 1 | 2 | 3 | 4 | 5 | 1 |
| 3 | 1 | 0 | 0 | 0 | 0 | 0 | 0 | 1.7E+10 | 1.8E+10 | 1.8E+10 | 1.5E+10 | 1.56E+10 | 2.6E+10 | 1.4E+10 | 1 | 2 | 3 | 4 | 5 | 1 | 2 |
| 4 | 0 | 0 | 0 | 0 | 0 | 0 | 0 | 1.8E+10 | 1.8E+10 | 1.5E+10 | 1.6E+10 | 2.58E+10 | 1.4E+10 | 1.3E+10 | 2 | 3 | 4 | 5 | 1 | 2 | 3 |
| 5 | 0 | 0 | 0 | 0 | 0 | 0 | 0 | 1.8E+10 | 1.5E+10 | 1.6E+10 | 2.6E+10 | 1.36E+10 | 1.3E+10 | 1.2E+10 | 3 | 4 | 5 | 1 | 2 | 3 | 4 |
| 6 | 0 | 0 | 0 | 0 | 0 | 0 | 1 | 1.5E+10 | 1.6E+10 | 2.6E+10 | 1.4E+10 | 1.32E+10 | 1.2E+10 | 1.2E+10 | 4 | 5 | 1 | 2 | 3 | 4 | 5 |
| 7 | 0 | 0 | 0 | 0 | 0 | 1 | 0 | 1.6E+10 | 2.6E+10 | 1.4E+10 | 1.3E+10 | 1.24E+10 | 1.2E+10 | 1.3E+10 | 5 | 1 | 2 | 3 | 4 | 5 | 1 |
| 8 | 0 | 0 | 0 | 0 | 1 | 0 | 0 | 2.6E+10 | 1.4E+10 | 1.3E+10 | 1.2E+10 | 1.22E+10 | 1.3E+10 | 1.3E+10 | 1 | 2 | 3 | 4 | 5 | 1 | 2 |
| 9 | 0 | 0 | 0 | 1 | 0 | 0 | 0 | 1.4E+10 | 1.3E+10 | 1.2E+10 | 1.2E+10 | 1.33E+10 | 1.3E+10 | 1.1E+10 | 2 | 3 | 4 | 5 | 1 | 2 | 3 |
| 10 | 0 | 0 | 1 | 0 | 0 | 0 | 0 | 1.3E+10 | 1.2E+10 | 1.2E+10 | 1.3E+10 | 1.26E+10 | 1.1E+10 | 1.1E+10 | 3 | 4 | 5 | 1 | 2 | 3 | 4 |

图 11.19　np.hstack((X1,X2,X3))

reshape 函数用于改变数组的形状至三维,将其从(样本数,时间窗口大小×特征数)的形状调整为(样本数,特征数,时间窗口大小),即(1209,3,7);最后,transpose函数对reshape 后的数组进行转置,将数组最后两个轴进行互换,即对应第 2 个参数'(0,2,1)',形成(样本数,时间窗口大小,特征数)的形状,即(1209,7,3),这是为了满足 CNN 和 LSTM 的输入要求,这两个模型通常需要(样本数,时间窗口大小,特征数)的输入格式,同时也能提高代码的可复用性。

```
#选择涨跌幅(标签化)为预测对象
y = y1
```

### 4. 数据切分与归一化

```
# 切分数据为训练集和测试集,test_size 参数设置为 0.2,表示测试集占整个数据集的 20%,剩余的
# 80% 作为训练集;训练集有 967 个样本。因为要切分的样本数据是时间序列数据,数据前后具有
# 关联,不能打乱数据的前后顺序,所以 shuffle 参数设置为 False,表示在切分数据时不进行随机打
# 乱,保持原有顺序
train_features, test_features = train_test_split(X, test_size = 0.2, shuffle = False)
train_labels, test_labels = train_test_split(y, test_size = 0.2, shuffle = False)
# 分别创建特征归一化器和标签归一化器。经过前面的处理,数据已经整形成了三维,这是符合 CNN
# 和 LSTM 的模型输入要求的,但归一化具有消除量纲对数据的影响、提高计算效率、简化数据处理等
# 优点,所以在将数据输入模型前,增加归一化这一步骤
scaler_features = MinMaxScaler()
scaler_labels = MinMaxScaler()
# 分别对训练和测试数据进行归一化处理。要注意的是,因为归一化器中的 fit_transform 函数不
# 能直接处理三维的数据,所以还需要通过 reshape 函数把数据先整形成二维(样本数×时间步数、
# 特征数),保证归一化时每一列数据都属于同一种特征,待归一化完成后再次使用 reshape 函数将
# 数据整形回三维(样本数,时间窗口,特征数)。这里以 train_features 的处理为例,train_
# features 原形状为三维(967,7,3),967 为样本个数,7 为时间窗口大小,3 为特征数;train_
# features.reshape(len(train_features) * n_steps, len(features))操作后,得到形状为(6769,3)
# 的二维数组,可以通过打印该数组,观察是否每一列都属于同一种特征;将得到的二维数组输入
# fit_transform 函数中进行归一化后,得到的还是二维数组(6769,3),对归一化结果再通过一次
# reshape(len(train_features), n_steps, len(features))操作,转回三维(967,7,3),至此 train_
# features 的归一化操作便完成了,同时数据的形状也没有改变
train_features = scaler_features.fit_transform(train_features.reshape(len(train_features)
* n_steps, len(features))).reshape(len(train_features), n_steps, len(features))
train_labels = scaler_labels.fit_transform(train_labels.reshape(len(train_labels),1))
test_features = scaler_features.transform(test_features.reshape(len(test_features) * n_
steps, len(features))).reshape(len(test_features), n_steps, len(features))
test_labels = scaler_labels.transform(test_labels.reshape(len(test_labels),1))
```

### 5. 定义模型

```
# 创建一个顺序模型,用于搭建层叠式的神经网络结构
model = Sequential()
# 添加第一个隐藏层,指定 200 个神经元,并使用 ReLU 激活函数,input_dim 参数指定了输入单个样
# 本的长度,即时间窗口大小×特征数
model.add(Dense(200, activation = 'relu', input_dim = n_steps * len(features)))
# 注意:此代码可以正常运行,但在 Tensorflow 2.18.0 版本中,参数 input_dim 的形式已被重新界
# 定。因此,该代码将被下面三条带 # 的代码所替代,详情参见脚本。
# from keras.layers import Input
# model.add(Input(shape = (n_steps * len(features),)))
# model.add(Dense(200, activation = 'relu'))
# 添加第二个隐藏层,包含 100 个神经元,使用 ReLU 激活函数
model.add(Dense(100, activation = 'relu'))
# 添加第三个隐藏层,有 20 个神经元,使用 ReLU 激活函数
model.add(Dense(20, activation = 'relu'))
# 添加 Dropout 层,设置丢弃率为 0.1,每次随机丢弃 10% 的神经元,防止过拟合
model.add(Dropout(0.1))
# 添加输出层,一个神经元,Sigmoid 激活函数将输出压缩到 0~1,输出结果表示属于正类的概率,后
# 期可通过四舍五入,将大于或等于 0.5 的结果归为正类,小于 0.5 的归为负类
model.add(Dense(1, activation = 'sigmoid'))
# 编译模型,指定优化器、损失函数和评价指标,使用二元交叉熵(binary_crossentropy)作为损失函
# 数,适用于二分类问题;Adam 优化器是一种自适应学习率的优化算法,能够自动调整学习率以加速
# 训练;评价指标选择准确率(accuracy),用于评估模型在测试集上的性能
model.compile(loss = 'binary_crossentropy', optimizer = 'adam', metrics = 'accuracy')
```

### 6. 模型训练

```
#调用fit函数训练模型,MLP只能接收2维的样本集(即单个样本是1维的)输入,所以这里将三维
#的样本集(样本数,时间窗口大小,特征数)整形成二维的(样本数,时间窗口大小×特征数);
#epochs=100意味着整个训练样本集将被遍历100次,通过多次遍历,模型有机会学习更多的数据
#模式,但也会存在过拟合的风险;batch_size=32意味着批次大小为32个样本,模型会根据这批
#样本计算损失和梯度,并更新权重,批次大小的选择会影响训练的速度和稳定性;verbose设置为
#0表示不展示日志,设置为1则表示展示日志
model.fit(train_features.reshape((len(train_features), n_steps * len(features))), train_
labels, epochs = 100, batch_size = 32, verbose = 0)
```

### 7. 模型预测

```
#调用predict函数进行预测,因为MLP只接收二维输入,所以将三维测试样本集(样本数,时间窗口
#大小,特征数)整形为二维(样本数,时间窗口大小×特征数)
predictions = model.predict(test_features.reshape((len(test_features), n_steps * len
(features))))
```

### 8. 模型评估

```
#将模型预测好的结果(0~1的值)通过四舍五入标签化,1为正类(涨),0为负类(跌)
predicted_labels = np.round(predictions).astype(int)
#计算并打印预测标签与实际标签之间的准确率
accuracy = accuracy_score(test_labels, predicted_labels)
print(f'MLP测试集准确率:{accuracy}')
```

### 9. 可视化

```
plt.figure(figsize = (12, 6))    #创建一个新的图表,并设置其大小为12×6
#绘制实际涨跌标签的折线图
plt.plot(range(len(test_labels)), test_labels, label = '实际涨跌标签', marker = 'o')
#绘制预测涨跌标签的折线图
plt.plot(range(len(predicted_labels)), predicted_labels, label = '预测涨跌标签', marker = 'x')
plt.title('实际涨跌标签 vs 预测涨跌标签 (MLP)')    #设置图表标题和坐标轴标签
plt.ylabel('涨跌标签')
plt.rcParams['font.sans-serif'] = ['SimHei']    #解决图表中中文显示问题,字体为黑色
plt.legend()                                     #显示图例
plt.grid(True)                                   #显示网格
plt.show()                                       #显示图表,见图11.20
```

运行结果如下。

```
开始日期:2017-01-01 00:00:00
结束日期:2022-01-01 00:00:00
特征中空值个数:
涨跌幅       0
成交量       0
日期         0
dtype: int64
8/8 [==============================] - 0s 0s/step
MLP测试集准确率:0.6074380165289256
```

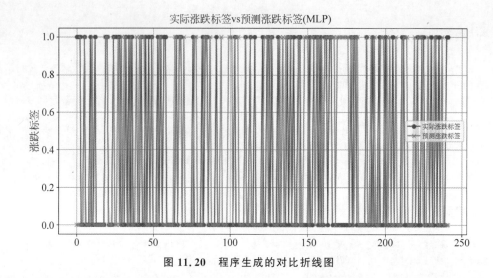

图 11.20　程序生成的对比折线图

## 11.2.2　CNN 解决以涨跌为标签的分类问题

**1. 导入库**

与 11.2.1 节构建 MPL 模型相比，构建 CNN 所需导入的库，只需要新增下面这条代码，其他代码直接复制粘贴构建 MPL 模型时所导入库的代码。详情参见脚本。

```
from keras.layers import Dense, Conv1D, MaxPooling1D, Dropout, Flatten
# 从 Keras 库中导入神经网络构建所需的层，其中，Dense 代表全连接层，用于构建网络中的隐藏层或
# 输出层；Conv1D 代表一维卷积层，常用于处理序列数据；MaxPooling1D 是一维最大池化层，用于降低
# 数据的维度并提取关键特征；Flatten 层用于将多维输入展平为一维，以便连接到全连接层
```

**2. 定义模型**

自定义函数、构建数据集、数据切分与归一化与 11.2.1 节中 2、3、4 的代码完全相同，复制粘贴这三部分的代码后，开始构建 CNN 模型。

```
model = Sequential()    # 创建一个顺序模型，用于搭建层叠式的神经网络结构
# 添加卷积层，这是 CNN 的核心部分，设置 64 个卷积核，卷积核大小为 2，步长为 1，激活函数为 ReLU，
# 输入样本形状为(时间窗口大小，特征数)
model.add(Conv1D(filters = 64, kernel_size = 2, strides = 1, activation = 'relu', input_shape =
(train_features.shape[1], train_features.shape[2])))
# 注意：此代码可以正常运行，但在 Tensorflow 2.18.0 版本中，参数 input_shape 的形式已被重新
# 界定。因此，该代码将被下面三条带 # 的代码所替代，详情参见脚本。
# from keras.layers import Input
# model.add(Input(shape = (train_features.shape[1], train_features.shape[2])))
# model.add(Conv1D(filters = 64, kernel_size = 2, strides = 1, activation = 'relu'))
# 添加池化层，设置窗口的大小为 2，用于下采样，减少数据的维度
model.add(MaxPooling1D(pool_size = 2))
# 添加 Dropout 层，设置丢弃率为 0.1，每次随机丢弃 10% 的神经元，防止过拟合
model.add(Dropout(0.1))
# 添加展平层，将多维的输入数据展平为一维，以便连接到全连接层(Dense 层)
model.add(Flatten())
# 添加输出层，一个神经元，Sigmoid 激活函数将输出压缩到 0～1，输出结果表示属于正类的概率，后
# 期可通过四舍五入，将大于或等于 0.5 的结果归为正类，小于 0.5 的归为负类
model.add(Dense(1, activation = 'sigmoid'))
```

```
# 编译模型
model.compile(loss = 'binary_crossentropy', optimizer = 'adam', metrics = ['accuracy'])
```

### 3. 模型训练与预测

```
# 调用 fit 函数训练模型。CNN 接收三维样本集输入,所以不用像 MLP 一样转换成二维再输入;epochs =
# 100 意味着整个训练样本集将被遍历 100 次,通过多次遍历,模型有机会学习更多数据中的规律,
# 但也会存在过拟合的风险;batch_size = 32 意味着批次大小为 32 个样本,模型会根据这批样本计
# 算损失和梯度,并更新权重,批次大小的选择会影响训练的速度和稳定性;verbose 设置为 0 表示
# 不展示日志,设置为 1 则表示展示日志
model.fit(train_features, train_labels, epochs = 100, batch_size = 32, verbose = 0)
# 调用 predict 函数进行预测,输入测试样本集(样本数,时间窗口大小,特征数)
predictions = model.predict(test_features)
```

### 4. 模型评估

```
# 将模型预测好的结果(0~1 的值)通过四舍五入标签化,1 为正类(涨),0 为负类(跌)
predicted_labels = np.round(predictions).astype(int)
# 计算并打印预测标签与实际标签之间的准确率
accuracy = accuracy_score(test_labels, predicted_labels)
print(f'CNN 测试集准确率:{accuracy}')
```

### 5. 可视化

```
plt.figure(figsize = (12, 6))    # 创建一个新的图表,并设置其大小为 12×6
# 绘制实际涨跌标签的折线图
plt.plot(range(len(test_labels)), test_labels, label = '实际涨跌标签', marker = 'o')
# 绘制预测涨跌标签的折线图
plt.plot(range(len(predicted_labels)), predicted_labels, label = '预测涨跌标签', marker = 'x')
# 设置图表标题和坐标轴标签
plt.title('实际涨跌标签 vs 预测涨跌标签 (CNN) ')
plt.ylabel('涨跌标签')
plt.rcParams['font.sans-serif'] = ['SimHei']
plt.legend()
plt.grid(True)
plt.show()    # 见图 11.21
```

运行结果如下。

```
开始日期:2017-01-01 00:00:00
结束日期:2022-01-01 00:00:00
特征中空值个数:
涨跌幅     0
成交量     0
日期      0
dtype: int64
8/8 ============================== - 0s 1ms/step
CNN 测试集准确率:0.6239669421487604
```

## 11.2.3 LSTM 解决以涨跌为标签的分类问题

### 1. 导入库

与 11.2.1 节构建 MPL 模型相比,构建 LSTM 所需要导入的库,只需要新增下面这条

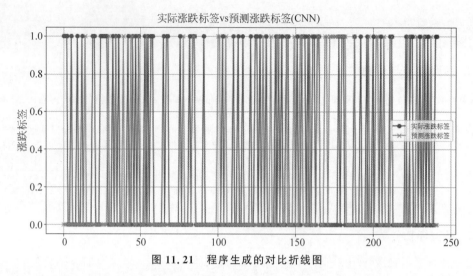

图 11.21　程序生成的对比折线图

代码,其他代码直接复制粘贴构建 MPL 模型时所导入库的代码。

```
from keras.layers import Dense, LSTM, Dropout
#从 Keras 库中导入神经网络构建所需的层,其中,LSTM 代表长短期记忆网络层,常用于处理序列数
#据;Dropout 是一种正则化技术,在训练过程中随机丢弃部分神经元,以防止过拟合
```

### 2. 定义模型

自定义函数、构建数据集、数据切分与归一化与 11.2.1 节中 2、3、4 的代码完全相同,复制粘贴这三部分的代码后,开始构建 LSTM 模型。

```
model = Sequential()    #创建一个顺序模型,用于搭建层叠式的神经网络结构
#添加 LSTM 层,设置 30 个神经元,激活函数为 ReLU,输入样本形状为(时间窗口大小,特征数)
model.add(LSTM(30, activation = 'relu', input_shape = (train_features.shape[1], train_
features.shape[2])))
#注意:此代码可以正常运行,但在 Tensorflow 2.18.0 版本中,参数 input_shape 的形式已被重新界
#定。因此,该代码将被下面三条带 # 的代码所替代,详情参见脚本。
# from keras.layers import Input
# model.add(Input(shape = (train_features.shape[1], train_features.shape[2])))
# model.add(LSTM(30, activation = 'relu'))    # 添加 LSTM 层,设置隐藏单元数为 30
model.add(Dropout(0.1))                      # 添加 Dropout 层,防止过拟合
model.add(Dense(1, activation = 'sigmoid'))  # 添加输出层,一个神经元,激活函数为 Sigmoid
#编译模型
model.compile(loss = 'binary_crossentropy', optimizer = 'adam', metrics = ['accuracy'])
```

### 3. 模型训练与预测

```
#调用 fit 函数训练模型,LSTM 接收三维样本集输入,所以不用像 MLP 一样转换成二维再输入
model.fit(train_features, train_labels, epochs = 100, batch_size = 32, verbose = 0)
#调用 predict 函数进行预测,输入测试样本集(样本数,时间窗口大小,特征数)
predictions = model.predict(test_features)
```

### 4. 模型评估

```
predicted_labels = np.round(predictions).astype(int)    #预测结果标签化
accuracy = accuracy_score(test_labels, predicted_labels) #计算并打印准确率
print(f'LSTM 测试集准确率:{accuracy}')
```

### 5. 可视化

```
plt.figure(figsize = (12, 6))    #创建一个新的图表,并设置其大小为12×6
#绘制折线图
plt.plot(range(len(test_labels)), test_labels, label = '实际涨跌标签', marker = 'o')
plt.plot(range(len(predicted_labels)), predicted_labels, label = '预测涨跌标签', marker = 'x')
#设置图表标题和坐标轴标签
plt.title('实际涨跌标签 vs 预测涨跌标签 (LSTM) ')
plt.ylabel('涨跌标签')
plt.rcParams['font.sans - serif'] = ['SimHei']
plt.legend()
plt.grid(True)
plt.show()    #见图 11.22
```

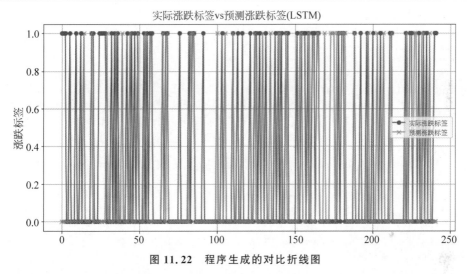

图 11.22　程序生成的对比折线图

运行结果如下。

```
开始日期:2017 - 01 - 01 00:00:00
结束日期:2022 - 01 - 01 00:00:00
特征中空值个数:
涨跌幅    0
成交量    0
日期     0
dtype: int64
8/8 ============================ - 0s 2ms/step
LSTM 测试集准确率:0.6611570247933884
```

## 11.2.4　MLP 解决以收盘价为预测值的回归问题

### 1. 导入库

```
# - * - coding: utf - 8 - * -
import numpy as np
import pandas as pd
import akshare as ak
import matplotlib.pyplot as plt
```

```python
from keras.models import Sequential
from keras.layers import Dense, Dropout
from sklearn.preprocessing import MinMaxScaler
from sklearn.model_selection import train_test_split
# 从 Sklearn 库中导入模型评估相关的模块。其中,mean_squared_error 用于计算回归问题的均方
误差,衡量模型预测值与真实值之间的平均平方差异;mean_absolute_error 用于计算回归问题的平
均绝对误差,衡量模型预测值与真实值之间的平均绝对差异
from sklearn.metrics import mean_squared_error, mean_absolute_error
```

### 2. 构建数据集

自定义函数与 11.2.1 节中 2 的代码完全相同,复制粘贴这部分的代码后,开始构建模型。

```python
# 定义开始和结束日期
start_date = pd.to_datetime('2017-01-01')
end_date = pd.to_datetime('2022-01-01')
# 打印开始和结束日期
print(f'开始日期:{start_date}')
print(f'结束日期:{end_date}')
df_daily = ak.stock_zh_index_daily(symbol='sh000001')   # 下载上证指数的日数据
df_daily.columns = ['日期', '开盘', '最高价', '最低价', '收盘', '成交量']  # 修改列标为中文
df_daily['日期'] = pd.to_datetime(df_daily['日期'])   # 将日期列转换为 datetime 格式
# 截取数据
df_daily = df_daily[(df_daily['日期'] >= start_date) & (df_daily['日期'] <= end_date)]
# 选择特征:收盘、日期和成交量
features = ['收盘', '日期', '成交量']
data = df_daily.loc[:, features]
data['日期'] = data['日期'].dt.weekday + 1          # 将日期转换为对应的星期数
print(f'特征中空值个数:\n{data.isnull().sum()}')      # 检查缺失值
for i in range(len(features)):
    data[features[i]].fillna(data[features[i]].mean(), inplace=True)    # 填充缺失值
data = data.dropna()                                # 删除含有任何缺失值的行
n_steps = 7                                         # 设置滑动窗口宽度,用于时间序列分割
X1, y1 = split_sequence(data['收盘'], n_steps)
X2, y2 = split_sequence(data['日期'], n_steps)
X3, y3 = split_sequence(data['成交量'], n_steps)
# 样本堆叠
X = np.transpose(np.hstack((X1, X2, X3)).reshape(len(X1), len(features), n_steps), (0, 2, 1))
y = y1                                              # 选择收盘为预测对象
```

### 3. 数据切分与归一化

```python
# 切分数据为训练集和测试集
train_features, test_features = train_test_split(X, test_size=0.2, shuffle=False)
train_values, test_values = train_test_split(y, test_size=0.2, shuffle=False)
# 分别创建特征归一化器和数值归一化器
scaler_features = MinMaxScaler()
scaler_values = MinMaxScaler()
# 分别对训练和测试数据进行归一化处理。详细解释与 11.2.1 节中的归一化部分相同
train_features = scaler_features.fit_transform(train_features.reshape(len(train_features)
    * n_steps, len(features))).reshape(len(train_features), n_steps, len(features))
train_values = scaler_values.fit_transform(train_values.reshape(len(train_values), 1))
```

```
test_features = scaler_features.transform(test_features.reshape(len(test_features) * n_
steps, len(features))).reshape(len(test_features), n_steps, len(features))
test_values = scaler_values.transform(test_values.reshape(len(test_values),1))
```

### 4. 定义模型

```
model = Sequential()     # 创建一个顺序模型
model.add(Dense(200, activation = 'relu', input_dim = n_steps * len(features)))  # 添加第一个
                                                                                  # 隐藏层
model.add(Dense(100, activation = 'relu'))  # 添加第二个隐藏层
model.add(Dense(20, activation = 'relu'))   # 添加第三个隐藏层
model.add(Dropout(0.1))                     # 添加 Dropout 层
model.add(Dense(1))
# 添加输出层,一个神经元,用于输出模型的预测结果。这里没有指定激活函数,因此默认使用线性
# 激活函数,即输出层的输出值将直接反映模型的预测值。在二分类问题中,通常会使用 Sigmoid 激
# 活函数将输出值压缩到 0~1,表示属于正类的概率,但是本例处理的是回归问题,所以不设置激活
# 函数
model.compile(loss = 'mean_squared_error', optimizer = 'adam')
# 编译模型,指定损失函数和优化器。这里使用均方误差(mean_squared_error)作为损失函数,它衡
# 量预测值与实际值之间的平均平方差异,适用于回归问题;Adam 优化器是一种自适应学习率的优
# 化算法,能够动态调整学习率以加速模型的训练过程
```

### 5. 模型训练与预测

```
model.fit(train_features.reshape((len(train_features), n_steps * len(features))), train_
values, epochs = 100, batch_size = 32, verbose = 0)    # 调用 fit 函数训练模型
predictions = model.predict(test_features.reshape((len(test_features), n_steps * len
(features))))    # 调用 predict 函数进行预测
```

### 6. 模型评估

```
# 分别计算并打印均方误差、均方根误差、平均绝对误差。其中要注意的是,scaler_values.inverse_
# transform()方法的作用是将数据反归一化回原始的量纲
mse = mean_squared_error(scaler_values.inverse_transform(test_values), scaler_values.
inverse_transform(predictions))          # 计算并打印均方误差
print(f'MLP 测试集均方误差:{mse}')
rmse = np.sqrt(mean_squared_error(scaler_values.inverse_transform(test_values), scaler_
values.inverse_transform(predictions)))   # 计算并打印均方根误差
print(f'MLP 测试集均方根误差:{rmse}')
mae = mean_absolute_error(scaler_values.inverse_transform(test_values), scaler_values.
inverse_transform(predictions))          # 计算并打印平均绝对误差
print(f'MLP 测试集平均绝对误差:{mae}')
```

### 7. 可视化

```
plt.figure(figsize = (12, 6))     # 创建一个新的图表,并设置其大小为 12×6
plt.plot(range(len(test_values)), scaler_values.inverse_transform(test_values), label = '实
际收盘价', marker = 'o')          # 绘制实际收盘价的折线图
plt.plot(range(len(predictions)), scaler_values.inverse_transform(predictions), label = '预
测收盘价', marker = 'x')          # 绘制预测收盘价的折线图
# 设置图表标题和坐标轴标签
```

```
plt.title('实际收盘价 vs 预测收盘价(MLP) ')
plt.ylabel('价格')
plt.rcParams['font.sans-serif'] = ['SimHei']
plt.legend()
plt.grid(True)
plt.show()    #见图 11.23
```

运行结果如下。

```
开始日期:2017-01-01 00:00:00
结束日期:2022-01-01 00:00:00
特征中空值个数:
收盘       0
日期       0
成交量      0
dtype: int64
8/8 ============================== - 0s 1ms/step
MLP 测试集均方误差:1736.6803613744908
MLP 测试集均方根误差:41.673497109967755
MLP 测试集平均绝对误差:33.28752873999226
```

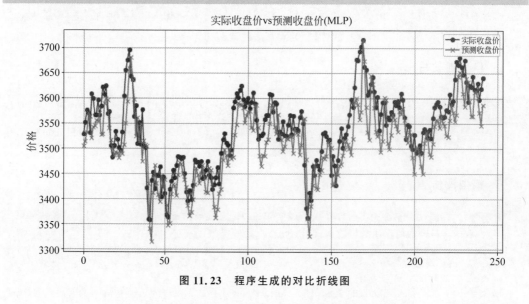

图 11.23 程序生成的对比折线图

## 11.2.5 CNN 解决以收盘价为预测值的回归问题

**1. 导入库**

与 11.2.4 节相比,构建 CNN 所需要导入的库,只需要新增下面这条代码,其他代码直接复制粘贴构建 MPL 模型时所导入库的代码。

```
from keras.layers import Dense, Conv1D, MaxPooling1D, Dropout, Flatten
```

**2. 定义模型**

自定义函数与 11.2.1 节中 2 的代码完全相同,构建数据集、数据切分与归一化与 11.2.4 节中 2、3 的代码完全相同,复制粘贴这两部分的代码,开始构建 CNN 模型。

```
model = Sequential()    #创建一个顺序模型,用于搭建层叠式的神经网络结构
#添加卷积层,这是CNN的核心部分,设置128个卷积核,卷积核大小为2,步长为1
model.add(Conv1D(filters = 128, kernel_size = 2, strides = 1, activation = 'relu', input_shape =
(train_features.shape[1], train_features.shape[2])))
model.add(MaxPooling1D(pool_size = 2))   #添加池化层
model.add(Dropout(0.1))                  #添加Dropout层
#添加展平层,将多维的输入数据展平为1维,以便连接到全连接层(Dense层)
model.add(Flatten())
model.add(Dense(1))                      #添加输出层,一个神经元,用于输出模型的预测结果
model.compile(loss = 'mean_squared_error', optimizer = 'adam')    #编译模型
```

### 3. 模型训练与预测

```
#调用fit函数训练模型
model.fit(train_features, train_values, epochs = 100, batch_size = 32, verbose = 0)
predictions = model.predict(test_features)    #调用predict()函数进行预测
```

### 4. 模型评估

```
mse = mean_squared_error(scaler_values.inverse_transform(test_values), scaler_values.
inverse_transform(predictions))           #计算并打印均方误差
print(f'CNN测试集均方误差:{mse}')
rmse = np.sqrt(mean_squared_error(scaler_values.inverse_transform(test_values), scaler_
values.inverse_transform(predictions)))   #计算并打印均方根误差
print(f'CNN测试集均方根误差:{rmse}')
mae = mean_absolute_error(scaler_values.inverse_transform(test_values), scaler_values.
inverse_transform(predictions))           #计算并打印平均绝对误差
print(f'CNN测试集平均绝对误差:{mae}')
```

### 5. 可视化

```
plt.figure(figsize = (12, 6))    #创建一个新的图表,并设置其大小为12×6
plt.plot(range(len(test_values)), scaler_values.inverse_transform(test_values), label = '实
际收盘价', marker = 'o')           #绘制实际收盘价的折线图
plt.plot(range(len(predictions)), scaler_values.inverse_transform(predictions), label = '预
测收盘价', marker = 'x')           #绘制预测收盘价的折线图
#设置图表标题和坐标轴标签
plt.title('实际收盘价 vs 预测收盘价(CNN)')
plt.ylabel('价格')
plt.rcParams['font.sans - serif'] = ['SimHei']
plt.legend()
plt.grid(True)
plt.show()    #见图11.24
```

运行结果如下。

```
开始日期:2017 - 01 - 01 00:00:00
结束日期:2022 - 01 - 01 00:00:00
特征中空值个数:
收盘       0
日期       0
成交量      0
dtype: int64
```

```
8/8 ============================== - 0s 2ms/step
CNN测试集均方误差:1552.2681404861048
CNN测试集均方根误差:39.398834252882466
CNN测试集平均绝对误差:29.46511493575671
```

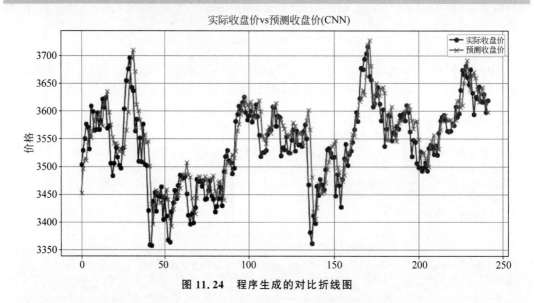

图 11.24 程序生成的对比折线图

## 11.2.6 LSTM 解决以收盘价为预测值的回归问题

**1. 导入库**

与 11.2.4 节相比,构建 LSTM 所需要导入的库,只需要新增下面这条代码,其他代码直接复制粘贴构建 MPL 模型时所导入库的代码。

```
from keras.layers import Dense, LSTM, Dropout
```

**2. 定义模型**

自定义函数与 11.2.1 节中 2 的代码完全相同,构建数据集、数据切分与归一化与 11.2.4 节中 2、3 的代码完全相同,复制粘贴这两部分的代码,开始构建 LSTM 模型。

```
model = Sequential()    #创建一个顺序模型,用于搭建层叠式的神经网络结构
model.add(LSTM(30, activation = 'relu', input_shape = (train_features.shape[1], train_features.shape[2])))    #添加 LSTM 层
model.add(Dropout(0.01))    #添加 Dropout 层
model.add(Dense(1))    #添加输出层
model.compile(loss = 'mean_squared_error', optimizer = 'adam')    #编译模型
```

**3. 模型训练与预测**

```
#调用 fit 函数训练模型
model.fit(train_features, train_values, epochs = 100, batch_size = 32, verbose = 0)
predictions = model.predict(test_features)    #调用 predict()函数进行预测
```

### 4. 模型评估

```
mse = mean_squared_error(scaler_values.inverse_transform(test_values), scaler_values.
inverse_transform(predictions))              #计算并打印均方误差
print(f'LSTM 测试集均方误差:{mse}')
rmse = np.sqrt(mean_squared_error(scaler_values.inverse_transform(test_values),
scaler_values.inverse_transform(predictions)))#计算并打印均方根误差
print(f'LSTM 测试集均方根误差:{rmse}')
mae = mean_absolute_error(scaler_values.inverse_transform(test_values), scaler_values.
inverse_transform(predictions))              #计算并打印平均绝对误差
print(f'LSTM 测试集平均绝对误差:{mae}')
```

### 5. 可视化

```
plt.figure(figsize = (12, 6))    #创建一个新的图表,并设置其大小为 12×6
#绘制实际收盘价的折线图
plt.plot(range(len(test_values)), scaler_values.inverse_transform(test_values), label = '实
际收盘价', marker = 'o')
#绘制折线图
plt.plot(range(len(predictions)), scaler_values.inverse_transform(predictions), label = '预
测收盘价', marker = 'x')
#设置图表标题和坐标轴标签
plt.title('实际收盘价 vs 预测收盘价(LSTM)')
plt.ylabel('价格')
plt.rcParams['font.sans - serif'] = ['SimHei']
plt.legend()
plt.grid(True)
plt.show()      #见图 11.25
```

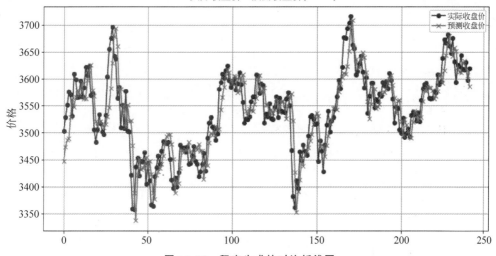

图 11.25　程序生成的对比折线图

运行结果如下。

```
开始日期:2017 - 01 - 01 00:00:00
结束日期:2022 - 01 - 01 00:00:00
```

```
特征中空值个数:
收盘       0
日期       0
成交量     0
dtype: int64
8/8 ============================== - 0s 2ms/step
LSTM测试集均方误差:1299.4629951280172
LSTM测试集均方根误差:36.048065067740005
LSTM测试集平均绝对误差:27.70168268982438
```

## 习题

1. 在时间序列任务中,其核心为"用过去预测未来",即训练集在模型训练时不能以任何方式获取测试集的任何信息。通过观察实验1~6,代码在进行数据预处理后进行数据切分,且数据预处理中存在某些操作(如使用均值填充缺失数据),这些操作存在使训练集利用测试集(未来信息)的风险。试修改代码,通过提前进行数据切分,避免模型利用未来信息导致数据泄露,从而提高模型评估结果的可靠性。

2. 在习题1的基础上,继续修改代码,尝试更换上证指数数据集为个股数据集。

3. 在习题1的基础上,继续修改代码,尝试调整神经网络模型的结构(隐含层)以提高性能。

4. 在习题1的基础上,继续修改代码,尝试将模型特征数改为6个(日期、最高价、最低价、收盘、成交量、涨跌幅)。

5. 在习题4的基础上,继续修改代码,增加预测现实时间中近两天上证指数最高价和最低价的功能。

# 参 考 文 献

[1] 阿斯顿·张,扎卡里·C. 立顿,李沐,等. 动手学深度学习[M]. 何孝霆,瑞潮儿·胡,译. 北京:人民邮电出版社,2019.

[2] 陈强. 机器学习及 Python 应用[M]. 北京:高等教育出版社,2021.

[3] 李航. 统计学习方法[M]. 2 版. 北京:清华大学出版社,2019.

[4] 李政. 金融仿真综合实验[M]. 上海:复旦大学出版社,2018.

[5] 涌井良幸,涌井贞美. 深度学习的数学[M]. 杨瑞龙,译. 北京:人民邮电出版社,2019.

[6] 史忠植,王文杰,马慧芳. 人工智能导论[M]. 北京:机械工业出版社,2020.

[7] 周志华. 机器学习[M]. 北京:清华大学出版社,2016.

[8] 立石贤吾. 白话深度学习的数学[M]. 郑明智,译. 北京:人民邮电出版社,2023.

[9] 段小手. 深入浅出 Python 机器学习[M]. 北京:清华大学出版社,2018.

[10] 庞皓. 计量经济学[M]. 北京:科学出版社,2007.

[11] 特雷弗·哈斯蒂,罗伯特·提布施拉. 统计学习要素:机器学习中的数据挖掘、推断与预测[M]. 张军平,译. 2 版. 北京:清华大学出版社,2020.

[12] 伊夫·希尔皮斯科. 金融人工智能:用 Python 实现 AI 量化交易[M]. 石磊磊,余宇新,李煜鑫,等译. 北京:人民邮电出版社,2022.

[13] FUKUSHIMA K. A Self-organizing Neural Network Model for a Mechanism of Pattern Recognition Unaffected by Shift in Position[J]. Biological Cybernatics,1980,36:193-202.

[14] HAYKIN S. Neural Networks and Learning Machines[M]. 申富饶,徐烨,郑俊,等译. 3 版. 北京:机械工业出版社,2011.

[15] DANGETI P. Statistics for Machine Learning[M]. Birmingham:Packt Publishing,2017.

# 图书资源支持

感谢您一直以来对清华版图书的支持和爱护。为了配合本书的使用,本书提供配套的资源,有需求的读者请扫描下方的"书圈"微信公众号二维码,在图书专区下载,也可以拨打电话或发送电子邮件咨询。

如果您在使用本书的过程中遇到了什么问题,或者有相关图书出版计划,也请您发邮件告诉我们,以便我们更好地为您服务。

**我们的联系方式:**

清华大学出版社计算机与信息分社网站:https://www.shuimushuhui.com/

地　　址:北京市海淀区双清路学研大厦 A 座 714

邮　　编:100084

电　　话:010-83470236　010-83470237

客服邮箱:2301891038@qq.com

QQ:2301891038(请写明您的单位和姓名)

**资源下载**:关注公众号"书圈"下载配套资源。

书圈

清华计算机学堂

观看课程直播